KB260598

사회복지 윤리와 철학

사회복지 윤리와 철학

양옥경 외 저

사회복지 전문출판 나눔의 집

서 문

사회복지학은 인간과 사회를 대상으로 하는 실천적·가치 지향적 학문이
다. 이에 사회복지사는 일상적으로 윤리적 결정 상황에 직면하며, 사회변동
에 따른 가치의 변화와 클라이언트 상황의 특수성, 다양성으로 인하여 무엇
이 보다 바람직한 개입인가를 고민하는 데 있어 늘 새로운 도전을 맞는다. 특
히, 최근 사회가 다원화되고 새로운 윤리적 쟁점들이 출현하면서 윤리적 결
정은 더욱 복잡하고 어려운 과제가 되고 있다. 미래사회로 갈수록 새로운 윤
리적 쟁점과 윤리적 결정을 위한 상황변수는 증가할 가능성이 높으며, 이는
사회복지 교육 및 실천에서 윤리와 철학에 대한 중요성을 더욱 배가시킨다고
할 수 있다. 이러한 중요성에도 불구하고, 우리나라의 사회복지윤리에 대한
교재와 연구는 아직도 충분하지 않은 실정이다. 따라서 사회복지실천과정에
서 제기될 수 있는 윤리적 이슈들을 숙고하고, 이에 대한 올바른 윤리적 결정
지침을 제공하고자 하는 바램으로 이 책을 집필하게 되었다.

이 책은 사회복지를 전공하는 학생과 사회복지실천 현장 실무자들의 윤리
적 쟁점을 이해하고 각 쟁점에 대한 윤리적 결정을 위한 지침을 제공하는 데
목적을 두고 있으며, 전체 3부로 구성되어 있다. 제1부는 '사회복지에서의 윤
리와 철학'으로, 철학자인 남경희 교수가 집필을 담당한 1장과 2장에서는 윤
리학과 철학의 이론들과 개념, 한국사회에서의 윤리학과 철학의 논의점 등
윤리학과 철학에 대한 기초적 이슈들을 다루면서 윤리학과 사회복지를 연결
지으려는 시도를 하였다. 김정자 이사장이 담당한 3장에서는 현재 한국의 사
회복지실천 현장에서 발생할 수 있는 윤리의 문제들을 윤리학과 철학의 시각
에서 논의하고 있다. 제2부는 '사회복지 윤리강령과 윤리적 결정'으로, 양옥
경 교수가 집필한 4장에서는 한국의 윤리강령의 역사적 변천을 개괄한 후 현

재의 윤리강령의 내용을 집중 분석하고 있으며, 5장을 담당한 김미옥 교수는 우리나라의 윤리강령을 미국 및 일본의 윤리강령들과 비교분석하고 있다. 6장에서 양옥경 교수는 윤리적 결정을 위한 모델을 소개함으로써 사회복지실천 현장에서 직면하는 다양한 윤리적 상황에 적용할 수 있도록 하였다. 제3부는 '윤리적 딜레마와 결정과정'으로 사회복지실천 현장에서 실제로 부딪치는 윤리의 각 쟁점에 대해 심도 있게 다루고 있는데, 자기결정권에 관해 집필한 한혜경 교수는 7장에서 자기결정의 개념과 한계, 그리고 사회복지사의 역할에 대해 논의하고 있다. 8장과 9장을 집필한 박인선 소장은 비밀보장과 알권리의 개념과 한계를 입양사례를 통해 논하고 있으며, 비밀보장을 위한 실무지침과 알권리존중을 위한 지침을 제시하고 있다. 10장에서 윤현숙 교수는 21세기의 의학기술의 발전에 따른 윤리적 딜레마를 다룸으로써 미래사회에 발생 가능한 윤리적 이슈와 이에 대한 대처, 그리고 결정과정을 다루고 있다. 11장을 집필한 이은주 교수는 가족치료상황을 예로 들면서 클라이언트와의 전문적 관계에서의 윤리적 딜레마를 다루고 있다. 12장을 집필한 신혜령 교수는 사회복지사의 전문적 동료관계에 관해서 다루고 있으며, 대등한 동료관계와 수퍼바이저와 실습생 등 상하계층적 동료관계에서 빚어지는 갈등관계를 다루고 있다. 13장과 14장은 앞의 장들이 사회복지실천의 직접서비스 현장에서 발생하는 윤리적 쟁점을 다루고 있는 것과 달리 행정 및 정책의 간접서비스 영역에서의 윤리적 쟁점에 관해 다루고 있다. 13장에서 김미원 박사는 제한된 자원의 공정한 분배, 효율적 복지수행 등의 간접적 실천 영역에서 발생할 수 있는 윤리적 딜레마를 다루고 있으며, 14장을 집필한 안혜영 교수는 사회복지행정영역에서 발생할 수 있는 윤리적 딜레마를 총망라하고자 하였다.

이 책의 특징은 저자들의 오랜 교육 및 실무경험을 바탕으로 보다 이해하기 쉽게 풀어 쓰고자 노력하였다는 것이다. 이를 위해 기존의 윤리 책에서 다루지 않은 윤리와 철학에 대한 심층적 논의, 이론과 모델에 대한 소개, 우리나라 윤리강령의 집중적인 분석 및 외국 윤리강령과의 비교, 그리고 사례 적용을 통해 기술한 각 쟁점별 윤리적 딜레마와 그 해결 등 가능한 한 독자들의 이해를 높이고자 하였다. 그럼에도 불구하고, 미진한 부분에 대해서는 독자 여러분의 애정 어린 관심과 조언을 부탁드린다.

이 책은 1993년 출간되었던 『사회복지실천과 윤리』의 저자들이 그 책의 맥을 이어가면서도 부족했던 부분들을 상당 부분 보완하는 작업으로 이루어졌다. 여러 선생님들이 교재로 사용하면서 부족한 부분들에 대해 전해준 조언을 참고로 하였으며, 1997년 사회복지사업법의 개정에 따라 교과목이 사회복지 윤리와 철학으로 변경되면서 제목에 충실한 내용을 갖춘 교재로 거듭나고자 함이 본 저서 출간의 밑거름이 되었다. 그 과정에서 저자들의 개인사정에 따라, 그리고 책 내용의 특성에 따라 집필진에 다소 변화가 있었다. 저자들은 이화라는 하나의 큰 공동체에 사제간 혹은 선후배 등으로 엮어진 끈끈한 인연을 가지고 있는 사람들로 구성되었다. 이는 작업 과정에서 결속감을 가지게 할 뿐 아니라 바쁜 중에도 이 책을 마무리하도록 하는 데 큰 동인이 되었다.

예상했던 것보나 긴 시간을 기다려 준 나눔의집 출판사의 유보열 사장님과 구길원 차장님을 비롯한 편집부 직원들에게 감사의 마음을 전한다. 그리고 이 작은 한 권의 책을 통해 사회복지의 윤리와 철학에 대해 보다 깊이 숙고하고 연구하며 실천할 수 있는 계기가 확장되기를 기대해본다.

2004년 1월
이화동산에서
저자 일동

차 례

I 부

사회복지에서의 윤리와 철학

제1장
윤리적 관점

남 경 희

1. 윤리학이란 무엇인가

1) 철학의 한 분과로서 윤리학

윤리학은 철학의 한 분과로서 인간과 인간의 삶을 탐구 대상으로 한다. 우리는 인간을 다양하게 탐구하고 접근할 수 있다. 인간은 우주 안의 그 어떤 존재보다도 복합적인 측면을 지니고 있다. 우리는 인간을 물리적, 생물학적, 동물학적, 의학적, 사회학적, 경제적, 심리적, 정신분석학적으로 탐구할 수 있다. 이들 여러 탐구 방식과 접근법은 그 차이에도 불구하고 한 가지 공통점을 지닌다. 이들 모두 인간의 사실에 대해, 있는 것으로서의 인간 존재에 대해 탐구한다는 점이다. 이 모든 학문은 인간의 물리적 사실, 동물학적 사실, 심리적 사실, 의식과 무의식의 사실 등, 인간의 사실에 관해 탐구한다.

윤리학은, 이들과는 달리, 있는 것으로서의 인간이 아니라 있어야 할 것으로서의 인간을 탐구한다. 있어야 할 것을 당위나 가치의 세계라고 한다. 윤리학은 당위와 가치에 관한 학(學)이다. 가치에는 진, 선, 미가 있으되, 이들 중 윤리학은 인간의 삶과 행위에 관한 가치로서 선이나 좋음과 옳음 등에 관한 학이다.

철학은 존재하는 모든 것들을 대상으로 하는 종합학이라는 점에서 여타의 분과 학문과 근본적으로 차이가 있다. 어떻게 철학은 존재하는 모든 것들을 학적(學的) 탐구의 대상으로 할 수 있는가? 철학은 인간이 사유하는 존재, 반성하는 존재이기에 가능한 학문이다. 인간의 사유(思惟)를 위한 도구나 매체 역할을 하는 것은 개념들이다. 인간의 사유, 특히 윤리학을 포함한 철학적 사유를 개념적 사유라 한다. 이처럼 개념적으로 사유할 수 있는 것은 인간이 언어를 사용하며, 언어를 통해 모든 것들을 개념화하여 이들을 사유와 탐구의 대상으로 삼기 때문이다.

분과 학문들은 각각 고유의 대상을 탐구하는 특유의 방법을 지니고 있다. 철학의 방법은 개념적 사유의 방법이며, 이를 통해 전 우주 그리고 인간 자신을 사유와 반성의 대상으로 삼을 수 있다. 윤리학은 인간이 자신의 사실성, 즉 있는 것으로서의 자신의 존재를 반성하여 그를 비판함을 통해, 이미 있는 것이 아니라 있어야 할 것을 추구함으로써 시작된다. 윤리학은 인간 자신의 삶과 행동에 대한 개념적 사유를 통해 반성하며 비판하고 새로운 차원을 모색하는 실천의 학이다.

2) 당위의 학으로서 윤리학

분과 과학들은 물론, 철학도 사실에 관한 학이다. 있는 것들이나 있었던 것들에 관한 학이라 할 수 있다. 많은 학문들이 과거나 현재만이 아니라 미래에 있을 것들, 있을 것으로 예측되는 것들도 역시 탐구의 대상으로 한다. 그러나 이런 종류의 미래는 과거와 현재를 기초로 해서 정립된 법칙들을 통해 예측할 수 있다는 점에서 과거와 현재와의 연장선상에 있는 사실성의 세계에 속한다.

윤리학은 이런 점에서 다른 학문과 중요한 차이점을 지닌다. 윤리학은 사실성의 세계가 아니라 가치나 당위성의 세계를 탐구대상으로 한다. 있는 것,

있을 것, 있을 것으로 예측되는 것이 아니라, 있어야 할 것, 마땅히 해야 할 것으로 요청되는 것들이 윤리적 사고와 실천이 지향하는 바이다. 인간의 삶과 행동과 사고가 지향해야 할 이런 대상들을 좋음, 옳음, 정의, 이상, 의미, 가치 등이라 부른다.

인간은 특이한 존재이다. 니이체는 인간을 건너가는 존재라고 규정한 바 있다. 현재에서 미래로, 악에서 선으로, 무지에서 지로, 불완전성에서 완전성으로, 시간성에서 영원성으로, 동물적 상태에서 신적인 상태로, 차안(此岸)에서 피안(彼岸)으로 이행하기 위해 위험한 외줄타기 곡예를 하는 곡예사라는 것이다. 인간의 학문, 예술, 다양한 사유와 실천의 활동, 그리고 윤리학은 이런 노력의 소산이다. 인간의 모든 의도적인 활동은 이렇게 진, 선, 미의 가치를 지향한다는 점에서 윤리적 성격이 있다.

3) 인간 정신의 지향성

철학자들은 진, 선, 미의 가치를 지향하는 인간 정신의 이런 성향을 지향성이라 하였는데, 플라톤은 일찍이 이를 에로스(eros)라 불렀다. 에로스(Eros)는 원래 고대 희랍 신의 이름이었으나, 관능, 사랑 등을 의미하는 어휘로 전용되었다. 에로스 신은 페니아(Penia)라는 여신과 포로스(Poros)라는 남신의 소생이었다. 페니아는 빈곤을 관장하는 신임에 반해, 포로스는 재주와 풍요를 주재하는 신이다. 이들의 소생인 에로스는 빈곤하면서 동시에 풍요한 역설적인 성격을 지닌 존재이다.

어떻게 이런 역설이 가능한가? 어떻게 동시에 상극적인 요소들이 한 존재자에 공존할 수 있는가? 에로스는 현재에는 빈곤하지만 그 빈곤을 벗어나려 노력한다는 점에서 풍요에의 가능성을 지닌 존재이다. 현재는 가난하고 헐벗었으나 내일이면 부자가 될 수 있다는 것이다. 미래에 대한 가능성은 현재의 행동과 삶에 영향을 준다는 점에서 현재의 일부이다. 인간의 정신은 이런 에로스적 특성을 지닌다는 것이 플라톤의 통찰이다. 인간은 동물이지만 다른 동물, 가령 침팬지 등과 달리 현재의 상태에 만족하지 않고 보다 나은 미래를 위해 노력하고 실천하는 존재이다. 비록 그 미래의 모습에 비추어 현재가 더 참담하고, 나아가 내일을 위한 이상은 쉽게 성취할 수 없는 것이기에 인간은 더욱 고뇌하고 절망하지만, 그래도 그런 진, 선, 미의 가능성을 지니고 있다는 점에서 인간은 우월한 위치에 있다.

내일을 꿈꾸며 더 나은, 비단 사회경제적인 측면에서만이 아니라, 윤리적으로, 미학적으로, 지적으로 더 나은 삶을 욕구하고 노력하는 것은 모든 일상인들의 모습이다. 이처럼 끊임없이 개선하려고 노력하는 한, 일상인의 삶은 지향성이나 에로스에 의해 추동되어 있다는 것이 철학자들의 통찰이다. 삶을 개선하려는 노력이 윤리성의 핵심이라고 할 때, 윤리의식이란 지극히 일상적인 특성으로 사람들의 마음 속에 자리잡고 있다.

2. 윤리적 관점

1) 생존 본능과 인간다움

인간에게 윤리적 관점이나 윤리적 의식은 가장 기초적이다. 인간은 다른 동물들과 달리 자신의 존재와 삶에 대해 반성한다. 반성을 통해 인간은 스스로 특별한 존재로 자각하고, 이런 자아의식에 기초하여 타인 역시 특별하게 대우해야 한다고 추론한다. 자신이 특별하다고 의식하는 것, 이는 도덕 군자나 인격자와 같이 특별히 윤리적인 사람만이 전유하는 의식이 아니다. 남녀노소, 사회적 지위나 빈부의 격차에 상관없이 모든 평범한 사람들, 심지어 걸인이라고 할지라도 지니고 있는 것이 이런 특별함에 대한 의식이다. 이 점에서 이런 의식은 인간의 가장 기본적인 태도이다. 사회복지의 이념은 바로 인간이 특별하다는 이런 의식에 기반한다. 윤리 의식의 이런 기초성을 명료하게 드러내주고 있는 사례를 맹자의 글을 통해서 살펴보자.

맹자께서 말씀하셨다.

생선도 내가 원하는 것이고 곰발바닥도 내가 원하는 것이지만, 두 가지를 겸하여 취할 수 없다면 생선을 버리고 곰발바닥을 취하리라. 삶도 내가 원하는 것이고, 의(義)도 내가 원하는 것이지만, 두 가지를 겸하여 취할 수 없다면 삶을 버리고 의를 취하리라.

삶 또한 내가 원하는 것이다. 허나 삶보다 더 간절히 바라는 것이 있으므로 구차하게 삶을 얻으려 하지 않는 것이다. 죽음 역시 내가 싫어하는 것이지만, 죽음보다 심하게 싫어하는 것이 있기에, 죽음을 가져오는 환난을 피하지 않는 경우도 있는 것이다.

만약 사람이 원하는 것에 삶보다 더 간절한 것이 없다면, 살기 위해서라면 무슨 일이라도 할 것이 아니겠는가? 사람이 싫어하는 것에 죽음보다 심한 것이 없다면, 환난을 피하기 위해서라면 무슨 일이든지 다 할 것이다.

……

이제 어떤 이가 극도로 굶주려 한 주발의 밥과 한 그릇의 국을 얻으면 살고, 얻어먹지 못하면 죽는 한이 있더라도, '옛다' 하고 경멸하며 던져 주면 길 가던 궁한 사람도 받지 않고, 차 내던지듯이 던져 주면 걸인이라도 죽으면 죽었지 받아먹으려 하지 않는다. (『맹자』,「告子」上 10)

맹자의 이 구절은 인간이 굶어죽을 수 있는 한계 상황에서도 생존에 앞서 취하고자 하는 바가 있음을 말해주고 있다. 인간은 동물적인 존재이므로 다른 동물들과 같이 최선을 다해 생존을 도모하고자 한다. 죽음을 피해 살고자 하는 본능은 인간 삶에서 최우선 순위를 점하는 욕구일 것이다. 이런 본능에도 불구하고 모든 사람에게 죽음을 불사하고라도 지키고자 하는 바가 있다는 것이 맹자의 통찰이다.

당장 굶어죽을 수도 있는 한계 상황에서도 지키고자 하는 것은 무엇인가? 걸인이라도 경멸하면서 밥그릇을 내어 던져 주면 죽으면 죽었지 받아먹지 않는다. 그 이유는 무엇인가? 사회의 변두리에서 부랑하며, 남의 밥을 얻어먹는 걸인이라도 일종의 자존심, 무시나 경멸 당하고 싶지 않은 마음을 지니고 있다. 무시당할 때에는 죽음도 불사한다. 바로 이런 마음이 인간으로서 존엄성, 즉 일반적으로 인격성이라 한다. 우리말로는 사람다움이라고 표현할 수 있다. 인간이 자존(自尊)의 마음을 지니는 이유는, 인간은 자신이 생존만을 우선시 하는 동물과 다른 존재라고 생각하기 때문이다. 그래서 걸인이라도 삶을 버리고 자존을 취하고자 하는 것이다.

재벌과 걸인은 가진 것으로 비교하자면 천양지차일 것이다. 이런 차이에도 불구하고 이들이 동등하게 지니고 있는 것은 자존의 마음 또는 인격성이다. 아무 것도 없는 걸인마저도 자존의 마음을 지니고 있으며, 그러기에 더욱더 자신의 자존심을 중히 여긴다. 사람다움을 주장하며 무시당하지 않고 일정한 격식을 갖추어 대접받고자 한다. 무시당한다는 것은 곧 사람으로 대우받지 못하고 개나 돼지로 여김받음을 의미한다.

윤리적 관점이나 윤리적 의식이란 인간이 자신을 개나 돼지 등 동물과 다른 특별한 존재로 생각하고 특별하게 대접받아야 한다고 생각하는 태도를 의미한다. 이 특별한 대접이란 무엇인가? 이는 고관대작으로 대접하고, 물질적 혜택을 시혜하며, 높은 사회적 지위를 안겨주는 것을 의미하지는 않을 것이다. 그 특별한 대접이란 마음의 태도, 마음에서 우러나오는 어떤 행동이나 태도를 말한다. 즉, 말하고 행동할 때 상대방을 어떤 절대적 가치나 지위를 지닌 존재, 즉 인격체로 대우하는 것을 의미한다. 유가(儒家)에서는 이런 태도를 경(敬)이라고 한다. 그리고 예(禮)란 이런 마음의 태도에서 우러나오는 어떤 격식을 갖춘 행위방식을 의미한다.

2) 인격체, 사물, 동물

인격체를 사물이나 동물과 비교해 보면, 인간다움의 특성을 구체적으로 알 수 있을 것이다. 사물적인 존재는 도구적인 존재이다. 도구는 어떤 목적에 기여하는가에 따라, 또 어느 정도 기여하는가에 따라 그 가치가 결정되며, 그에 따라 소중히 또는 가볍게 취급받는다. 쓸모가 없다면 미련 없이 버리고 폐기처분하더라도 아무 도덕적 문제가 발생하지 않는다. 그렇다고 해서 그 도구를 무시하였다고 트집잡을 사람은 아무도 없다.

동물의 경우는 어떠한가. 동물은 사물과 달리 우리에게 일정한 태도를 요구한다. 동물은 고통과 애정을 경험할 능력이 있으므로 잔인하게 다루거나 불필요하게 고통을 가해서는 안 된다. 이것은 누구나 공감하는 믿음이다. 동물은 특정한 능력, 즉 고통과 애정을 느낄 수 있는 능력이 있으며, 이런 능력은 우리 행동을 제약한다. 어떤 이들은 동물의 권리(animal rights)를 주장하고 운위하면서 육식을 비도덕적인 식사법으로 평가하기도 한다.

그러나 동물은 인격체와 달리 주의 주장이 없으며 가치 형성 능력이 없다는 점에서 존중할 대상은 아니다. 인간에게 하듯이 경의 태도를 표해야 하는 것은 아니다. 동물이 다쳐 아파한다면 치료하고 보금자리를 만들어 주는 등 배려하는 태도를 취하는 것으로 족하지만, 인간의 경우는 단지 연민하고 동정하는 것에 그치는 것이 아니라 그에 더하여 독립적 인간으로서 존중하는 태도를 취해야 한다.

만약 우리가 고통을 받는 상황에서, 다친 동물을 보살피듯이 타인이 우리의 처지를 연민하고 동정하면서 물질적이거나 경제적인 도움을 제공하는 것에 그친다면, 맹자의 글에서 걸인이 그러하듯이 오히려 기분 나빠 할 수도 있다. 상황이 열악하여 남의 도움을 받을지라도, 독립적이고 자존의 존재로 여겨지고 대접받고자 하는 것이 모든 인간의 심정이다. 인간은 동물과 달리 적극적이고 자유로운 존재로서 가치관을 형성하고 실현할 수 있기 때문이다.

3) 인간의 도덕적 가능성

걸인뿐 아니라 범죄자라도 최소한의 인격성은 지니고 있어 어떤 권리를 주장한다. 인격성의 수동적 측면보다 더 중요한 것은 인격성이 지니고 있는 능동적인 측면이다. 인간은 가능성의 존재이다. 동식물도 나름의 가능성을 지니고 있다. 나무는 열매를 맺을 수 있는 가능성, 화초는 꽃을 피울 수 있는 가능성, 망아지는 말이 되어 평원을 달리고, 어린 새들은 자라나 힘찬 날개로 창공을 날 가능성을 누릴 수 있다. 인간은 이런 신체적 가능성에 더하여 정신적 가능성을 누릴 수 있다. 10년 이상의 긴 교육과정은 이런 가능성을 꽃피워 개인적으로는 삶의 가치를 향유하고 사회의 경제, 문화, 정신적 발전에 기여하게 하고자 하려는 것이다.

이들 중 가장 중요한 것이 도덕적 가능성이다. 훌륭한 인격체로 성장하여 타인에게 감동을 주고 교화력을 발휘할 수 있는 삶을 영위하는 것, 이것이 모든 인간들에게 주어진 고귀한 삶의 기회라 할 것이다. 사람들은 신체적, 지적, 예술적 재능에서는 차이가 있다. 그러나 인격적 가능성에서는 모두 동등하다. 마르쿠스 아우렐리우스라는 철학자는 헬레니즘시대의 로마의 황제였다. 그리고 동시대를 살았던 에픽테투스라는 윤리학자는 원래 노예였다. 사회적 지위에서의 이런 엄청난 차이에도 불구하고, 이들은 모두 위대한 스토아 철학자이며 인격자로서 후대에 깊은 감화력을 발휘하였다. 이는 인간이 인격적 가능성에서는 모두 동등함을 보여주는 좋은 예이다.

가능성을 실현하고자 하나 현실은 이를 가능하지 못하게 할 수 있다. 현실과 이상 사이에는 항상 괴리가 있기 마련이다. 위에서 말한 바대로 우리 정신의 본성인 에로스의 한 쪽 부모는 빈곤과 무지의 여신이었다. 현실을 넘어서 이상을 추구하는 의식, 빈곤과 무지를 극복하고 풍요와 지혜의 삶을 살고자 하는 의식을 당위의식이라고 한다. 이런 의식은 윤리적 관점을 취할 때 요구되는 행위들이 있으며, 그런 행위의 수행을 통해 도덕적 가치가 실현될 수 있다는 믿음이다. 인간의 현실은 사실성과 필연성의 세계이다. 인간의 당위의식은 이런 현실을 비판하고 가치와 당위의 세계를 실현하고자 한다.

윤리학에서 중요한 사실과 가치, 존재와 당위의 구분은 현실과 이상간에 이런 거리에서 생겨난다. 그런데 가치나 당위는 가능성을 함의한다("ought implies can"). 현실화될 수 없는 당위나 가치는 무의미하다. 꿈의 대상으로서만 존재할 뿐 현실화될 수 없는 이상은 우리에게 현실을 극복하게 할 진정한 힘을 제공할 수 없다. 그러므로 가치와 당위에 대한 의식은 스스로 자유롭게 결단하고 의지적으로 실천해서 현실을 변화시킬 수 있다는 가능성에 대한 판단을 내포한다.

4) 이성과 자유

과연 인간의 현실은 이러한 가능성에 대한 믿음을 지원하는가? 인간은 미래를 스스로 만들어 갈 수 있는 유일한 존재이다. 윤리학은 그런 믿음을 전제로 성립하는 학문이다. 인간 밖의 자연세계는 필연 법칙에 따라 인과결정적으로 움직여 간다. 자연세계에서 과거와 현재는 미래를 결정한다. 그러므로 자연세계에서 과거와 현재 그리고 법칙이 주어지면 미래의 운행은 예측 가능하며, 이런 예측 가능성이 과학기술을 가능하게 만든 근거이다. 자연계와 달리 인간은 자유와 이성을 지닌 존재이다. 인간은 이성에 의해 현실을 비판적으로 평가하고, 나아가 미래를 자신이 원하는 방향에서 숙고할 수 있으며, 이런 평가와 숙고를 거쳐 필연적인 흐름을 거슬러 자유롭게 선택하고 실천할 수 있다. 이성과 자유, 이것이 인간 정신의 본질이며 인간 삶의 고유한 특성이다.

동물이나 사물의 미래는 결정되어 있다. 이들은 자신의 노력에 따라 미래를 만들어 갈 수 있는 행위 주체가 아니다. 인간도 동물의 한 종으로 자연적인 존재이다. 따라서 필연의 법칙에 지배받는 측면이 있다. 인간 역시 신체적으로 성장했다가 병들고 노화해 죽어 가는 것을 피할 수 없다. 그럼에도 인간에게는 스스로 창조할 수 있는 영역과 미래를 만들어 갈 수 있는 가능성이 있다. 인간만이 이성과 자유를 통해 행위 주체가 될 수 있다. 인간은 타자에 의해 움직이는 사물과 달리, 행동의 원인을 자신 속에 지니고 있는 존재이다. 이것이 행위 주체의 개념이다.

흔히 거리의 차들을 자동차라고 부른다. 그러나 자동차는 '자동차(自動車)'가 아니다. 차는 스스로 움직이는 존재가 아니기 때문이다. 운전자가 조종해야만 움직이는 타동적인 존재에 그칠 뿐이다. 자동적이라 할 수 있는, 즉 스스로 움직일 수 있는 유일한 존재는 인간이다. 이런 믿음은 전문적인 윤리학자들만의 신조가 아니라 보통 사람들이 일상의 삶에서 전제하고 있는 기본적인 믿음이다. 이런 믿음이 없이는 매일 매일의 삶 자체가 영위될 수 없다. 우리가 일상의 삶에서 사람들의 행위를 칭찬·비난하거나, 처벌·포상하는 이유는 그 행위의 원인이 그 행위 주체의 자유 의지에 있으므로, 행위자가 그 행위의 공과에 대해 책임져야 한다는 판단에서이다.

인간은 자신의 삶과 행동을 사실적 관점에서 기술하기도 하지만 윤리적 관점에서 평가하기도 한다. 어떤 이는 돈을 많이 벌어 부자가 되었고 높은 지위에 올랐으며, 어떤 이는 어느 학교를 나와 누구와 결혼하였고, 어떤 체험을 하였다는 등의 서술은 그 행위 주체에 대한 사실을 기술한 내용들이다. 이런 사실 기술과 별개로 우리는 스스로 우리의 삶과 행동에 대해 사실 기술보다 더 중요한 판단을 내리는데, 이것이 윤리적 평가이다. 우리 삶에 대한 가장 중요한 최종의 판단은 무엇을 했느냐, 어떤 지위에 올랐느냐 등의 사실 기술이 아니라, 윤리적 관점에서 어떤 삶을 살았느냐에 대한 평가이다. 이런 평가는 윤리적 판단을 통해 표현되며, 행위나 인품, 선과 악, 시와 비, 정의와 불의, 의미와 무의미, 가치있음과 무가치함 등의 술어를 사용하여 기술된다. 윤리적 관점은 윤리적 판단을 가능하게 하며, 윤리적 판단은 윤리적 개념들을 산출한다. 이런 개념들은 인간에게만 귀속될 수 있는 인간 고유의 술어들이다.

3. 윤리적 주체로서의 개인

1) 인격체로서의 개인

우리는 위에서 인간이란 자신을 특별한 존재로 파악하는 동물이라고 규정한 바 있다. 그 특별한 위치를 인격성이라고 부르며, 인격성을 지닌 인간을 인격체라고 한다. 우리는 인격체를 사물이나 동물과 구분하였으나, 좀더 구체적으로 그 특성들을 살펴보기로 하자. 우선 인격체란 적극적인 의미에서는 윤리적 행위와 삶의 주체라고 할 수 있다. 인격체는 이성과 사고의 능력을 사용해 나름의 가치관을 형성하여 자유 의지와 결단을 통해 이를 실현하고자 한다. 그리고 자신의 선택과 의지적 행동에 대해 책임지는 존재이다. 수동적 의미에서 인간은 고통과 불행을 겪으며 그것 때문에 아파하는 존재로, 따라서 정당한 이유 없이 타인에게 무시당하거나 폭행 당해서는 안 되는 신성불가침한 존재이다. 우리가 노숙자나 창녀를 존경할 수는 없지만, 그래도 길거리의 돌이나 강아지처럼 무시하거나 걷어찰 수 없는 이유는, 그들이 누구도 무시할 수 없는 인격성을 지니고 있기 때문이다.

인격성의 개념은 일상적인 우리의 의식이기는 하나, 이를 철학적으로 개념화하고 정리한 사람이 바로 독일의 철학자 칸트(I. Kant)이다. 그의 말을 좇아 인격성의 특징을 살펴보자. 사물과 대조해 보면 인격의 개념을 명확히 이해할 수 있다. 칸트는 사물의 개념을 넓게 해석하여 자연적인 존재를 포함하는 것으로 보고 무생물, 식물, 도구는 물론 동물까지도 포함시킨다. 인격성이란 인간이 자연을 넘어선 존재이기에 지니는 특성이다. 인격체로서의 인간은 자연계를 넘어서 예지계(叡智界)에 속하는 일원이라는 것이 칸트의 생각이다. 자연 속의 그 어느 존재도 이성이나 자유를 누릴 수 없으나 인간만이 예지계에 속하기에 그런 특성을 누리며, 이것이 인격성으로 발현된다는 것이다.

인격체는 자유로운 존재로 자신의 이성적 숙고와 의지적 결단에 따라 행동할 수 있으나, 사물적 존재는 자연의 필연적 법칙의 지배를 받는다. 인격과 사물 모두 나름의 가치를 지닌 존재인데, 인격은 절대 가치를 지니며 이를 존엄성이라 한다. 이에 반해 사물은 상대적 가치만을 갖는데, 이것을 시장 가격이라고 한다. 인격은 그 자체가 목적으로, 다른 어느 것을 위해서도 수단이나 도구로 사용될 수 없으며 항상 그 자체가 목적으로서 대우받아야 한다. 그러나 사물은 시장의 상품이 전형적으로 그러한 것과 같이, 오직 상대적으로만 목적적 대상이고 본질적으로는 도구적 존재이다. 그것은 무언가를 위해 소용이 되기에 욕구의 대상이 되며 그 용도가 지나면 가치를 상실한다는 의미이다.

인격이 지닌 가치로서 존엄성은 절대적이기에 양화(陽化)되지 않으며, 타 인격과 비교할 수 없고, 분할이 불가하고, 다른 것으로 교체할 수 없는 고유성을 지닌다. 그러므로 모든 사람들의 인격은 각각 그 자체로 존중되어야 한다. 물론 다른 무엇을 위한 도구가 아닐 뿐만 아니라, 양화나 비교가 불가하므로 판매의 대상도 아니다. 이에 비해 사물들은, 시장 상품이 전형적으로 그러한 것처럼, 그 가치를 계량화할 수 있다. 시장과 백화점에 있는 상품들은 저마다 가격표를 붙이고 있다. 어느 것은 싸고 어느 것은 엄청나게 비싸다. 그 가치는 인격체와 달리 상대적인 것이어서 계량화를 통해 비교할 수 있다. 쌀 한 말, 두 말, 또는 옷 한 벌, 상의와 하의 등, 양화와 분할이 가능하다. 그리고 10만 원짜리 코트 한 벌과 1만 원짜리 티셔츠를 교환할 수 있다. 사물의 이런 특성은 모두 그 가치가 상대적이고 도구적이기 때문이다.

노예제의 문제는 사람을 인격체가 아닌 상품이나 도구로 간주한다는 점에 있다. 노예제 시대만이 아니라, 이제 그런 제도를 야만의 제도로 여기는 현대 삶에서도 인간을 사물화하는 일이 일어나고 있다. 흔히 현대를 소외의 시대, 군중 속에서 고독을 느끼는 시대라고 한다. 소외는 영어로 'alienation'이라고 하는데, 이를 직역하면 타자화(他者化)란 의미이다. 타자화란, 인간이 다른 사람으로 여겨진다는 의미라기보다 자신의 본질이 아닌 것, 즉 인격성과는 다른 존재, 즉 사물로 간주된다는 몰인간성의 현상을 기술하고 있다. 현대는 고도로 경쟁이 치열한 사회로, 이런 과정에서 구체적인 생산물이나 서비스를 제공하는 전문 지식이나 기술 또는 기능이 요구된다. 이런 고도지식 사회, 치열한 자유경쟁 사회에서는 인격성보다 기능을 중시하며, 팔 수 있는 능력이 없는, 즉 경제 · 사회 · 문화적으로 생산력이 없는 장애인이나 노약자는 무시되는 경향이 있다. 이들을 무시하는 것은 바로 인격성에 관심을 두지 않음으로써 인간을 사물로 간주하는 것과 같다. 이것이 현대 사회의 소외이다.

물론 사람도 임금을 받고 노동하는 한에서는 사물적인 측면이 있다. 우리 인간들에게도 계량화할 수 있고 상품화할 수 있는 측면이 있다. 그러나 인간에게 이것이 전부도 아니요, 결코 우선될 수 있는 것도 아니다. 인간은 직업인이요, 기능인이요, 봉급을 받고 노동을 파는 노동자이기 이전에 우선 인격적인 존재이다.

지하철 등의 대중교통 수단을 이용할 때 이리저리 밀리면 짐짝 취급을 당하는 것 같아 불평하게 되고, 공장에서 기계를 깎고 나사를 조이는 등 고도로 분업한 업무를 행할 때에는 우리 자신이 기계와 같아지는 참담한 기분을 경험하곤 한다. 이런 상황에서 불만감이나 소외감을 느끼며, 그런 열악한 교통 상황이나 작업환경에서 벗어나고자 하는 것은, 인간이 짐짝이나 기계가 아니라 스스로 인격적인 존재라고 생각하기 때문이다.

사회복지의 이념은 인격과 권리 개념에 기초하고 있다. 사회복지의 이념은 걸인이나 장애인, 거리의 여자 등 소외된 사람들이 처한 상황을 그들 자신의 약점이나 문제로만 파악하지 않는다. 오히려 그들은 사회적 여건이 불비하기 때문에 자신들의 인격성을 적극적으로 실현하며 살 수 없다고 이해하며, 이런 믿음 하에 그들의 복지를 증진토록 도와줌으로써 다른 사람들과 같이 적극적으로 자신의 가치관을 형성하고 실현하면서 살도록 하자는 것이다.

모든 사회구성원이 서로 인격체로 대우하는 사회를 칸트는 목적의 왕국이라고 불렀다. 사람들이 인격체로 대우한다는 것은, 타인이나 인간 이외의 목적을 위한 도구나 사물로서 격하하지 않고 목적 그 자체로 간주하며 존중함을 의미한다. 이런 의미에서 칸트는 인격적인 사회를 목적의 왕국이라고 부른 것이다. 목적의 왕국은 자연의 왕국이나 사물들의 세계와 대조되는 세계로, 말하자면, 윤리적 이상국이다. 윤리적 이상국은, 경제적 부가 넘치고 모두 불만없이 공평하게 나누어 갖는 그런 사회라기보다 모든 사람들이 인격체로서 행위하고 대접받는 사회이다. 남녀, 노소, 지위의 고하, 빈부의 격차, 정상인과 장애인 모두 평등하게 인격체로서 존중받으며 인간의 윤리적 가능성을 실현할 수 있은 사회가 윤리적 관점에서의 이상국이다.

2) 권리와 인격

인격성의 개념은 모든 정상적인 사람이라면 지니고 있는 의식이다. "남의 인격을 무시하지 말라", "인격 대 인격으로서 대화하자", "어린이라도 인격적으로 대해야 한다"는 등 일상적인 발언에서 보듯이 인격이라는 것은 고매한 인격자나 오랜 수양을 통해 높은 인품을 지닌 사람만이 지니는 것이 아니라, 일상인들이 모두 지니고 있으며, 이런 이유에서 누구나 타인으로부터 존중받아야 한다.

국민의 권리와 의무를 명기하고 있는 대한민국 헌법 제2장의 첫 번째 조문인 제10조는 "모든 국민은 인간으로서의 존엄과 가치를 가지며, 행복을 추구할 권리를 가진다"고 명기하고 있다. 존엄성과 가치는 인간이 인격체이기에 갖는 것이다. 헌법은 이어서 구체적으로 국가가 보장해야 할 다양한 자유와 권리들을 명기하고 있다. 인격체로서의 인간은 국가 사회에서 다양하게 활동하는데, 가장 중요한 활동은, 신체의 자유, 거주 이전의 자유, 직업선택의 자유, 주거의 보장, 사생활 비밀과 보장, 통신의 자유, 양심과 종교의 자유, 언론 출판 등의 자유 등 헌법 상 기본적 자유가 보장하는 활동들이다. 이들은 모두 인격체가 자신의 인간적 가능성을 실현하기 위한 가장 기본적이고 구체적인 활동이기에 헌법에 명기함으로써 국가가 보장하고자 하는 것이다.

헌법을 통해서 명시된 국민으로서의 다양한 자유와 권리는 인간들이 모두 인격적인 존재이기에 주어진다. 권리를 세목화하여 헌법 상 조문으로 명시하는 이유는, 국가란 우선적으로 국민들이 인간으로서의 가능성, 그 중 특히 윤리적 가능성을 실현하게 하기 위해 존재하기 때문이며, 인격이라는 개념은 그 자체로서는 추상적이고 포괄적이기 때문에 일상의 삶에서 활동을 통해 나타나는 모습들을 세목화하여 헌법에 구체적으로 보장하고자 하는 것이다.

3) 권리개념의 올바른 이해

여기서 우리는 권리에 대해 흔히 범하는 오해를 해소할 필요가 있다. 권리의 소유주는 구체적이고 특수한 각 개인들이다. 권리 개념을 확립하고 신장하려 하는 입장은 근대 이후 개인주의와 밀접하게 관련이 있다. 개인주의 사회는 인간이 이기적 존재라는 사실을 인정하고, 나아가 그것을 기반으로 해서 성립한다. 각 개인이 서로 이익을 최대화하려는 성향은 자연스러운 것이다. 따라서 이 이기주의를 무작정 억제할 것이 아니라 적절히 고취하되, 이를 모든 인간이 지닌 합리성에 의해 적절히 조절할 때 오히려 사회가 발전하리라고 근대 사회는 낙관적으로 기대한다. 인간의 합리성에 대한 이런 신뢰가 바로 근대 자유주의의 기반이 된다.

자연상태는 각 개인의 이익들이 서로 충돌하는 상황으로, 이러한 과정에서 발생하는 갈등이 심해지면 만인에 대한 만인의 투쟁으로 치달을 수 있다. 인간의 이성은 이를 방지하기 위해 인간들을 설득해서 계약을 맺어 국가를 구성하게 하였다. 국가가 관여함으로써 서로의 이기심을 적절히 조절하고 서로 협동해 자연상태에서보다 훨씬 각자의 욕구를 더 잘, 그리고 다양한 방식으로 충족시키게 된다. 이것이 바로 록크나 홉스 등의 사회계약설이다.

근대 철학자들이 국가 사회를 구성하는 동기로 보는 두 원리는 이기주의와 이성 또는 합리성이다. 개인의 권리는 이기주의와 연관되어 개인의 이익을 본질로 하는 개념으로 오해되어 왔다. 'rights' 는 '권리(權利)' 로 번역되어 이익이나 이해관계가 핵심적인 의미인 것으로 믿어져 왔다. 자유주의나 민주주의의 역사가 연천한 한국에서 이러한 현상은 특히 심하였다. 가족 이기주의, 님비(nimby)현상, 의무가 동반되지 않은 권리 주장 등에서 드러나듯이, 한국 사회에서의 권리 주장은 사회를 안정되게 하기보다 개인들 간에 갈등을 유발하곤 하였다.

권리란 영어로 'rights' 로, 'right' 라는 형용사를 명사화하여 복수화한 것이다. 직역하면 '옳음들' 을 의미한다. 옳음은 다른 말로 하면 '정의' 이다. '옳음들' 이란 '정의의 몫' 또는 '정의의 지분' , '이성의 지분' 을 의미한다. 앞에서 지적한 바와 같이, 자연상태와 국가의 차이는, 개인들 간의 권리 주장이 자연상태에서는 무제약적이어서 갈등하고 충돌하는 결과를 가져오지만, 국가에서는 이성이 이런 갈등을 조절하므로 조화와 협동 그리고 균형을 유지해 개인과 사회를 발전시킨다는 점이다. 국가는 이성의 공간이며 정의의 좌표대이다. 권리에서 중요한 것은 개인성에 더하여 이성의 조절과 정의의 개입이다. 권리란 이성과 정의의 원리에 따라 개인들에게 각자의 몫으로 주어진 것이다. 이런 점에서 권리는, 이성의 개념을 살려, '權利' 라기보다는 '權理' 로 번역하는 것이 보다 적절하다. 이렇게 번역해야 권리의 핵심적인 의미가 바로 옳음, 정의, 이성임이 분명해질 것이다.

4. 윤리학의 개념과 윤리적 판단

1) 윤리학의 기본 개념

윤리학의 기본 개념에는 어떤 것들이 있는가? 윤리적 개념은 주로 우리의 행위, 성품, 삶과 관계된 것으로, 다음을 예로 들 수 있다: 선악, 시비, 가치, 당위, 명령, 의미, 목적, 의지, 자유, 선택, 책임, 행위 주체, 인격성, 존엄성, 권리와 의무 등. 이들 중 가장 기본적인 것은 '좋다' 와 '나쁘다', '옳다' 와 '그르다' 일 것이다.

선악, 시비 등을 윤리적 술어라 하는데, 이 개념은 논리적으로 어디에 위치하는가? 이 개념을 사용한 윤리적 판단을 검토하여 이를 규명해보자. 우선 "철수는 좋다거나 나쁘다" 또는 "정직이나 부정직은 옳다거나 나쁘다"는 등의 판단은 윤리적 술어를 사용했으므로 윤리적 판단이라 할 수 있는데, 이들은 각각 철수라는 사람이나 정직, 부정직의 행위가 좋음, 나쁨, 옳음, 그름 등의 윤리적 속성을 지니고 있음을 기술하는 서술적 판단이다. 그런 한에서 그 속성의 존재 여부에 따라 진위 판정이 가능할 것이며, 위의 판단의 진위에 관해 논쟁을 벌일 수 있다.

문제는 윤리적 속성들은 빨강, 차가움, 빠름, 무거움 등과 같이 감각을 통해 경험할 수 있는 속성이 아니라는 점이다. 그러므로 그런 속성의 존재 여부를 확인할 수 있는 방법을 찾기가 쉽지 않다. 그래서 논자들은 경험적 사실 판단과 이성적 사실 판단을 구별하고, 윤리적 판단의 진위는 이성에 의해 판정된다고 주장한다. 하지만 논리적이거나 수학적인 판단의 진위는 논리적으로 입증이 가능함에 비해, 윤리적 판단의 진위를 논리적으로 가리기는 어렵다는 점이다.

이런 문제점을 해결하기 위해 윤리학자들은 인간이 도덕적 속성의 존재를 인지할 수 있는 도덕감이나 정의감 또는 양심과 같은 능력을 지녔다고 논하기도 하고, 윤리적 판단은 형식으로는 서술적이지만 실질적으로는 발언자의 주관적 감정이나 정서 또는 태도를 표현하는 정의적 판단이라 주장하기도 한다. 즉 윤리적 판단은, 극단적으로 말하면, 시적인 표현과 같다는 것이다. 이런 입장을 에모티비즘(emotivism) 또는 정의주의(情意主義)라고 한다.

선의 개념을 정의할 수 있는가? 아리스토텔레스는 그의 저서 『니코마코스 윤리학』 제1장 첫 문장에서 "모든 기술과 탐구, 그리고 행동과 추구는, 즉 의도적인 행위들은 좋다고 여겨지는 것을 목표로 삼는다"고 통찰하였다. 좋음 또는 선의 개념은 우리의 의도적인 행위를 규제하는 기본 범주이다. 이런 원초성을 인정한다면, 진리를 정의할 수 없듯이, 선의 개념 역시 정의할 수 없을 것이다.

좋음과 옳음의 관계는 무엇인가? 정의, 시비란 무엇인가? 옳음이란 좋음과 본질적으로 연관되어 있다는 것이 일반적인 믿음이다. 옳음이란 좋음을 실현하는 행위 또는 좋음으로 인도하는 행위이다. 로스(W. D. Ross)와 같은 윤리학자는 옳음을 선과 다르게 규정하기도 하나, 대부분 양자를 연관하여 정의한다.

2) 윤리적 판단과 실천

윤리적 판단은 또 하나의 중요한 특징을 지닌다. 이들은 경험적 사실 판단이나 논리적 사실 판단과 달리 행위를 수반하는 판단이다. "그 사람은 좋은 사람이다", "그이는 인격자이다" 등의 판단은 단지 사실을 기술하는 것을 넘어서 기술 대상을 평가하고 있으며, 이런 평가를 통해 판단 대상의 인품이나 행위를 모범으로 삼겠다던가 타인에게 그를 권장하고자 하는 의도가 담겨있다. "정의는 옳은 행위이다", "약속을 어기는 것은 나쁘다"는 등의 행위에 대한 평가 판단은 그 행위의 윤리적 특성을 기술하기도 하지만, 나아가 그런 판단은 "정의로워야 한다" 또는 "약속은 지켜야 한다" 등 당위적 문장이나 "정의를 행하라", "약속을 이행하라"는 명령으로 바꿀 수 있다. 이런 사실이 시사하듯이 평가 판단은 우리의 행위에 영향력을 행사하려는 의도를 담고 있다.

윤리적 판단은 윤리적 실천을 위한 판단이다. 윤리적 실천을 통해 선과 정의를 실현하고, 그리하여 우리의 현실세계를 도덕적으로 변화시키고자 하는 것이다. 사람들은 자신이 살고 있는 현실에 대해 부단히 비판적으로 평가하면서 개선하려고 한다. 그런 개선의 방향은 신체적, 경제적, 물질적인 것일 수도 있을 것이다. 질병을 치유해 건강한 삶을 영위하고, 기아상태에서 벗어날 뿐 아니라 물질적 풍요를 누리고자 한다. 기술혁신을 통해 더 많은 자유와 여가를 창조적인 일을 위해 사용하고자 한다. 그러나 이들보다 더 중요한 것은 우리 삶의 세계를 윤리적으로 개선하는 것이다. 윤리적 실천을 통해 가치와 당위의 세계를 실현하려는 것, 이것이 인간 삶의 궁극적 목적이다.

이렇게 보면 윤리적 판단에 의해 기술되는 윤리적 속성들은 현재의 속성이라기보다 우리를 도덕적 이상으로 이끌어 가려 하는 미래지향적 속성일 가능성이 있으며, 윤리적 판단이 진리라 한다면 그 판단은 우리의 현재라기보다 우리의 미래를 그린다고 말할 수 있다. "정의가 옳다"는 윤리적 판단은, 정의롭지 못한 우리 현실에 대한 간접적 비판을 담고 있으며, 그러므로 정의를 행해야 한다는 처방, 그리고 정의를 실천할 때, "우리 세계는 정의롭다"는 문장이 미래에는 진리가 될 수 있다는 진리조건적 사실을 함의하고 있다.

좋은 것은 우리가 좋아하는 것이다. 그러나 과연 우리가 좋아하는 것이 모두 좋은 것이 될 수 있는가? 주관적인 좋음과 객관적인 좋음은 다를 수도 있으며, 우리가 개인적으로 좋아하는 것이 우리 자신에게도 좋은 것이 아닐 수 있다. 자연적이고 심리적 관점에서 평가하는 것과 윤리적 관점에서 평가하는 것은 다를 수 있다. 윤리적 좋음은 우리가 자연적으로 좋아하는 것에 대한 반성을 거쳐 이성의 관점에서도, 객관적 관점에서도 좋다고 여길 수 있는 보편성을 지녔느냐에 따라 결정된다.

참고문헌

대한민국 헌법
플라톤, 『향연』.
맹자, 『맹자』.
칸트, 『실천이성비판』.
홉스, 『리바이어던』.
로크, 『대의 정부론』.
김태길, 『윤리학』, 박영사, 1987.

제2장
윤리이론과 사회복지

남 경 희

1. 윤리적 판단과 윤리이론

윤리적 상황에 처해 문제를 해결하기 위한 행동을 수행하기 위해서는 윤리적으로 판단을 내려야 한다. 윤리적 판단은 사실 판단과 달리 행위 계도적이거나 행위 처방적이다. 윤리적 행위들은 우리 삶의 가치와 관계되는 것인 만큼, 어떤 판단을 내리는가는 그 판단자의 삶의 방식과 깊은 연관이 있다. 이런 중요성 때문에 어떤 경우라도 우리는 일정한 윤리이론을 배경으로 하여 윤리적인 판단을 내리게 된다. 일상의 사소한 윤리적 판단일지라도 그것은 삶에 대한 태도를 표현한다는 점에서 비록 논리성이나 체계는 갖추지 못했더라도 삶과 가치에 대한 나름의 믿음들을 배경으로 하고 있다.

이미 지적한 바와 같이 윤리적 판단은 윤리적 평가 술어를 사용하게 되는데, 대표적으로 '좋다', '나쁘다', '옳다', '그르다', '정의롭다', '불의하다' 등이 있다. 선악과 시비의 기준은 주로 인간과 삶의 본질을 무엇으로 보느냐에 따라 달라지며, 이에 관해서는 다양한 윤리이론이 있다. 전통적으로 윤리사상가들은 인간을 형이상학적 초월자로, 신적이거나 종교적인 신앙인으로, 이성과 자유를 지니고 있는 독립적인 주체로, 또는 여타 동물들과 같은 차원에 있는 이기적이고 자연적 존재 등이라고 다양하게 규정하여 왔다. 이처럼 다양한 주장들에 따라 형이상학적 윤리설, 직각주의적 윤리설 등 다양한 이론이 제안되었다. 이들 중 사회복지 상황과 직접 연관되는 주요 입장을 몇 가지 살펴보기로 하자.

1) 의무론과 목적론

행동의 시비를 평가하는 기준으로, 또는 윤리적 갈등 상황에서 어떤 행위를 선택할 것인가의 문제를 해결하기 위한 주요한 원리로 제안되는 대표적인 것이 의무론과 목적론이다. 의무론은 칸트, 프라이스(R. Price) 등의 입장이나, 극단적 형태로는 모세의 율법적 윤리가 그 예이다. 우리의 행위들 중 절대적으로 옳은 행위나 그른 행위가 있다는 입장이다. 절대적인 도덕적 가치를 지닌 행위를 의무라고 하는데, 칸트는 이런 행위를 정언명령(定言命令)이라고 불렀다. 정언적이라 함은 가언적(假言的)임에 대비되는 개념으로 무조건적이라는 의미이다. 정언적 행위는 조건이나 단서에 관계없이 절대적으로 옳은 행위로 무조건 수행해야 한다. 우리 정신의 최상부를 점하는 윤리적 실천 이성이 이러한 행위를 수행하라고 지시한다는 점에서 명령이기는 하나, 우리 의지의 관점에서는 수행할 수도, 하지 않을 수도 있는 선택적 행위라는 점에서 당위적이다.

정언명령의 대표적인 예로, 칸트는 자살 금지, 능력 계발, 약속 이행, 어려운 사람을 돕기라는 4가지 의무를 들고 있다. 이 의무는 모두 자신과 타인의 인간으로서 갖는 가능성과 관계가 있다. 이미 말한 바와 같이 인간은 가능성의 존재이다. 그런데 인간의 가능성에는 신체적, 지적, 예술적 가능성도 있지만 가장 중요한 것은 도덕적 가능성이다. 전자들의 경우, 사람마다 차이가 크며 평등하지 않아 좌절을 겪게 되는 경우도 있다. 그러나 도덕적 가능성은 모든 사람에게 동일하며 바로 이 점에서 인간들 간의 기본적 평등의 근거를 찾을 수 있는 것이다.

목적론은 의무론과 달리 행위에 대한 시비 기준을 행위 자체에서가 아니라 어떤 삶의 목적에 비추어 찾는 입장이다. 대표적으로 아리스토텔레스나 무어 (G. E. Moore) 등이 이런 입장을 취하고 있다. 아리스토텔레스가 제안하는 삶의 목적은 인간이 인간으로서 기능하거나 탁월성을 발휘하는 것이고, 무어 에 따르면 우리에게 옳은 행위는 세상의 것들을 가능한 한 최선의 것으로 해야 한다는 것이다. 아리스토텔레스에 따르면 인간은 다양한 기능들을 지니고 있다. 생명체로서 영양과 생식의 기능, 동물로서 감각과 욕구의 기능, 그리고 인간 고유의 기능으로서 이성과 사유의 기능들이 그것이다. 이를 실현할 때 인간은 '잘 삶' 또는 복지상태에 이르게 된다는 것이다. 이를 희랍어로 'eudaimonia' 라 한다. 구체적으로 이것은 인간적인 가능성을 가장 탁월하게 발휘함으로써 성취된다.

2) 동기주의와 결과주의

행위를 윤리적으로 판정하는 또 하나의 기준으로 동기주의와 결과주의가 있다. 흔히 동기주의와 의무론을, 결과주의와 목적론을 연계시키지만 이런 관계는 적절하지 않다. 의무론/목적론은, 행위 판정 기준을 현재 수행되는 행위 자체에서 찾느냐, 아니면 그 행위가 앞으로 기여하게 될 미래의 목적에 의거하느냐로 구분한다. 도덕적 행위는 일상적인 행위와 달리 내면성과 외면성을 지니는데, 동기주의/결과주의는 윤리적 판단 기준을 이 두 측면 중 어디에서 찾느냐에 따라 구분된다.

무수히 많은 사람들이 거리에서 자동차 사고로 죽어 간다. 사람들을 죽게 한 직접적인 원인은 자동차이다. 그러나 우리는 자동차를 살해자라 하여 체포하고 재판하여 징역을 살게 하는 경우를 본 적 없다. 경찰이 그런 짓을 한다면 '직무유기이다', '정신이 나갔다' 라고 할 것이다. 다음의 두 살인의 경우를 비교해 보자. 한 경우는 채무자가 자신의 채권자를 살해했다. 다른 경우는 군인이 소총을 청소하다 오발하여 옆에 있는 동료를 살해하였다. 후자의 군인은 동정을 사고 전자의 살인자에 비해 경미한 처벌을 받는다.

왜 그럴까? 자동차(自動車)는 이름과 달리 스스로 움직일 수 있는 존재가 아니다. 그것은 내면적인 의도나 동기를 스스로 갖추고 있지 못하므로 처벌의 대상이 되지 않는 것이다. 오발한 군인은 살인 채무자와 달리 타인을 살해할 의도가 없었으므로, 그를 부주의 등을 이유 삼아 처벌하기는 하나 악한 자라고 비판하지는 않는다. 이런 일상의 사례에서 볼 때, 도덕적 행위에서 본질을 구성하는 것은 동기나 의도의 존재 여부이다. 우리가 범죄행위에서 사주한 자와 그 하수인이 된 자를 구분하는 것도 동기가 어디에 있는가를 가리기 위해서이다.

동기주의는 도덕적 행위의 본질을 내면에서 찾는 입장이다. 동기주의는 상식적 직관에 비추어 타당한 것으로 여겨지는데, 그 이유로 대략 두 가지를 제시할 수 있다. 첫째, 인간은 허공에서 또는 마음 속에서 행동하는 것이 아니라 주위 상황 속에서 직접 몸을 움직여 행동한다. 따라서 아무리 강한 의지를 품고 있더라도 행위주체 자신의 처지나 주위의 상황 등이 허용되어야 행위를 수행할 수 있는 것이다. 윤리적 관점이란 행위자가 실제 무엇을 했느냐보다 그의 정신이나 내면을 보려는 것이며, 이런 점에서 행위의 옳고 그름은 동기나 선의지의 존재 여부에 따라 판정되어야 한다는 입장이 타당하다.

둘째, 동일한 행위를 하더라도 그 내면의 동기는 다를 수 있으며 윤리적 관점에서 이런 차이는 구분되어야 한다. 가령 남을 돕고 자선을 베풀되 진정 자선의 행위를 수행해야 한다는 선의지(善意志)에서가 아니라, 칭찬을 받고 명예를 높이기 위해서 또는 미래의 이익을 위해서 그렇게 행동할 수 있다. 약속을 지키고 신용을 지키되 약속의 신성성이나 신용 자체의 중요성 때문이 아니라, 결국은 장사속이 있어서 그럴 수도 있다. 우리는 주위에서 선을 위장하는 사람들, 즉 위선자들을 발견하곤 한다. 외면적으로 그 행동은 의무에 부합하되 동기는 나쁠 수 있다.

결과주의는 의지의 실현 여부 또는 행위의 결과를 중시하는 입장이다. 이 입장을 지원하는 이유를 대략 세 가지 집어볼 수 있다. 첫째, 동기주의의 직관적 타당성에도 불구하고 행위의 외면성을 무시할 수는 없다. 도덕적 행위도 행위이니 만큼 외화(外化) 되어 소기의 결과를 낳아야 한다. 우리가 도덕적 행위를 수행하는 이유는 이 현세를 도피하여 신의 세계나 초월적 세계 또는 귀신들의 세계 등 경험할 수 없는 세계로 숨어들고자 하는 것이 아니다. 우리가 도덕적 행위를 통해 실현하려는 가치는 지금 우리가 사는 세계를 개선하기 위한 것이지, 보이지 않는 저 너머의 세계를 위한 것이 아니다. 윤리적 실천을 통해 우리는 우리가 사는 구체적 생활을 개선하고자 한다. 그러므로 도덕적 동기는 행위의 실천으로 결실을 맺어야 한다. 열매를 맺지 못하는 나무는 아무리 꽃이 아름다워도 소용이 없다.

둘째, 선의지는 단순한 바람과 구분되는 것으로, 양자의 차이는 실천력에 있다. 물론 선의지가 아무리 강해도 사람이 항상 자신의 의지를 실현할 수 있는 것은 아니다. 그럼에도 선의지란 내적 또는 상황의 장애를 극복하고 수행하려 한다는 점에서 독특하다. 지옥이나 연옥으로 가는 길에는 무수히 많은 바람들이 깔려 있을 수 있다. 선의지에 미치지 못하는 단순한 바람은 우리를 도덕적 천당으로 인도하지 않는다. 윤리적 판단에서 우리는 실천력이 있는 사람과 없는 사람을 구분해야 한다.

셋째 이유는 도덕적 행위의 객관성과 관련이 있다. 내면적 동기나 의지는 내면에 있어 보이지 않는 것, 주관적인 것이므로 윤리적 판단 기준이 될 수 없다. 판단 기준은 객관적이고 경험할 수 있는 것이어야 한다. 동기주의는 판단의 기준으로 내면적인 것을 제시하기 때문에 사실상 객관적인 윤리적 판단이 불가능하다. 동기나 의지를 기준으로 삼더라도, 그 자체로서는 시비 판단의 객관적인 기준이 될 수 없으므로 오직 외화된 행위와 결부해서만 간접적인 기준 노릇을 할 수 있다.

3) 동아시아 규범관과 서양 규범관의 비교

서양은 이성에 의해 초월적이고 선험적인 원리나 판단 기준을 발견하여, 이로부터 선악이나 시비의 기준을 연역하려는 경향이 있다. 이런 원리를 구체적 상황에 적용하여 윤리적으로 판단하려 한다는 점에서 연역적이고 논리적이다. 이와는 대조적으로 동아시아는 경험이나 과거의 선례를 중시하고, 충효(忠孝) 등 가까운 사람들 사이의 정서를 기반으로, 그리고 이를 모범으로 삼아 모방하고 유추하여 다른 상황에 적용하려 한다는 점에서 귀납적이고 유비적이다. 그러므로 동일한 행위를 수행하더라도 그 행위자가 어떤 상황에 있는 어떤 품성의 사람인가에 따라 행위에 대한 처방과 판단이 다르다. 행위의 구체성을 중시하므로 도덕적 판단 역시 구체적 정황과 처지를 고려해야 한다는 입장이다. 만고불변하는 옳은 행위란 없으며, 획일적으로 적용될 수 있는 보편적인 기준이 있는 것은 아니다. 대체적으로 인(仁)이나 서(恕)와 같은 하나의 이념은 존재하지만, 상황, 정황, 처지 등을 고려해서 그 이념을 해석해야 한다는 것이 동아시아적 규범관의 특징이다.

순리(順理)나 자연스러움을 강조하는 것이 동아시아 규범관의 또 다른 기초이다. 유가에서는 효(孝)가 모든 사회적 규범의 근본이다. 이점은 서양적 규범관과는 정반대이다. 서양은 시민 윤리, 모르는 타인과의 윤리적 관계를 우선시 하고 이에 기초해서 가족 윤리를 정립한다. 나아가 가족 간의 정서적 관계는 윤리적 행위를 수행하는 데 있어서 장애 요소로서 극복의 대상으로 간주되곤 한다. 자유와 평등 이념, 민주주의, 계약론, 자유주의, 사회주의 이상은 전형적인 서구적 사고의 소산이다. 서양에서는 구체적인 인간들 사이의 정적(情的)이고 상황적인 요소를 제거하고 이성에 기반해 일련의 규범체계나 목적을 발견하고, 이에 의거하여 윤리적 판단 기준을 정초하려 한다. 그 결과 나타나는 것이 의무론, 목적론, 결과주의 등이다.

동아시아적 규범은 가깝고 자연스러운 관계에 있는 사람들 사이의 정이나 연고, 이에 기초한 행위방식을 기초로 하여 이를 유추함으로써, 멀고 추상적 관계에 있는 사람들에게 대하는 행위를 추론한다. 이런 점에서 동아시아적 윤리는 근친애(近親愛)적 윤리라고 말할 수 있다. 이와는 대조적으로 서구는 원인애(遠人愛)적 윤리이다. 서구인은 일종의 수학적 사고를 통해 인간을 파악한다. 수학의 대상은 경험적이고 구체적인 것과 철저히 절연된 순수 형상의 전형이다. 인간에게도 이런 순수 형상과 같은 것이 존재한다고 보았으며, 인간의 그런 측면을 인격성, 순수 주체, 이성, 인권, 계약 당사자 등으로 개념화하였다. 그들은 구체적이고 실질적인 인간의 속성들 중에서 구체적이고 경험적이며 상황적인 것들을 모두 윤리적이고 규범적인 관점에서 우연적이고 자의적인 것이라고 평가하여 제거하면, 인간 모두에게 공통적이고 보편적인 것이 남는다고 믿었다. 실천이성이나 평등한 인격성이란 말하자면 수학적 지평에서 파악되는 행위 주체의 모습이다.

유가가 차별적이고 근친적인 효제(孝弟)를 중시하는 이유는 무엇일까? 그 해답은 우선 가족관계에서의 정서가 인간에게 더 자연스럽다는 사실에 있다. 효제는 순덕(順德), 즉 순리에 따른 덕목이다. 그들은 육친애(肉親愛)가 인인애(隣人愛)보다 우선적이고 자연스럽기 때문에, 전자가 모든 윤리적 관계의 기초가 되어야 한다고 보았다. 윤리적 규범은 자연스러운 것이어야 한다는 생각 때문에, 그들의 윤리론에서 인성론이 중요한 위치를 차지함에 비해, 규범론이나 의지론은 별로 논의되지 않았다. 인간의 자연스러운 본성과 무관하게 논의될 수 있는 규범이나, 본성에 반하거나 그것을 극복의 대상으로 삼는 의지란 그들에게 낯선 개념이었을 것이다.

2. 다원주의와 윤리적 딜레마

1) 절대주의와 상대주의

전통적으로 윤리학자들은 윤리적 행위의 인도와 그런 행위의 판단을 위한 보편적인 기준이 있다고 믿어왔다. 이런 믿음 하에 윤리학의 목표는 일련의 객관적이고 보편적인 행위 규범들이나 하나의 삶의 이상을 발견하는 것이었다. 이들은 행위와 판단을 위한 보편적인 기준의 역할을 할 수 있을 것이다. 인간은 시대와 문화의 차이에도 불구하고 인간이며, 모든 인간은 인간으로서 가질 수 있는 보편적인 능력인 이성을 지니고 있다는 것이 바로 보편성에 대한 믿음의 한 예이다.

20세기에 들어와 이런 생각들은 여러 방향에서 도전을 받았고, 상대주의의 등장을 가능하게 하였다. 절대적이고 보편적인 원리나 규범이 있다는 믿음이 흔들리게 된 것이다. 이런 도전의 하나는 내적인 것이었다. 2000여 년 동안 철학자나 윤리학자들은 보편적 원리와 규범에 대해 탐구하면서 다양한 이론들을 제안해 왔지만 만인의 동의를 얻은 것은 없었으며, 그럴 희망도 보이지 않았다. 이런 상황을 자각하면서 윤리학적 탐구 자체에 대해 회의하게 된다.

이런 회의는 20세기 초 인류학적 연구에 의해 가치규범들이 시대와 문화마다 다르다는 사실을 발견하면서 제안된 문화상대주의로 더 강화되었다. 동양에서는 효(孝)를 가장 중요한 덕목으로 생각하지만, 서구 윤리학의 가치체계에서 효라는 규범은 가치의 목록에조차 오르지 않는 경우가 많다. 서구 사회는 정서적 기준보다 이성적 기준을 중시한다. 더 극단적인 경우를 예 들면, 호주 등 원시부족들에게 살인은 용기의 상징으로 간주되며, 입문의식으로 자해를 요구하는 경우도 있다.

문화상대주의는 윤리적 상대주의를 낳게 되었는데, 즉 모두 합의할 수 있는 보편적이고 절대적인 가치와 규범체계를 확립하는 것은 원리적으로 불가능하며 시공의 차이에 따라 다른 가치체계를 갖는다고 주장한다. 서로 다른 문화권의 가치와 규범들은 비교가 불가능하고, 하나의 원리로 환원될 수 없다는 입장이다. 나아가 개인들 사이에서도 가치관의 차이는 존재한다고 보았다. 이런 상대주의나 회의주의는 급기야 위에서 언급한 정의주의나 이모티비즘을 등장시키게 된다. 이런 입장은, 윤리적 판단이란 외형으로는 판단의 형태를 지니고 있지만 실은 감정이나 정서적이고 주관적인 태도를 표현하는 정의적(情義的) 표현에 지나지 않는다고 주장한다.

2) 상대주의와 다원주의

상대주의는 현 시대의 시대적 조류이기도 한 자유주의와 맞물려 더욱 힘과 영향력을 얻어가고 있는 것으로 보인다. 자유주의는 개인의 자유와 권리를 최대한 허용 보장하고, 가치관의 문제, 삶의 방식 설정 등을 모두 개인에게 맡긴다. 더구나 각 개인의 다양한 삶의 방식과 가치관을 허용하고 권장하기까지 하고 있어 현대 사회의 자유주의는 상대주의를 지지하고 있는 것으로 이해되고 있다. 이런 오해는 다음의 이유에서 수정되어야 한다.

첫째, 서로 다른 시대와 문화권 간의 가치와 규범체계는 다를 수 있으며 상대적일 수 있다. 동일한 행위 방식이 문화마다 정반대의 평가를 받을 수 있는데, 이는 나름의 이유가 있는 것으로 보인다. 하지만 한 사회나 문화권 내에 거주하는 개인들 간의 가치와 규범체계는 서로 공존할 수 있는 범위 내에서만 상대적일 수 있다. 즉, 완전한 의미의 상대주의나 회의주의는 논리적으로 불가능하다. 그런 입장은 개인들 간에 해소할 수 없는 대립과 갈등을 야기해 사회의 구성 자체를 불가능하게 하기 때문이다. 사회를 구성하기 위해서는 최소한의 규범적 객관성이 확립되어야 한다. 한국이나 미국은 모두 자유주의 사회이지만 두 사회의 구성원들은 각각 서로 다른 일련의 규범체계를 공유하고 있다. 이런 공유된 가치와 규범을 표현하는 것이 바로 헌법이나 도덕 등이다.

둘째, 자유주의는 개인들 간의 차이가 화해하여 하나의 가치관으로 수렴될 수 없으므로 방임되어야 한다는 입장이 아니다. 그런 입장은 회의주의와 다를 바 없다. 자유주의는 오히려 개인들의 다양한 가치관들이 공동선에로 수렴될 가능성이 있음을 믿는다는 점에서 낙관적이고 적극적인 입장이다. 개인은 자유를 구사하여 다양한 가치관을 형성하고 이를 교환하여 풍요한 사회를 만들 수 있으며, 나아가 사상 · 언론 · 집회 · 결사의 자유가 보장되는 공간에서 대화하고 토론하면서 공동선을 창출해 갈 수 있다는 믿음에 기초한다. 그러므로 자유주의는 그 이념에서는 상대주의나 회의주의와는 반대된다.

셋째, 이상의 이유와 밀접하게 연관되어 있는 것으로, 상대주의와 다원주의는 명확히 구분되어야 한다. 자유주의는 상대주의를 부정하지만 다원주의와는 일관된 입장이다. 상대주의는 가치를 설정하고 규범을 정립함에서 이를 제약하는 이성적 조건이 있음을 부정한다. 소위 가치와 규범이라는 것은 감정이나 정서를 표현하는 것에 불과하고, 한 사회의 규범체계는 상황의 우연성 속에서 관습적으로 형성되었다는 것이다. 그러므로 도덕적 판단의 진위는 사회적 관습이나 개인에 따라 다를 수 있으며 더 이상 근원적 기준에 조회하여 평가할 수 있는 것이 아니라는 입장이다. 객관적인 도덕적 가치라는 것은 존재하지 않으며, 도덕적 판단에 대한 최종 진리성이나 정당화를 운위하는 것은 무의미하다.

도덕적 다원주의는 상대주의와 같이 다양한 도덕적 원리들이 불가환원적임을 인정한다. 달리 말하면, 모든 도덕적 가치들을 연역해 낼 수 있는 하나의 최상 원리의 존재를 부정한다. 그러나, 상대주의와는 달리, 다양한 그 원리들이 무한할 수 있다고 보지는 않는다. 어떤 이성적 요인들이 도덕적 원리의 내용을 일정한 범위 내에서 제약한다. 따라서 이런 제약 요소에 의거해서 도덕적 가치로 간주될 수 있는 것과 도덕적으로 비가치이거나 악이라고 간주될 수 있는 것을 가릴 객관적 기준을 운위할 수 있다. 나아가 다원주의는 무엇이 도덕적 가치와 규범으로 간주될 수 있는지에 대한 이성적 조건을 제시할 수 있다고 본다.

자유주의 사회 그 자체는 자연상태의 혼돈을 극복하고 질서 잡힌 사회를 구성하기 위해 이성이 인도하는 것에 따라 계약을 체결한 결과이다. 자유주의 사회는 가치관의 다원성을 인정하기는 하나, 동시에 모든 인간은 기본적인 삶의 형식을 공유한다고 본다. 또 생명, 신체, 재산, 노동 등에 대한 개인의 기본권은 자유주의의 기초를 구성한다. 상호간에 이해관계와 가치관의 상충은 대화와 협상을 통해서 해소될 수 있으며, 이런 협상은 이성의 규칙에 의해 조정되어야 한다고 믿는다.

3) 윤리적 딜레마

상대주의와의 차이에도 불구하고, 다원주의는 우리를 도덕적 딜레마 상황에 빠지게 한다. 다원주의는 두 가지 공존할 수 없는 행위의 타당성을 인정한다. 그런데 공존할 수 없는 두 행위를 타당하다고 인정한다면, 이 둘을 동시에 수행될 수 있어야 하지만 그것은 불가능하다. 가령 『심청전』에서, 아버지에게 효를 행하는 것이 옳음은 분명하나, 자신의 몸을 희생물로 파는 것은 불효라는 판단도 정당하다. 아버지의 눈을 뜨게 할 수 있는 효를 행하려면 몸을 팔아야 하고, 몸을 파는 불효를 범하지 않으려면 아버지를 눈뜨게 할 수 있는 가능성을 포기해야 한다. 『레미제라블』에서 신부가 정직하고자 한다면 장발장을 고발해야 하고, 굶주려 빵을 훔친 자의 처지를 공감하고 동정한다면 그를 고발하지 말아야 한다.

이런 딜레마를 해결하는 한 방법은, 영국의 윤리학자 로스(W. D. Ross)가 제안한 대로 일견적(一見的) 의무(prima facie duty)와 절대적 의무(absolute duty)를 구분하는 일이다. 효를 행해야 하는 것과 자신의 몸을 팔지 말아야 하는 것, 정직해야만 하는 것과 가련한 자에게 동정을 베푸는 것 모두 그 자체로는 다 윤리적 의무이다. 그런데 이런 의무들 중 어떤 것은 사정에 따라서 다른 것보다 중요한 의무이기 때문에 보류해야 할 것들이 있다. 이런 행위를 일견적 의무라고 하고 더 중요한 의무를 절대적 의무라고 한다.

도덕적 딜레마의 양 뿔은 나름대로 합리적으로 정당화되는 논거를 지니고 있다. 그렇다고 이 두 뿔이 딜레마 관계에 있다는 사실이 도덕적 가치를 이성적으로 질서를 만들려는 우리의 시도가 좌절할 수밖에 없음을 알리는 것은 아니다. 그것은 오히려 양쪽의 행위를 위해 더 섬세하고 합리적으로 정당화할 수 있는 논거들을 논의해야 함을 알리는 것이다.

3. 윤리학에서 복지 개념

1) 사회복지 개념과 공리주의

전통적으로 윤리학은 인간을 다소 형이상학적이고 초월적인 관점에서 이해해 왔다. 인간이 과연 이런 관점을 지니고 있는지 여부도 불확실하거니와, 그에 동의하더라도 형이상학적 본성에 관해서도 의견이 분분하다. 그래서 근현대 윤리학자들은 인간을 더 일상적인 차원에서 파악하고 가치와 규범을 논한다. 인간은 이기적인 존재로, 자신의 생명을 유지하고 생존을 도모하는 생명체이자, 심리적으로는 행복, 편안함, 복지를 추구하는 존재라는 데에는 누구나 동의할 것이다. 간단히 말해서, 인간은 자신의 복지를 최대화하려는 존재라고 규정할 수 있다. 인간은 그가 형이상학적이건 종교적이건 모두 고통과 기쁨, 행복과 불행을 느끼는 존재이다.

행복이나 복지를 윤리학의 중요한 개념으로 정립한 철학자는 고대의 에피쿠로스 학파이다. 그들이 논하는 행복은 일상인의 관점과 달리 지적이고 도덕적 즐거움에 국한되었다. 더 일상적이고 사회적인 문맥에서 복지개념을 본격적으로 논의한 윤리설은 공리주의이다. 공리주의는 영국의 벤담(J.

Bentham)이 제창하고 밀(J. S. Mill)이 발전시킨 이론이다. 이들은 국가 사회의 법과 정책을 입안하고 실행하기 위한 윤리적 기초를 놓기 위해 공리주의를 제안하였다. 이들의 윤리적 과제는 사회적 유용성 또는 복지를 증대시킬 수 있는 행위란 어떤 것이어야 하는가에 대한 물음이었다. 이러한 측면에서 이들은 사회복지 개념을 본격적으로 윤리학의 핵심적인 개념으로 등장시킨 윤리학자들일 것이다.

공리주의는 사람들이 대부분 행복, 쾌락, 안락함, 유용성, 공리, 복지 등을 추구한다는 인간 심리에 대한 통찰에서부터 출발한다. 이는 누구나 인정할 수 있는 사실이다. 공리주의자들은 행위의 시비를 판정할 수 있는 근본 원리를 이런 사실에서 간단히 도출할 수 있다고 본다. 그것은 모든 사람의 복지나 유용성을 최대화하는 행위를 옳은 행위로 보는 것이다. 그런데 실제로 하나의 행위방식으로는 모든 사람들에게 만족스러운 결과를, 그것도 최대한의 행복을 주기는 쉽지 않다. 사회는 다양한 사람들로 구성되어 있는 만큼 사람들의 삶의 방식, 가치관, 원하는 바가 다를 뿐 아니라 상충할 수도 있다.

최선은 이들을 모두 만족시키는 것이지만 이는 원리적으로 불가능하다. 하나의 가치관이 지배하는 전체주의적이고 종교적인 사회라면 몰라도, 다양성과 개방성, 역동성, 변화, 혁신 등을 중시하는 자유주의적이고 다원주의적 현대 사회에서 이런 완벽주의는 오히려 많은 사람들에게 고통을 안겨주며 절대악을 낳을 수 있다.

현명한 차선책은 '가급적 최대 다수들에게 최대한의 행복'을 안겨주는 법과 제도를 입안하고 실행하는 것이다. 공리주의는 윤리적 행위를 선택하기 위한 원리로 이런 차선책을 제안한다. 예를 들어보자. 두 개의 대안적 행동이나 정책이 있다고 가정해 보자. 어떤 것이 윤리적으로 옳은 행위이며 정책인가? 이에 대한 답은 두 행동 각각을 행해서 얻을 수 있는 행복이나 복지의 총량을 계산하여 더 많은 사람에게 더 많은 양의 행복을 가져다 주는 행동이나 정책을 선택해야 한다는 것이다.

2) 사회복지와 개인의 문제

공리주의는 직관적인 호소력이 있다. 두 가지 이유에서 그렇다. 공리주의의 윤리 원리는 대체로 모든 사람이 지니고 있는 행복이나 복지에 대한 욕구를 기반으로 한다. 다음으로, 모든 이를 만족시키려는 이상적인 원리가 아니라 현실적으로 최대 다수를 목표로 한다. 이런 이유에서 통상적으로 사회복지를 추구하는 국가들이 법, 제도, 정책을 확립할 때 가장 많이 의존하는 원리이다.

단점이 없는 이론이란 없는 법이다. 공리주의는 몇 가지 문제점을 안고 있다. 우선, 공리주의는 의도와 상관없이 소수의 개인들이 희생될 것을 요구할 수 있다. 윤리적 판단을 위한 핵심적인 기준으로 제시되는 공리, 복지, 행복 등은 개인이 느끼는 바이다. 공리주의는 행복과 복지를 윤리학의 핵심에 놓음으로써 윤리적 행동이 개인을 위해 존재하는 것임을 확실히 하고 있다. 공리주의는 근대 개인주의 시민사회가 등장하면서 제안된 윤리설이다. 인간을 형이상학적 존재로 상정하는 것이 아니라 자연적 존재로 상정한다는 점에서 모두 인정할 수 있는 상식적 차원에서 출발한다. 공리주의는 아리스토텔레스나 칸트의 형이상학적 윤리설, 중세의 신학적 윤리학에 비해 인간화된 윤리학이라고 할 수 있다. 그리고 개인을 중심에 놓고 있다.

이런 인간적이고 개인적인 의도에도 불구하고 공리주의는 최대 다수라는 단서를 붙임으로써 개인을 무시할 가능성을 안고 있다. 최대 다수를 만족시키고자 하면 항상 소외되는 소수가 있기 마련이다. 이는 마치 민주주의 사회에서 가장 일반적인 의사결정의 방식인 다수결의 원칙에서 소수의 의견이 무시되는 것과 같다. 그런데 그 소수의 의견은 어느 경우 진실을 담고 있을 수 있으며, 윤리적 실천에서도 소수 개인의 삶이나 그가 추구하는 가치가 다수의 행복보다 중요할 수도 있다.

둘째로, 행복이나 복지의 질적 차이, 실제로 복지의 양(量)을 계산하는 문제 등 현실적인 문제가 있으나, 이보다 먼저 개인의 복지와 관련하여 지적해야 할 문제가 있다. 공리주의는 철저하게 고통과 쾌락, 불행과 행복의 양을 계산하여 저울질할 것을 요구한다. 장애인이나 노인의 경우를 예로 들어 보자. 이들을 위한 정책이나 제도는 상당히 많은 사회적 비용을 요구하며, 이를 위해 정상인 다수가 세금을 많이 납부해야 한다. 이런 사회적 비용을 투입해야 함에도 불구하고 이를 통해 만족을 얻을 수 있는 사람은 소수이다. 공리주의적 관점에서는 다수를 위해 이 소수를 희생해야 하므로, 공리주의 원리는 최소한 이들을 위한 사회복지 정책에는 부정적이거나 소극적일 수 있다.

우리 삶에는 단순히 공리적이고 시장적인 계산의 대상이 되지 않는 어떤 절대성의 영역이 있다. 어떤 가치는 설사 우리에게 불행과 고통을 초래하더라도 지켜야 한다고 많은 사람들이 믿는다. 그런 것은 언제나 절대적인 것으로 다가온다. 침몰하는 배에서 어린이와 여자들은 우선적으로 구조되어야 한다. 대부분의 사람들이 강물에 빠질 순간에 처해 있는 아이를 위험을 무릅쓰고라도 구하고자 할 것이다. 역사적 유산과 문화재는 전쟁 중에라도 보존해야 한다. 이런 행위늘은 절대적 가치를 지닌다고 생각한다. 따라서 이런 행위들은 사회적 공리, 유용성, 행복을 증진시키기커녕 비용과 고통을 초래하더라도 수행해야 한다고 만인이 합의한다.

노약자 보호, 장애인의 복지와 권리 신장, 나아가 장수하늘소, 크낙새, 팬더 등 천연기념물을 보호하는 등의 행위들은 그 자체로는 직접적인 유용성은 없고 오히려 상당한 비용이 들더라도 수행되어야 한다는 것이 우리들의 합의된 생각이다. 이런 생각이 바로 우리 삶에서 절대성의 영역이 있음을 시사해 준다.

사회복지정책이나 활동은 장애인, 독거노인, 정신지체인, 노숙자, 고아, 윤락녀 등 공리적 계산보다는 절대성의 관점에서 존중되고 보호되어야 하는 사회적 약자를 대상으로 한다. 사회복지 이념은 공리성의 최대화와 함께 어떤 절대성의 영역을 인정하는 데에서 출발한다.

4. 배려와 존중에서의 평등

1) 고통에서 해방되고 가치를 실현하려는 인간

사회복지가 필요한 구체적인 상황은 상당히 많은 경우 한계적 상황이다. 실존주의에서는 인간의 실존이 이런 순간에 드러난다고 본다. 심신의 장애, 중병, 죽음의 순간, 소외, 입양, 가정 해체, 개인적 불행, 불의의 사고, 치명적 질병 등의 실존적 상황에서 인간은 신체적으로 고통을 받을 뿐만 아니라, 정서적으로나 정신적으로 자신의 삶에 대해 총체적으로 반성하게 되고, 삶의 의미를 물으며 실존적 고뇌를 겪는다. 신체적 고통과 달리 정서적 고독과 정신적 고뇌는 무작정 나쁜 것만은 아니다. 우리 삶에 대한 전면적인 성찰의 계기를 제공하여 삶을 보다 깊이 있게 하는 측면이 있다. 그러나 그 역시 고통이고 불행이라는 점에서 인간은 궁극적으로 그러한 상황에서 해방되고자 한다.

앞서 우리는 인간이 다양하게 정의될 수 있음을 보았다. 이러한 다양한 측면들을 수렴하는 공통적인 인간의 모습은 무엇일까? 그것은 다음의 두 가지 특성으로 요약될 수 있다. 이 두 특성은 인간의 모습을 포괄적으로 드러내고 있을 뿐 아니라 사회복지 관점에서도 주목해야 할 측면이다. 첫째, 인간은 고통과 불행을 겪는 존재이다. 둘째, 나름의 가치관을 형성하며 실현하려는 존재이다. 고통과 불행에는 신체적인 것, 사회적인 것, 정신적인 것 등이 있을 것이다. 모든 철학적 사유와 종교적 실천에 깃들어 있는 윤리적 사고와 실천의 목표는 인간을 이런 고통과 불행에서 벗어나 해방시키려는 것이다. 다른 한편으로 인간은 가치관을 형성하면서 원하는 가치를 실현할 때 행복과 보람을 느끼며 삶의 의미를 찾는다. 이는 적극적 의미의 윤리적 실천이다. 인간은 고통과 불행으로부터 해방되고자 하며, 그리고 가치를 자유롭게 실현하면서 행복과 의미를 향유하고 싶어한다. 우리는 이 두 기준을 사회복지 실천의 두 축으로 삼을 수 있을 것이다.

2) 정의로운 분배와 권리의 존중

최근 사회복지 이념을 제도적으로 실현하려는 여러 윤리학이나 정치철학 이론이 제안되어 왔다. 근자에 많이 논의되는 철학자로 롤즈(J. Rawls), 노직 (R. Nozick), 드워킨(R. Dworkin)의 이론을 간략히 살펴보도록 하자.

미국의 철학자 롤즈는 국가 사회를 일종의 협동적 조직체로 보고 정의의 기능은 이런 협동을 통해 생산된 재화를 공정하게 분배하는 것으로 규정하였 다. 롤즈가 제안하는 분배 정의의 기본 이념은 평등이긴 하나, 어떤 제한 아 래에서는 불평등이 허용될 수 있다고 주장한다. 그 제한을 차등의 원리(the difference principle)라 한다. 그 내용은 다음과 같다: 사회 경제적 불평등성 은 사회 내에 가장 불우한 집단의 이익을 최대화할 것으로 기대될 경우 허용 된다. 이는 외견상 불평등을 허용하고 있는 것으로 보이지만 실질적으로는 불평등의 갭을 좁히고자 한다. 재능, 도덕성, 열의 등에서 뛰어난 사람들에게 우월한 위치와 분배 몫을 할당함으로써 이들의 동기를 유발하여 사회적 재화 생산에 효율성을 도모하는 한편, 이들이 생산한 몫을 분배할 때 가상 불우한 집단에게 최대 비율로 나누어줌으로써 불평등의 간격을 메우자는 것이다. 말 하자면 효율성과 평등을 조화시키자는 것이다.

노직은 롤즈와 달리 인간이 자연상태로부터 지니고 있는 기본적 인권을 보 장하고 신장하는 것이 국가의 기능이라고 본다. 이런 입장에서는 사회복지 이념을 이 기본권에 입각하여 실현하려 한다. 그에 따르면, 자연상태 때부터 권리를 지니고 있던 개인들이 자연상태의 불편함을 극복하기 위해 사회계약 을 맺은 결과가 바로 국가이다. 이 사회의 불평등이나 불완전한 복지 상태는 분배를 통해서가 아니라 모두가 평등하게 지니고 있는 원초적 권리를 보장하 고 신장함으로써 교정할 수 있다고 보는 것이다. 나아가 국가의 개입은 개인 의 자율성을 훼손할 수 있기 때문에 가급적 윤리적 박애의 실천은 개인의 자 율적 판단에 맡기는 것이 옳다고 주장한다.

롤즈는 국가가 평등의 실현이나 분배 정의의 실현에 국가가 적극적으로 관여함으로써 사회복지를 실현할 수 있다고 보는 반면, 노직은 국가의 관여는 사회주의 국가에서 보는 바와 같이 비효율적이며 개인들을 타율적으로 만들기 때문에 개인의 자유와 권리의 신장을 통해 복지 실현을 도모해야 한다고 보았다. 즉, 국가의 역할은 개인이나 민간 부문이 서로 복지를 실현할 수 있는 환경을 조성하는 간접적인 데에 그쳐야 한다고 본 것이다.

3) 배려와 존중에서의 평등

평등의 가치와 권리의 이념을 융합하여 사회복지 이념을 철학적으로 정초할 수 있다고 논하는 학자가 드워킨이다. 그는 위에서 지적한 바, 인간의 두 측면, 즉 고통받는 존재로서의 인간, 그리고 가치를 실현하려는 존재로서의 인간에 주목한다. 전자가 인간의 수동적이고 유한한 측면이라면 후자는 능동적이고 가능성을 지닌 측면이다. 인간은 이성을 지닌 자유로운 존재이기에 유한성을 벗어날 수 있는 가능성이 있다. 위의 두 측면은 인간이라면 남녀 노소, 빈부 등 차이와 상관없이 모든 사람이 지니고 있는 특성이다. 윤리적 관점에서 그리고 사회복지적 관점에서 인간은 우선 이런 존재로서 파악되어야 한다.

윤리적 관점에서 이런 인간에 대해 우리는 어떤 자세를 취해야 하는가? 고통받는 존재로서 인간은 배려의 대상이 된다. 배려란 보살핌이다. 가치의 능력을 지닌 존재로서 인간은 존중의 대상이 된다. 그리고 배려와 존중의 대상으로서 평등한 존재로 간주되어야 한다.

배려란 무엇인가? 동서양의 종교는 고통받는 존재로서의 인간의 모습을 다양한 방식으로 개념화했다. 기독교에서 말하는 인간의 원죄, 삶이 고해(苦海)라는 불교의 입장이 대표적일 것이다. 이들 종교가 각각 사랑과 자비를 가장 중요한 실천적 태도로 보는 이유가 여기에 있다. 사랑은 기독교적 배려일 것이며, 자비는 불교적 배려이고, 인(仁)은 유교적 배려이다.

배려를 구체적으로 실천하기 위해 여러 재화와 서비스를 베풀고 실용적인 지식과 기술을 제공할 수 있다. 그러나 이에 앞서 우선 타인의 고통에 대한 이해, 동감이 필요하다. 위에서 말한 바와 같이 인간의 고통은 신체적인 것에서 실존적인 것에 이르기까지 넓이와 깊이에 있어 다양하며 헤아리기 힘든 경우도 많다. 실존적 고뇌에 대해서는 오직 자기 이해만이 가능하다.

고통을 경험하는 것도 어쩌면 능력일 것이다. 인간의 고통과 동물의 고통을 비교해 보면 인간의 고통이 훨씬 다양하며, 심도나 강도가 더 깊고 강하다고 할 수 있다. 인간은 동물보다 더 높은 정도에서 고통을 경험하는 능력을 지니고 있다고 볼 수 있다. 즉, 인간의 고통이 어떤 능력을 발현한 결과라고 한다면, 인간은 두 가지 대조적인 능력을 지니고 있다: 고통을 수용하는 능력과 가치있는 것을 지향하는 능력이 그것이다.

배려에서 가장 중요한 정신적 태도는 이해와 공감이다. 불교의 관세음보살은 이런 이념을 잘 표상하고 있다. 관음보살은 불교에서 자비를 관장하는 보살이다. 그런데 그는 수행 정도에 있어 부처에 미치지 못한다고 여겨지는 보살의 단계에 머물고 있는데, 이는 그가 수양이 부족해서가 아니라 선택하였기 때문이다. 이유는 부처라는 완전 경지에 올라서면 불완전하고 무지하며 죄 많은 중생들의 고통을 구체적으로 이해할 수 없으리라고 판단했기 때문이다. 고통을 이해하고 공감한다는 것은 추상적인 활동이 아니라 구체적으로 그 처지에 함께 있어야 비로소 이루어질 수 있다. 이것이 관음보살이 보살로 머물러 있는 이유이다.

존중이란 무엇인가? 우리는 왜 장애인의 인격을 존중해야 한다고 생각하는가? 왜 사회경제적으로 기여하는 바가 별로 없음에도 불구하고 정상인의 경우보다 더 많은 사회적 비용을 들여서라도 그들의 인간적 가능성을 실현토록 도와야 한다고 생각하는가? 정상인은 신체와 정신에서 정상적이기에, 노력하기만 하면 인간으로서 다양한 가능성을 실현할 수 있다. 가치를 실현할 수 있는 자유와 이성적인 능력을 정상인들은 누리고 있다. 그러나 장애인이나 소외된 자들은 정신적 신체적 결함으로 인해 또는 사회경제적 여건이 불비하여 그런 가능성과 가치를 실현할 수 있는 기회를 원천적으로 박탈당하고 있다.

장애인은 마치 가시덤불에 얽혀 있어 제대로 자라나 꽃을 피우지도 열매를 맺지도 못하는 꽃이나 나무와 같다. 힘이 닿는 한 덤불을 치워 풀과 나무에게 꽃을 피우고 열매를 맺게 할 수 있다면, 이들은 더욱 아름답고 보람있는 정원을 가꿀 수 있을 것이다. 사회복지 이념은 바로 이런 것과 같다. 한계상황에 처한 자나 사회적 약자를 짓누르고 있는 덤불들을 거두어 내어 인간으로서 가능성을 실현할 수 있도록 돕는다면, 그들은 물론 사회 전체도 풍요하고 건강해질 것이다. 사회경제적 재화보다 더 귀하고 의미있는 가치를 획득하고 실현할 수 있다면 사회적 비용은 얼마라도 투여해야 한다는 것이 바로 배려와 존중을 통해서 실현하려는 평등의 이념이다. 우리가 인간을 가치 실현적 존재로 간주하고 사회적 약자의 이런 가능성을 배려하고 존중함으로써 평등하게 대우한다는 것은, 이들에게도 정상인들과 동일한 조건을 구비시켜주고자 함을 의미한다.

건강한 사람들만이 사는 사회는 건강하지 않다. 인간의 유한성이나 신체성으로 인해 건강치 못한 자들, 장애인, 사회 · 경제 · 심리적으로 불완전한 사람은 항상 있기 마련이다. 소외된 사람, 고아, 소년소녀 가장, 미혼모, 독거노인, 노숙자, 부랑인, 윤락녀는 어느 사회에도 있다. 눈물 흘리는 사람들의 눈물을 닦아 줄 수 있는 사회, 건강하지 못한 사람들이 건강한 사람들과 함께 웃으며 일하고 살 수 있는 사회가 진정 건강한 사회이며, 이것이 사회복지의 이념이 지향하는 바이다.

참고문헌

아리스토텔레스, 『니코마코스 윤리학』.

칸트, 『도덕형이상학 원론』.

무어, 『윤리학 원리』.

공자, 『논어』.

밀, 『공리주의』.

롤즈, 『사회정의론』, 서광사, 1979.

노직, 『아나키에서 유토피아로』, 문학과지성사, 1983.

드워킨, *Taking Rights Seriously*, Harvard Univ.Pr., 1978.

니이체, 『짜라투스트라는 이렇게 말했다』.

제3장

사회복지실천에서 윤리의 문제

김 정 자

　전문직으로서 사회복지사는 사회복지실천 현장에서, 혹은 사회복지정책 입안과정에서 거의 매일 윤리적 이슈에 직면하게 되고 윤리적 결정을 내려야 하는 상황에 놓인다. 1, 2장에서 논의한 바와 같이 윤리학은 철학의 한 분과로 인간을 탐구하는 학문이다. 이때 탐구대상은 있는 것, 있을 것, 있을 것으로 예측되는 사실성의 세계가 아니라, 옳은 것, 바른 것 등 가치와 있어야 할 것, 해야 할 것 등 당위성의 세계이다. 따라서 인간은 공통으로 고유하게 추구하는 가치를 지향하면서 그 가치를 실현하려는 당위적 삶에 의미를 부여한다. 이것이 윤리적 사고이며 윤리적 실천이라고 1장에서 정의하고 있다. 인간은 이러한 윤리적 실천을 통해서 선과 정의를 실현하고 가치, 당위의 세계를 실현하려고 노력한다. 이것이 바로 인간이 궁극적으로 지향하는 삶인 것이다.

　사회복지사는 전문직이 시작된 이후 윤리와 가치에 대한 관심을 지속해 왔다. 사회복지사는 클라이언트, 동료, 고용주, 전문직 자체 그리고 더 큰 사회와의 관계 속에서 일해야 하는 전문직이므로 실천과정에서 다양한 이슈에 부딪치게 되고, 거의 모든 결정은 윤리적 측면을 포함하게 된다(Maluccio, 2002). 사회복지 역사를 통해 볼 때에도 사회복지의 가치와 윤리에 대한 믿음이 전문직 임무의 기반으로 기여해 왔다. 이러한 측면에서 볼 때 여러 다른 전문직 중 가장 규범적인 전문직임을 알 수 있다(Reamer, 1995). 정신의학, 심리학 및 상담학과 같은 다른 전문직과 대조적으로 사회복지는 사회정의와 공정성, 개인의 권리와 존엄성에 대한 존중 등 가치개념에 확고히 바탕을 두고 있다. 사회복지의 임무는 이러한 가치개념을 바탕으로 한 당위활동, 즉 윤리적인 실천을 통해 발달해 왔다.

말루치오(Maluccio)는 사회복지사가 아동, 가족을 위해 직접 서비스를 제공하든, 거시적인 수준의 행정 및 정책실무에 관여하든, 또는 연구활동을 수행하든 윤리는 사회복지실천의 중심에 있다고 강조하고 있다(Maluccio, 2002). 본 장에서는 먼저 사회복지가 전문직으로 발달해 오는 과정에서 사회복지실천의 윤리적 관점이 어떻게 변했는지 살펴보고 둘째, 윤리적 실천에 기초가 되는 사회복지 가치를 논의한다. 셋째, 사회복지 철학 및 가치를 기반으로 하는 사회복지사의 윤리적 임무와 책임을 점검하고 넷째, 사회복지실천에서 사회복지사가 직면하게 되는 윤리적 문제를 개관한다. 마지막으로 사회복지윤리의 미래를 간략히 예측함으로써 새롭게 부상하는 사회복지윤리 문제를 함께 생각해 본다.

1. 사회복지윤리의 발달과정

사회복지실천에서 윤리와 도덕적 측면에 대한 논의는 전문직이 시작된 시점으로 거슬러 올라간다. 그러나 윤리에 대한 관심은 전문직의 성숙과 사회복지의 역사적 발달에 따라 그 성격을 달리하면서 변해 왔다. 초기 사회사업은 종교적, 도덕적 가치에 영향을 받았고 따라서 사회사업과 종교적 도덕성은 점차 불가분한 관계가 되었다(Manning, 2003: 27). 초기 사회사업의 중요한 서비스는 빈곤과 궁핍한 자에 대한 구제활동이었기 때문에 클라이언트의 도덕성 강화에 초점을 두었다. 시간이 흐름에 따라 사회복지는 과학을 바탕으로 사회복지기술을 중심으로 한 전문성에 관심을 집중하게 되었고, 따라서 클라이언트의 도덕성에 초점을 맞추었던 것에서 점차 전문직의 도덕성에 초점을 두게 되었다. 그 후 기본적인 인간의 욕구와 관련해서 사회문제에 초점을 두게 되었는데, 이러한 거시적 관점은 사회복지에 대한 제도적 책임을 강조하였고, 사회복지정책 측면과 전문성을 강조하는 방법론에 관심이 집중되면서 잠시 윤리적 이슈에 다소 무관심한 듯 했다. 그러나 1950~1960년대에 들어오면서 다시 전문직의 윤리문제가 부각되는 등 많은 변화를 겪었다.

리머(Reamer)는 미국 사회복지의 가치와 윤리 발달과정을 몇 가지 핵심 단계로 나누어 설명하고 있다(Reamer, 1995: 6).

●제1 핵심단계

19세기 말, 사회복지가 전문직으로서 공식적으로 출범한 시기이다. 이 시기는 구제활동과 빈곤의 재해에 대응하는 것이 전문직의 가장 중요한 임무였기 때문에 "일정하지 않은 삶"을 살아가는 빈자에게 성실함을 요구하고 도덕성 강화를 강조했다. 따라서 전문직이나 실천가의 도덕이니 윤리보다 클라이언트의 도덕성에 대해 훨씬 관심이 많았다. 이 당시 원조활동은 온정주의(paternalism)를 기반으로 한다.

●제2 핵심단계

20세기 초 인보관운동이 시작되는 시기이다. 빈자의 도덕성에 관심을 갖던 것에서, 많은 사회복지사들이 광범위한 사회문제, 즉 주택, 건강, 위생, 교육, 고용, 빈곤과 관련된 사회문제에 관심을 갖게 되었고, 이러한 사회문제를 완화하기 위해 사회개혁이 필요하다고 공감하였다. 사회복지의 목적과 가치지향이 사회개혁 성향으로 바뀐 것이다. 동시에 사회복지는 사회심리학과 정신의학을 바탕으로 한 케이스워크, 정신치료, 사회복지정책과 행정, 지역사회조직, 사회개혁 등에서 전문성을 개척하는 것에 중점을 두었다. 당시 사회복지실천은 전문직의 개입전략과 기술을 확립하고 발전시키려는 열정적인 노력과 사회변화를 위한 훈련프로그램 등에 관심을 갖는 것으로 변화되었다.

●제3 핵심단계

이 단계는 1940년대 말에서 1950년대 초에 시작되는데 도덕적 차원에 대한 관심이 집중되는 시기이다. 클라이언트의 도덕성에 관심을 가졌던 초기와 달리 이 시기에는 전문직과 실천가들의 도덕성과 윤리문제에 더 큰 관심을 두었다. 그 당시 이는 중요한 변화였다. 공식적으로 출범한 이후 거의 반세기만에 전문직으로서 자리를 잡게 된 사회복지는, 실천가들의 행동을 적절히 향상시키기 위해 윤리지침을 개발하기 시작한 것이다. 1947년, 몇 년 동안 논쟁과 논의를 거듭한 끝에 미국사회사업가협회(American Association of Social Workers, AASW) 대표자회의에서 윤리강령을 채택하였다. 전문직 학술지에도 사회복지 가치와 윤리 주제를 다룬 논문들이 훨씬 많이 등장하였다. 이전에도 인간에 대한 존엄성, 자기결정권, 자율성, 사회정의, 평등 등 사회복지실천의 중심 가치는 항상 전문직 실천과정에 동반해 왔었다. 그러나 이 시기는 전문가 윤리라는 주제가 사회복지의 분수령을 이루는 시기라고 말하고 있다.

●제4 핵심단계

리머의 표현에 따르면, 1960년대는 사회적 평등, 인권, 복지권, 차별, 억압 등 일련의 가치를 사회복지실천과 교육에 접목시킨 격동의 시기라고 볼 수 있다. 1960년에 전미사회복지사협회(The National Association of Social Workers, NASW)는 첫 윤리강령을 공식적으로 채택했고, 사회복지 가치와 윤리에 대해 점증하는 관심은 1976년 레비(Levy)의 *Social work ethics* 출간으로 더욱 확산되었다. 이 저서는 사회복지윤리라는 주제에 대한 사회복지사의 관심을 환기시키는 데 일조했다. 이 시기는 의학, 법학, 경제, 저널리즘, 공학, 간호학 등 다양한 전문직에서 윤리적 이슈에 관심을 나타내기 시작한 때

이기도 하다. 대학과 대학원 교육프로그램 교과과정에 전문직 윤리에 관한 과정을 첨가했다. 이렇듯 이 시기에 윤리 문제에 대해 관심이 증가한 까닭은 보건의료 분야 및 첨단과학 분야가 기술적으로 급성장하면서 발생하게 된 다양하고 새로운 요인들 때문이었다. 안락사, 장기이식, 유전공학, 인공수정과 같은 이슈들은 윤리적 논쟁을 불러일으키기에 충분했다. 또 60년대부터 시작된 클라이언트 및 환자의 권리, 복지권, 재소자 권리와 같은 가치개념의 확산은 전문가의 윤리적 책임에 대한 인식을 높이는 계기가 되었다.

한편, 비윤리적 전문가들에 대한 비판이 윤리적 이슈로 떠오르게 되었다. 실천가들의 잘못된 행동과 실천에 대한 법정 소송이 증가하게 된 것도 전문가 윤리에 대한 관심을 증가시킨 요인으로 작용했다. 의사, 심리학자, 사회복지사 및 그 외 다른 전문가들이 도움을 받으려는 사람들을 이용한 사례들이 언론에 보도되곤 했다. 따라서 대부분의 전문직에서는 실천가에게 전문가 윤리를 교육해 잘못된 실천을 예방하는 방법을 신중하게 모색하게 되었다.

2. 사회복지의 가치기반

사회복지는 모든 전문직 중에서 가장 가치를 기반으로 하는 전문직이다(Reamer, 1995: 3). 사회복지전문가의 임무와 의무(duties and obligations)를 규정할 때, 윤리 원칙을 설정할 때, 사회복지실천 과정에서 윤리적 딜레마에 처했을 때, 실천의 우선순위를 정해야 할 때 등 언제나 사회복지의 핵심 가치(core values)가 그 기반이 되며 기준과 원칙이 된다.

이와 같이 사회복지 가치라는 주제는 항상 사회복지 전문직의 중심에 있었고, "사회복지의 구성체계는 일련의 가치들이다(the framework of social work is a set of values)"라고 언급할 만큼 사회복지실천에서 중요하게 다루어지고 있다(Vigilante, 1974; Aptekar, 1962; Reamer, 1995: 11, 재인용).

가치는 "무엇이 선하고 바람직한 것인가(what is good and desirable)"를
다루는 것이고, 윤리는 "무엇이 옳고 바른 것인가(what is right and correct)"
에 대해 다룬다(Loewenberg, Dolgoff and Harrington, 2000, 재인용). 따라서
인간관계를 다루는 실천분야인 사회복지는 인간을 돕는 여느 전문직보다 가
치를 기반으로 해서 윤리적으로 실천하는 전문직이라고 할 수 있다. 즉, 사회
복지사는 근본적인 가치에 단단히 기반한 채 전문직 임무를 수행한다. 즉, 전
문직 중심에 일련의 핵심 가치를 계속 포용해 왔다고 할 수 있다. 이렇듯 전
문직의 핵심 가치는 상당한 안정성을 확보하면서 계승되어 왔다.

그러나 사회복지실천 자체의 다양한 변화로 인해 전문직 가치 기반도 도전
을 받게 되었고 그 결과 건설적으로 여러 차례 변해 왔다. 또 사회적, 정치적,
경제적 상황과 더불어 실질적으로 변화되기도 했다(Reamer 1995). 이 같은
도전과 변화로 인해 사회복지의 기본 가치는 더 구체화되고 다양해 졌다. 그
러나 현장에서 사회복지실천에 임하는 사회복지사는 각자 자신의 가치 선호
도에 따라 가치의 우선순위와 중요 정도를 결정해 윤리적 결정을 내리게 되
었고, 따라서 사회복지 가치를 체계화, 유형화할 필요가 대두되었다. 가치를
체계화하는 작업은 사회복지의 정체성과 전문성을 확립하기 위해서 뿐 아니
라 사회복지사가 어떠한 가치가 더 중요하며 우선해서 준수해야 하는지, 이
에 대해 동일한 태도와 일관성을 갖고 윤리적으로 결정 내릴 수 있어야 하기
때문에 더욱 중요하다(김융일 외, 2003). 그러면 사회복지실천에서 중요한 핵
심 가치를 어떻게 논의하고 있는지 살펴보기로 하자.

1) 사회복지실천의 핵심가치

콘그레스(Congress)는 인간이 추구하는 가치는 개인이 가지고 있는 개인적
가치뿐 아니라 전문가가 추구하는 가치, 한 사회가 지향하는 가치, 클라이언
트가 가지고 있는 가치, 기관이 가지고 있는 가치 등 다양한 관점에서 존재하

며 따라서 사회복지사는 이러한 가치의 다양성에 내재된 차이점을 이해해야
한다고 강조한다. 이러한 다양한 가치는 서로 지원할 수도, 상충할 수도 있
다. 또 상충하는 가치들로 인해 일어날 수 있는 윤리적 딜레마를 사회복지사
는 이해하고 다루어야 한다. 콘그레스가 분류한 사회복지 가치는 다음과 같
다(Congress, 1999: 17).

●개인적 가치

일반적으로 가족, 문화 그리고 사회의 가치에서 비롯된다. 가족은 교육, 직
업 그리고 일상생활에 신념체계를 갖고 있으며 이는 개인적인 가치형성에 영
향을 미친다. 또 개인적 가치는 종교적, 문화적 가치로부터 강력히 영향을 받
는다. 즉, 개인적 가치는 각 개인의 환경(상황)에 따라 다르게 형성될 수 있
다. 따라서 사회복지사의 개인적 가치와 클라이언트의 개인적 가치가 상충되
는 상황이 발생할 수 있다.

●사회적 가치

개인적 가치에 영향을 미치며 시대의 변화에 따라 큰 변화를 겪어 왔다. 예
를 들면, 혼외 출산아를 기르는 것은 과거의 사회적 가치로는 떳떳하지 못한
것으로 비난받았으나, 현재 미혼모는 다양한 사회적 서비스로 보호받고 있
다. 이는 사회가 미혼모를 수용하는 방향으로 사회적 가치가 바뀌었음을 의
미한다. 우리나라 효(孝)에 대한 가치개념이 변한 것도 좋은 예가 될 수 있다.
사회적 가치는 무엇이 바람직한가에 대한 그 사회의 일반화되고 정서적으로
공유하는 개념을 말한다. 역사적으로 형성되었고 경험에서 비롯된 것으로,
사고와 행동패턴을 구성하는 바탕을 제공한다.

●기관의 가치

각 사회복지기관의 역할과 기능, 책임에 따라 기관은 나름의 고유한 가치

체계를 갖고 있다. 아동복지기관은 흔히 가족유지(family preservation) 가치를 명시한다. 이는 다른 기관과 갈등을 유발할 수 있다. 또 사회복지사는 클라이언트의 가치와 기관의 가치 사이에서 어려움에 처할 수도 있다.

●전문가 가치

콘그레스는 자신의 저서 *Social work values and ethics*(1999)에서 전문가의 가치가 반드시 사회복지사 개인의 가치와 일치하는 것은 아니라고 주장하면서, NASW 윤리강령에서 제시한 6가지 전문가 핵심 가치를 인용해 이들 가치에 기반을 둔 윤리원칙을 설명하였다. NASW 윤리강령에서는 전문가 가치를 ① 요구가 있는 사람들에게 서비스 제공, ② 사회정의 증진, ③ 인간고유의 존엄성과 가치존중, ④ 인간관계 강화, ⑤ 신뢰성 확립, ⑥ 능력증진으로 제시하고 이러한 전문가 가치에 기초한 윤리 원칙을 [표 3-1]과 같이 기술하고 있다(Congress, 1999: 19).

[표 3-1] 전문가 가치와 윤리원칙

가 치	윤리적 원칙
서비스	사회복지사의 1차 목표는 요구가 있는 사람을 돕고 사회문제를 다루는 것이다.
사회정의	사회복지사는 사회의 부정에 도전한다.
인간의 존엄성과 가치존중	사회복지사는 인간의 고유한 존엄성과 인간가치를 존중한다.
인간관계의 중요성	사회복지사는 인간관계의 중요성을 중점적으로 인식한다.
신뢰성	사회복지사는 신뢰받을 수 있는 태도로 행동한다.
능력	사회복지사는 자신의 능력 안에서 실천하고 전문가적 전문성을 개발한다.

* 출처: Congress, Elaine P. (1999), *Social work values and ethics*, Chicago; Nelson-Hall Publishers.

첫째, 사회복지에서 가장 근본적인 가치는 요구가 있는 사람들에게 서비스를 제공하는 것이다. 사회복지사는 사회복지서비스의 가치를 자신의 이익보다 우위에 두어야 한다. 사회복지사는 자진해서 전문적 서비스를 제공할 수 있도록 격려 받는다. 그러나 사회복지사 자신의 이익을 항상 부정적으로 해석해야 하는가라는 물음과 함께 서비스를 제공하는 데 있어서 기대 수준과 관련해 갈등을 경험할 수 있다.

둘째, 또 하나의 주요 가치는 사회정의(social justice)를 증진시키는 것이다. 사회복지가 전문직으로 출범한 이래 사회복지사는 사회적 부정의 및 억압과 투쟁해 왔다. 사회정의를 증진하고 실현하기 위해서 사회복지사는 빈곤 문제, 다른 문화 · 인종에 대한 이해를 바탕으로 차별 받는 사람, 억압받는 계층의 문제를 다룰 수 있어야 한다.

셋째, 인간고유의 존엄성과 사람의 귀함을 존중하는 가치는 모든 사회복지 전공학생들에게 필히 가르쳐야 할 기본 가치이다. 이 가치는 클라이언트의 자기결정권을 존중해야 하는 이슈와 직결된다. 12세 된 자기 딸을 강간한 클라이언트를 도와야 할 때 사회복지사는 인간존엄의 가치를 지켜야 하는지에 대해 윤리적 딜레마에 빠질 수 있다.

넷째, 사회복지사라면 누구나 인간관계 강화라는 가치를 중요하게 여길 수 있어야 한다. 개인, 가족, 집단, 혹은 지역사회와 더불어 일하는 사회복지사는 그들과의 관계와 그들 간에 관계를 연계하고 향상하려고 노력해야 한다.

다섯째, 신뢰감(trustworthiness 혹은 integration)은 사회복지사에게 또 하나의 중요한 가치이다. 클라이언트는 도움을 구하는 입장이기 때문에 흔히 의존적이고 취약할 수 있다. 따라서 클라이언트와 신뢰관계를 발전시키는 것은 매우 중요하다. 사회복지사는 신뢰할 수 있는 태도로 행동해야 하며, 클라이언트에게 공유할 수 있는 정보와 그렇지 못한 정보를 알려 주는 등 신뢰관계를 구축해야 한다.

여섯째, 강령에서 마지막으로 제시된 가치는 능력(competence)과 관련이 있다. 사회복지사는 항상 자신의 능력 안에서 실천해야 하고 전문적 기술을 향상시키도록 항상 노력해야 한다. 사회복지학을 전공한 사람이라면 기본적으로 클라이언트와 일할 수 있는 능력은 갖추고 있다. 그러나 특수한 인구집단, 특수한 문제를 가진 클라이언트 집단을 다루는 데 필요한 기술을 향상시키기 위해서는 분야별 전문 지식과 기술을 습득해야 한다.

한편, 레비(Levy, 1984)는 ① 사회적 가치, ② 조직 및 제도에 관한 가치, ③ 전문가 가치, ④ 대인서비스 실천 가치라는 4가지 측면으로 분류하였다. 사회적 가치로는 인권, 이타주의, 인간의 존엄성, 기회평등 등 14가지 가치를 제시하였고, 조직 및 제도에 관한 가치로는 민주적 서비스 제공, 서비스에 대한 평등한 접근, 참여와 자기결정권 실현, 조직 및 기관의 활동에 대한 책임 등 9가지 가치를 제시하였다. 전문가 가치로는 이윤추구보다 대인서비스 위주의 서비스 제공, 전문활동에 대한 책임성, 클라이언트와 관련된 공공 및 사회정책 옹호 등 4가지 가치를 제시하였다. 대인서비스 실천 가치로는 클라이언트를 악용 혹은 착취해서는 안 되는 것, 개인의 사생활 존중, 정직하고 신용을 지키는 것 등 7가지 가치를 설명하였다(김상균 외, 2002: 86, 재인용).

2) 사회복지실천의 가치위계

사회복지실천에 임하는 전문인으로서, 사회복지사는 클라이언트와 더 효과적으로 일하기 위해서 이상과 같은 개인적 가치, 사회적 가치, 기관의 가치, 전문가 가치 등 다양한 측면의 가치체계에 대해 폭 넓은 이해를 바탕으로 각 가치체계 간에 발생할 수 있는 윤리적 딜레마에 대처할 수 있는 전문적 능력을 갖추어야 한다. 사회복지사는 어떤 가치가 클라이언트를 동기화할 수 있는지 이해하도록 노력해야 하며, 비록 그 가치에 찬성하거나 동의할 수 없더라도 최선의 윤리적 결정을 내릴 수 있어야 할 것이다. 이 두 학자 외에도 많은 학자들이 사회복지실천 과정에서 중시해야 할 핵심 가치를 분류해 제시함으로써 사회복지사가 윤리적 딜레마에 직면할 때 윤리적 결정을 내릴 수 있도록 돕고 있다.

그러나 이상과 같이 다양한 가치들을 횡적으로 유형화하는 것만으로는, 가치들이 서로 충돌할 경우 사회복지사가 가치갈등을 어떻게 해소해야 할지 우선순위를 판단할 수 있는 기준은 부족한 측면이 있다. 이러한 측면을 보완하기 위해, 개별 가치의 중요성에 따라 궁극적 가치, 차등적 가치, 수단적 가치로 구분하는 위계적 가치체계를 제시하여 사회복지사가 가치의 우선순위를 결정할 때 기준이 될 수 있도록 하였다(Johnson, 1996: 김융일, 2003, 재인용). 로웬버그와 돌거프(Loewenberg & Dolgoff, 1996)는 다양한 가치들을 종적으로 분류한 위계모델(hierarchical model)을 제시해 사회복지사가 최선의 윤리적 선택을 할 수 있도록 해야 한다고 주장했다. 일반적으로 많이 활용되는 NASW의 가치위계는 다음 3단계로 분류한다(NASW, 1995).

●1단계 : **궁극적 가치**(ultimate values)

최고의 위치를 점하는 가치로서 장기 목표에 대한 일반적 지침을 제공하는 기준이다. 인간존중, 평등, 비차별과 같은 가치들로 구성되어 사회복지의 궁극적 목표와 정체성 확립에 기반이 되는 핵심적인 가치들이다.

●2단계 : **근사적 가치**(proximate values)

특수하고 더 단기적인 목표를 제시하는 중간 수준의 가치들이다. 사회복지에서 근사적 가치는 보건의료서비스 혹은 적정 가격의 주택에 대한 클라이언트의 권리, 경우에 따라서는 어떤 치료는 거부할 수 있는 환자의 권리와 같은 형태를 취할 수 있다.

●3단계 : **도구적 가치**(instrumental values)

바람직한 목적에 바람직한 수단을 구체화하는 것과 같이 더 구체적인 가치들이다. 사회복지에서 비밀보장, 자기결정, 고지된 동의 등 클라이언트 권리를 존중하는 가치가 이에 속한다.

3. 사회복지사의 윤리적 임무와 책임

최근 사회복지사들이 윤리적인 부분에 부쩍 관심을 갖게 된 것은 사회복지 전문직에서만 볼 수 있는 현상은 아니다. 이미 법, 의료, 저널리즘, 공학, 군대 및 기업 등 광범하게 각 전문직에서 윤리적인 부분에 관심을 보이고 있으며 이는 거의 모든 전문직 분야에서 특징이 되고 있다. 각 분야마다 이론적, 기술적으로 발달하면서 이전 세대에서는 경험하지 못했던 윤리적인 문제들이 부각되었고 이에 대처하기 위해 새로운 윤리 원칙이 필요하게 되었다. 따라서 전문가의 윤리적 임무와 책임에 대한 인식이 높아 졌고 윤리적인 부분에 대한 관심이 증대하게 된 것이다. 또 다른 측면에서, 초기 전문직은 임무를 수행할 때 기술적인 면에 열중하는 경향이 있었다. 대부분 전문직은 기술적인 측면에서 전문성을 확고하게 확립한 후 윤리와 가치 이슈에 훨씬 더 큰 관심을 기울이게 된다. 즉, 전문직 자체가 성숙해지면서 윤리적 실천의 중요성에 대해서 인식이 높아진 것이다(Reamer, 1995).

① 지시원칙과 금지원칙

사회복지사는 클라이언트, 동료, 고용주, 고용기관, 사회복지 전문직 및 사회에 대한 전문가로서 윤리적 임무와 책임을 수반하게 된다. 사회복지를 실천하는 과정에서 사회복지사에게는 "꼭 해야 한다는 지시적 원칙들(prescriptive, should act)"과 "꼭 하지 않아야 한다는 금지적 원칙들(proscriptive, should not exploit)"에 대한 의무가 주어진다(Reamer, 1995). 이러한 원칙들은 사회복지사 윤리강령에 일부는 구체적으로, 일부는 선언적으로 명시되어 있어 사회복지사가 실천현장에서 지키도록 제시되어 있다.

우리나라 사회복지사 윤리강령 전문에는 사회복지사가 기본으로 삼아야 할 사상으로 인본주의와 평등주의를 언급하면서 사회적으로나 경제적으로 약자의 편에 서서 사회정의, 평등, 자유, 민주주의의 가치를 실현하기 위해 활동하도록 전문가의 윤리적 의무와 책임을 명시하고 있다. "윤리기준" 부분에는 Ⅰ. 사회복지사의 기본적 윤리기준, Ⅱ. 클라이언트에 대한 윤리기준, Ⅲ. 동료에 대한 윤리기준, Ⅳ. 사회에 대한 윤리기준, Ⅴ. 기관에 대한 윤리기준을 구체적으로 제시하여 사회복지사가 지켜야 할 지시적 원칙들과 금지적 원칙들에 대한 윤리적 의무와 책임을 명시하고 있다. (부록 A-3 참조)

미국사회복지사 윤리강령 전문에는 취약하고 억압받고 빈곤한 사람들의 욕구와 힘의 증진에 특별히 관심을 갖고, 인간의 복지향상과 모든 사람의 기본적인 욕구를 충족시킬 수 있는 전문직으로서 사회복지사의 임무를 명시하고 있다. 이어 사회복지사가 준수해야 할 윤리기준으로 Ⅰ. 클라이언트에 대한 윤리적 책임, Ⅱ. 동료에 대한 윤리적 책임, Ⅲ. 실천현장에서의 윤리적 책임, Ⅳ. 전문가로서 윤리적 책임, Ⅴ. 사회복지전문직에 대한 윤리적 책임, Ⅵ. 일반사회에 대한 윤리적 책임을 명시해 놓고 있다.

② 윤리적 책임

말루치오는 사회복지사의 윤리적 책임을 클라이언트에 대한 윤리적 책임과 사회에 대한 윤리적 책임으로 나누어 제시하고 있다(Maluccio, 2002). 사회복지사의 1차적 의무는 클라이언트의 이익과 복지를 증진해야 하는 의무이다. 클라이언트의 이익을 우선으로 해야 하는데 이때 중요한 요소가 바로 자기결정 원칙이다. 이는 클라이언트가 스스로 선택하고 결정할 수 있는 기본적 자유임을 강조하고 있다. 클라이언트에 대한 윤리적 책임으로 첫째, 자기결정과 고지된 동의(informed consent), 둘째, 사생활보장, 비밀보장 및 특권(privilege) 등 사회복지윤리 원칙을 지키고 존중해야 할 것을 강조한다.

사회에 대한 윤리적 책임으로는 취약하고 억압받는 사람들에 대한 사회복지의 책임, 그리고 그러한 취약계층이 의식주 및 직업, 교육, 의료 등 기본적인 사회적 재화(basic social goods)에 더 쉽게 접근할 수 있도록 돕는 것을 제시하고 있다. 사회복지의 핵심 가치로 사회정의를 강조하고 있으며, 사회복지사는 사회 전반의 복지 증진, 자원에 대한 평등한 접근, 사회문화적 다양성 존중, 지배 · 착취 · 차별 금지 등과 관련해 활동해야 한다. 사회복지사가 이상과 같은 내용을 책임감 있게 수행하기 위해서는 사회정책 입안과 프로그램 개발과정에서 윤리적 측면의 중요성을 인식해야 한다고 언급하고 있다. 도움이 필요한 인구집단을 돕는 것이 사회적 의무라는 신념을 바탕으로, 제한된 자원을 공정하고 형평성 있게 배분하여 수급자의 존엄성을 인정하면서 처우하는 것 등 사회에 대한 윤리적 책임을 실천해야 한다(Maluccio, 2002: 106-115).

③ 윤리적 지도력

메닝(Manning)은 지금까지의 사회복지윤리 문제를 논의하면서 윤리적 지도력(ethical leadership)에 관해서는 소홀하게 다루어 왔음을 지적하고, 대인서비스(human services)에서 윤리적 지도력이 얼마나 중요한지를 강조하였다. 지도자가 대인서비스의 도덕적 임무를 완수하려면 윤리는 지도력의 본질, 핵심이 되어야 한다는 것이다.

사회복지 전문직은 공 · 사 의무를 동시에 수행해야 하는 위치에 있다고 전제한 메닝은, 전문가는 사회의 기본 가치를 보호하고 해석하는 공적 관리자(public custodian)로서 의무가 있다(Manning, 2003)고 지적한다. 전문직은 자신의 공적 역할과 책임에 주의를 기울여야 하는데, 그러기 위해서는 전문성만으로는 부족하고 전문성과 도덕적 비전을 함께 갖추어야 한다. 따라서 전문성과 지식, 기술로 공익에 기여해야 할 도덕적 책임이 있는 전문지도자는 전문가 임무, 조직의 임무, 공적 역할 및 책임과 연계되는 윤리적 함의를 갖는 공적 의무를 수행해야 한다. 이것이 '전문지도자 윤리(ethics for professional leaders)' 이다.

이러한 측면에서 볼 때, 사회복지사는 전문가로서 또 지도자로서 사회복지의 핵심 가치에 기반해서 윤리적 임무와 책임을 수행해야 한다.

4. 사회복지실천에서 윤리 문제들

일부 학자들은 특수한 경우를 제외하고는 대부분의 상황에서 윤리적 문제가 발생하지 않기 때문에 실천가는 고도의 전문적 기술과 통찰력만 갖추면 된다고 주장한다. 그러나 거의 모든 전문가들이 전문적으로 결정을 내릴 때에는 항상 윤리적 의미 혹은 윤리적 측면을 포함하게 된다는 주장도 있다. 로웬버그(Loewenberg)는 후자의 접근방법에 동의하면서, 인간의 생존과 생활, 복지 등 어느 측면에서나 윤리적 문제가 발생 가능하기 때문에 사회복지사는 매일매일 활동에서 윤리적 문제를 인식해야 한다고 주장한다. 즉, 사회복지사는 단지 기술적 문제를 해결하는 전문가가 아니라 도덕적 전문가가 되어야 하는 것이다(Loewenberg & Dolgoff, 1996).

실제로 사회복지사는 클라이언트, 동료, 기관, 전문직 자체, 나아가 사회와의 관계 속에서 자신의 임무와 의무를 수행하면서 여러 가지 갈등 상황에 부딪치게 되고 윤리적으로 결정을 내려야 하는 윤리적 딜레마에 직면한다. 윤리적 딜레마는 둘 혹은 그 이상의 의무가 서로 상충하는 상황에서 발생하기도 하고, 사회복지사와 클라이언트 혹은 기관의 가치가 서로 달라 발생할 수도 있다. 또한, 사회복지사가 준수해야 할 윤리 원칙이 서로 상충하여 갈등하는 상황이 유발될 수도 있다. 예를 들면, NASW 윤리강령에는 "사회복지사는 클라이언트의 시민권 혹은 법적 권리에 위배되거나 이를 감소시키는 행동에 관여하지 않아야 한다"고 언급하는 반면 "사회복지사는 자신이 고용되어 있는 기관의 공약 사항을 지켜야 한다"고 명시되어 있다. 사회복지사가 지켜야 하는 기관의 정책이 만일 클라이언트의 시민권에 위배되는 결과를 가져올 경우, 이 두 원칙은 사회복지사를 윤리적 딜레마 상황에 처하게 만든다.

본 장에서는 비밀보장, 진실된 정보주기, 온정주의 및 자기결정, 법·정책 및 기관규정에 따라야 하는 의무, 잘못된 실천 신고하기, 제한된 자원배분, 개인적 가치와 전문가 가치 간의 관계 등 전문가의 임무와 의무를 수행하고 책임을 지켜야 하는 다양하고 복잡한 사회복지실천 상황에서 어떤 경우에 윤리적 딜레마에 처하게 되는지 간추려 살펴보기로 하겠다.

① 비밀보장(confidentiality)

사회복지사는 클라이언트와 나눈 정보는 반드시 비밀로 지켜야 할 책임이 있다. 거의 모든 사례에서 비밀보장 의무를 지켜져야 하지만, 클라이언트가 자신이나 제3자를 상해할 위험이 있을 경우, 혹은 아동이나 노인을 학대했을 경우 등 사회복지사가 비밀을 지킬 수 없다고 판단되는 상황에 처할 수 있다. NASW 윤리강령에도 "어쩔 수 없는 전문가적 이유 때문에 비밀보장 정보를 밝힐 수 있다"고 명시하고 있다. 비밀보장 정보를 밝혀야 하는 조건에 대해 전문직이 합의한 구체적인 내용은 없지만 일반적으로 극단적인 상황에서는 클라이언트가 제공한 정보를 밝힐 수 있다는 데 동의한다. 또 다른 경우, 즉 사회복지사가 클라이언트와 공유한 정보를 공개하라는 법정의 명령을 접했을 때 클라이언트의 비밀보장권리와 법정명령 사이에서 하나를 선택해야 하는 윤리적 문제 상황에 놓일 수 있다.

② 진실된 정보주기(telling the truth)

클라이언트는 보호, 치료, 복지문제와 관련된 사안들에 대해서 진실된 정보를 알권리가 있다. 그러나 드문 예이기는 하지만 사회복지사는 클라이언트에게 의무적으로 진실을 말하지 않거나 잘못된 정보를 제공할 수 있는 상황에 처할 수 있다. 이런 경우 어떤 해를 입지 않도록 클라이언트를 보호해야만 한다는 확실한 근거가 있어야 한다. 즉, 진실된 정보를 주지 않거나 잘못된 정보를 제공하는 것은 결코 정당화 될 수 없으나 진실된 정보가 클라이언트에게 해롭다고 생각될 때에는 예외일 수 있는 것이다. 사회복지사는 윤리적 원칙에 입각해서 매 상황마다 신중하게 판단해야 한다.

③ 온정주의와 자기결정(paternalism and self-determination)

위해(harm)로부터 클라이언트를 보호하려는 경향은 사회복지에서 온정주의와 관련된 일련의 복잡한 윤리적 이슈를 야기한다. 사회복지사의 온정주의적 행동은 클라이언트 자신의 선(good)을 위해서 클라이언트의 소망이나 자유를 방해하는 결과를 가져올 수 있다. 자학하는 클라이언트의 행동을 제한하거나, 원하지 않는 서비스나 치료를 받도록 요구하는 것, 정보를 억제하거나, 잘못된 정보를 제공하는 것 등 사회복지사가 클라이언트를 보호하기 위해서 수행하는 이러한 행동은 온정주의에서 비롯한 것이다. 그러나 사회복지사들 간에 이런 온정주의적 행동에 대한 찬반 논의가 있다. 일부 사회복지사들은 온정주의에 동의하지 않는 반면, 일부는 클라이언트가 바른 판단을 하지 못할 때 사회복지사는 클라이언트를 보호할 책임이 있기 때문에 온정주의적 행동은 정당화될 수 있다고 주장한다. 이들 이슈는 흔히 클라이언트의 자기결정 및 고지된 동의(informed consent) 원칙과 맞물려 있다. 클라이언트의 자기결정권은 인간이 갖는 고유한 존엄성에서 비롯된 가치이며 사회복지사는 마땅히 이를 존중해야 한다. 고지에 의한 동의는 사회복지사가 클라이언트에게 정보를 얻거나 서비스를 제공하고자 할 때 클라이언트에게 반드시 사전 동의를 얻어야 한다는 원칙이다. 그러나 클라이언트가 자신의 복지에 대해서 건전하고 합리적으로 판단할 수 없는 상황일 때, 클라이언트의 행동이 자신이나 타인에게 위해를 가할 가능성이 있을 때에는 자기결정 권한을 제한할 수 있으며 온정주의 접근도 가능하다. 그러나 클라이언트가 건전하고 합리적으로 판단할 수 없는 범위 혹은 수준에 대해서는 신중하게 논의해서 클라이언트의 자기결정권을 존중해야 함은 물론 온정주의적 행동도 클라이언트 우선으로 이루어져야 할 것이다.

④ 법, 정책 및 규정

사회복지에 폭 넓게 자리하고 있는 또 하나의 믿음은 사회복지사는 반드시 법과 기관의 정책, 규정을 지켜야 한다는 것이다. 그러나 클라이언트에게 위해(harm) 또는 위험(risks)을 초래하는 경우 등 경우에 따라서는 반드시 지키지 않아도 된다고 주장한다. 미국의 예를 들면, 사회복지사는 아동학대의 경우 강제로 보고하도록 되어 있는 지방정부법을 따르지 않을 수 있는데 이는 그 사례가 지역보호서비스 당국에 보고 될 경우 더 큰 위험에 노출될 수 있다는 믿음 때문이다. 원칙적으로 사회복지사는 법과 정책의 테두리 안에서 규정을 위반하지 않아야 하지만 클라이언트의 안녕을 위해서 어떤 행동이 정당하다고 확신할 때 예외로 규정을 위반하는 결정을 내릴 수 있다.

⑤ 잘못된 실천 신고하기(whistle-blowing)

사회복지사가 법 혹은 기관의 규정을 위반했거나 부정수단, 속임수, 학대 또는 착취 등 위반 사례에 관여된 경우, 이러한 위반 행위를 안 동료 사회복지사는 그 사실을 보고해야 하는지 갈등에 빠지게 된다. 동료와의 우정, 직장의 안정, 동료의 명성에 대한 실질적인 위험을 생각하면 전문직에서 동료의 잘못된 행동을 밝히는 것을 망설이게 된다. 따라서 전문가로서 잘못 행동한 사회복지사는 동료와 기관에 대한 약속, 전문직으로서 클라이언트에 대한 의무를 인식하고 스스로 신중하게 윤리적인 결정을 내려 다른 동료가 자신을 신고해야만 하는 상황이라는 윤리적 갈등에 직면하지 않도록 해야 할 것이다.

⑥ 제한된 자원 분배하기

사회복지실천에서 지속되는 윤리 문제 중 하나는 부족한 자원을 할당해야

하는 것이다. 긴급식품과 주거정책, 프로그램재정 지원, 재활프로그램 승인
또는 사회복지사의 시간 등이 자원에 해당된다. 사회복지사는 한정된 자원을
배분하기 위해 다양한 기준을 활용해서 문제를 예방하거나 줄이는 노력을 기
울인다. 어떤 경우에는 평등(equality)의 원칙을 기준으로 자원을 균등한 크
기로 나누거나 클라이언트에게 균등한 기회를 제공하기도 한다. 또 다른 기
준은 욕구(needs)이다. 욕구가 가장 큰 사람에게 서비스를 우선적으로 제공
하는 정책을 시행한다. 또 다른 전략적 기준은 사회적 부정의나 차별로 고통
받고 있는 사람을 우선순위로 하는 것이다. 이 원칙이 바로 우대조치
(affirmative action) 정책의 근간이 된다. 많은 사회복지사들은 클라이언트의
지불능력이나 미래 지역사회에 공헌할 수 있는 능력에 기반을 두고 제한된
자원을 할당하기도 한다.

⑦ 개인적 가치와 전문가 가치

사회복지사의 개인적 가치와 전문가로서의 가치가 상충할 경우 윤리적 딜
레마에 빠지게 된다. 이에 더해서 사회복지사의 가치가 클라이언트의 개인
적, 종교적 가치와 상충될 수도 있다. 병원의 의료사회복지사는 종교적 이유
로 수혈을 거부하는 환자 혹은 환자가족의 자기결정권을 존중하는 데 어려움
을 겪게 된다. 사회복지사는 자신의 개인적 가치가 클라이언트의 문제, 사회
적 문제, 사회복지 지식 적용, 개입전략 선택 등에 영향을 미칠 수 있는 상황
에 대해서 끊임없이 민감해야 한다. 또 전문가로서 윤리적 책임과 의무를 수
행함에 있어서 전문가 가치에 입각한 윤리원칙을 준수함으로써 윤리적 갈등
을 줄여나가고 윤리적 딜레마를 해결해야 할 것이다.

5. 사회복지윤리의 미래

전술한 바와 같이 사회복지사는 전문직이 시작된 이후 윤리와 가치에 관한 관심을 지속해 왔다. 사회복지 전문직이 발달함에 따라 여러 윤리적 이슈가 관심의 대상이 되어 왔고, 사회변화에 따라 또 다른 윤리적 이슈들이 부각되기도 했다. 따라서 미래의 사회복지실천에는 또 다른 새로운 윤리적 문제들이 발생할 것이다. 어떠한 이슈가 미래에 부각될 것인지 확신할 수 없으나 여러 학자들이 몇 가지 추세를 제시하고 있다.

① 기술 발달과 윤리문제

고도로 기술이 발달하면서 이에 따른 윤리적 문제가 발생 가능하다 (Loewenberg et al., 1996; Reamer, 1995; Congress, 1999). 사회복지도 다른 전문직과 마찬가지로 컴퓨터기술 및 다른 형태의 기술에 영향을 받아 왔다. 흔히 기술은 가치중립(value-free)적이라고 알고 있지만 기술 역시 인간의 범주 안에 존재하면서 인간의 선택을 반영한다. 그리고 인간의 선택은 기술적 유용성과 효율성 문제를 넘어 항상 가치 선택과 윤리적 결정과 관련이 있다 (Loewenberg et al., 1996).

먼저 컴퓨터기술, 정보기술을 사회복지실천에 도입하는 것은 클라이언트의 사생활보장과 비밀보장에 관련된 문제를 계속 만들어 낼 것이라 전망한다. 대부분의 사회복지기관에서는 필기기록 대신 클라이언트 정보와 자료를 입력한 전산기록을 사용하고 있다. 이러한 전산기록은 실제로 다른 기관, 다른 사회복지사, 혹은 제3자에게 노출될 위험이 높다. 따라서 비밀보장과 관련해서 이전보다 더 빈번히 윤리 문제가 야기될 수 있다. 따라서 기록의 비밀을 보장하는 새로 개선된 방법이 필요하며, 기관들 간에 협력적인 사례관리 네트웍시스템이 필요하다. 어느 범위까지, 어떤 상황에서 정보를 공유할 것인지, 어느 수준까지 제한할 것인지, 클라이언트의 허가를 얻어야 하는 수준은 어디에 두어야 하는지, 복잡하고 다양한 윤리 문제가 사회복지사 및 사회복지기관에 발생할 수 있다. 또한, 컴퓨터 세대인 사회복지사들이 현장에서 일할 때 비밀보장 문제는 새롭게 제기될 수 있다. 이때 윤리적 실천은 지금까지와 다른 방법으로 논의되고 유지되어야 할 것이다(Kreuger, 1997, 재인용).

컴퓨터화한 정보체계 발달은 클라이언트에 관한 정보 노출과 관련된 윤리적 문제 이외에 다른 여러 가지 윤리적 이슈들을 제기할 수 있다. 최근 언론에 적지 않게 보도되는 자살사이트 문제, 음란물사이트에 청소년들이 무방비한 채 노출되고 있는 것, 미성년자 대상의 성매매 등 수 많은 새로운 사회문제가 발생하고 있다. 사회복지사 전문가 가치와 클라이언트 개인적 가치의 충돌, 부모와 자녀 간의 가치 충돌 등 과거보다 더 복잡하고 다양한 윤리적 딜레마에 직면할 수 있으며 클라이언트를 돕는 과정에서 비밀보장, 자기결정권, 사생활보장 등의 윤리적 문제로 인해 더 빈번하게 갈등 상황에 빠지게 될 수 있다.

첨단의료기술의 발달은 보건의료서비스 분야에서 의료서비스의 배분, 살 권리, 죽을 권리 등과 관련한 새로운 문제들을 야기할 것이다. 다양한 형태의 혈액, 알코올 및 약물검사, DNA검사 및 HIV 양성반응자에 대한 강제 검사와 관련해서도 많은 문제가 발생하고 있다. 또한, 신생아학(neonatology)의 기술 향상은 과거에는 생존할 수 없었던 많은 신생아의 생명을 연장 가능하게 해주면서 이에 수반되는 문제도 적지 않게 발생하고 있다(Loewenberg et al., 1996). 복합적인 장애와 질병을 가지고 태어난 신생아는 생명이 연장되더라도 중증장애인이 되어 평생동안 보호시설에서 살아야 할 가능성이 높기 때문에, 사회복지사는 클라이언트의 자기결정과 클라이언트의 최선의 이익 간에 갈등하면서 윤리적 딜레마를 경험하게 된다. 또한, 환자의 정신상태가 정상이 아닌 경우, 최근 우리사회에서 흔히 제기되는 치매노인 보호와 퇴원 후 갈 곳에 대해 결정할 때에도 윤리적 문제에 직면하게 된다.

유전자기술의 발달도 새로운 윤리적 딜레마를 초래할 것이며 사회복지실천에서 유전적 상담을 해야 하는 상황이 예견된다.

② 고용구조변화와 윤리문제

사회복지사의 고용 구조가 변하고 있다. 미국의 예이기는 하지만 최근 몇
년간 정신건강 분야에서 종사하는 사회복지사의 수가 증가해 왔고 개별적으
로 서비스를 제공하는 사회복지사도 증가해 왔다. 반면 공적 서비스기관의
사회복지사는 감소하고 있다(Reamer, 1995). 콘그레스도 사회복지사들이 공
공기관과 비영리기관에서 민간기관 혹은 개별 서비스제공(private practice)
으로 이동하고 있는 추세이며 비영리기관은 영리기관으로 대체되고 있다고
전망하였다(Congress, 1999). 민간기관은 재정 문제가 서비스의 동기화가 될
수 있기 때문에 개별실천으로 이동하는 추세는 사회복지사가 빈자와 억압받
는 자를 돕고 공동체 사회를 구축하려는 임무를 포기할 우려를 내포하고 있
다고 지적한다(Specht & Courtney, 1994; Congress, 1999, 재인용). 이러한 변
화는 사회복지의 임무와 가치기반에 대한 중요한 문제들을 제기한다. 더 부
유한 클라이언트에게 서비스가 집중되지는 않는지, 사회정의에 무관심하게
될 수 있는 것은 아닌지, 가장 혜택 받지 못하는 사람들을 위한 "옹호"와 같은
사회행동은 축소되고 임상적 이슈에 더 기여하는 것은 아닌지 등 많은 윤리
적 이슈들이 제기될 수 있다.

한편, 사회복지가 새로운 전문성을 발전시켜감에 따라 윤리와 가치에 대한
새로운 문제들이 부상할 수 있다. 예를 들면 산업복지 혹은 기업복지
(occupational social work)에서 EAPs[1]에 대한 사회복지사의 관여가 늘어남
에 따라 비밀보장, 법원이 요청하는 정보 공개, 클라이언트와 고용주에 대한
사회복지사의 의무(loyalty) 등 서로 다른 윤리적 의무가 상충되면서 다양한

---

1) EAPs(Employee Assistance Programs): 1970년대 미국 기업복지서비스의 하나로 개발된 근로
자원조 프로그램이다. 초기에는 주로 알콜리즘에 초점을 두고 서비스가 제공되었으나 현재는
노동자의 다양한 문제, 즉 가족, 직업상담, 재정적 문제, 대인관계 및 행동문제, 심리적/정신과
적 문제로 확대해 전문 사회복지사를 고용해서 서비스를 제공하고 있다.

윤리적 문제들이 제기된다.

③ 보호체계변화와 윤리문제

관리보호(managed care) 체계와 관련된 윤리 문제들을 지적하고 있다. 관리보호제도는 미국에 한정해서 시행되고 있는 시스템이기는 하지만 많은 학자들이 관리보호와 관련된 문제를 미래 사회복지의 윤리적 문제로 논의하고 있다(Reamer, 1995; Loewenberg et al., 1999; Congress, 1999).

관리보호는 미국의료보호(health care) 서비스에서 과다하게 지출되는 비용을 통제하기 위해서 개발된 중요 전략 프로그램 중 하나이다. 의료서비스 실천가에 대해서 실천가가 제공하는 서비스 형태, 서비스 접근, 서비스 기간을 통제하고 제한하면서 비용을 경감하려는 의도이다. 관리보호계획(managed care plans)에 따라 지급할 일정 금액을 미리 정해놓고 그 이상 서비스 비용을 청구할 수 없도록 통제하고 있다. 이는 전문가로서 자율성을 통제하는 위협일 뿐 아니라 서비스의 질도 낮아질 수 있다는 우려를 사고 있다. 더욱이 치료와 서비스가 더 필요한 클라이언트와 환자에게 치료 기간을 제한하는 것은 치료받을 권리를 제한하는 문제로 이어질 수 있다. 또 관리보호는 서비스 결과에 더 많은 초점을 맞추고 그 결과 측정에 비중을 두고 있어 클라이언트의 사생활 보호를 소홀하게 다룰 우려도 있다. 또 다른 문제는 관리보호체계에서는 보험회사, 관리보호기관 등 여러 사람이 관여하기 때문에 원칙적으로 클라이언트에 관한 자료를 공개해서는 안 된다는 비밀보장 원칙이 지켜지지 않을 가능성이 높다는 점이다. 서비스 형태와 관련해서는 관리보호기관 및 보험회사로부터 사회복지사는 개별치료보다 집단치료를 제공하도록 압력을 받을 수 있다. 집단치료는 더 큰 소득을 가져올 수 있다는 생각에서 사회복지사에게 시간제한집단(time-limited groups)으로 서비스를 제공하도록 제안하고 있다. 보험회사로부터 받는 돈이 기관 소득의 실질적 부분을 차지하는 기관에서는 이 제안을 따르도록 사회복지사에게 요구함으로써 갈등을 야기할 수 있다. 우리나라 의료보험, 고용보험도 역시 심각한 재정문제를 안고 있는 현 상황에서 미국의 관리보호제도와 관련되는 이러한 윤리적 문제들은 시사하는 바가 적지 않다.

④ 사회변화와 윤리문제

지금까지 논의한 것 외에도 앞으로 좀더 빈번하게 논의 될 안락사(assisted suicide) 문제와 관련된 "생명종식결정(end-of-life decisions)"에서의 클라이언트 자기결정원칙에 대한 사회복지사의 윤리적 결정 문제가 대두 될 것임을 예견하고 있다. 또한, 사회계획, 지역사회조직, 지역사회개발, 사회행동(social action) 등 거시적 측면의 사회복지실천에서도 여러 가지 윤리적 결정을 내려야 하는 다양한 상황에 직면하게 될 것임을 전망한다(Loewenberg et al., 1996). 사회복지에서 흔히 비중 있게 다루지 않는 여성문제가 미래 사회에서는 여성역할의 변화, 괄목할 만큼 증가할 여성의 사회참여, 평등권의 보편화, 여성에 대한 의식과 가치관의 변화 등 다양한 변화로 인해 중요한 사회문제로 인식되면서 사회복지실천 현장에서도 윤리적 실천의 중요한 대상이 될 것임에 틀림없다.

사회복지의 미래는 정확히 예측할 수 없지만 윤리적, 가치적 이슈가 전문직에 계속 침투할 것이라는 것은 확실하다(Reamer, 1995). 이들 이슈는 일부 새로운 추세와 발전에 따라서 변할 수 있으나 사회복지의 근본적인 윤리와 가치에 관련되는 이슈들, 즉 빈자와 억압받는 자에 대한 우선 원조, 사회정의 실천에 대한 실천가의 의무, 클라이언트의 자기결정권, 인간존엄성, 제한된 자원의 형평한 분배 등은 계속해서 사회복지실천윤리의 기반이 될 것이다.

참고문헌

김융일 외, "사회복지의 가치와 이념", 『사회복지학개론』, 동인, 2003.
김상균 · 오성수 · 유채영, 『사회복지윤리와 철학』, 나남출판, 2002.

Congress, Elaine P. (1999), *Social work values and ethics*, Chicago: Nelson-Hall Publishers.

Loewenberg, Frank. M. and Dolgoff, R. (1996), *Ethical decisions for social work practice*(5th ed.), Itasca: IL., F. E. Peacock. Inc.

Maluccio, Anthony N., Pine, Barbara A. and Tracy, E. M. (2002), "Ethical issues in working with vulnerable families", *Social work practice with families and children*, N.Y.: Columbia univ. press.

Manning, Susan S. (2003), *Ethical leadership in human services: a multi-dimensional approach*, Boston: Allyn and Bacon.

Reamer, Frederic G. (1995), *Social work values and ethics*, N.Y.: Columbia univ. press.

___________________ (1995), "Ethics and values", *Encyclopedia of social work*(19th ed.), pp.893-902, Washington, DC.: NASW press.

Robinson, Wade and Reezer, Linda, C. (2000), *Ethical decision making in social work*, Boston: Allyn and Bacon.

II부
사회복지 윤리강령과 윤리적 결정

제4장
사회복지사 윤리강령

양 옥 경

윤리란, 어떤 행동이 옳은지 또는 그른지 판단하는 것으로, 사회의 가치 기준에 맞게 실천하였는지에 대해 판단 기준을 제시한다(양옥경 외, 1995: 29). 이는 가치와 구분되는 것으로 가치가 좋은 것(good)이라면 윤리는 옳은 것(right)이다.

사회복지실천은 다른 사람을 원조하는 전문적인 활동으로 윤리성이 강조된다. 따라서 일반 사회의 윤리관을 배경으로 그 사회가 추구하는 가치관을 반영하기도 하고 때로는 사회의 가치관과 상충되는 활동을 하기도 한다. 사회복지사는 사회복지실천을 전문적으로 수행하는 전문직으로서 윤리성을 토대로 실천하게 되는데, 이러한 전문직 윤리는 비단 사회복지 영역뿐 아니라 의학, 법학, 언론학, 교육학 등 다른 모든 전문직에도 적용된다. 이때 각 전문직은 공통으로 합의한 윤리강령에 기반을 두고 활동하게 되는데(문인숙, 1991: 42), 윤리강령은 전문가들이 지켜야 할 전문적 행동기준과 원칙을 기술해 놓은 것을 말한다. 즉, 해당 전문가가 그 기준에 준해 행동하도록 지침을 제시하는 행동강령 같은 것이다. 따라서 대부분의 전문직은 각자 윤리강령을 마련하고 이에 준해 실천하려고 노력한다.

윤리는 그리스어 'ethos'가 어원으로 그 의미는 '관습'이다. 사전에 따르면 윤리란 "사람이 사회 관계에서 사람으로서 마땅히 행하거나 지켜야 할 도리"(『우리말큰사전』, 1992)이다. 이에 준해 볼 때 사회복지실천에 있어서 윤리는 사회복지사가 사회복지실천 현장에서 사회복지사업을 계획, 실행, 평가할 때 클라이언트와의 관계에서 전문가로서 마땅히 행하거나 지켜야 할 도리라고 할 수 있다.

윤리란 도덕철학이다. 도덕적으로 좋고, 나쁘고, 옳고, 그른 것에 관한 것으로 가치와 구분되는 개념이다. 가치란 신념이며 선택으로, 인간에게 좋은 것 또는 바람직한 것에 대한 가정이다(Pincus & Minahan, 1973: 38). 사실도 아니고 과학적인 근거도 없으며, 따라서 규범적 가치기준이 절대적으로 필요하지 않을 수도 있다. 반면에 윤리란 실질적으로 결정을 내릴 때 꼭 필요한 것으로 옳고 그른 행동에 대한 사회적인 태도를 가리킨다. 가치란 하나의 가정적 개념이어서 사람의 생각 속에 그치지만, 윤리는 행동으로 나타나는 것으로 윤리적 판단에 따라 행동할 때 규범적인 기준이 필요하다. 따라서 윤리란 인간의 행동을 통제하거나 규제하는 기준이나 원칙까지 포함하는 개념으로 일반적으로 타인에 대한 책임감에서 우러나오는 인간에 대한 기대를 말한다(문인숙 외 역, 1985: 117). 이 기준과 원칙이 바로 윤리강령이다.

따라서 윤리강령은 매우 중요하다. 그러나 지금까지 윤리강령에 대해 본격적으로 논의한 저술을 찾아보기 어려운 것이 사실이다. 윤리에 대한 저술로는 양옥경이 동료들과 함께 편찬한 우리나라 최초의 『사회복지실천과 윤리』가 있으며(양옥경 외, 1995), 김상균이 동료들과 함께 저술한 『사회복지 윤리와 철학』(김상균 외, 2002), 그리고 김기덕(2002)의 『사회복지윤리학』이라는 저서가 전부이다. 이 외에 서미경이 동료들과 함께 번역한 번역서(서미경 외, 2000)가 있다.

학술논문으로는 의료사회복지사가 의사를 결정할 때 윤리적 갈등을 다룬 황성철의 논문(황성철, 1996)과 김영란 등의 사회복지사의 윤리적 선택에 관한 연구(김영란 외, 2001)가 있을 뿐이다. 학위논문으로는 박사학위 논문이 1편 있으며, 석사학위 논문으로 9편이 있다. 이는 지금까지 사회복지실천 현장에서, 또한, 교육 현장에서 가치, 윤리, 철학이라는 주제가 얼마나 소홀히 다루어졌는가에 대한 반증이기도 하다. 더욱이 위 저서마저도 모두 윤리강령에 대한 내용을 아주 미미하게 다루고 있는데, 이 역시 윤리에 대한 사회복지학계의 가치관을 일면 나타낸 것이라고 볼 수 있다.

이에 본 장에서는 2001년 개정된 〈한국 사회복지사 윤리강령〉의 내용을 집중적으로 분석해보고자 한다.

1. 윤리강령의 역사

1) 윤리강령의 역사

사람을 대상으로 전문적인 활동을 전개하는 전문가를 위한 윤리강령의 역사는 매우 유사하다. 역사적으로는 그리스시대 의사이자 성직자이며 법률가였던 히포크라테스가 의사를 위해 전문적이고 윤리적인 행위(professional and ethical conduct)에 대해 선서를 마련한 것이 최초의 윤리강령으로 소개되고 있다(Loewenberg & Dolgoff, 1992). 근대에 들어와서도 의학분야에서 가장 먼저 윤리강령을 제정한 것으로 알려져 있다. 기록에 의하면 1803년 영국의 토마스 퍼시블(Thomas Percival)이라는 의사가 최초로 근대적 의미의 전문적 윤리강령을 썼다(Loewenberg et al., 2000: 39). 미국에서도 역시 의학분야에서 최초로 윤리강령을 작성하였는데, 1847년 미국의학협회(American Medical Association)가 영국의 윤리강령에 기초하여 작성한 것이 그것이다.

사회복지의 경우 미국에서는 1951년 미국사회사업가협회(American Association of Social Workers)에서 최초로 윤리강령을 채택하였으나 통일된 전국조직이 아니었으므로 공식 윤리강령으로 인정받지 못하였다(Loewenberg et al., 2000). 사회복지사들이 각기 다른 전문조직을 갖고 있다가 전미사회복지사협회(National Association of Social Workers, NASW)로 통합된 후 비로소 최초의 공식적인 협회 윤리강령이 마련되었다. 이때가 1960년이다(Reamer, 1992: 17). 이렇게 탄생한 사회복지사 윤리강령은 약 40년의 역사를 갖고 있으며, 여러 차례 개정을 거듭하면서 현재의 윤리강령으로 거듭났다.

1960년에 공포한 첫 번째 윤리강령은 사회복지사의 의무에 대해 나열하고 있다. "나는"으로 시작하는 이 윤리강령은 사실상 선언문과 같은 것으로, 그 내용은 자신의 이익보다 클라이언트의 이익을 우선하고, 클라이언트의 사생활을 보장하며, 공공의 응급사건이 발생했을 때에는 봉사할 것이고, 지식과 기술을 후배에게 이양한다고 되어 있다. 7년 후인 1967년에 1차 개정하였으며, 이때 클라이언트에 대한 비차별조항이 첨가되었다. 1979년 2차 개정으로 현재와 같은 영역별 윤리강령 형태가 되었는데 당시에는 6개 영역으로 나누어 윤리적 의무를 나열하였다. 그러나 이 윤리강령은 일반적인 공공의 복지보다 개인의 복지에 치우쳐 있다는 지적을 받았으며, 이는 의학전문직을 제외한 모든 다른 원조 전문직과 비교해 볼때 더욱 개인복지 중심적이라고 비판받았다(Loewenberg et al., 2000: 37). 그 결과, 1984년과 1993년 두 차례에 걸쳐 3차, 4차 개정하였는데, 이 두 차례의 개정으로도 1979년의 기본 틀을 유지하는 차원에 그쳤다. 주요 내용은 사회복지사의 일반적인 행동에 관한 내용과 클라이언트, 동료, 고용인, 고용기관, 사회복지 전문직, 그리고 사회 전반에 대한 윤리적 책임에 관한 내용 등이었다. 마침내 1996년에 이르러 그 틀을 대폭 수정하는 5차 개정작업이 있었으며, 1997년부터 새로운 형태를 띤 현재의 윤리강령이 효력을 발생했다. 여기에서는 윤리강령의 목적을 구체화하고 서비스, 사회정의, 인간존엄성 및 가치, 인간관계 능력이라는 6대 핵심 가치를 중심으로 윤리원칙과 기준을 나누었다. 기존의 강령과 완전히 다른 새로운 틀을 제공한 것이다.

이 같은 윤리강령의 변화는 하나의 역사적인 흐름으로 볼 수 있다. 도덕적

이며 보호적인 전문직 초기 윤리강령에서 점차 사회정의 단계, 종교적 단계, 임상적 단계를 거쳐 현재는 가치중립적 오리엔테이션에 기반하고 있는 것이다. (Reamer, 1992: 18-20).

2) 한국의 윤리강령 역사

한국의 윤리강령 역사도 다른 선진국의 경우와 마찬가지로 의학 분야에서 시작된 것으로 추정된다. 기록에 의하면 1965년경 〈의사의 윤리〉를 제정, 선포한 것이 최초이다.[1] 1997년 4월에 제정, 공포한 〈의사윤리강령〉은 〈의사윤리선언〉에서 규정하고 있는 내용을 더 구체적으로 제시하고 있다. 이 윤리강령은 의사가 지켜야 할 윤리내용을 국민에게 공개하여 의사들의 비윤리적 행위에 대해 국민이 판단할 수 있도록 기준을 부여하는 데 목적을 두고 있다.

사회복지분야는 이보다 약 20여 년 늦게 시작된 것으로 기록에 남아있다. 1972년 한국사회사업가협회는 사회사업가 윤리강령의 필요성을 인식하고 5명으로 구성된 기초위원회를 발족하면서 제정준비작업을 시작하였으나 완성을 보지 못하였다(한국사회복지사협회, 1997: 97). 이에 1973년 2월 28일 총회에서 윤리강령 제정을 결의하였고, 1979년 8월 24일 제정을 위한 회의를 소집하였으며, 1982년 1월 15일 사회사업가협회 총회에서 윤리강령을 통과시켰다(한국사회복지사협회, 1997: 128). 그러나 공포하지는 못한 것으로 기록되어 있으며, 1988년 자구수정을 거쳐 〈사회복지사 윤리강령〉을 제정, 완성한 것으로 되어 있다(한국사회복지사협회, 1997: 128). 이에 본 장에서는 최초로 한국 사회복지사 윤리강령을 제정한 시기를 1982년으로 삼고자 한다.

한국사회복지사협회는 윤리강령의 필요성을 절감하여 1982년 〈한국사회

---

1) 대한의사협회 홈페이지인 www.kwa.org에 따르면 약 30년 전 제정된 〈의사의 윤리〉를 시대의 변화에 맞게 개정하기 위해 1995년부터 개정작업을 시작하여 1997년 2월 〈의사윤리선언〉을 확정, 공포하고 이에 준하여 동년 4월 〈의사윤리강령〉을 제정, 공포한 것으로 기록하고 있다.

사업가 윤리강령)[2]을 제정하기에 이르렀다(부록A-1 참조). 전문과 강령 총 10조로 구성된 이 윤리강령은 1982년 1월 15일 제정되었으며 클라이언트의 인간존엄성, 사회사업가의 전문성, 그리고 사회사업의 공공성 및 사회성을 강조하였다. 인도주의와 민주주의에 기반을 두면서 개인의 자아실현 목표를 개발하고 이용 가능한 사회자원과 과학지식을 통합하여 복지사회와 정의로운 사회 건설에 헌신하도록 하는 것을 기본적인 직업윤리로 삼도록 언급하고 있다.

사회사업가가 사회복지사라는 이름으로 공식적으로 불리게 되면서 사회사업가 윤리강령은 1988년 3월 26일 1차 개정[3]되었고, 동년 4월 14일 〈사회복지사 윤리강령〉이라는 이름으로 공포되었다. 이 윤리강령은 전문과 강령 8개 조항으로 구성되어 있다(부록A-2 참조). 인도주의와 민주주의 이념을 기반으로, 인간존엄성과 사회정의 실천을 강조하고 있으며 훌륭한 사회복지사가 되도록 쉼없이 연구정진하고 자기 품성을 도야 할 것을 제안하고 있다. 사회복지사의 기본 품성으로는 성실, 친절, 봉사, 사랑 그리고 진정한 이해를 들고 있으며 기본적인 활동으로는 정의, 공평, 평화를 수호하는 선도적 위치를 명하고 있다. 복지와 사회여건 개선을 위한 봉사적 사회운동 참여, 인종, 국적, 성별, 사상, 종교, 지위, 빈부 등 차별을 초월한 공평한 대우, 클라이언트의 자립정신 강조, 사회사업실천에 있어서 사회복지사 개인의 영리도모 금지, 사회복지사의 권익옹호 등을 언급하고 있다. 사회복지사로 호칭하면서도 여전히 실천을 지칭할 때는 "사회사업"이라고 정의하고 있는 것이 눈에 뜨인다.

---

2) 한국사회복지사협회 홈페이지인 www.welfare.net에 따르면 첫 제정연도가 1982년인 것으로 되어 있다. 이 윤리강령은 현재 한국사회복지사협회에 초안만 존재할 뿐 이사회를 통과하고 대의원총회를 거쳐 제정, 공포하였을 것으로 추정되는 최종안은 찾을 수 없다. 이에 본 글에서는 초안을 중심으로 논의하였다. 한국사회복지사협회(1997)에 의하면 1982년에 제정된 사회사업가 윤리강령은 제정만 되었고 공포하지 못한 것으로 추정된다.

3) 1차 개정안은 3월 26일 대의원총회를 거쳐 개정안이 확정되었으며, 동년 4월 14일 선포되었다. 그 당시 공포했던 전문이 현재까지 그대로 보관되어 있는 최초의 윤리강령이다. 이때 개정을 담당했던 전문가들에 대해서는 알려진 바 없다.

1992년 2차 개정[4]하였고, 〈사회복지사 윤리강령〉이라는 이름으로 동년 10월 22일 공포하였다. 전문과 10개 조항으로(부록A-3 참조) 구성되어 있으며 조항별로 구분하고 있다. 1~3항은 전문가로서 사회복지사의 태도 및 전문직에 대한 책임, 4~7항은 클라이언트에 대한 사회복지사의 의무, 8항은 동료와의 관계에 대한 사회복지사의 태도, 9항은 동료나 기관의 비윤리적 행위에 대한 사회복지사의 의무, 그리고 10항은 사회와의 관계에 관한 역할규정에 대해 최소한의 행동지침을 제시하고 있다. 정의, 평등, 자유, 민주주의 가치를 바탕으로 하고 있으며, 클라이언트뿐 아니라 사회구성원에 대한 존엄성을 강조하고 있다. 클라이언트의 권익, 자기결정권, 사생활 존중, 그리고 사상, 종교, 인종, 성별, 연령, 지위, 계층에 따른 차별금지 등이 주요 골자이다. 전문직 개발, 전문가로서의 품위와 자질 유지, 동료에 대한 존중, 그리고 사회복지사의 권익옹호 등이 함께 언급되어 있으며, 비윤리적인 행위에 대한 공식적인 절차에 관해 언급하고 있는 점이 이전의 강령과 다른 점이라 하겠다. 클라이언트를 복지대상자라고 칭하고 있는데, 이는 클라이언트라는 용어를 적절한 한글로 수정하는 것이 좋겠다는 당시 사회복지계 내부의 의견을 수렴한 결과이다. 또한, 1988년 윤리강령에서 볼 수 있었던 친절, 봉사, 사명감 등의 단어를 찾아볼 수 없는데, 이 역시 시대변화에 따른 요청사항으로 대부분 전문성으로 대치되었다.

3차 개정[5] 시기는 2001년으로, 1992년 개정할 당시 7년 후 다시 개정하자

---

4) 당시 윤리강령 개정을 위한 개정위원회는 이화여대 문인숙 교수를 위원장으로 하여, 학계 대표로 최일섭(서울대 교수), 김융일(가톨릭대 교수), 김성이(이화여대 교수), 성규탁(연세대 교수); 실무계 대표로 우성세(영락보린원 원장), 정현모(순복음상담소), 박경수(태화샘솟는집), 민정애(한국뇌성마비복지회); 정부에서 이상룡(보건복지부 사무관); 그리고 협회에서 최성균, 김기선, 박창석 등 총 13명이 참여하였다. 개정된 윤리강령은 이사회를 거쳐 1992년 10월 22일 제6회 전국사회복지사대회 개회시 선포되었다.

5) 3차 개정을 위한 윤리강령 개정위원회는 전북대 백종만 교수를 위원장으로 하여, 당시 한국사회복지사협회 윤리 · 법제위원회 위원들이었던 이화여대 양옥경 교수와 전주대 윤찬영 교수가 집중적인 개정작업을 진행하였다. 전체 사회복지사협회 회원들에게 초안을 회람하여 의견

는 결의에 따라 1999년 3차 개정작업을 시작하였고, 약 3년간 작업을 거쳐 이전의 틀을 대폭 수정한 〈사회복지사 윤리강령〉이 2001년 12월 15일에 선포되었다(부록A-4 참조). 새로운 천년을 맞이하여 개정하게 된 윤리강령은 변하는 사회의 요구를 포괄하고 새천년을 앞서 나가도록 독려하는 사회복지사의 의지를 담아, 개정의 목적을 윤리의식과 행동방향을 설정하는 형태가 되도록 하였다. 1992년 10개 조항이던 것을 전문직 직무의 내용에 따라 세분하여 전문, 윤리기준 6장(46개 조항), 그리고 사회복지사 선서로 구성하였다.

한국사회복지사협회가 제시한 개정 요지는 헌신성, 전문성, 그리고 진보성이다. 이중 헌신성은 개정작업을 거듭하는 동안 사회복지의 전문성을 저해한다는 이유로 삭제했던 희생과 봉사를 되살려 정의한 것으로, 이는 최근 종교단체의 봉사활동에 비해 사회복지사의 헌신적 전문활동이 뒤지고 있다는 점이 문제로 지적됨과 동시에 헌신성이 녹아있는 윤리강령이 필요하다는 인식을 반영한 결과였다. 진보성은 지역사회 및 사회의 변화를 추구하는 진보적인 가치를 실현하는 데 있어서 노력 정도나 운동성 측면에서 시민단체에 뒤진다는 문제의식을 반영한 것이었다. 전문성에 있어서도 사회적 승인을 충분히 얻기에는 부족할 뿐 아니라 관련 분야 전문직에게 도전을 받는 추세임을 인식한 결과이다. 즉, 윤리강령 개정을 통해 이 같은 문제의식이 반영되기를 기대한 것이었다. 따라서 "가장 열악한 대상층에 대한 접근, 클라이언트의 최대 이익추구, 봉사, 솔선수범 등의 헌신성; 사회적 가치실현을 구체화하여 타 분야와의 차별성 및 독자성 확보, 그리고 타 분야와의 상호연대에 대한 적극성 추구, 개인과 사회의 동시적 변화를 추구하는 독자적인 기술 확보 등의 전문성; 개인의 존엄성 확보와 사회적 가치실현을 위한 사회제도 및 여건의 변화를 추구하는 조직적 역량 확보의 진보성" 등을 주요 개정요지로 설정하게 된 것이다. 마지막으로 사회복지사 선서를 삽입하여 "사회복지사 자격증을

을 수합하였으며, 다시 조정한 후 회장단이 검토 및 수정하고, 국어학자가 자구를 수정하였다. 이사회를 거쳐 2001년 12월 15일 제10회 전국사회복지사대회에서 선포되었다.

취득하고 사회복지사로서 일하게 되는 사람은 일을 시작하기 전에 사회복지사로서의 의무와 책임을 다하고 윤리강령을 준수할 것을 맹세하는 선서"를 마련하게 되었다.

이 같은 개정 요지를 바탕으로 한 당시 윤리강령 개정위원회의 개정 주요 골자는 윤리위원회 구성; 차별대우 조건 다양화; 수퍼바이저와의 관계 강조; 사회복지사의 경제적 이익 취득 제한; 그리고 재교육을 포함한 협회의 활동 강조 등이었다.

개정작업 중 용어에 대한 논란의 대상은 클라이언트(client)와 사회복지실천(social work)을 무엇으로 지칭하는가에 있었다. 클라이언트에 대해서는 사회복지대상자, 복지대상자, 복지수급자, 복지권자 등 다양한 견해가 제시되었으나 결국은 클라이언트라는 용어를 채택하게 되었다. 1992년의 윤리강령에서는 복지대상자라고 지칭하였으나 이는 사회복지사가 실무현장에서 클라이언트를 클라이언트라 지칭하지 복지권자라든가 복지대상자라는 용어로 부르지 않기 때문에 현실감이 떨어질 뿐 아니라 우리가 직접 활동할 때에 대상자를 지칭한다고 보기 어렵기 때문에 이러한 현실성을 김안한 결정이었다. 또한 사회복지실천(social work)에 대해서도 사회사업, 사회복지업무, 사회복지실무, 사회복지실천 중 어떤 용어를 사용할 것인가에 대해 여러 차례 논의했으나 결국 사회복지실천이라는 용어를 채택하게 되었다. 이는 사회복지실천이 social work 또는 social work practice를 지칭하는 것으로 사회복지사업법에 따른 국가자격시험 과목으로 관련 조항에 나타나 있기 때문이었다.

2. 윤리강령의 기능

윤리강령은 전문가들이 지켜야 할 전문적 행동 기준과 원칙을 기술해 놓은 것으로 전문가들이 공통으로 합의한 내용을 담고 있다. 따라서 법적으로 제재할 힘은 없지만 전문가 단체가 합의해서 만든 것이기 때문에 사회윤리적 제재의 힘을 갖는다. 윤리강령의 기능은 전문가들이 자신의 전문직 가치 기준에 맞게 실천할 수 있도록 판단기준을 제시하는 데 있으며, 해당 전문직 실천 대상자들에게 그 전문직이 지켜야 할 기본적인 윤리행위을 알려주어 전문직의 비윤리적 행위에 대해 판단할 수 있는 기준을 제시하는 데 있다.

사회복지사 윤리강령의 기능에 대해 나열한 대표적인 학자는 로웬버그(Loewenberg)와 리머(Reamer)이다. 두 저자 모두 전문직과 일반 대중을 보호하는 것을 전문적 규범 기준으로 삼고 있다. 로웬버그가 제시한 윤리강령의 5가지 기능은 다음과 같다(Loewenberg & Dolgoff, 1992; Loewenberg et al., 2000). 첫째, 윤리적 이슈 때문에 갈등을 경험할 때 사회복지실천에 대한 지침 제공, 둘째, 무능한 사회복지사와 사회복지실천으로부터 공공을 보호, 셋째, 전문직 스스로 자기규제(self-regulation)를 가짐으로써 정부의 통제로부터 전문직 보호, 넷째, 내부 다툼이나 분열로 인한 자기파멸을 미연에 방지함으로써 전문직 동료 간에 조화로운 화합, 마지막으로, 강령을 준수한 사회복지사를 부당치료(malpractice) 소송으로부터 보호하는 것이다.

이에 대해 리머(1995)는 윤리강령 기능을 다음과 같이 설명하였다. 매일매일 실천현장에서 부딪치는 윤리적 딜레마에 대한 일반적인 원칙과 지침을 제공하여, 외부 규제로부터 전문직을 보호하고, 전문직 사명에 관련된 규범적 기준을 제공하며, 비윤리적 행위를 처벌하는 데 도움이 되고 표준이 되는 규범적 기준을 제공하는 것이다. 이러한 기능을 갖춘 윤리강령은 실무자와 수련생과의 의사소통 기능도 할 수 있다(Ford, 2001)는 주장이다.

기존의 학자들이 주장한 윤리강령 기능에 기초해 필자는 한국 사회복지사 윤리강령의 기능을 다음과 같이 정리하고자 한다.

1. 사회복지실천 현장에서 윤리적 갈등시 지침과 원칙을 제공한다.
2. 자기규제를 통해 클라이언트를 보호한다.

3. 스스로 자기규제를 가짐으로써 사회복지 전문직의 전문성을 확보하고 외부 통제로부터 전문직을 보호한다.
4. 일반 대중에게 전문가로서의 사회복지 기본 업무 및 자세를 알리는 일차적 수단으로 기능한다.
5. 선언적 선서를 통해 사회복지 전문가들의 윤리적 민감화를 고양시키고 윤리적으로 무장시킨다.

3. 윤리강령

2001년에 개정된 윤리강령을 분석하였다. 원문 분석과 개선해야 할 내용, 그리고 1992년 윤리강령과 비교한 내용이 주요 골자이다.

1) 전문

전문

사회복지사는 인본주의·평등주의 사상에 기초하여, 모든 인간의 존엄성과 가치를 존중하고 천부의 자유권과 생존권의 보장활동에 헌신한다. 특히 사회적·경제적 약자들의 편에 서서 사회정의와 평등·자유와 민주주의 가치를 실현하는 데 앞장선다. 또한, 도움을 필요로 하는 사람들의 사회적 지위와 기능을 향상시키기 위해 저들과 함께 일하며, 사회제도 개선과 관련된 제반 활동에 주도적으로 참여한다.

사회복지사는 개인의 주체성과 자기결정권을 보장하는 데 최선을 다하고, 어떠한 여건에서도 개인이 부당하게 희생되는 일이 없도록 한다. 이러한 사명을 실천하기 위하여 전문적 지식과 기술을 개발하고, 사회적 가치를 실현하는 전문가로서의 능력과 품위를 유지하기 위해 노력한다.

> 이에 우리는 클라이언트 · 동료 · 기관 그리고, 지역사회 및 전체 사회와 관련
> 된 사회복지사의 행위와 활동을 판단 · 평가하며 인도하는 윤리기준을 다음과
> 같이 선언하고 이를 준수할 것을 다짐한다.

전문은 크게 3개 부분으로 나누어져 있다. 사회복지사의 기본 행위와 사명, 최선의 노력, 그리고 다짐이다.

'사회복지사의 기본 행위와 사명' 부분에서는 사회복지의 기본 이념이자 사상인 인본주의와 평등주의를 기초로 사회복지실천의 기본 이념인 인간존엄성 존중과 자유권 및 생존권을 강조하고 있다. 특히 사회의 약자를 위해서 정의, 평등, 자유 그리고 민주주의 실현을 강조하고 있으며, 사회복지사의 주도적 참여를 언급하면서 클라이언트와 함께 일하는 것을 강조하고 있다. '사회복지사의 최선의 노력' 부분에서는 사회복지사의 기본 행위와 사명을 위해 클라이언트의 자기결정권을 보장해 주어야 한다는 것과 전문가로서 사회적 가치를 실현하기 위해 노력해야 할 것을 강조하고 있다. '사회복지사의 다짐' 부분에서는 이 모든 것을 위해 윤리기준이 존재해야 함을 강조하면서 이를 준수할 것을 다짐하는 것으로 되어 있다.

1992년 윤리강령 전문과 비교해 볼 때 당시 3개 문장으로만 표현한 것을 3개 부분으로 나누면서 더 많은 내용을 담고 있다는 것을 제외하고는 기본 틀은 그대로 유지하고 있다. 그 중 내용이 늘어난 부분은 사회복지사의 최선의 노력에 관한 부분이다. 특히 이번 강령에서 가장 큰 변화이자 발전을 보이는 부분은 클라이언트와 "함께 일한다"는 것과 자기결정권을 보장해준다는 문장으로, 이는 클라이언트를 바라보는 관점변화의 반영이다. 또 다른 변화발전은 사회복지사의 "주도적"인 참여이다. 이는 그동안 사회복지사의 주도적 활동이 미비했음을 지적하고 앞으로 고양시키고자 함을 표현한 것이다. 1992

년 윤리강령에서는 사회복지사가 적극적으로 참여하는 것에 멈추었으나, 2001년에는 적극성을 넘어서 주도적 개입을 강조한 노력의 흔적이 보인다. 전문가로서 능력과 품위를 유지하기 위해 노력해야 할 것을 강조하여 사회복지사가 전문가라는 사실과 전문가로서의 자태를 지켜줄 것에 대해 언급하고 있다. 마지막 부분은 위에 언급한 것을 다짐하는 부분이다. 윤리강령 가장 마지막에 선서를 별도로 구성해 놓고도 이렇게 전문 마지막에 다짐을 포함시킨 것은 그 만큼 사회복지사의 내적 무장을 중요하게 생각한 것으로 여겨진다.

그러나 전문에서 우리의 다짐을 넣은 것은 그다지 좋아 보이지 않는다. 더욱이 앞의 두 부분과 주체가 맞지 않는 모순도 엿보인다. 앞에서는 사회복지사가 주어인데 선서 부분에서만 "우리"를 주어로 사용하고 있어 "우리"가 과연 누구인지 모호하다. 특히 "우리"는 사회복지사의 행위와 활동을 판단, 평가하는 사람으로 표현되어 있어, "우리"와 사회복지사는 다른 주체를 뜻하는 것인지 의문도 남는다. 차라리 '사회복지사는 …… 준수한다'로 작성하는 편이 더 좋았을 것으로 사료된다.

2) 윤리기준

(1) 사회복지사의 기본적 의무와 권리

1992년 윤리강령의 1항, 2항, 3항에 해당되는 내용으로 강령에는 사회복지사의 기본적 윤리기준이라고 명시되어 있다. 전문가로서의 사회복지사의 기본적 의무와 권리에 대한 것으로 기본적인 자세, 전문성 개발 노력, 경제적 이득에 대한 태도로 나누어 정리되어 있다. 경제적 이득에 대한 태도를 포함시킨 것이 이번 개정안의 특징이라고 할 수 있다.

① 전문가로서의 책임과 의무

Ⅰ. 사회복지사의 기본적 윤리기준

1. 전문가로서의 자세

1) 사회복지사는 전문가로서의 품위와 자질을 유지하고, 자신이 맡고 있는 업무에 대해 책임진다.

2) 사회복지사는 클라이언트의 종교 · 인종 · 성 · 연령 · 국적 · 결혼상태 · 성 취향 · 경제적 지위 · 정치적 신념 · 정신, 신체적 장애 · 기타 개인적 선호, 특징, 조건, 지위를 이유로 차별 대우를 하지 않는다.

3) 사회복지사는 전문가로서 성실하고 공정하게 업무를 수행하며, 이 과정에서 어떠한 부당한 압력에도 타협하지 않는다.

4) 사회복지사는 사회정의 실현과 클라이언트의 복지 증진에 헌신하며, 이를 위한 환경 조성을 국가와 사회에 요구해야 한다.

5) 사회복지사는 전문적 가치와 판단에 따라 업무를 수행함에 있어, 기관 내외로부터 부당한 간섭이나 압력을 받지 않는다.

6) 사회복지사는 자신의 이익을 위해 사회복지 전문직의 가치와 권위를 훼손해서는 안 된다.

7) 사회복지사는 한국사회복지사협회 등 전문가단체 활동에 적극 참여하여, 사회정의 실현과 사회복지사의 권익옹호를 위해 노력해야 한다.

전체 7개 항인 전문가로서의 자세는 기본적으로 사람을 대하는 전문직이 갖추어야 할 책임과 의무를 담고 있다. 가장 큰 강조점 중 하나는 2)항이다. 다양한 유형의 클라이언트에 대해 차별하지 않는 태도를 전문가가 갖추어야 할 기본적인 자세로 삼고 있다는 점이다. 2)항은 1992년의 6항을 개정한 것으로 사상, 종교, 인종, 성, 연령, 지위, 계층에 국한했던 것을 사상이나 계층이라는 용어를 삭제하고 정치적 신념과 경제적 지위라는 단어로 대치 삽입하였으며, 외국인 노동자 등 외국인 클라이언트가 많아진 현실을 감안하여 국적을 포함하였다. 이혼, 동거 등 다양한 유형의 결혼상태, 그리고 신체 및 정신적 장애를 포함시켰으며, 그 외 기타 개인적 선호, 특징, 조건 등을 차별대우 조건으로 선택하였고, 특히 성 취향을 삽입한 것이 이번 개정안의 큰 변화라고 하겠다. 이는 변화하는 사회현상을 반영한 것으로 실천학문으로서 사회적 흐름에 적극적으로 대처하는 능동적인 태도를 반영한 것이라고 할 수 있다. 변하는 시대적 요구를 진보적으로 수용하고 다양한 사회의 가치를 적극적으로 받아들인다는 표현이다.

3)항과 5)항도 새로운 조항으로 사회복지실천 과정에서 어떠한 부당한 압력이나 간섭을 받지 않으며 또한 타협하지도 않는다는 윤리기준을 명확히 한 것이다. 5)항이 전문가로서 행동할 때 어떤 부당한 압력에서도 자유롭게 활동할 수 있어야 한다는 권리를 주장한 것이라면, 3)항에서는 그렇기 때문에 부당한 압력에는 타협하지 말아야 한다는 의무도 함께 기준으로 세운 것이다.

4)항 또한 의무와 권리를 함께 표현하고 있다. 살펴보면, 사회정의 실현과 복지증진에 헌신해야 한다는 윤리기준을 의무로 제시함과 동시에 이를 실행하기 위해서는 적절한 환경이 조성되어야 함을 요구해 권한도 부여하고 있다. 7)항에서는 전문가단체 활동을 통해 전문가로서의 입지를 굳건히 하는 데 윤리적인 의무가 있음 밝혀놓고 있다.

② 전문성 개발을 위한 노력

> ### Ⅰ. 사회복지사의 기본적 윤리기준
>
> #### 2. 전문성 개발을 위한 노력
>
> 1) 사회복지사는 클라이언트에게 최상의 서비스를 제공하기 위해, 지식과 기술을 개발하는 데 최선을 다하며 이를 활용하고 전파할 책임이 있다.
> 2) 클라이언트를 대상으로 연구하는 사회복지사는 저들의 권리를 보장하기 위해, 자발적이고 고지된 동의를 얻어야 한다.
> 3) 연구과정에서 얻은 정보는 비밀보장의 원칙에서 다루어져야 하고, 이 과정에서 클라이언트는 신체적, 정신적 불편이나 위험·위해 등으로부터 보호되어야 한다.
> 4) 사회복지사는 전문성을 개발하기 위해 노력하되, 이를 이유로 서비스의 제공을 소홀히 해서는 안 된다.
> 5) 사회복지사는 한국사회복지사협회 등이 실시하는 제반교육에 적극 참여하여야 한다.

이 부분에서는 클라이언트에 관한 연구와 관련된 윤리기준에 독립된 항목을 3개 항이나 할애하면서 총 5개 항에 걸쳐 전문성 개발의 중요성을 강조하고 있다. 그리고 전문성 개발을 위한 연구활동으로 클라이언트가 피해 받는 일이 없도록 요구하고 있다. 이와 관련해서 우선 2)항에서는 연구에 대해 알려 클라이언트에게 고지된 동의를 얻을 것을 명시하고 있고, 3)항에서는 연구과정 중 얻은 정보에 대해 비밀을 보장할 것, 그리고 4)항에서는 이러한 연구활동으로 클라이언트에게 서비스를 제공하는 것에 소홀해지거나 클라이언트의 삶의 질이 저촉받는 일이 없도록 해야 할 것에 대해 윤리적 기준을 세워놓은 것이다.

그리고 마지막 5)항에서는, 계속해서 변화 발전하는 전문지식과 기술을 지속적으로 접하여 고도의 능력을 갖춘 사회복지사로서 성장, 발전하도록 재교육과 보수교육을 받는 등 각자의 전문성 개발을 위해 성실하게 노력해야 할 윤리적 책임을 강조하고 있다.

③ 경제적 이득에 대한 태도

Ⅰ. 사회복지사의 기본적 윤리기준

3. 경제적 이득에 대한 태도

1) 사회복지사는 클라이언트의 지불능력에 상관없이 서비스를 제공해야 하며, 이를 이유로 차별대우를 해서는 안 된다.

2) 사회복지사는 필요한 경우에 제공된 서비스에 대해, 공정하고 합리적으로 이용료를 책정해야 한다.

3) 사회복지사는 업무와 관련하여 정당하지 않은 방법으로 경제적 이득을 취하여서는 안 된다.

이전의 윤리강령에서는 찾아볼 수 없었던 새로운 조항으로, 전체 3개 조항으로 되어있다. 의료보험 수가 범위도 점점 넓어져가고 각종 사설 상담센터가 설립되면서 사회복지사도 이용료를 받고 서비스를 제공하는 경우가 많아졌다. 즉, 이용료 없이 무료로 서비스를 제공하던 과거 봉사의 수준에서 벗어나면서 이용료 책정 및 지불능력 여부에 관한 윤리기준을 마련해야 할 필요성이 대두된 것이다.

물론 공정하고 합리적인 이용료 책정에 대해 모두 합의할 수 있는 적정 수준을 정해야 하는 과제가 남아 있지만, 우선 윤리기준에 이 조항을 삽입해 이용료 책정시 공감할 만한 공정성과 합리성을 고려할 수 있도록 하였다. 특히

1)항의 경우 이미 Ⅰ-1-2)항의 기본 자세에서 경제적 지위에 대해 차별대우할 수 없도록 명시하였음에도 불구하고 여기에서 다시 언급한 것은 이 문항의 내용을 재차 강조한 것으로 볼 수 있다.

(2) 사회복지사의 전문적 관계에서 의무와 권리

사회복지사의 전문적 관계는 클라이언트와의 관계와 동료와의 관계, 둘로 나눌 수 있다. 따라서 윤리강령에서 2개 장으로 나눈 것을 이 부분에서는 전문적 관계라는 제목으로, 또 이러한 관계에 필요한 의무와 권리라는 측면에서 분석하고자 한다.

클라이언트와의 관계에 관한 내용은 1992년 윤리강령 4항, 5항, 7항이 개정된 것으로, 자신의 클라이언트와 동료의 클라이언트를 구분해 기준을 제시하고 있다. 1992년 강령에서 기본원칙으로 정의했던 것을 클라이언트에 관한 내용으로 구분해 정리하였다.

동료와의 관계에 관한 것은 1992년의 8)항과 9)항의 내용을 확장한 것으로, 특히 수퍼바이저와의 관계를 별도의 항목으로 독립시켜 그 관계의 중요성을 강조하고 있다. 물론 수퍼바이저, 상사, 후배 등 포괄적으로는 모두 동료에 포함되나, 수퍼바이저에 대해서는 그 관계의 특수성을 감안해 윤리기준을 세분한 것이다.

① 클라이언트와의 관계에서 의무와 권리

Ⅱ. 사회복지사의 클라이언트에 대한 윤리기준

1. 클라이언트와의 관계에서의 의무와 권리

1) 사회복지사는 클라이언트의 권익옹호를 최우선의 가치로 삼고 행동한다.

2) 사회복지사는 클라이언트에 대하여 인간으로서의 존엄성을 존중해야 하며, 전문적 기술과 능력을 최대한 발휘한다.

3) 사회복지사는 클라이언트가 자기결정권을 최대한 행사할 수 있도록 도와야 하며, 저들의 이익을 최대한 대변해야 한다.

4) 사회복지사는 클라이언트의 사생활을 존중하고 보호하며, 직무 수행과정에서 얻은 정보에 대해 철저하게 비밀을 유지해야 한다.

5) 사회복지사는 클라이언트가 받는 서비스의 범위와 내용에 대해, 정확하고 충분한 정보를 제공함으로써 알권리를 인정하고 존중해야 한다.

6) 사회복지사는 문서·사진·컴퓨터 파일 등의 형태로 된 클라이언트의 정보에 대해 비밀보장의 한계·정보를 얻어야 하는 목적 및 활용에 대해 구체적으로 알려야 하며, 정보 공개시에는 동의를 얻어야 한다.

7) 사회복지사는 개인적 이익을 위해 클라이언트와의 전문적 관계를 이용하여서는 안 된다.

8) 사회복지사는 어떠한 상황에서도 클라이언트와 부적절한 성적 관계를 가져서는 안 된다.

9) 사회복지사는 사회복지 증진을 위한 환경조성에 클라이언트를 동반자로 인정하고 함께 일해야 한다.

전체 9개 조항으로, 윤리기준 부분 중 가장 많은 내용을 담고 있다. 그만큼 중요성도 크다. 사회복지실천에서 가장 핵심인 클라이언트의 인간존엄성, 자기결정권 그리고 비밀보장에 대해 각각 2)항, 3)항 그리고 4)항에 정리하고 있다. 5)항에서는 클라이언트의 알권리를 인정하고 존중해야 한다는 가치 아래 서비스의 범위와 내용에 대해 정확하고 충분한 정보를 제공해 주는 것을 윤리기준으로 제시하고 있다.

2001년 개정안의 가장 큰 변화는 9)항이다. 기본적이면서도 이제 사회복지사에게는 가치라기보다 거의 진실과도 같이 되어버린 클라이언트와 "함께" 일한다는 내용이 바로 그것이다. 1)항에서 "클라이언트의 권익옹호를 최우선의 가치로 삼고 행동"하되, 2)항, 3)항, 4)항, 5)항, 그리고 6)항을 거치면서 마지막 9)항에서는 클라이언트를 "동반자"로 인정하고 "함께 일해야" 한다는 것을 의무이자 권리로 삼고 있다. 클라이언트의 권한부여(empowerment) 시각을 반영한 것이라고 볼 수 있다.

또 다른 변화는 8)항이다. 클라이언트와의 어떤 종류의 성적 행위도 인정할 수 없음은 주지의 사실이나 이를 윤리기준에 포함시켜 명확히 했다는 점이다. 이 같은 변화는 첫째, 그만큼 이 문제가 사회복지실천 현장에서 빈번히 발생하고 있어 문제가 될 소지가 크다는 사실과, 둘째, 이런 내용을 명문화하여 부각시켜도 좋을 만큼 사회 전체가 성에 대해 언급하는 것에 더 개방적이게 되었다는 것, 마지막으로 전체 사회에서도 대인관계에서 부적절한 성적 관계가 문제시되고 있으며 이에 대한 법적·윤리적 처벌이 가능해졌다는 것을 반영한다고 볼 수 있다.

그러나 한 가지 아쉬운 점이 있다면 8)항의 문구이다. 첫째, 클라이언트와 사회복지사와의 성적 관계는 어떠한 경우라도 부적절한 것으로 사료되므로 "부적절한"이라는 단어는 굳이 필요 없어 보인다. 사족에 해당되므로 삭제해야 마땅하다. 둘째, "성적 관계"라는 표현이 두 사람 간의 관계를 내포하는 행위에만 국한되는 것처럼 해석된다는 점이다. 사실 이 조항에서는 어떤 종류의 '성 행위'도 허용될 수 없다는 것을 의미해야 할 것이다. 따라서 좀더 포괄적인 의미에서 '성 행위'로 문구를 수정하는 것이 마땅하다.

② 동료의 클라이언트와의 관계에서 의무와 권리

Ⅱ. 사회복지사의 클라이언트에 대한 윤리기준

2. 동료의 클라이언트와의 관계

1) 사회복지사는 적법하고도 적절한 논의 없이 동료 혹은, 다른 기관의 클라이언트와 전문적 관계를 맺어서는 안 된다.

2) 사회복지사는 긴급한 사정으로 인해 동료의 클라이언트를 맡게 된 경우, 자신의 의뢰인처럼 관심을 갖고 서비스를 제공한다.

1992년 강령에는 없었던 것으로, 2개 조항을 별도로 할애해 이번 개정안에서 구체화하였다. 동료의 클라이언트를 대할 때에는 먼저 그 동료와의 관계를 정리해야 하며, 동료의 클라이언트를 자신의 클라이언트로 접수한 후에는 앞 조항인 Ⅱ-1의 클라이언트와의 관계에 준하도록 하고 있다.

③ 동료와의 관계에서 의무와 권리

Ⅲ. 사회복지사의 동료에 대한 윤리기준

1. 동료

1) 사회복지사는 존중과 신뢰로서 동료를 대하며, 전문가로서의 지위와 인격을 훼손하는 언행을 하지 않는다.

2) 사회복지사는 사회복지 전문직의 이익과 권익을 증진시키기 위해 동료와 협력해야 한다.

3) 사회복지사는 동료의 윤리적이고 전문적인 행위를 촉진시켜야 하며, 이에 반하는 경우에는 제반 법률규정이나 윤리기준에 따라 대처해야 한다.

4) 사회복지사가 전문적인 판단과 실천이 미흡하여 문제를 야기시켰을 때에

> 는, 적절한 조치를 취하여 클라이언트의 이익을 보호해야 한다.
>
> 5) 사회복지사는 전문직 내 다른 구성원이 행한 비윤리적 행위에 대해, 제반 법률규정이나 윤리기준에 따라 조치를 취해야 한다.
>
> 6) 사회복지사는 동료 및 타 전문직 동료의 직무 가치와 내용을 인정·이해하며, 상호간에 민주적인 직무관계를 이루도록 노력해야 한다.

동료와의 관계에서 지켜야 할 의무와 권리는 전체 6개 항으로 구성되어 있다. 1)항은 1992년의 8)항과 자구 한 자 틀리지 않고 동일하게 작성되었다. 그 외에 여러 개 조항에서 동료들 간의 협력을 강조하고 있으며, 상호관계와 민주적인 직무관계를 명확하게 규정하고 있다. 3)항에서는 동료가 윤리적이고 전문적으로 실천할 수 있도록 촉진하며 그에 반하는 행위에 대해서는 적절하게 대처해야 할 것을 명시하고 있다. 4)항에서는 비윤리적인 행위 자체보다 사회복지사의 개인적인 문제와 결함으로 인해 결과적으로 비전문적, 비윤리적 행위를 초래해 클라이언트에게 비효과적이고 비효율적으로 서비스를 제공한 경우에 대해 대처해야 할 것을 구분해서 제시하고 있다. 5)항은 동일 전문직 동료가 아닌 다른 구성원의 비윤리적 행위에 대한 윤리기준이다.

3)항과 4)항에 준해서 위반하는 경우, 해당 전문직 윤리위원회에 회부할 수 있으므로 비교적 쉽게 대처할 수 있다. 그러나 5)항은 전문직 내 윤리위원회에 저촉되지 않을 수도 있는 타 전문직이나 그 외 구성원과의 관계에서 초래되는 비윤리적 행위이므로 대처하는 것이 더 어려울 수 있다.

④ 수퍼바이저와의 관계에서 의무와 권리

Ⅲ. 사회복지사의 동료에 대한 윤리기준

2. 수퍼바이저

1) 수퍼바이저는 개인적인 이익의 추구를 위해 자신의 지위를 이용해서는 안
   된다.
2) 수퍼바이저는 전문적 기준에 의해 공정하게 책임을 수행하며, 사회복지사·
   수련생 및 실습생에 대한 평가는 저들과 공유해야 한다.
3) 사회복지사는 수퍼바이저의 전문적 지도와 조언을 존중해야 하며, 수퍼바이
   저는 사회복지사의 전문적 업무수행을 도와야 한다.
4) 수퍼바이저는 사회복지사·수련생 및 실습생에 대해 인격적·성적으로 수치
   심을 주는 행위를 해서는 안 된다.

수퍼바이저와의 관계에 대한 윤리기준은 이번 2001년 개정안에서 처음 언급한 항목으로, 총 4개 항으로 구성되어 있다. 사회복지실천 업무가 점점 정교해지고 특성화되면서 학생 실습뿐 아니라 수련교육제도를 비롯해 직원 사회복지사에 대한 수퍼비전이 강화되고 있다. 그러나 수퍼바이저와의 관계를 기본적으로 어떻게 설정해야 하는지 정확하게 교육하지 않은 나머지 간혹 클라이언트와의 관계와 동일하게 취급해도 되는 것으로 잘못 이해하던가, 단순히 학생과의 관계, 혹은 그냥 동료와의 관계 등으로 각자 편의에 따라 관계를 정의해 오고 있는 것이 현실이다. 따라서 윤리기준을 공포해 수퍼바이저(supervisor)와 수퍼바이지(supervisee)가 어떤 기본 관계를 설정해야 하는지 밝히고자 한 것은 매우 의미있는 일이다.

2)항에서는 수퍼바이저의 의무를, 3)항에서는 수퍼바이지의 의무를 각각 나열해 각자 두 위치에 있는 사회복지사가 기본적으로 어떤 관계를 설정해야

하며, 또 그 관계에서 어떤 의무를 행해야 하는지 기준을 마련하였다. 4)항은 요사이 주변에서 흔히 관찰할 수 있는 내용이기 때문에 경종을 울리는 차원에서 삽입한 것이다.

그러나 한 가지 아쉬운 점은 수퍼바이저가 제3자의 위법 행위를 목격했을 때 수퍼바이지를 보호해야 할 책임이 있음을 명시하지 않은 점이다. 다음 개정 때 반영되어야 할 것으로 판단된다.

(3) 기관과의 관계에서 의무와 권리

V. 사회복지사의 기관에 대한 윤리기준

1) 사회복지사는 기관의 정책과 사업 목표의 달성·서비스의 효율성과 효과성의 증진을 위해 노력함으로써, 클라이언트에게 이익이 되도록 해야 한다.
2) 사회복지사는 기관의 부당한 정책이나 요구에 대하여, 전문직의 가치와 지식을 근거로 이에 대응하고 즉시 사회복지윤리위원회에 보고해야 한다.
3) 사회복지사는 소속기관 활동에 적극 참여함으로써, 기관의 성장발전을 위해 노력해야 한다.

전체 3개 항으로 구성되어 있다. 사회복지사가 전문가로서 전문적 관계에서 지켜야 할 의무와 권리 중 기관에 대한 항목으로, 1992년의 9)항과 10)항의 (소속)기관에 대한 내용을 확장한 것이다. 소속되어 있는 기관과의 관계 속에서 사회복지사가 갖는 기본 권리와 의무에 대해 규정하고 있다. 1)항과 3)항은 의무에 해당되며 2)항은 권리에 해당된다. 사회복지사는 기관의 정책에 적극 참여하고 따라야 할 의무가 있지만 부당한 요구에 대해서는 정당히 맞서 대응할 권리도 갖고 있음을 알려준다.

몇 가지 수정안을 제안하자면, 첫째 1)항에서 "클라이언트에게 이익이 되도록 해야 한다"는 문구는 여기에서는 삭제해도 좋을 것으로 보인다. 왜냐하면 클라이언트에 대한 것은 이미 II장에서 자세히 다루었고, 또 2)항과 3)항 역시 클라이언트에게 이익이 되는 행위이어야 하기 때문에 이 부분에서는 불필요한 것으로 여겨진다. 둘째, 기관의 자원을 활용하는 데 있어서 사회복지사가 기관의 사업목표를 달성하는 것 이외의 목적에 사용하는 일이 없도록 유의해야 함을 명시하였더라면 좋았을 것이다. 다음 번 개정 때 반영해야 할 것으로 판단된다.

(4) 지역사회 및 전체사회와의 관계에서 의무와 권리

IV. 사회복지사의 사회에 대한 윤리기준

1) 사회복지사는 인권존중과 인간평등을 위해 헌신해야 하며, 사회적 약자를 옹호하고 대변하는 일을 주도해야 한다.

2) 사회복지사는 필요한 사회서비스를 개발하기 위한 사회정책의 수립 · 발전 · 입법 · 집행에 적극적으로 참여하고 지원해야 한다.

3) 사회복지사는 사회환경을 개선하고 사회정의를 증진시키기 위한 사회정책의 수립 · 발전 · 입법 · 집행을 요구하고 옹호해야 한다.

4) 사회복지사는 자신이 일하는 지역사회의 문제를 이해하고, 그것을 해결하는 일에 적극적으로 참여해야 한다.

전체 4개 항으로 구성되어 있다. 전문가로서 사회복지사는 클라이언트, 동료, 기관, 사회와 관계하게 되는데, 그 중 마지막으로 언급되는 사회와의 관계에서 사회복지사로서의 의무와 권리에 대해 명시한 부분이다. 1992년 강령에서는 별도의 조항이 아니었던 항목으로 지역사회 및 전체 사회에 대한 사회복지사들의 변화된 관심과 책임성을 반영해 주는 항목이라 하겠다.

"~해야 한다"라고 쓰여져 있어 모든 내용이 의무조항인 것처럼 보이지만 사실 1)항에서는 주도권을 갖도록 하고 있으며, 2)항과 3)항에서는 사회정책 수립, 발전, 입법, 진행과정에 참여할 수 있는 참여권을 보장하고 있고, 4)항에서도 지역사회에 참여할 권리를 보장해 주고 있어 권리조항이기도 하다.

사회서비스라는 새로운 용어는 자칫 낯설어 보일 수 있으나, 이 조항이 클라이언트만을 대상으로 하는 것이 아니라 전체 사회에 대한 윤리기준이며 또한 모든 사람들이 이용할 수 있는 보편적인 서비스라는 점을 강조하려는 의도에서 쓰여진 것이기 때문에 사회복지서비스라는 용어대신 채택된 것이다. 정책 수립, 발전, 입법, 집행 전 과정에 걸친 참여를 주장하고자 하는 의도가 담겨있다.

수정해야 할 몇 가지를 제안하면, '사회복지사는 자신의 이익을 위해 사회복지사의 사회적 가치와 권위를 훼손해서는 안 된다'라는 사회복지사의 의무조항을 삽입하는 것이다. I-1-6)항의 전문직 가치와 권위의 내용과 비슷할 수도 있고 또 사회적 가치와 권위에 관한 실질적인 내용이 모호하게 느껴질 수도 있으나, 이 문항에 의무조항이 너무 없다는 것도 문제로 지적할 수 있다. 다음 개정 때 반영되어야 할 것이라 판단된다.

또 전체적인 흐름에서 볼 때, 전체 사회에 대한 윤리기준을 기본, 클라이언트, 동료, 기관, 그리고 사회의 순서에 따라 정리하는 것이 바람직하다고 사료된다. 따라서 기관에 대한 윤리기준을 IV로 하고, 사회에 대한 윤리기준이 맨 마지막인 V로 수정되면 좋을 것이다.

(5) 사회복지윤리위원회의 구성과 운영

VI. 사회복지윤리위원회의 구성과 운영

1) 한국사회복지사협회는 사회복지윤리위원회를 구성하여, 사회복지윤리실천의 질적인 향상을 도모하여야 한다.

2) 사회복지윤리위원회는 윤리강령을 위배하거나 침해하는 행위를 접수받아, 공식적인 절차를 통해 대처하여야 한다.

3) 사회복지사는 한국사회복사협회의 윤리적 권고와 결정을 존중하여야 한다.

1992년 윤리강령에는 없었던 항목이다. 독립된 항목을 부여하면서 윤리위원회의 운영을 강조하려고 한 노력의 결과이다. 윤리위원회라는 조직을 통해 이전 윤리강령 9)항에서 애매하게 다루고 있던 "공식적인 절차"를 다루도록 명확하게 한 것이다.

윤리위원회의 역할은 매우 중요하다. 사회복지사의 전문성을 보호하기 위해서라도 윤리강령에 위배되는 행위는 그에 상응해서 대처해야 한다.

미국심리학회(APA)의 심리상담가의 경우를 예(Ford, 2001)로 들어 전문가 윤리위원회의 역할에 대해 설명하면 다음과 같다. APA의 윤리위원회가 1998년 1년 동안 접수한 사례 중 44%는 클라이언트와의 부적절한 성 행위(sexual misconduct)에 관한 것이었으며, 15%는 보험 및 서비스 이용료 문제, 13%는 전문적 관계 문제, 11%는 아동 양육권 평가, 7%는 비밀보장, 그리고 5%는 전문가로서의 무능함이었고, 나머지 5%는 기타 유형이었다. 이 중에서 단지 8%만이 기각되었는데, 사례가 매우 지엽적이거나 접수 과정 중 이미 해결된 상태가 대부분이었다. 그렇더라도 다시는 이런 일이 없도록 경종을 울리는 권고의 편지를 발송한 것으로 되어있다. 19%는 징계(reprimand)나 보호관찰(probation) 경우에 해당되었는데, 징계의 경우는 심각한 손상이나 해를 입히지 않은 경우이며, 보호관찰의 경우는 해를 입히기는 했지만 그 정도가 심각하지 않은 경우였다. 징계는 개인에게, 보호관찰은 개인과 기관을 대상으로 기관에게 보호관찰 의무를 주게 된다. 나머지 66%는 자격정지(suspension), 협회자격 박탈(expel), 그리고 자격증 박탈 판결을 받았다. 자격정지는 소속기관에서 그 자격을 실천할 수 없음을 의미하며 자격정지를 풀려면 비윤리적 행위에 대한 치료와 그로 인한 변화를 입증해 보여야 한다. 협회자격 박탈은 소속협회에 보고하여 협회원으로서의 자격을 박탈하고 축출하는 것이며, 자격증 박탈은 표현 그대로 전문가로서의 자격 자체를 박탈해 다시 자격증을 취득하지 않는 한 더 이상 어느 곳에서도 심리상담가로서 일할 수 없음을 의미한다. 이 윤리위원회는 비윤리적인 행위 내용을 기준으로 심사하고 실행한다. 각각 세부적인 비율이 명시되지 않아 몇 퍼센트 정도가 자격증 박탈까지 가는지 알 수 없다. 다만 66%에 해당되는 자격정지 등 자격 관련 판결을 받은 사람들을 보았을 때 53%가 성 행위(sexual misconduct) 사례였으며 나머지 13%만이 기타 사례였음을 밝히고 있다.

지금 현재 한국사회복지사협회에는 윤리위원회가 없다. 기존의 윤리 · 법제위원회를 그대로 유지하고 있을 뿐이다. 또한, 각 지방협회 중에서도 윤리위원회가 있는 협회는 하나도 없다. 협회의 중앙 본부뿐 아니라 각 지방협회도 모두 윤리위원회를 갖추어야 할 것이다. 속히 위원회를 구성하여 비윤리적 사례를 접수하고, 각 기관에서 활용할 수 있는 윤리강령 적용원칙을 정리해 주어야 할 것이다. 이렇게 내부에 규제 조직을 갖추고 있지 못하면 윤리강령에서 명시하고 있는 전문가 윤리행동 기준은 그 효력을 발생하지 못하는 공허한 선언에 그칠 것이다. 어떤 전문가도 윤리강령에 준하여 행동하려고 노력하지도 않을 뿐 아니라 이에 위배되는 행동을 자제하라고 촉구하지도 못하게 될 것이다.

윤리위원회를 구성하는 데 있어서는 사회복지사뿐 아니라 법 전문가를 포함해야 한다. 그러나 윤리위원회는 법적 처벌을 할 수 있는 곳이 아님을 또한 명백히 해야 한다. 윤리위원회는 윤리문제를 사정하고 벌을 주기 위해서만 존재하는 것이 아니라, 사회복지사를 교육하고 사회복지기관이 사용할 수 있는 윤리 관련 정책과 기준을 만들고 사례를 자문하기 위해 존재해야 한다 (Reamer, 1990).

사회복지사는 동료의 비윤리적 행위를 접하게 되었을 때 대부분 다음 3가지 유형으로 행동하게 된다. 첫째, 비윤리적 행위를 회피한다. 그 순간 자리를 피하던가 아니면 그 사실을 아예 알지 못한다고 회피할 수 있다. 후자는 비윤리적 행위를 인지적으로 회피하는 것이다. 둘째, 비공식적인 대처인데 그 동료와 대화하여 비윤리적 행위를 그만두게 하는 것이다. 이는 문제를 일시적으로는 해결할 수도 있으나 장기적으로 보았을 때 과연 그 같은 행위가 반복되지 않으리라는 보장이 없기 때문에 근본적인 대처방법이라고는 할 수 없다. 셋째, 공식적인 대처로서 기관에 알리거나 윤리위원회에 접수하는 것이다. 이를 위해서라도 속히 윤리위원회를 구성하는 것이 중요하다.

리머(Reamer, 1990)는 윤리위원회가 조심해야 할 사항으로 다음 4가지를 지적하였다. 첫째, 권력을 지나치게 행사하여 너무 많은 영향력을 미치지 말아야 한다. 단지 한 차례의 가벼운 비윤리적 행위로 인해, 특히 교육으로 수정이 가능한 경우, 너무 비윤리적이고 비도덕적인 사회복지사로 매도하는 일이 없도록 윤리위원회는 조심스럽게 접근해야 한다. 둘째, 사례를 점검할 때에 윤리위원회는 가해자와 피해자 사이에서 중립을 지켜야 한다. 어느 한 쪽의 편을 들어서는 안 된다. 특히 같은 사회복지사라고 해서 무의식적으로라도 동료의 편을 드는 행위 등은 절대 금해야 한다. 셋째, 사회복지사와 클라이언트의 자존감(self-esteem)에 손상을 주는 행위를 하지 않아야 한다. 비윤리적 행위를 바로 잡는 과정에서 피해자들이 다시 한번 피해를 입거나 자존심과 자긍심에 상처를 받게 될 수도 있기 때문에 조심해야 한다. 넷째, 접수된 사례를 처리하는 과정에서 당연히 비윤리적 행위였을 것이라고 생각하여 편견을 갖고 사례에 임하지 말고 중립적인 입장에서 양자의 주장을 모두 접수해야 한다.

따라서 비록 비윤리적 행위를 하여 윤리위원회에 접수되었다 하더라도 해당 사회복지사에 대해 윤리위원회의 이름으로 너무 가혹한 처벌을 내리는 것은 자제해야 할 것이다. 이렇듯 동료가 또는 클라이언트가 비윤리적 사례를 신고하거나 혹은 다른 경로를 통해서 비윤리적인 사례가 접수되었을 때 윤리위원회는 윤리강령에 입각해 그 사례들을 처리하게 되므로 윤리강령 기준은 매우 중요한 것이다.

3) 선서

사회복지사선서

나는 모든 사람들이 인간다운 삶을 누릴 수 있도록,

인간존엄성과 사회정의의 신념을 바탕으로,

개인 · 가족 · 집단 · 조직 · 지역사회 · 전체사회와 함께 한다.

나는 언제나 소외되고 고통받는 사람들의 편에 서서,

저들의 인권과 권익을 지키고,

사회의 불의와 부정을 거부하면서,

개인이익보다 공공이익을 앞세운다.

나는 사회복지사 윤리강령을 준수함으로써,

도덕성과 책임성을 갖춘 사회복지사로 헌신한다.

나는 나의 자유의지에 따라 명예를 걸고 이를 엄숙하게 선서합니다.

사회복지사는 모든 사람을 대상으로 사회복지사업을 한다는 점, 이는 인간다운 삶의 질을 위한 것이며 개인 차원에서는 인간존엄성, 사회 차원에서는 사회정의를 기본 바탕으로 한다는 것을 밝히면서, 대상 단위를 개인부터 전체 사회로 규정하고 있다. 그러면서도 특히 언제나 소외 받고 고통받는 사회적 약자 편에 서서 이들과 함께 함을 잊지 않아야 한다고 강조한다. 윤리강령을 준수하여 사회복지실천에 임할 것을 명시하고 있으며 자유의지에 따라 선서하는 것임을 명백히 밝히고 있다. 1992년 강령과 비교해 볼 때 이 선서 부분은 완전히 새로운 것으로, 이번 개정에서 매우 큰 의미를 갖는다. 인간을 대하고 인간에게 서비스를 제공하는 전문직으로서 진작 갖추어야 했을 선서였다. 인간존엄성에 입각한 책임감 있는 사회복지사로서 책임과 의무를 다하는, 그리고 윤리강령에 입각해 실천할 것을 맹세하는 선서문은 사회복지 전문직이 인간대상 서비스의 '전문직' 임을 상징적으로 증명해 줌과 동시에, 사회복지사 각 개인은 실질적인 선서과정을 통해 그 책임감을 더욱 가슴 깊이 새기게 될 것이다.

이 같은 의미를 갖고 있는 선서는 다음 5개 목적에 따라 제정되었다.

1. 윤리강령, 특히 윤리기준 부분이 길어짐에 따라 한 눈에 파악할 수 있는 짧은 글이 필요하다.
2. 국가시험을 통해 국가가 인정해 주는 국가자격증 소지 전문직으로서 어떤 사명감을 갖고 임하는지에 대해 우리 스스로 다짐하는 것이 필요하다.
3. 이에 대해 타 전문직에게 알릴 필요성이 있다.
4. 실질적인 실천에 임하기 전에 마음가짐을 다지고 다짐하는 과정이 필요하다.
5. 일반 대중에게 사회복지사의 기본 자세와 우리의 자기규제(self-regulation)에 대해 알림으로써 전문성에 대한 믿음을 가질 수 있게 해준다.

3. 요약

사회복지실천윤리는 사회복지사가 사회복지실천 현장에서 사회복지사업을 계획, 실행, 평가할 때 클라이언트와의 관계에 있어 전문가로서 마땅히 행하거나 지켜야 할 도리이다. 1982년 제정된 사회사업가 윤리강령을 시작으로 1988년과 1992년 두 차례에 걸쳐 개정되었으며, 2001년 3차 개정 시에는 기본 틀을 전면적으로 개정하였고, 그 내용에 있어서도 진보성과 전문성 그리고 헌신성을 강조하는 형태를 띠게 되었다.

전문, 윤리기준, 그리고 선서로 나누어진 윤리강령은 인본주의와 평등주의 사상에 기초하여 인간의 존엄성과 가치를 존중하고 자유권과 생존권을 보장하는 것을 전제하고 있으며, 평등, 자유, 민주주의 실현에 앞장서는 것을 강조하고 있다. 사회정의 실현과 클라이언트의 복지증진에 헌신하면서 사회경제적으로 열악한 대상층의 편에서 성실하고 공정하게 업무를 수행할 것을 전문가의 기본자세로 삼고 있다. 그리고 윤리기준에 따라 행동할 것을 맹세하는 선서를 통해 사회복지사의 다짐을 정리하고 있다.

이 같이 윤리강령을 마련한 것은 내부적으로는 자신의 행위에 대해 윤리적으로 임할 수 있는 자세를 갖추는 기능을 하며, 외부적으로는 사회에 대해 사회복지사가 나름대로 내부 자기규제 규정을 갖고 전문적으로 임하고 있는 전문직이라는 것을 알리기 위함이다. 윤리강령에 명시되어 있는 윤리위원회의 설치와 운영을 통해 이 규제를 엄격히 하고 있음을 알리고 있다.

참고문헌

김기덕,『사회복지윤리학』, 나눔의집, 2002.

김상균 · 오정수 · 유채영,『사회복지윤리와 철학』, 나남출판, 2002.

김영란 외, "실천적 갈등상황에서 사회복지사들의 윤리적 선택에 관한 연구",
『사회복지연구』, 제17호, pp.1-28, 2001.

로웬버그 · 프랭크,『사회복지실천윤리』, 서미경 · 김영란 · 박미은(역), 양서원,
2000.

문인숙, "사회복지의 윤리",『한국사회복지총람』, 한국사회복지협의회출판사,
pp.41-49, 1991.

문인숙 외 역,『임상사회복지학』, 집문당, 1985.

양옥경 외,『사회복지실천론』, 나남출판, 2000.

_________ ,『사회복지실천과 윤리』, 한울아카데미, 1995.

한국사회복지사협회,『한국사회복지사협회 삼십년』, 한국사회복지사협회, 1997.

한글학회,『우리말 큰 사전』, 어문각, 1992.

황성철, "사회사업기의 윤리적 갈등과 의사결정에 관한 연구 - 의료사회사업가의
윤리적 갈등상황에 대한 반응과 의사결정을 중심으로",『한국사회복지
학』, 통권 29권, pp.218-240, 1996.

Ford & George, Gary (2001), *Ethical reasoning in the mental health professions*,
NY: CRC press.

Lowenberg, Frank M., Dolgoff, Ralph, & Harrington, Donna (2000), *Ethical
decisions for social work practice*, 6th ed, Itasca: F. E. Peacock
publishers, Inc.

Lowenberg, Frank M., Dolgoff, Ralph (1992), *Ethical decisions for social work
practice*, 4th ed., Itasca: F. E. Peacock publishers, Inc.

Pincus, Allen & Minahan, Ann (1973), *Social work practice: model and practice*,
Itasca: F. E. Peacock publishers, Inc.

Reamer, Frederic G. (1995), *Social work values and ethics*, NY: Columbia.

__________________(1990), *Ethical dilemmas in social service*(2th edition), NY: Columbia university press.

Rhodes, Margaret L. (1986), *Ethical dilemmas in social work practice*, Boston: Routledge & Kegan Paul.

Joan, Rimas & Clyne-Jackson, Sheila (1988), *Professional conduct and legal concerns in mental health practice*, Norwalk: Appleton and Lange.

【윤리를 주제로 한 학위 논문 참고자료】

김규희, "실천현장에서 경험하는 윤리적 문제에 대한 사회복지사의 인식", 경북대 대학원 석사학위 논문, 2002.

류순애, "사회복지실천의 윤리적 갈등과 사회복지사의 판단에 관한 연구", 청주대 행정대학원 석사학위 논문, 2002.

송진옥, "전문직 사회사업가의 직업윤리와 가치에 관한 연구", 강남대 대학원 석사학위 논문, 2001.

윤기영, "한국사회사업전문직의 윤리체계에 관한 연구: 윤리강령의 비교분석을 중심으로", 강남대 사회복지대학원 석사학위 논문, 1997.

이종미, "한국사회사업가의 비밀보장 윤리에 관한 연구: Prince의 Denver 연구를 토대로", 이화여대 대학원 석사학위 논문, 1984.

이현주, "사회복지전문직 종사자의 윤리적 갈등에 관한 연구", 중앙대 대학원 석사학위 논문, 2000.

조병윤, "사회복지 윤리와 철학의 사상적 기초", 상명대 정치경영대학원 석사학위 논문, 2002.

최금주, "사회복지사가 경험하는 윤리적 딜레마와 의사결정에 관한 연구", 대구가톨릭대 대학원 석사학위 논문, 2001.

충전가대자, "일본복지사무소의 워커들의 윤리적 딜레마와 의사결정에 관한 연구", 이화여대 대학원 박사학위 논문, 1993.

제5장

윤리강령의 비교

김 미 옥

최근 사회가 다원화되고 클라이언트의 인권이 강조되면서 전문가 윤리에 대한 관심이 증가하고 있다. 윤리적 문제는 사회적 목표에 대한 합의 도출의 어려움, 사회복지자원 고갈, 새로운 기술 발전으로 인한 윤리적 딜레마 심화, 기존에 없었던 새로운 윤리적 이슈 출현 등으로부터 비롯된다(Loewenberg & Dolgoff, 1996). 이러한 상황에서 전문가 윤리의 확립은 윤리적 딜레마에 대한 행동 지침을 제공하는 중요한 기능을 한다. 전문가 윤리는 사회복지사가 자신의 전문적 가치를 실천 행동으로 전환하도록 하는 지침이며, 전문가 윤리강령은 실천가에게 기대되는 윤리적 행동을 정리한 것이다. 특히 윤리강령은 가치 지향적인 사회복지 전문직에게 매우 중요하다(성규탁 외, 1991: 111).

그동안 한국 사회복지계는 1982년 최초로 윤리강령을 제정한 후 1988년, 1992년 2차 개정에 이어, 2001년 대폭 그 내용을 보완·수정한 3차 개정안을 완성했다. 이 개정안은 한국의 사회복지 전문직이 갖는 가치와 윤리기준, 시대적 변화 등을 반영하고 있다. 이는 윤리강령이 그 사회의 문화와 사회복지 실천 기준의 변화를 제시하는 기능을 하기 때문이다(Reamer, 2000).

한국 사회복지계가 윤리강령의 중요성과 필요성을 인정하고 사회복지윤리 교육 및 실천에 꾸준히 힘을 기울여 왔음에도 불구하고 그 실천적 적용은 소극적이었다. 즉, 사회복지사는 매일 일상적으로 윤리적 딜레마에 부딪치면서도 윤리강령을 제한적으로 활용하는 측면이 없지 않았다. 이에 이 장은 한국과 외국의 윤리강령을 비교 검토함으로써[1], 사회복지의 가치, 윤리기반 및 윤리강령의 실천적 중요성을 제고하고자 한다. 비교의 대상으로 미국을 선정한 것은 1920년대로 거슬러 올라가는 미국 NASW 윤리강령의 역사적 전통과 그 활용도를 고려한 것이며, 일본을 선정한 것은 아시아권 국가로서 우리 사회와 유사성이 있다고 판단했기 때문이다. 따라서 이 3개국의 윤리강령을 비교, 검토하는 것은 한국 윤리강령의 특수성과 보편성에 대한 논의 이외에도 향후 윤리강령 개정을 위한 중요한 기초자료를 제공할 수 있을 것이다. 분석은 윤리강령의 구성과 내용을 중심으로 하였으며 역사에 대해서는 이미 4장에서 다루고 있으므로 본 장에서는 생략하였다.

1. 전문직과 윤리강령

전문직(profession)이란 용어는 '종교적으로 서약하다' 라는 의미의 'profess' 에서 유래한다. 그 어원은 라틴어의 'profettus' 로서 '공포한다', '신앙을 고백한다', '주장한다', '대학에서 가르친다' 등의 의미가 있다(구혜영, 1988: 4, 재인용). 전문직은 정적이라기보다는 역사적 · 사회적으로 변화 하는 개념이어서 상황에 따라 다르게 규정될 수 있다.

전문직은 통상적인 직업과 구분되는 몇 가지 속성이 있다. 전문직의 특성을 제시한 칼-손더즈(Carr-Saunders, 1982)는 ① 특별한 기술과 훈련, ② 최소한의 보수, ③ 전문가 단체 구성, ④ 윤리강령의 존재, ⑤ 전문직 지위 획득을 위한 최소한의 자격 등을 전문직 속성의 구성요소로 제시하였다. 그린우드

---

1) 본 자료는 한국사회복지사협회 홈페이지인 www.welfare.net에서 각각 한국, 미국, 일본의 윤리강령 부분을 참고 하였다.

(Greenwood, 1957)는 전문직이 ① 조직적 이론체계의 존재, ② 전문적 권위의 부여, ③ 지역사회로부터 인정, ④ 규정된 윤리강령 존재, ⑤ 전문직업적 문화(가치규범의)가 있어야 함을 언급하였다. 또한 홀(Hall, 1968; 윤기영, 1997 재인용)은 전문직 속성을 구조적, 태도적, 조직적 측면으로 나누어 다음과 같이 설명하고 있다.

- 구조적 측면 : 전임직업, 교육기관 설립, 전문적 종사자 단체, 윤리강령
- 태도적 측면 : 주된 관련이 있는 전문조직의 활용, 공공서비스를 제공하는 신념, 자기규제에 대한 신조, 그 분야에 대한 소명의식, 자율성,
- 조직적 측면 : 권위에 대한 위계질서, 분업화, 규칙, 전문화된 절차, 개인에 차별을 두지 않는 일반화, 기술적 능력

이러한 전문직의 속성을 살펴보면, 윤리강령은 공통적이면서도 필수불가결한 전문직의 구성요소임을 알 수 있다. 또한 윤리강령은 전문직의 가치 표현으로 기능하기도 한다. 특히 가치지향적 특성을 가진 사회복지학에서 윤리강령은 사회복지 전문직의 가치를 가장 간결하고 확실하게 명시하는 지침이다.

2. 윤리강령의 비교

2001년 3차 개정된 한국의 윤리강령은 기존의 윤리강령을 대폭 수정하여 사회 변화를 반영하고 사회복지 전문직에서 윤리의 중요성을 강조하고 있다. 이에 한국, 미국, 일본의 윤리강령을 비교·분석하여, 한국 윤리강령의 특성뿐 아니라 향후 보완해야 할 점은 무엇인지 살펴보고자 한다. 이를 위해 윤리강령의 구성과 내용 측면에서 비교할 것이다.

1) 윤리강령의 구성

한국, 미국 및 일본의 윤리강령 구성을 비교하면 [표 5-1]과 같다. 한국의 윤리강령은 전문과 윤리기준, 사회복지사 선서로 구성되어 있다. 미국의 윤리강령은 전문, 목적, 윤리원칙, 윤리기준으로 더 세분하여 윤리지침을 규정하고 있다. 이에 비해 일본은 전문과 윤리원칙, 윤리기준으로 비교적 간단한 편이다. 각국의 윤리기준 조항을 보면, 한국은 6장 46개 조항, 미국은 6장 155개 조항, 일본은 4장 14개 조항이다. 한국의 윤리강령은 미국에 비해 목적이나 윤리원칙을 별도의 조항으로 명시하지 않은 반면, 사회복지사 선서를 윤리강령 안에 포함하는 특성이 있다.

[표 5-1] 윤리강령의 구성

구 분	한 국	미 국	일 본
구성	전문 윤리기준(6장 46개 조항) 사회복지사 선서	전문 목적 윤리원칙 윤리기준(6장 155개 조항)	전문 윤리원칙 윤리기준(4장 14개 조항)
선포일	2001. 12. 15 3차 개정	1996 채택 1997. 1월부터 효력 발생	1986. 4. 26 선언

미국의 윤리강령은 그 목적을 기술하면서 윤리강령이 갖는 제한점, 유용하게 윤리적으로 고찰할 수 있는 정보자원 소개, 윤리강령의 활용 범위 등을 자세히 기술하고 있다. 미국 윤리강령의 목적은 다음과 같다.

- 강령은 사회복지실천 사명의 기반이 되는 핵심 가치를 확인한다.
- 강령은 전문직의 핵심 가치를 반영하는 광범위한 윤리적 원칙을 개괄하며, 사회복지실천의 지침으로 사용되어야 할 일련의 구체적 윤리기준을 확립한다.
- 강령은 전문직 의무에 갈등이 생기거나 윤리적으로 불확실할 때 사회복지사가 적절하게 고려해 볼 수 있는 사항을 확인하도록 기획되었다.
- 강령은 일반 대중이 사회복지 전문직을 신뢰할 수 있도록 윤리기준을 제공한다.
- 강령은 이 분야에 새롭게 들어온 실천가에게 사회복지실천의 사명, 가치, 윤리원칙, 윤리기준을 사회화시킨다.
- 강령은 사회복지사가 비윤리적 행위에 관여하고 있는지 사정하기 위해 사회복지 전문직 자체가 사용할 수 있는 기준을 명확히 표명한다. 미국은 회원에 대해 제기된 윤리적 고충신고를 판결하기 위한 공식 절차를 두고 있다. 강령에 동의함으로써 사회복지사는 강령의 실행에 협력해야 하며, NASW 소송절차에 참여해야 하고, 강령에 기반한 모든 NASW의 징계 및 제재를 준수해야 한다.

미국 윤리강령은 이 강령을 구체적으로 적용하기 위해 전후 맥락과 강령의 가치, 원칙, 기준 간의 갈등의 발생 가능성을 동시에 고려해야 함을 제시한다. 또한 윤리강령에서 갈등이 발생할 경우 우선으로 적용해야 하는 가치, 원칙, 기준을 규정하지 않음으로써, 특정상황에서 윤리적 의사결정을 내려야 할 때 사회복지사 개개인이 충분한 정보에 근거하여 판단해야 함을 명시하고 있다. 이는 사회복지사가 다차원의 생태체계를 고려함과 동시에 클라이언트의 개별화에 기초한 윤리적 의사결정의 중요성을 제시하고 있음을 알 수 있다.

미국과 일본은 각각 윤리강령 안에 윤리원칙을 명시하고 있다. 미국의 윤리강령에서는 윤리원칙이 '사회복지사가 갈망하는 이상을 의미함'이라고 명시하면서 6개의 가치와 윤리원칙을, 일본은 3개의 윤리원칙을 제시하고 있다. 미국은 사회복지의 기본 가치를 제시하고 이 가치를 반영하는 윤리원칙을 명시하여 가치와 윤리원칙의 상관성을 제시하고 있다. 이는 일반적으로 가치와 윤리가 왜 다른지, 사회복지실천에의 적용은 어떠한 차이가 있는지에 대한 좋은 예를 보여주는 것이다. 한편, 일본은 윤리원칙을 3개만 제시하고 있다. 미국과 일본의 윤리강령은 인간의 존엄성을 윤리원칙으로 공통적으로 규정하고 있다. 이는 어느 국가든 사회복지가 공통적으로 추구하는 가치와 윤리원칙의 기초에는 인간의 존엄성 보장이 있음을 보여주는 것이다. 우리나라 역시 윤리원칙이라는 명칭 하에 별도의 장을 할애하지는 않으나 전문의 내용 안에 인간의 존엄성 보장 등이 제시되어 있다.

각국의 윤리기준 구성을 비교하면 [표 5-2]와 같다. 우선 한국은 총 6장, 즉 사회복지사의 기본적 윤리, 클라이언트, 동료, 사회, 기관, 사회복지윤리위원회로 구성되어 있다. 미국 역시 6장으로 구분하고 있으나 그 내용에는 차이가 있다.

미국은 클라이언트, 동료, 사회복지사의 실천현장, 전문가, 전문직, 사회 전반에 대한 사회복지사의 윤리적 책임을 명시하고 있다. 한편, 일본은 전체를 4장으로 구분하면서 클라이언트, 기관, 행정 및 사회, 전문직으로 구분하고 있다.

한국은 미국과 비교하여 기본적 윤리, 사회복지윤리위원회를 명시하고 있다는 면에서 독특하다. 미국 윤리강령이 사회복지사의 실천현장, 전문가, 전문직을 별도의 장으로 구분하여 설명하고 있는 반면, 한국의 윤리기준은 기본적 윤리 안에 포함시켜 설명하고 있다. 일본과 비교하면 한국 윤리기준의 구성이 더 세분하여 구체적으로 설명하고 있음을 보여준다. 이러한 구성의 비교는 윤리강령을 어디까지 세분하여 구체적으로 명시하는 것이 바람직한지에 대한 향후 논의가 필요함을 알 수 있다. 사회복지실천에서 발생하는 지극히

[표 5-2] 윤리기준의 구성

한 국	미 국	일 본
1. 사회복지사의 **기본적 윤리** 기준(15) 　1) 전문가로서의 자세(7) 　2) 전문성 개발을 위한 노력(5) 　3) 경제적 이득에 대한 태도(3)	1. **클라이언트**에 대한 사회복지사의 윤리적 책임(56) 　1) 클라이언트에 대한 헌신 　2) 자기결정 　3) 고지된 동의(6) 　4) 적임능력(3) 　5) 문화적 능력과 사회적 다양성(3) 　6) 이익의 갈등(4) 　7) 사생활과 비밀보장(18) 　8) 기록에 접근(2) 　9) 성적 관계(4) 　10) 신체적 접촉 　11) 성희롱 　12) 인격을 손상시키는 언어 　13) 서비스 비용의 지불(3) 　14) 의사결정 능력이 없는 클라이언트 　15) 서비스의 중단 　16) 서비스의 종결(6)	1. **클라이언트**와의 관계(4) 　1) 클라이언트의 이익의 우선 　2) 클라이언트의 개별성의 존중 　3) 클라이언트의 수용 　4) 클라이언트의 비밀보장
2. 사회복지사의 **클라이언트**에 대한 윤리기준(11) 　1) 클라이언트와의 관계(9) 　2) 동료의 클라이언트와의 관계(2)	2. **동료**에 대한 사회복지사의 윤리적 책임(26) 　1) 존경(3) 　2) 비밀보장 　3) 다학문 간 협동(2) 　4) 동료가 관련된 분쟁(2) 　5) 자문(3) 　6) 서비스 의뢰(3) 　7) 성적 관계(2) 　8) 성희롱 　9) 동료의 손상(2) 　10) 동료의 능력 부족(2) 　11) 동료의 비윤리적 행위(5)	2. **기관**과의 관계(3) 　1) 소속기관과의 강령의 정신 　2) 업무개혁의 책무 　3) 전문직업의 명성의 보지
3. 사회복지사의 **동료**에 대한 윤리기준(10) 　1) 동료(6) 　2) 수퍼바이저(4)	3. **사회복지사**의 실천현장에서의 윤리적 책임(30) 　1) 수퍼비전과 자문(4) 　2) 교육 및 훈련(4) 　3) 업무 평가	3. **행정 및 사회**와의 관계(2) 　1) 전문적 지식 · 기술의 향상 　2) 전문적 지식 · 기술의 응용

한 국	미 국	일 본
	4) 클라이언트의 기록(4) 5) 청구서 작성 6) 클라이언트의 이전(2) 7) 행정(4) 8) 계속교육과 직원의 능력 개발 9) 고용주에 대한 의무(7) 10) 노사분쟁(2)	
4. 사회복지사의 **사회**에 대한 윤리기준(4)	4. **전문가**로서의 사회복지사의 윤리적 책임(15) 1) 능력(3) 2) 차별 3) 사적인 행위 4) 부정직, 사기, 기만 5) 손상(2) 6) 잘못된 설명(3) 7) 권유(2) 8) 공로 인정(2)	4. **전문직**으로서의 책무(5) 1) 전문성 유지, 향상 2) 직무 내용의 주지 철저 3) 전문직 옹호 4) 원조방법 개선, 향상 5) 동료와의 상호비판
5. 사회복지사의 **기관**에 대한 윤리기준(3)	5. **사회복지 전문직**에 대한 사회복지사의 윤리적 책임(21) 1) 전문직의 성실성(5) 2) 평가와 조사(16)	—
6. **사회복지윤리위원회**의 구성과 운영(3)	6. **사회전반**에 대한 사회복지사의 윤리적 책임(7) 1) 사회복지 2) 대중의 참여 3) 공공의 긴급사태 4) 사회적, 정치적 행동(4)	—

* ( ) 안의 숫자는 조항의 갯수를 의미함

다양한 윤리적 이슈들을 윤리강령에 모두 포함시키는 것은 현실적으로 불가능할 뿐 아니라 그 효과성과 효율성의 측면에서 고려의 여지가 있다. 그럼에도 불구하고 윤리강령은 사회복지실천에서 발생하는 다양한 윤리적 딜레마를 해결하는 지침이므로 하나의 윤리강령이 포괄해야 하는 내용의 깊이와 넓이에 대해서는 실천가와 학계에서 충분한 논의와 검토가 필요할 것이다.

2) 윤리강령의 내용

(1) 전문과 윤리원칙

윤리강령의 전문 내용을 주요 단락별로 구분하면 [표 5-3]과 같다. 한국의 전문은 크게 사상 및 가치, 사회복지사의 노력, 사회복지사의 다짐으로 구성되어 있다. 사회복지사의 다짐을 전문에 배치하고 윤리강령을 마무리하면서 사회복지사 선서를 명시하고 있는 점은 그만큼 윤리강령의 준수에 대한 실천적 의지를 강조한 것으로 보인다.

미국은 기본 사명 및 초점, 사회복지사의 노력, 사회복지의 핵심 가치로 구성되어 있다. 이를 리머(Reamer, 2000)는 다시 세분하여 다음과 같은 구세로 구성되어 있다고 제시한다.

- 인간의 복지를 함양하고 모든 사람의 기본적 욕구충족을 돕는 데 헌신
- 클라이언트 권한부여(또는 역량강화, empowerment)
- 취약하고 억압당하는 사람들에 대한 서비스
- 사회적 맥락에서 개인의 행복에 초점
- 사회정의와 사회변화 장려
- 문화적, 인종적 다양성에 대한 민감성

일본의 윤리강령 전문은 사회복지가 전문직임을 언명하고 있으며 이 외에도 윤리강령의 제정 취지, 서약 및 선언으로 되어있다.

내용에 다소 차이가 있으나, 3개국의 윤리강령은 모두 전문에 사회복지가 천명하는 가치 혹은 사명을 공통적으로 제시하고 있다. 한국은 인본주의와 평등주의 사상을, 미국은 서비스, 사회정의, 인간의 존엄과 가치, 인간관계의 중요성, 성실, 능력을, 일본은 평화 옹호, 개인의 존엄, 민주주의를 명시하고 있다. 공통적으로 사회복지가 인간의 존엄성에 대한 사상적 가치에 기초하고 있음을 알 수 있다. 또한 한국과 미국은 사회정의를 공통적으로 제시하고 있으며, 일본은 한국과 마찬가지로 민주주의 가치 실현을 공통적으로 명시하고 있다.

각국 전문의 독특한 점으로 한국은 천부의 자유권과 생존권을 명시한 점이며, 미국은 서비스, 인간관계의 중요성, 성실, 능력 등을 핵심가치로 명시하고 있다는 것이다. 반면, 일본은 평화 옹호를 가치의 기초로 삼고 있다. 특히 한국과 미국 윤리강령에서 클라이언트와 '함께', '위해' 혹은 권한부여를 명시하고 있는 점은 주목할만하다. 이는 최근 사회복지 전문직이 클라이언트와의 수직적 관계에서 수평적 파트너십을 지향하고 있음을 알 수 있다. 또한 한국은 사회제도 개선에 주도적으로 참여해야 함을 명시하여 사회복지가 사회정의, 평등 · 자유, 민주주의의 가치를 실현해야 함을 재강조하고 있다.

한국과 미국은 사회복지사의 노력을 공통적으로 전문에 포함시키고 있으나 그 내용은 다소의 차이가 있다. 한국은 사회복지사가 전문가로서 무엇을 해야 하는가, 즉 클라이언트에 대해서는 주체성과 자기결정권 보장을, 전문직 자체에 대해서는 전문적 지식과 기술 개발, 동시에 전문가로서의 능력과 품위 유지에 노력해야 함을 제시한다. 이는 사회복지사가 클라이언트뿐 아니라 사회복지전문직 모두에 공동의 노력을 경주해야 함을 포괄적으로 제시하고 있어 긍정적이다. 또한 미국이나 일본의 윤리강령에서 명시하지 않은 전문가로서의 품위유지라는 표현을 사용하고 있다. 이는 우리 사회의 유교적 전통과 관련된 것으로 해석된다. 한편, 미국 윤리강령은 사회복지사의 전문직으로서의 기능보다 클라이언트의 권한부여나 문화적 윤리적 다양성, 책

[표 5-3] 전문의 내용

구 분	한 국	미 국	일 본
주요 내용	〈사상 및 가치〉 - 인본주의 · 평등주의 사상에 기초 - 인간의 존언성과 가치 존중 - 천부의 자유권과 생존권 보장활동에 헌신 - 사회정의, 평등 · 자유와 민주주의 가치 실현 - 클라이언트의 사회적 지위와 기능 향상을 위해 함께 일함 - 사회제도 개선에 주도적 참여	〈기본 사명 및 초점〉 - 사회복지 전문직의 기본사명: 인간의 복지 향상 및 기본 욕구 충족/ 취약계층, 억압받고 빈곤한 사람들의 욕구와 역량강화에 관심 - 사회적 맥락 안에서 개인의 행복에 초점	〈사회복지가 전문직임을 언명〉 - 가치기초: 평화옹호, 개인의 존엄, 민주주의 - 복지전문직의 지식, 기술과 가치관에 의거 - 목표: 사회복지의 향상과 클라이언트의 자기실현 - 사회복지 전문직이 복지사회 유지 · 추진에 불가결한 제도인 것을 자각 - 전문직의 직책에 관해 일반사회의 이해를 깊게 하고 그 개발에 힘씀
	〈사회복지사의 노력〉 - 개인의 주체성과 자기결정권 보장에 최선 - 전문적 지식과 기술 개발 - 사회적 가치를 실현하는 전문가로서의 능력과 품위 유지에 노력	〈사회복지사의 노력〉 - 클라이언트와 '함께', '위해' 사회정의와 사회변화 증진 - 문화적 · 윤리적 다양성에 대한 민감성/차별, 억압, 빈곤, 기타 사회 부성의 없애려고 노력 - 사람들이 자신의 욕구를 다루는 능력을 증진하도록 힘씀 - 개인의 욕구나 사회문제에 대한 제반조직, 지역사회 기타 사회제도의 책임성을 증진하고자 노력	〈윤리강령 제정 취지〉 - 사회복지사의 지식, 기술의 전문성과 윤리성의 유지, 향상: 전문직의 직책 + 클라이언트와 사회전체의 이익에 밀접 - 본 강령 제성과 전문직 단체 조직
	〈사회복지사의 다짐〉 사회복지사의 행위와 활동을 판단 · 평가하며 인도하는 윤리기준 선언 및 준수 다짐	〈사회복지의 핵심 가치〉 · 서비스 · 사회정의 · 인간의 존엄과 가치 · 인간관계의 중요성 · 성실 · 능력 - 이들 핵심 가치는 사회복지전문직의 독특성 표현 - 사회복지실천의 독특한 목적과 관점의 기반	〈서약 및 선언〉 - 윤리강령 준수 서약 - 윤리강령이 행동의 준칙임을 선언

임성 등을 논의하고 있다. 특히, 미국 윤리강령에서 문화적, 윤리적 다양성을 명시하는 것은 다민족사회인 미국 사회의 특징을 보여주는 예가 될 것이다. 이 역시 윤리강령이 그 사회의 가치와 변화를 반영해야 함을 보여주는 것이다.

일본은 한국이나 미국과는 다소 다른 내용으로 윤리강령이 구성되어 있다. 일본은 사회복지가 전문직임을 언명하는 것으로 시작하여 윤리강령 제정의 취지, 준수 서약, 행동의 준칙을 선언하고 있다. 사회복지가 전문직임을 윤리강령에서 분명히 하는 것은 두 측면에서 해석이 가능하리라고 본다. 하나는 긍정적 측면으로, 사회복지가 전문직임을 재강조함으로써 사회복지 전문직이 복지사회의 유지 · 추진에 불가결한 제도임을 자각하는 기능을 한다고 볼 수 있다. 이는 전문내용에 명시되어 있기도 하다. 그러나 다른 한편에서 보면 이미 윤리강령 제정 자체가 전문직의 구성 요소임을 고려할 때, 일본 윤리강령 제정 당시인 1986년만 해도 사회복지가 확실한 전문직으로서 사회적으로 자리매김하지 못한 것을 반영하는 것이 아닌가 추측하게 된다. 이와 비교하면, 1996년에 개정된 미국 윤리강령이나 2001년에 개정된 한국의 윤리강령은 사회복지가 전문직임을 언명하기보다 전문직을 구성하는 기능이나 가치, 요소, 내용 구성에 더 충실한 모습을 보여준다.

[표 5-4]는 윤리원칙을 비교해 본 것이다. 한국의 윤리강령에는 윤리원칙을 명시적으로 제시하고 있지 않아서, 윤리강령에 명시된 미국과 일본의 윤리원칙을 비교하였다.

미국과 일본 모두 인간의 존엄과 가치를 중요한 윤리원칙으로 제시하였다. 특히 일본의 윤리강령은 사람이 세상에 둘도 없는 존재로서 존중되어야 함을 윤리원칙 제1항에 명시하고 있다.

그러나 다른 조항에는 차이점이 있다. 미국 윤리강령은 사회복지의 핵심가치를 기술하고 이를 기초로 한 윤리원칙을 제시하고 있다. 윤리적 원칙으로 사회복지사의 1차 목표가 욕구가 있는 사람들을 원조하고 사회문제를 해결

[표 5-4] 윤리원칙

구분	미 국		일 본
	가 치	윤리원칙	
주요 내용	서비스	사회복지사의 1차적 목표는 욕구가 있는 사람들을 원조하고 사회문제를 해결하는 것이다	1. 인간으로서의 평등과 존엄 2. 자기실현 권리와 사회의 책무 3. 사회복지사의 직책
	사회정의	사회복지사는 사회적 부정의에 도전한다	
	인간의 존엄과 가치	사회복지사는 인간의 본질적인 존엄과 가치를 존중한다	
	인간관계의 중요성	사회복지사는 인간관계의 본질적 중요성을 인식한다	
	성실	사회복지사는 신뢰받을 수 있는 행동을 한다.	
	능력	사회복지사는 자기 능력의 한도 내에서 실천하며 전문직의 전문기술을 발전 향상시킨다	

* 한국은 윤리원칙이 명시되어 있지 않음

하며 사회부정의에 도전하는 것이라고 명시하고 있다. 이는 사회복지가 기본적으로 클라이언트 서비스를 중심으로 하는 실천학문임을 표방하는 것으로, 현실에 안주하기보다 더 나은 복지사회를 지향하고 모든 사람의 삶의 질을 보장하고 추구할 것을 설명한 것으로 보인다. 또한 사회복지사가 인간관계의 본질적 중요성을 인식한다고 명시함으로써 사회복지실천에서 관계의 중요성을 제시하고 있다. 이는 사회복지실천 원칙으로 관계 형성이 얼마나 중요한지 간접적으로 보여준다. 기타 사회복지사가 신뢰받을 수 있도록 행동하고, 자기능력의 한계 내에서 실천하며 전문기술을 발전·향상시킴을 명시하고 있어 사회복지사가 전문가로서 책임성을 갖추어야 함을 제시한다. 그러나 일본의 경우는 타인의 권리를 침해하지 않은 한도 내에서 자기실현의 권리, 사회와 사회복지사의 책임성을 명시하고 있다. 이상의 내용에서 볼 때, 미국 윤리강령의 윤리원칙이 더 실천적인 요소를 강조하고 있고, 일본은 선언적이고 이상적인 책임성을 중시하는 경향이 있다고 보아야 할 것이다.

한국의 윤리원칙은 명시되어 있지는 않으나 윤리강령의 내용 전반에 제시되어 있는 것으로 해석된다. 예컨대, 전문에 제시된 인간의 존엄성, 인본주의, 평등주의, 사회정의 등이 그것이다. 그러나 윤리원칙은 이후 제시되는 윤리기준의 틀을 명확히 제시하는 기능을 하므로 향후 개정에서는 한국의 윤리원칙을 정리하여 별도의 장으로 배치하는 것에 대해 신중한 검토가 요청된다.

(2) 윤리기준

윤리강령의 핵심이 되는 윤리기준은 각 나라별로 구체적으로 제시되어 있다. 여기에서는 한국의 윤리강령 구성을 기준으로 미국과 일본의 윤리강령 내용을 비교해 보고자 한다.

① 사회복지사의 기본적 윤리기준

한국의 윤리강령은 사회복지사의 기본적 윤리기준을 1장에 배치하고, 그 내용에서 전문가로서의 자세, 전문성 개발을 위한 노력, 경제적 이득에 대한 태도를 제시하고 있다. 미국 윤리강령은 4장에 전문가로서의 윤리적 책임, 5장에 사회복지 전문직으로서의 윤리적 책임을 명시하고 있으며, 일본은 전문직으로서의 책무만 4장에 제시한다. [표 5-5]에서 볼 수 있듯이 3개국 모두 사회복지 전문직의 전문성과 관련된 내용을 제시하고 있다. 이는 사회복지사가 사회복지 전문직에 대한 윤리적 책임을 갖고 성실하게 최선을 다해 임해야 함을 보여준다. 다만, 한국의 경우 미국에 비해 전문가 자세를 보다 강조하는 특징이 있다.

[표 5-5] 사회복지사의 기본적 윤리기준

구분	한 국	미 국	일 본
주요 내용	1. 사회복지사의 **기본적** 윤리기준 1) **전문가**로서의 자세(7) 2) **전문성 개발**을 위한 노력(5) 3) **경제적 이득에 대한 태도**(3)	4. **전문가**로서의 사회복지사의 윤리적 책임(15) 1) 능력(3) 2) 차별 3) 사적인 행위 4) 부정직, 사기 기만 5) 손상(2) 6) 잘못된 설명(3) 7) 권유(2) 8) 공적의 인정(2) 5. **사회복지 전문직**에 대한 사회복지사의 윤리적 책임(21) 1) 전문직의 성실성(5) 2) 평가와 조사(16)	4. **전문직**으로서의 책무(5) 1) 전문성 유지, 향상 2) 직무 내용의 주지 철저 3) 전문직 옹호 4) 원조방법의 개선 향상 5) 동료와의 상호비판

미국 윤리강령은 특히 사회복지 전문직에 대한 책임에서 평가와 조사에 대해 16개 하위항목을 제시하여 이와 관련된 윤리적 책임을 매우 자세하게 다루고 있다. 이에 비해 한국은 고지된 동의와 비밀보장을 다루고 있을 뿐이다. 또한 전문가의 자세에서 한국이 전문가로서의 품위와 자질 유지를 1항에 명시한 반면, 미국 윤리강령은 사회복지사의 능력을 1항에서 제시하고 있어 흥미롭다. 이는 유교의 전통이 강한 한국과 실용주의 사상에 근거한 미국 윤리강령의 문화적 특성을 반영한 것이 아닌가 유추하게 한다.

한국의 경우, 경제적 이득에 대한 태도 조항이 이 부분에 있는데 그 위치의 적절성에 대해서는 재고하는 것이 필요하다고 본다. 기본적 윤리기준보다는 클라이언트와의 관계 부분에 포함여부를 고려할 수 있다.

② 사회복지사의 클라이언트에 대한 윤리기준

한국, 미국, 일본 모두 클라이언트에 대한 윤리강령을 앞부분에 배치하고 있을 뿐 아니라 매우 구체적으로 설명하여 사회복지의 핵심이 클라이언트임을 보여준다. 공통 항목으로 클라이언트 이익의 최우선과 비밀보장을 제시하고 있다. 한국과 미국을 비교하면, 클라이언트의 권익옹호, 자기결정, 사생활 존중 및 보호, 비밀보장, 고지된 동의, 부적절한 성적 관계 금지 조항 등이 보인다. 한편, 한국과 일본과 비교하면 클라이언트 이익의 우선과 비밀보장 조항 등이 공통적으로 제시된다.

[표 5-6]에서 보여주듯이 각 나라별 특성은 한국의 경우, 권익옹호를 최우선의 가치로 제시하고 있다. 또한 클라이언트와 동반자 관계를 명시하고 동료의 클라이언트와의 관계를 자세히 규정하고 있다. 한국에서 클라이언트의 권익옹호와 동반자적 관계로 함께 일함을 명시하고 있는 것은 매우 고무적이다. 클라이언트와 파트너십을 갖고 일한다는 것을 명시함으로써 전문가와 클라이언트의 관계를 수직에서 수평적 관계로 이동시키고 있다. 또한 동료의 클라이언트와의 관계를 명시하고 있는 점도 긍정적이다. 다만, 이 항목의 위치에 대해서는 고려해 볼만하다. 즉, 동료에 대한 윤리기준에 포함시켜도 무방하다고 본다.

미국 윤리강령은 적임능력, 문화적 능력과 사회적 다양성, 이익의 갈등, 기록에 대한 접근, 신체적 접촉, 성희롱, 서비스 비용의 지불, 의사결정 능력이 없는 클라이언트, 서비스의 중단, 서비스의 종결로 구성되어 있다. 미국 윤리강령의 경우, 매우 상세하고 구체적으로 각 조항을 설명하는데, 특히 사생활

[표 5-6] 사회복지사의 클라이언트에 대한 윤리기준

구 분	한 국	미 국	일 본
주요 내용	2. 사회복지사의 **클라이언트**에 대한 윤리기준 1) 클라이언트와의 관계 (9) 2) 동료의 클라이언트와의 관계(2)	1. **클라이언트**에 대한 사회복지사의 윤리적 책임 1) 클라이언트에 대한 헌신: 클라이언트 이익이 최우선 2) 자기결정 3) 고지된 동의(6) 4) 적임능력(3) 5) 문화적 능력과 사회적 다양성(3) 6) 이익의 갈등(4) 7) 사생활과 비밀보장(18) 8) 기록에의 접근(2) 9) 성적 관계(4) 10) 신체적 접촉 11) 성희롱 12) 인격을 손상시키는 언어 13) 서비스 비용의 지불(3) 14) 의사결정 능력이 없는 클라이언트 15) 서비스의 중단 16) 서비스의 종결(6)	1. **클라이언트**와의 관계 1) 클라이언트의 이익 우선 2) 클라이언트의 개별성 존중 3) 클라이언트의 수용 4) 클라이언트의 비밀보장

과 비밀보장은 18개의 하위항목을 둠으로써 매우 상세한 규정을 두고 있다. 이는 미국 사회의 개인주의적인 특성을 반영한 것으로 보인다. 특히, 선언적 내용 외에 제한사항까지 명시하고 있다. 예컨대, 1항에는 클라이언트의 이익이 최우선이나 특별한 경우 사회복지사의 사회전반에 대한 책임이나 특정 법정 의무가 클라이언트에 대한 충성에 우선해야 할 때가 있을 수 있다. 이런 경우에는 클라이언트에게 조언해주어야 함을 명시하고 있다. 예를 들어 사회 복지사가 클라이언트의 아동학대 사실이나 자신 또는 타인을 해치려고 위협

한 사실을 보고하도록 법적으로 요구받는 경우가 이에 속한다. 또한 성적 관계와 구분된 항목으로 신체적 접촉과 성희롱을 두고 있는 점, 공정하고 합리적인 서비스 비용의 지불에 대해 제시한 점, 서비스의 중단 및 종결에 대해 구체적으로 언급하고 있는 점 등이 특징적이다.

일본은 80년대에 제정되어서인지 윤리강령의 내용이 매우 간략하다. 클라이언트에 대한 수용이나 개별성 존중을 명시하고 있을 뿐이다. 한국 역시 2001년 개정 이전의 윤리강령은 매우 간략하게 클라이언트에 대해 언급하고 있다.

③ 사회복지사의 동료에 대한 윤리기준

한국은 3장에 총 10항(동료 6항, 수퍼바이저 4항)으로 동료에 관한 윤리기준을 규정하고 있다. 미국은 2장에 26항, 일본은 동료에 대한 별도의 장은 없으나, 그 내용상 2장의 기관과의 관계에서 1항, 4장의 전문직으로서의 책무에서 1항, 총 2항으로 구성되어 있다 ([표 5-7] 참조). 3개국 모두 동료의 업무 인정과 존중, 필요시 동료의 비윤리적 행위에 대한 적법한 절차에 따른 개선 모색을 공통적으로 논의하고 있다. 한국과 미국은 동료에 대한 협력 명시, 동료의 능력 부족, 동료와 관련된 분쟁 등을 공통적으로 명시하고 있다.

각 나라의 특성으로 한국은 동료에 대한 기준에 수퍼바이저, 실습생, 수련생을 모두 포함시킴으로써 이들 간의 관계설정에 다소 모호함이 있다. 즉, 동료의 범위를 어디까지 정해야 할 것인지 모호하다. 미국의 경우, 사회복지사의 실천현장에서의 책임을 규정하는 3장에서 수퍼바이저에 대해 언급하고 있는 점은 참고할 만하다.

미국은 비밀보장, 다학문간 협동, 서비스 의뢰, 성적 관계, 성희롱, 동료의 손상, 동료의 능력 부족, 동료의 비윤리적 행위 등에 대해 역시 매우 상세하게 언급하고 있다. 또한 클라이언트뿐 아니라 동료 간의 관계에서 역시 비밀보장을 중요하게 다루고 있다. 이 외에도 다학문간 협동을 제시함으로써 사회

[표 5-7] 사회복지사의 동료에 대한 윤리기준

구 분	한 국	미 국	일 본
주요 내용	3. 사회복지사의 **동료**에 대한 윤리기준(10) 1) 동료(6) 2) 수퍼바이저(4)	2. **동료**에 대한 사회복지사의 윤리적 책임(26) 1) 존경(3) : 협력 포함 2) 비밀보장 3) 다학문 간 협동(2) 4) 동료가 관련된 분쟁(2) 5) 자문(3) 6) 서비스 의뢰(3) 7) 성적 관계(2) 8) 성희롱 9) 동료의 손상(2) 10) 동료의 능력 부족(2) 11) 동료의 비윤리적 행위(5)	2. **기관**과의 관계 4. **전문직**으로서의 책무

복지가 다른 학문과 활발하게 상호관계 해야 함을 제시하고 있으며 성적 관계와 성희롱 항목을 명시하여 이중 · 다중관계를 경계하는 조항이 눈에 띈다.

일본은 동료에 대한 조항을 별도의 장으로 마련하지 않고 기관과의 관계에 1조항, 전문직으로서의 책무에 1조항이 있어 매우 제한적으로 기술한 상태이다. 미국이나 일본의 윤리강령 검토를 통해 향후 우리의 윤리강령을 다시 개정할 때에는 비밀보장, 다학문간 협동, 서비스 의뢰 등에 대한 조항을 명시하는 것을 고려할 수 있다. 최근 다학문과의 상호 팀협력은 계속 증가 추세에 있으므로, 이를 강조하고 이러한 상황에서 나타날 수 있는 윤리기준을 명시하는 것은 시대적 변화를 반영하는 결과로 보인다. 또한 동료간 혹은 클라이언트와 발생할 수 있는 이중 혹은 다중관계를 명시하여 이를 경계하는 것도 고려해 볼 수 있겠다.

④ 사회복지사의 사회에 대한 윤리기준

사회복지사의 사회에 대한 윤리기준은 [표 5-8]에서 보여주듯이 3개국 모두 적극적인 사회참여를 공통적으로 제시하고 있다. 그러나 그 수위에 있어서는 다소 차이가 있다. 일본보다 한국이, 한국보다 미국이 더 적극적인 사회참여를 강조하는 경향을 엿볼 수 있다.

[표 5-8] 사회복지사의 사회에 대한 윤리기준

구분	한 국	미 국	일 본
주요 내용	4. 사회복지사의 **사회**에 대한 윤리기준(4)	6. **사회전반**에 대한 사회복지사의 윤리적 책임 1) 사회복지: 한 지역~전 세계적 차원의 인간복지 및 인간, 지역사회, 환경 개선 2) 대중의 참여 3) 공공의 긴급사태 4) 사회적, 정치적 행동 (4)	3. **행정 및 사회**와의 관계 1) 전문적 지식, 기술의 향상 2) 전문적 지식, 기술의 응용: 행정이나 정책, 계획 등에 적극적으로 반영

한국의 경우, 인권존중과 인간평등을 위해 헌신하고 사회적 약자를 옹호, 대변해서 사회환경 및 지역사회에 적극적으로 참여할 것을 제시한다. 개정이전과 비교할 때 이는 매우 큰 변화이다. 그러나 표현에서 2항과 3항의 내용이 중복되어 있어, 한 문장으로의 수정이 검토되었으면 한다. 한국이 사회복지사 자신이 일하는 지역사회 문제의 이해 및 해결에 초점을 두는 반면, 미국 윤리강령은 한 지역으로부터 전세계에 이르기까지 넓은 범위를 설정하고 있다. 이는 점차 국제화되어 가는 현시점에서, 우리의 윤리강령 역시 세계로 그 범

위를 확장하는 것이 필요함을 유추하게 한다. 특히, 최근 시민단체나 국제기구 및 단체에서의 사회복지사의 역할이 강조되고 있는 점을 고려할 때, 한국의 윤리강령은 지역사회로 범위를 지나치게 협소하게 규정하고 있는 것으로 보인다. 따라서 한국의 윤리강령에서 '자신이 일하는' 이라는 표현의 삭제를 고려해 볼 수 있다.

미국은 사회적, 정치적 행동을 강조하며 4개의 하위항목을 규정하고 있다. 즉, 문화적 다양성을 존중하는 제반 여건 증진, 민족, 인종 등에 대한 지배, 착취, 차별하는 행위 방지 조항 등이 그것이다. 또한 대중의 참여나 공공의 긴급사태 조항 등은 매우 흥미롭다. 예컨대, 삼풍 참사 등 긴급사태 발생시 사회복지사의 기능과 역할을 강조하기 위해서는 향후 윤리강령 개정시 이와 같은 조항을 신설하는 것도 고려해야 할 것으로 보인다. 엄연히 사회복지실천이론과 기술로 위기개입과 관련된 기술 등을 학습함에도 불구하고 그동안 사회복지의 일각에서는 요보호대상층에 집중해, 일반 대상이나 공공의 사태에 대해 사회복지의 역할을 충실히 하지 못했던 것이 사실이다. 따라서 이에 대한 충분한 고려가 필요한 것으로 보인다

⑤ 사회복지사의 기관에 대한 윤리기준

사회복지사의 기관에 대한 윤리기준으로 한국은 5장에서 3항을 규정하고 있다. 미국은 기관에 대한 별도의 장을 할애하지 않고, 3장의 하위조항 중 하나인 고용주에 대한 의무(3.09항)에 다시 7항을 두어 자세하게 설명하고 있다. 일본은 2장 2항을 두고 있다. 그러나 내용에 있어서는 미국이 좀더 구체적으로 기관에서의 사회복지사의 윤리적 책임에 대해 기술하고 있다. 특히 미국은 기관이 아니라 실천현장이라는 더 넓은 개념을 제시하면서, 사회복지실천 현장에서 접할 수 있는 다양한 상황을 윤리기준으로 명시하고 있다. 이는 [표 5-9]에 정리해 놓았다.

[표 5-9] 사회복지사의 기관에 대한 윤리기준

구분	한 국	미 국	일 본
주요 내용	5. 사회복지사의 **기관**에 대한 윤리기준(3)	3. 사회복지사의 **실천현장**에서의 윤리적 책임 3.09 **고용주**에 대한 의무	2. **기관**과의 관계 1) 소속기관과의 강령의 정신 2) 업무개혁 책무

 한국과 미국 윤리강령을 보면, 공통적으로 기관의 정책 준수와 서비스의 효과성과 효율성을 높이기 위해 노력해야 함을 제시하고 있다. 한국은 1항에, 미국은 각각 1항과 2항에 배치하고 고용주나 고용기관에 대한 서약에 충실해야 함을 제시한다. 또한 3개국에서 모두 기관의 부당한 정책이나 요구에 대한 대응에 대해 언급하고 있다. 이를 미국은 고용기관에서의 차별을 일소하기 위해 행동을 취해야 한다고 제시하고, 일본은 업무개혁으로 표현하고 있다. 미국과 일본의 경우는 고용기관이 윤리강령의 취지를 이해하고 이에 준하는 합리적 조치를 취할 수 있도록 해야 함을 공통적으로 명시한다. 사회복지실천 현장의 다양한 윤리적 딜레마 상황은 단순히 사회복지사의 가치나 윤리적 태도만으로는 해결되기 어려운 상황이 있다. 따라서 기관이 사회복지 윤리강령을 이해하고, 이를 준수하고자 하는 태도와 합리적으로 조치를 취하는 것은 매우 중요하다. 특히 기관의 이익과 클라이언트 혹은 사회복지사의 이익이 상충될 때 더욱 그렇다. 그러므로 한국의 윤리강령에도 기관 부분에서 사회복지사의 기관에 대한 윤리기준이라는 단선적 입장에 더하여 기관이 사회복지사에 대해 갖는 입장 등 상호기준을 명시하는 것도 의미가 있을 것으로 보인다. 이는 향후 윤리강령 개정시 고려할 사항이다.

⑥기타

기타 항목으로서 각 나라에서 명시하고 있는 윤리기준을 정리해보면 [표 5-10]과 같다. 한국의 윤리강령은 사회복지윤리위원회의 구성에 대해 3항으로 명시하고 있다. 이는 외국의 윤리강령에서는 찾아보기 힘든 규정으로 한국 윤리강령의 특성이며 사회복지현장에서 나타나는 윤리적 딜레마를 더 적극적으로 다루고자 하는 의지의 표현으로 보인다. 이 외에도 윤리기준은 아니지만 사회복지사 선서를 윤리강령에 포함함으로써 윤리강령의 준수를 다짐하는 내용을 담고 있다.

[표 5-10] 기타 항목

구 분	한 국	미 국	일 본
주요 내용	6. **사회복지윤리위원회**의 구성과 운영(3)	3. **사회복지사의 실천현장**에서의 윤리적 책임(30) 1) 수퍼비전과 자문(4) 2) 교육 및 훈련(4) 3) 업무 평가 4) 클라이언트의 기록(4) 5) 청구서 작성 6) 클라이언트의 이전(2) 7) 행정(4) 8) 계속교육과 직원의 능력개발 9) 고용주에 대한 의무(7) 10) 노사분쟁	—
	사회복지사 선서	—	—

한편, 미국의 윤리강령은 사회복지사의 실천현장에서의 윤리적 책임을 30항으로 매우 구체적으로 제시한다. 그 내용을 살펴보면, 사회복지 현장에서 빈번히 나타날 수 있는 윤리적 딜레마 상황을 다루고 있다. 즉, 수퍼비전과

자문, 교육 및 훈련, 업무 평가, 클라이언트의 기록, 청구서 작성, 클라이언트의 이전, 행정, 계속교육과 직원의 능력개발, 고용주에 대한 의무, 노사분쟁 등이다. 흔히 사회복지사의 실천오류(malpractice, malconduct)가 발생할 수 있는 것과 관련된 것이 주내용이다. 우리나라의 윤리강령에서는 사회복지사의 실천오류에 대해 거의 다루고 있지 않으므로 이 역시 향후 고려할 수 있는 조항들이다.

3. 요약 및 제언

윤리강령은 사회복지사의 윤리적 행동을 결정하는 지침이다. 이에 윤리강령은 전문직을 구성하는 중요한 공통 요소이기도 하다. 이 장에서는 2001년 3차 개정된 한국의 윤리강령과 미국, 일본의 윤리강령을 구성과 내용 측면에서 비교하고 분석하였다. 그 결과, 3개국의 윤리강령은 인간의 존엄성 보장이라는 가치를 근간으로 사회복지사가 전문직으로서 준수해야 할 윤리기준을 공통적으로 제시하고 있었다. 그러나 각국의 특성에 따라 윤리강령의 내용에 다소 차이가 있음도 발견되었다.

우선, 한국은 전문가로서의 자세, 태도 등을 윤리강령에 포함하여 사회복지사로서의 기본적 윤리를 상당히 강조하고 있음을 보여준다. 또한 6장 윤리위원회의 구성을 명시하여 사회복지실천에서 윤리의 중요성을 재강조하고 있다. 이 외에도 특징적으로 사회복지사 선서를 윤리강령에 포함하고 있다. 이는 사회복지실천에서 윤리강령이 준수되어야 함을 선언하고 강조하기 위한 의지의 표현으로 보인다. 한편, 미국의 윤리강령은 보다 임상적이고 구체적으로 명시하는 특성이 있다. 사회복지사의 전문가로서의 '능력'을 강조하는 등 임상적이고 전문성을 지향하는 조항이 주를 이루고 있다. 물론 한국의 윤리강령 역시 전문성 지향이 두드러지지만, 미국은 보다 자세하고 구체적으로 내용을 명시하고 있다. 특히, 3장에서는 사회복지사의 실천현장에서의 윤리적 책임을 30조항이나 기술하고 있으면서 실천현장에서 발생 가능한 다양한 윤리적 이슈와 기준을 제시하고 있다. 매우 구체적으로 각 조항을 설명하는가 하면, 윤리강령이 갖는 제한점을 제시하는 솔직함도 보여준다. 일본은 매우 간략하게 제시하고 있으면서도 사회복지사가 전문가임을 강조하며 이에 따른 책임성을 더 강조하는 경향을 보이고 있다. 한국과 미국 윤리강령에서 공통적으로 클라이언트의 역량강화를 강조하고 있는 것은 최근의 사회복지 전문직의 경향을 반영하고 있음을 알 수 있다.

1992년 2차 개정에 비해 이번 3차 개정된 한국의 윤리강령은 매우 진일보한 모습을 보이고 있다. 즉, 사회복지가 전문직으로 자리매김할 수 있도록 보다 구체적인 윤리기준을 제시하고 있다. 그러나 향후 4차 개정을 위해 몇 가지 고려사항을 제언하고자 한다. 첫째, 한국 사회복지사의 윤리원칙에 대한 정리 작업을 통해 윤리강령에 윤리원칙을 명시하는 것이 바람직할 것으로 사료된다. 이는 사회복지 전문직이 갖는 윤리원칙을 천명함으로써 가치와 윤리원칙, 윤리기준 등 일련의 전문가 윤리에 대한 체계적 이해를 높일 수 있을 것이다. 둘째, 윤리기준에 사회복지실천 현장에서 발생 가능한 다양하고 미래지향적인 윤리적 이슈들을 좀더 구체적으로 명시하는 것을 고려할 필요가 있다. 예컨대, 생명공학과 관련된 생명윤리 등이 그것이다. 모든 윤리적 딜레마를 윤리강령에 포함시키는 것은 현실적으로 어려우나, 가능한 지침 혹은 판단의 실마리를 제공하는 최소한의 윤리기준 등을 명시하는 방안을 고려해야 할 것이다. 마지막으로 사회복지윤리에 대한 실천가 및 학계의 관심, 활발한 연구, 체계적 윤리교육을 통해 사회복지실천윤리의 체계화 작업이 지속되어야 할 것이다.

참고문헌

구혜영, "사회사업 전문직 확립을 위한 접근 방법 연구", 이화여자대학교 석사학
    위논문, 1988.
성규탁 외, "사회복지전문직이 지켜야 할 윤리적 원칙", 『사회복지』 통권 111호,
    한국사회복지협의회 출판부, 1991.
문인숙, 『사회복지의 윤리』, 한국사회복지총람, 서울: 사회복지협의회, 1990.
윤기영, "사회사업 전문직의 윤리체계에 관한 연구: 윤리강령의 비교 분석을 중
    심으로", 강남대학교 석사학위논문, 1997.

Carr-Saunders, A. M. (1982), *Profession: their organization and place in society*.
    Oxford: Clarendon press.
Greenwood, E. (1957), "Attribution of a profession", *Social work*, vol. 2. No. 3.
    pp.45-55.
Loewenberg, F. M. & Dolgoff, R. (1996), *Ethical decision for social work
    practice*, Ithaca: F. E. Peacock publishers Inc.
Reamer, F. G. (2000), *Social work value and ethics*, 2nd, N.Y.: Columbia
    University Press.

제6장
사회복지실천에서의 윤리적 결정모델

양 옥 경

사회복지실천 일선에서 실무를 담당하는 사회복지사는 사회복지가 지향하는 목적과 기능 때문에 윤리적으로 결정해야 하는 상황에 놓이게 된다. 때로는 의식하면서, 때로는 의식하지 못한 채 항상 윤리적으로 결정하게 되는 것이다. 예를 들어 부모에게 비밀을 보장해 달라면서 낙태를 도와 달라는 18세 소녀의 간절한 요청을 듣게 되는 경우, 사회복지사는 어떻게 행동해야 하는가? 이 상황에서 사회복지사는 서로 상충되는 몇 가지 윤리적 딜레마에 봉착하게 되는데 그 이유는 각 상황들이 서로 상충되는 의무들을 내포하고 있기 때문이다. 클라이언트에 대한 의무, 그 밖의 사람들에 대한 의무, 그리고 사회에 대한 의무를 실천하는 데 있어 갈등할 수밖에 없는 상황에 놓이게 된다. 클라이언트에 관한 것에만 국한해 의무를 지킨다고 하더라도 클라이언트에 대한 어떤 의무인가를 규정짓는 데 있어 갈등하게 된다.

전문가의 가치 및 윤리는 사회적 가치와 함께 하지만 반드시 일치하는 것은 아니다. 특히 약자와 소외계층을 대변해 옹호활동을 하는 경우에는 더욱 그렇다. 기존의 가치에 반하는 가치를 표방하게 되기 때문이다. 따라서 소외계층 대변과 사회정의 실현을 핵심기능으로 하는 사회복지사에게 윤리적 갈등은 빈번히 경험하게 되는 상황으로 이를 현명하게 윤리적으로 해결하는 것은 매우 중요하다.

이에 본 장에서는 사회복지실천에서 경험하는 윤리적 갈등상황에 대해 어떻게 윤리적으로 적합한 결정을 내릴 것인지 방향을 안내하는 모델을 제시하고자 한다.

1. 윤리적 결정 지침

1) 가치전제

사회복지를 실천하는 데 있어 사회복지사는 사회복지의 기본적인 가치체계에 입각해 실천과정을 진행하게 되는데, 가치전제가 상호 배타적인 경우 현명하게 판단해서 윤리적으로 결정할 수 있어야 한다. 사회복지의 기본 가치전제는 인간존엄성, 자율성, 기회 균등성, 그리고 사회 책임성(Friedlander, 1958: 2-7)이다. 여기에 기초를 둔 더 구체적인 실천 가치전제로는 생명보호, 삶의 질 보장, 자율과 자유, 개개인의 사생활보장과 비밀보장, 진실성 고수, 균등한 기회 제공 보장 그리고 규칙준수(양옥경 외, 1995: 234-235) 등이 있다.

사회복지 기본 가치전제에서 인간존엄성 원리는 모든 사람의 생명은 귀중할 뿐 아니라 인간으로서 가치, 품위 그리고 존엄함이 있음을 의미한다. 이 원리는 인간의 생명은 보호되어야 함과 동시에 삶의 질 또한 보장되어야 함을 의미한다. 이와 같은 전제에서 인간존엄성은 개개인의 자기결정권, 사생활보장, 비밀보장 등과 직결된다. 이처럼 한 개인의 존엄성이 존중될 때 비로소 가족, 집단, 지역사회 그리고 전체 사회의 복지가 실현되는 것이다.

인간의 자율성 존중 원리는 자기결정권에 관한 것으로, 모든 사람은 하나의 독립된 개체로서 자유를 가지며 자신의 욕구가 무엇이고 그것을 어떻게 충족시킬 것인지에 관해서 자유로운 분위기에서 스스로 결정할 권리가 있음을 의미한다. 이 원리 역시 기본적으로 인간존엄성에서 비롯된 것이다. 이와 같은 자유 결정권은 아무리 사회복지사가 전문가로서 많이 더 잘 안다고 하더라도 클라이언트를 강제로 위협하여 의지와 상반되는 결정을 내리게 할 수 없음을 말한다. 또한, 이것은 클라이언트가 내린 결정을 사회복지사가 마음대로 바꿀 수 없음을 의미하기도 한다. 그러나 자기결정권이 어느 만큼 절대적인가와 관련해서 사회복지사는 윤리적 딜레마에 빠지게 된다. 예를 들어 스스로 결정을 내릴 수 없는 영아나 정신지체인이 클라이언트일 때, 혹은 클라이언트가 스스로 내린 결정이 사회에 해가 될 수 있는 내용일 때 클라이언트의 대변인으로서 그리고 클라이언트와 사회의 중간자로서 사회복지사는 현명한 결정을 내려야 윤리원칙에 위배되지 않는 실천을 할 수 있다. 인간자율성 존중의 원리에는 자기결정권 외에 비밀보장, 사생활보장 그리고 진실과 사실을 알권리 등이 포함된다.

균등한 기회를 보장한다는 원리는 성별, 계급, 인종의 차이뿐 아니라 장애나 개인적 선호 등을 이유로 차별받지 않아야 하며 누구에게나 평등하고 균등한 기회를 보장해 주어야 함을 의미한다. 즉, 어떠한 기준에 따른 차별도 허용해서는 안 된다는 것이다. 그러나 개인의 능력에 따라서는 어느 정도 제한할 수 있음도 명시하고 있다.

인간은 누구나 자신과 타인 및 사회 전반에 대한 책임이 있음을 명시한 것이 바로 사회적 책임 원리이다. 이것은 한 개인의 권리 때문에 사회가 피해를 입거나 타인이 불행해져서는 안 되기 때문에, 개인은 타인을 포함하여 사회에 해를 주지 않도록 규칙을 준수해야 함을 주장하는 내용이다.

[표 6-1]에 사회복지의 기본 가치전제와 그에 상응하는 사회복지실천의 가치전제 그리고 그에 기반한 윤리적 결정원칙을 정리해 놓았다.

[표 6-1] 사회복지실천의 기본 가치전제

사회복지 기본 가치전제	사회복지실천 가치전제	윤리적 결정원칙
인간의 존엄성	생명보호 삶의 질 보장	생명보호 원칙
인간의 자율성	자율과 자유와 독립(자기결정권) 개개인의 사생활보장과 비밀보장 진실성 고수(진실을 알권리)	자기결정 원칙 비밀보장 원칙 진실성 원칙
기회의 균등성	균등한 기회제공 보장	균등 원칙
사회적 책임성	규칙준수	객관성 원칙 최소손실 원칙 효율성 원칙 규칙준수 원칙

2) 윤리이론

어떤 결정을 내리는 것이 윤리적으로 합당한가에 관해 과학적으로 설명할 수 있는 어떤 뚜렷한 이론은 없다. 다만 윤리적 사고라는 것이 철학에 그 근본을 두고 있으므로 여기에서는 고대의 기본 사상인 상대주의와 절대주의의 철학적 배경(양옥경 외, 1995)을 간단히 고찰하고자 한다.

(1) 윤리적 상대주의

윤리적 상대주의(ethical relativism)는 어떤 종류의 정해진 도덕률도 부인한다. 선과 악, 옳고 그름 등은 주관적이고 상대적인 것이지 절대적인 가치란 없다고 주장한다. 고대 그리스의 철학자인 프로타고라스와 같은 궤변론자들이, 근대에는 스펜서와 콩트 같은 실증주의자들이 윤리적 상대주의를 정리하였다.

프로타고라스는 "인간은 만물의 척도이다"라고 말하면서 가치 판단에 대한 일방적인 상대주의를 표방한다. 즉, 어떤 것이든 그 진위와 시비는 인간에게 상대적으로만 논해진다고 생각했으며, 인간 주체가 본대로 사물이 존재한다고 주장하였다. 스펜서는, 이성은 단지 상대적인 것을 인식할 수 있을 뿐이라고 선언하면서 과학이 발전함에 따라 도덕철학도 과학철학의 영향을 받게 된다고 주장하였다. 따라서 사물의 본질이나 절대적인 것은 인식되지 않는다고 하였다. 콩트는, 과학은 경험적인 사실이나 현상에 대한 묘사이며 그것만이 확실한 것이라고 생각하였다. 따라서 경험적 사실이나 사물은 인간의 주관적 감각에 따라 해석되는 것이므로 과학은 단지 사물이나 현상이 어떻게 존재하는가에 관하여만 질문할 수 있을 뿐 그와 같은 현상이 왜 존재하는가에 대해서는 질문할 수 없다. 결국 사물이나 현상의 본질은 불문에 붙여야 하며 산출된 결과와 상황만을 분석 대상으로 고려할 수 있을 뿐이다. 이와 같은 논리를 도덕철학에 적용하면, 원인은 추후의 관심사이며 단지 결과의 옳고 그름에 따라 행동 여부를 판단할 수 있는 것이다.

이처럼 모든 고정불변의 도덕률을 부인하면서 동기보다 행동으로 초래된 결과를 중시하는 근본적인 이유는 가치변화의 지속성이다. 모든 가치는 계속 변한다. 어제의 가치기준을 오늘에 적용할 수 없을 뿐 아니라 한순간 전의 가치기준을 그 다음 순간에 적용할 수도 없다. 결과적으로 가치문제에서 상대주의는 불가피하다. 절대적인 기준을 가진 보편적이면서 불변하는 기본 가치는 존재하지 않는다. 단지 어떤 행위의 결과가 얼마나 옳고 얼마나 선한가 하는 정도에 따라 판단 및 결과의 기준이 정해질 뿐이다.

한 사회를 지배하는 윤리관이나 도덕관은 그 사회의 문화적 특수성에 의해 결정된다고 해도 무리가 없다. 그 시대, 그 사회의 사회문화적 보편성이 전제되어야 윤리적 보편성을 기대하고 인정할 수 있다. 그러나 문화적 특수성과 다원화를 바람직한 가치체계로 받아들이는 오늘날, 비록 동시대에 같은 문화권에 있더라도 윤리적 보편화를 기대한다는 것은 시대에 뒤떨어지는 일일 것이다. 따라서 윤리적 상대주의가 바람직한 것이라고 할 수 있다.

윤리적 상대주의를 인정하는 것이 바람직하더라도 이 이론의 제한점은 윤리관을 적용할 수 있는 범위에 있다. 문화적 특수성과 다원화를 인정할 때 그 고유한 문화권의 경계를 규정하는 방법은 매우 중요하다. 한 인종, 한 종족, 혹은 한 국가로부터 작게는 한 지방, 한 가족, 혹은 한 개인에 이르기까지 문화권 및 하위 문화권의 폭은 매우 다양하며 그에 따라 가치체계 및 윤리관을 적용할 수 있는 폭도 다양하다. 이와 같이 하위 문화권의 단위를 극단까지 좁힌다면 윤리적 상대주의는 실질적으로 어디에도 적용할 수 없는 단지 이론에 불과한 것이 될 뿐이다.

이러한 제한점은 윤리적 이기주의(ethical egoism)와 윤리적 공리주의 (ethical utilitarianism)로 요약된다(Loewenberg & Dolgoff, 1988). 윤리적 이기주의란 다른 사람들에게 어떤 결과를 초래하건 간에 한 개인에게 최고인 것이 최선이라고 주장하는 이론이다. 프로타고라스의 "인간은 만물의 척도이다" 라는 격언은 개인과 관련된 상대주의를 잘 표현해 준다. 반면에 윤리적 공리주의란, 가장 많은 사람에게 가장 선하다고 생각되는 것을 추구하는 것이 제일 중요하다고 본다. 제러미 벤담, 존 스튜어트 밀과 같은 19세기 영국 철학자들이 주장한 이 이론은 공동체와 관련된 상대주의로, "관련된 공동체의 합의가 가장 좋은 기준이다" 라고 언급한 쿤과 같은 20세기 과학철학자의 주장에서도 언급된다.

윤리적 공리주의가 추구하는 최대 다수의 최대 행복을 목적으로 행동하는 사람들을 목적론자(teleologist)라고 부른다(Reamer, 1999). 소크라테스, 플라톤, 아리스토텔레스와 같은 고대 그리스 철학자들의 목적론에 이론적 기반을 둔 윤리적 목적론은 달성된 목적, 즉 행동의 결과에 선과 악의 판단기준을 둔다는 점에서 윤리적 상대주의라고 할 수 있다. 윤리적 목적론이 주장하는 바는, 어떤 목적을 갖고 행동할 때 그 의지가 내포하는 선과 악이 그 행동 자체의 특성에 의해 결과에 있어서의 선과 악의 조화를 반영한다는 점이다. 따라서 목적론적 윤리관에 입각한 사람은 미리 예견되는 결과를 세밀하게 점검해서 무엇이 도덕적이고 비도덕적인지 명확히 판단하고 행동한다.

그러나 목적만으로 수단을 정당화할 수 없다는 점에서 이 이론은 한계가 있다. 달성된 목적, 즉 결과를 그 목적이 생성되는 의도에서 분리해서 판단하려는 경향이 있다. 예를 들어 죽음이라는 결과를 초래했다고 해서 전쟁터의 군인, 살인범, 안락사를 시킨 의사를 같은 살인자의 범주에 놓고 윤리적으로 판단할 수 있는지 다시 한번 생각해 봐야 한다. 따라서 이러한 제한을 극복하려면 목적을 달성하고자 할 때 방법을 선정함에 있어 그 결과로 초래될 내용에 대해 필히 선행해서 평가해보아야 할 것이다.

(2) 윤리적 절대주의

윤리적 절대주의(ethical absolutism)는 칸트, 셸링, 헤겔을 거치면서 관철된다. 윤리학의 저서인 『실천이성비판』에서 칸트는 무제약적인 '선으로의 의지'에 절대권을 부여하고 있으며, 헤겔은 인류출현 이전에 이미 존재하고 있는 자연적이고 사회적인 세계의 어떤 현상을 '절대정신'이라 부르면서 인간의 사유적인 현상을 절대정신의 표현이며 또 절대정신에서 파생된 것이라고 하였다. 이 학자들은 공통적으로 신격화된 신학에서의 절대가 아닌, 인간의 의식과 사유에 그 절대권을 주고 있다. 따라서 윤리적 절대론을 윤리적 상대론에 반대되는 개념이라고 혼돈해서는 안 된다.

윤리적 절대론은 이미 정해진 고정불변의 도덕률을 강조하는 것으로, 선과 악, 옳고 그름은 그 행위의 결과와는 별개로 판단해야 함을 의미한다. 따라서 이 이론이 주장하는 도덕률은 모든 상황에서 절대적으로 적용된다는 것을 전제한다.

이와 같이 적용되는 도덕규범의 절대성은 두 가지 특성이 있다. 하나는 윤리적 보편주의로서의 윤리적 절대성이다. 도덕규범은 범문화적 추리방법으로 확립될 수 있는 근거 위에서만 정당화될 수 있으므로 이런 규범은 모든 인간의 행위에 올바르게 적용된다는 것이다. 윤리적 보편주의가 윤리적 상대주의와 다른 점은 비록 행동의 옳고 그름이 환경이나 상황의 차이에 따라 달라져도 각기 다른 사회가 채택한 규범의 차이에 따라 변하지 않는다는 것이다. 다른 하나는 도덕규범 외의 어떠한 예외도 갖지 않으며 개별적인 도덕규칙이 적용되지 않는다는 도덕적 의무론으로서의 윤리적 절대성이다.

이처럼 도덕적 규범에 근거하여 의무를 다해야 된다고 생각하는 사람들을 도덕적 의무론자(deontologist)라고 일컫는다(Reamer, 1999). 이들의 주장에 따르면 인간의 행동이 선하다는 것은 그 결과가 선해서가 아니라 그 행동 자체가 선하기 때문인데 그것은 인간이 선할 의무가 있기 때문이다. 이와 같은 도덕적 의무론은 한 사회의 규율과 법에 순응해야 한다는 점을 그 중심 원리로 삼고 있다.

반면 윤리적 의무론의 제한점은 이러한 개념이 관념론적인 관점으로만 흘러 형식주의가 될 수 있다는 데 있다. 선악의 표준이 사회에 따라 변할 뿐 아니라 헌법이 지배하는 사회에서 합법적이고 위법적인 판단에서도 관념설에 그칠 수 있다는 성질을 완전히 부인하는, 즉 도덕의 사회성과 역사성을 부인하고 있다는 제한점을 갖고 있다.

2. 윤리적 결정기준

윤리적 결정을 내리기 위해서는 가치 및 윤리에 대한 자신의 관점을 명료화하여 인식하는 것이 최우선되어야 한다. 그러한 이해 안에서 윤리적 결정 원칙을 고려하는 것이 좋다. 따라서 여기에서는 우선 명확히 이해하고 인지해야 할 가치관 및 관점에 관해 설명하고, 의사결정시 고려해야 할 윤리적 기준을 살펴보고자 한다.

1) 가치관 및 관점 명료화

지식, 기술을 포함한 사회복지실천의 3대 중심축 중 하나가 바로 가치이다. 사회복지사는 사회복지실천 현장에서 가치적 판단에 노출되기 쉬우며, 이때 판단기준으로 자신의 개인 가치관, 사회 가치관, 전문직 집단의 가치관 등을 활용하게 된다. 그러므로 사회복지사는 자신의 개인적 가치관과 그 시대의 사회적 가치관을 명확하게 알고 있어야 하며, 이에 대한 자신의 관점을 명확히 해야 한다. 또한, 전문직 가치관에 대해서도 명확히 이해하고 있어야 하며 자신의 가치관과 사회적 가치관 간의 관계를 명확히 해야 한다. 전문직 가치는 사회적 가치에 근원을 두고는 있으나 항상 동일하지 않으며, 개인적 가치도 전문직 가치에 늘 동의하는 것은 아니기 때문이다. 이에 사회복지사는 자신의 가치관과 관점을 우선 정리하고 명확히 한 후, 원칙적인 지침과 실천윤리 강령을 숙지해서, 결정과정 중 가능한 한 최소한으로 갈등을 줄일 수 있도록 해야 할 것이다.

(1) 개인 가치관

사회복지사는 자신이 갖고 있고 또 신봉하고 있는 믿음, 철학, 가치관 등에 관해 정확히 이해하는 것이 필요하다. 개인이 갖고 있는 가치관의 방향과 관점에 따라 사회복지실천 과정에 알게 모르게 영향을 줄 수 있기 때문이다. 따라서 객관적 기준에서 개인적 가치관을 반영시키려면 우선 자기 자신에게 진실해야 하고, 자기 자신에게 진실하려면 자신이 신봉하고 있는 이념 및 가치관을 정확히 파악하고 있어야 한다. 자신의 가치관에 대해 정확히 인지하면서 그 영향력을 최소화해야 하는 것이다.

사회복지사는 자신의 가치관을 공적으로 실행하는 사람이기 때문에 '나는 이런 가치관을 갖고 있다'에 머무르는 것이 아니라 자신이 왜 이런 가치관을 고수하는지, 왜 이런 가치관에 입각해서 사회복지실천을 하는지 등에 관해 충분히 객관적으로 규명할 수 있어야 한다. 이같이 개인의 가치관을 개관적으로 규명하는 것은 경력을 쌓아가면서 더욱 명확하게 할 수 있는데, 그러기 위해서는 무엇보다도 자기성찰 등을 통해 의식적으로 규명하려는 노력을 지속해야 한다. 자신의 개인 가치관을 최소화하고, 클라이언트의 가치관 및 자기결정권을 인정하며, 편견이나 정형화 및 낙인에서 자유롭고, 비심판적 태도를 유지하는 등, 클라이언트에게 권한부여적 사회복지를 실천하는 것을 기본으로 배워온 사회복지사는 이미 윤리적 실천의 기본을 갖추고 있다고 할 수 있다. 따라서 사회복지사 윤리강령을 숙지하면서 윤리적 민감성을 키우는 것은 매우 중요하다.

(2) 집단 가치관

사회복지사는 자신이 속한 집단의 가치관을 명료하게 해야 한다. 가족뿐 아니라, 종교집단이나 사상집단, 동호회 등 집단적인 가치관은 사회복지사 개인의 가치관에 영향을 주기 때문이다. 그러나 이는 앞서 설명한 개인 가치관과 구별된다. 예를 들면, 자신은 매우 진보적인 가족관을 갖고 있더라도 보수적인 전통 가족구조에서 성장하면서 쌓인 가족 가치관은 자신의 개인적인 가치관과 다를 수 있다. 종교의 경우도 마찬가지이다. 진보적인 여성주의에 입각해 사회복지실천에 임하는 경우, 강간을 당해 임신한 클라이언트에 대해, 낙태할 권한은 임신한 여성 본인에게 있다고 생각하면서도 천주교인으로서 자신의 종교관 때문에 낙태 자체에 대한 갈등을 경험할 수 있다.

(3) 사회 가치관

사회적 가치는 늘 그런 것은 아니지만 일반적으로 전문적 윤리행동에 기준을 제시한다. 그러나 사회복지사는 사회적 규범에 반하는 행동을 해야 할 때가 있으며 또한 그렇게 행동하는 것이 정당화될 때도 있다. 그러면서도 사회복지사는 적합한 사회적 가치를 규명해야 하는 의무 또한 갖고 있다. 따라서 사회복지사는 급격하게 변하는 사회의 가치관에 관해 잘 알고 있어야 한다. 현재 사회의 가치 기준이 어디에 위치하고 있는지에 대해 정확하게 인지해야 하는 것이다.

그러나 안다는 것이 꼭 그 가치관에 동의하고 그 가치관을 따라야 한다는 것을 의미하는 것은 아니다. 문제해결과정에서 문제를 사정하고 해결방법을 모색하여 개입 결정을 내릴 때, 자신이 속해 있는 사회가 표방하는 기본 가치관이 무엇인지 정확하게 숙고해야 한다는 것을 의미한다.

(4) 전문직 가치관

사회복지 전문직의 가치관은 앞에서 이미 여러 차례 언급했다. 인간존엄성, 사회정의, 인간관계의 중요성, 서비스 전달의 중요성, 그리고 권한과 통합성에 기초한다. 즉, 클라이언트의 삶의 질을 향상시키기 위한 능력에 기초를 두는 것이다. 사회복지실천에는 이론, 정책, 방법론, 실천과정 모두에 가치관이 배어있다. 그러므로 어떠한 경우라도 윤리적 갈등이 없다거나 윤리적 결정과정이 필요 없는 실천은 결코 바람직하지 않다. 이러한 갈등과 갈등과정을 경험하면서 진정한 전문가로서 참된 윤리적 실천을 실현하게 되기 때문이다.

2) 윤리적 결정원칙

사회복지실천에서 사회복지사는 사회복지의 기본적인 가치체계에 입각하여 실천과정을 진행하게 되는데 가치전제가 각각 상호배타적인 경우, 윤리적 결정을 내릴 때 현명한 판단이 필요하게 된다. 여기에서는 사회복지사가 실천과정 중 윤리적 판단을 내릴 때 고려해야 할 윤리원칙을 살펴보고자 한다. 이 원칙은 기존의 윤리결정 우선순위와 결정기준에 몇 가지 새롭게 첨가한 것으로(양옥경 외, 2000: 71-74), 내용을 새로 보완하였다.

(1) 윤리원칙 1: 생명보호 원칙

사회복지사는 개인이나 사회의 기본적인 생존 보장을 가장 중요하게 생각해야 한다. 즉, 사람의 생명을 보호해야 할 의무가 여기에 해당되는데, 넓게는 의식주 해결과 의료보장, 소득보장 등이 그 예이다(Reamer, 1979). 따라서 생명에 위협을 받는 상황은 모두 여기에 포함되며 자살 및 타살에서 보호하는 것뿐 아니라 적절한 시기에 적합한 치료를 제공해야 하는 것 등도 포함된다. 또한, 빈곤계층의 최저 생계보장과 최저 생활보장 등 삶의 질을 높이는 역할도 이에 속한다. 생명보호 원칙은 윤리강령 전문에서도 사회복지사가 지켜야 할 기본적인 의무활동으로 규정하고 있다. 인간존엄성에 기초하여 생존권 보장 활동에 헌신해야 한다는 것이다. 생명을 보호하는 것뿐 아니라 생명의 질적인 부분까지도 보장해주는 것이 인간존엄성을 참되게 실천하는 것이다.

(2) 윤리원칙 2: 자기결정 원칙

사회복지사는 클라이언트의 자율과 자유와 독립성을 최대한 조성하여 사회복지를 실천해야 한다(Reamer, 1979). 인간은 누구나 어떤 결정을 내릴 때 자유로운 분위기에서 자신의 뜻에 맞게 스스로 결정할 수 있는 환경이 보장되어야 하며, 이는 클라이언트에게도 예외일 수 없다. 클라이언트의 자기결정권을 인정하는 것은 클라이언트와의 관계에서 사회복지사가 갖추어야 할 기본적 의무로, 우리나라의 윤리강령 II-1-3)에서 클라이언트에 대한 기본적인 윤리기준으로 다루고 있으며, 전문 및 윤리기준에 바탕이 되는 정신이기도 하다(부록A-4참조).

단, 클라이언트가 자유로이 내린 결정이 자신 또는 타인의 생명에 위협을 줄 경우 사회복지사는 생명보호를 우선순위로 생각해야 한다.

(3) 윤리원칙 3: 비밀보장 원칙

자기결정권과 같은 맥락에서 사회복지사는 클라이언트가 제공하는 자신과 타인 및 단체에 관한 정보에 대해 비밀을 지켜야 할 의무가 있으며, 클라이언트가 자신의 사적 생활을 보호하고자 하는 자유의지 또한 보호해 주어야 할 의무가 있다. 클라이언트는 사회복지사와의 전문적인 관계에서 자신의 문제를 해결하기 위해 많은 내용을 공개하게 되는데 사회복지사는 이 내용을 당면 문제를 해결하기 위한 목적 이외에는 타인에게 공개해서는 안 된다. 윤리강령 II-1에서도 사회복지사의 기본적 윤리기준으로 클라이언트의 비밀보장을 중요하게 다루고 있다. 또 클라이언트와의 관계에서도 비밀을 철저하게 유지하는 것과 사적인 정보를 공개해야 하는 불가피성에 대해 클라이언트의 동의를 구하는 것 등을 기본 의무로 하고 있다.

단, 클라이언트의 비밀보장 내용이 우선순위 1번인 생명보호에 위배될 때에는 생명보호가 클라이언트의 비밀보장에 우선한다.

(4) 윤리원칙 4: 진실성 원칙

사회복지사는 클라이언트가 진실을 알고자 할 때 그 권리를 보호해 주어야 한다. 사회복지사는 클라이언트에게 진실만 이야기해야 하며 원하는 정보는 모두 진실되게 알려 주어야 한다. 윤리강령 II-1-5)에서도 클라이언트에게 정확하고 충분한 정보를 제공함으로써 알권리를 인정하고 존중해야 한다고 명시하고 있다.

(5) 윤리원칙 5: 균등 원칙

사회복지사는 모든 인간이 균등한 기회를 제공받을 수 있도록 하여야 한다. 소득보장의 기회뿐 아니라 학업과 취업의 기회, 의료혜택의 기회, 그리고 사회문화적 노출까지도 균등하게 기회를 제공해야 함을 의미한다. 이 같은 평등사상은 윤리강령 전문에서 밝히고 있으며 어떠한 경우라도 클라이언트를 차별대우하지 않는다고 사회복지사의 기본적 윤리기준에서 명시하고 있다.

(6) 윤리원칙 6: 객관성 원칙

사회적 가치는 늘 그런 것은 아니지만 일반적으로 전문적 윤리행동에 기준을 제시한다. 따라서 현재의 사회가치 기준이 어디에 위치해 있는지 정확하게 알고 있어야 한다. 또한, 사회복지사는 개인적 가치관을 분명히 해야 한다. 객관적 기준에서 개인적 가치관을 반영시키려면 우선 자기자신에게 진실하여야 하고, 자기자신에게 진실하려면 자신이 신봉하는 이념 및 가치관을 정확히 파악하고 있어야 한다. 사회복지사는 자신의 가치관을 공적으로 실행하는 사람이기 때문에 자신의 가치관 및 윤리관을 자세히 탐색하여 조심스럽게 규명하고 객관화하는 작업이 필요하다.

(7) 윤리원칙 7: 최소손실 원칙

모든 선택 가능한 대안이 다 유해할 때, 또는 누구에게든지 유해할 때, 가장 최소한으로 유해한 것을 선택해야 하며, 가장 덜 영구적이고 쉽게 원상 복귀될 수 있는 대안을 선택해야 한다(Loewenberg & Dolgoff, 1988).

(8) 윤리원칙 8: 효율성 원칙

효율성은 목적달성을 위한 비교가치, 즉 비용, 시간, 자원 등 목적달성을 위해 쓰인 자금에 관심의 초점을 둔다. 더 적은 비용과 더 짧은 시간 그리고 더 적은 자원으로 같은 결론에 도달하는 것이 더 효율적이다. 반면에 효과성은 기대하는 결과의 성취정도에만 관심의 초점을 두기 때문에 하나의 방법이 다른 방법보다 더 나은 결과를 초래하면 그 방법이 더 효과적이다. 그러나 문제는 효율적인 것이 덜 효과적일 수 있으며 효과적인 것이 덜 효율적일 수 있다는 점이다. 게다가 가장 효과적이고 가장 효율적인 것이 또한 가장 윤리적인지도 문제이다. 따라서 사회복지사는 문제해결방법을 결정할 때 경제적 효율성뿐 아니라 윤리적 효율성도 함께 고려해야 하는 것이다.

(9) 윤리원칙 9: 규칙준수 원칙

사회복지사는 자신이 자발적으로 수용하는 규칙과 규정에 따라야 한나(Reamer, 1979). 그러나 이 원칙은 윤리적 결정에 있어 인간존엄성 등 모든 다른 원칙이 우선된 후 마지막으로 고려되어야 한다.

3. 윤리적 결정모델

지금까지는 윤리적으로 결정을 내리는 데 있어서 고전적인 이론과 결정원칙을 중심으로 결정기준에 관해 살펴보았다. 여기에서는 사회복지실천 과정에서 경험하는 윤리적 갈등을 어떻게 해결할 것인지 그 결정과정에 관해 논하고자 한다. 우선 사회복지실천 과정 5단계를 소개하고, 각 단계마다 부각되는 윤리적 이슈를 설명하면서 그 이슈를 해결하는 데 도움이 되는 윤리적 결정과정 9단계를 소개하고자 한다. 이를 윤리적 결정의 '5-9단계모델'이라고 명명한다.

1) 사회복지실천 과정

사회복지실천 과정은 크게 5단계로 나눌 수 있다. 접수단계, 사정단계, 계약단계, 개입단계, 그리고 종결단계이다. 윤리적 갈등은 어느 한 단계에서만 아니라 어떤 단계에서도 중복해서 경험할 수 있다. 그때마다 윤리적 측면은 각 단계별로 독특하게 또는 중복되게 부각된다. [표 6-2]에 실천과정 및 그에 따르는 단계별 윤리적 측면을 정리해 놓았다.

1단계는 접수단계로, 문제파악과 자료수집이 주 활동내용이다. 문제를 정확히 파악하고 문제에 관련되어 있는 요소들을 알아내며, 문제와 관련이 있는 사람들을 파악하고 이들을 대상으로 자료를 수집하는 단계이다. 이 단계에서는 제공된 자료에 대해 비밀을 보장하는 것과 관련된 윤리적 측면이 가장 강하게 부각된다.

2단계는 사정단계로, 자료수집과 사정이 주 활동내용이다. 지속적으로 자료를 수집하면서 무엇이 문제인지 사정하는 단계인데, 문제를 확정할 때에 결정에 동참할 주변 인물들을 정리하면서 여러 사람이 문제에 관련되어 있는 것으로 밝혀지면 각 사람의 이해와 가치관을 파악하게 된다. 이 단계에서는 클라이언트 및 주변 인물의 상충되는 의무와 기대에 관련된 윤리적 측면이 부각된다.

3단계는 계약단계로, 목표설정, 문제해결방법 제시, 적합한 방법 선정, 계약 등이 주내용이다. 문제를 해결하기 위해 클라이언트와 함께 목적과 세부 목표를 세우고, 목표를 달성하기 위해 다양한 해결방법을 모색한 후 클라이언트와 함께 각 해결방법의 목적과 세부 목표를 세우며, 목표달성을 위한 다양한 해결방법을 모색한 후 각 해결방법의 효과성과 효율성을 사정하여 가장

[표 6-2] 사회복지실천 과정 5단계모델

1. 접수단계: 문제파악, 자료수집

- 문제를 정확히 파악하고 문제와 관련이 있는 요소들을 알아낸다.
- 문제와 관련 있는 사람들을 파악한다.
- 문제와 관계있는 클라이언트 주변 체계를 탐구한다.
- 문제를 지속시키는 요인을 파악한다.
- 이들을 대상으로 자료를 수집한다.

◉ 제공된 자료에 대한 비밀보장과 관련된 윤리적 측면이 부각된다.

2. 사정단계: 자료수집, 사정

- 지속적으로 자료를 수집하면서 무엇이 문제인지 사정한다.
- 문제 확정시 결정에 동참할 주변 인물들을 정리한다.
- 여러 사람이 관련 있는 것으로 밝혀졌을 때 각 사람의 이해 및 가치관을 파악한다.

◉ 클라이언트 및 주변 인물의 상충되는 의무와 기대에 관련된 윤리적 측면이 부각된다.

3. 계약단계: 목표설정, 문제해결방법 제시, 적합한 방법 선정, 계약

- 문제해결을 위한 목적과 세부 목표를 클라이언트와 함께 세운다.
- 목표달성을 위한 다양한 해결방법을 모색한다.
- 각 해결방법의 효과성과 효율성을 사정하여 가장 적합한 방법을 결정한다

◉ 클라이언트의 자기결정권이나 승인과 관련된 윤리적 측면이 부각된다.
◉ 규칙과 정책 준수, 제한된 자원의 공정한 분배와 관련된 윤리적 측면이 부각된다.
◉ 클라이언트 이익 대 사회적 이익이라는 윤리적 측면이 부각된다.

4. 개입단계: 선정된 문제해결방법 시행, 목표달성 여부 모니터링

- 선정된 문제해결 전략과 방법을 실시한다.
- 목표달성 여부 및 선정된 방법의 적합성 여부를 모니터링한다.
- 기대하지 못했던 효과나 역효과, 부작용 등에 주목한다.

◉ 클라이언트 이익 대 사회복지사의 이익이라는 윤리적 측면이 부각된다.
◉ 클라이언트와의 전문적 관계유지라는 윤리적 측면이 부각된다.

5. 종결단계: 목표달성 여부 평가, 의뢰, 사후세션 여부 검토, 종결

- 결과를 평가하고 새로운 문제가 없는지 살펴본다.
- 필요시 의뢰하거나 사후세션을 갖는다.
- 종결 후 사후세션의 필요성을 검토한다.
- 종결하지 않을 경우 2단계부터 다시 반복한다.

◉ 클라이언트 이익 대 사회복지사의 이익이라는 윤리적 측면이 부각된다.
◉ 전문적 관계 유지, 동료관계 유지 등과 관련된 윤리적 측면이 부각된다.
◉ 클라이언트의 자기결정권과 관련된 윤리적 측면이 부각된다.

적합한 방법으로 결정한다. 이 단계에서는 클라이언트의 자기결정권이나 승인과 관련된 윤리적 측면, 그리고 규칙과 정책준수 및 제한된 자원의 공정한 분배에 관한 윤리적 측면이 부각된다. 이때 사회복지사는 자신의 이익이나 사회의 이익 그리고 클라이언트의 이익이라는 윤리적 갈등상황에서 고민하게 된다.

4단계는 개입단계로, 선정된 문제해결방법을 시행하고 목표달성 여부를 모니터링하는 것이 주 활동내용이다. 이때 기대하지 못했던 효과나 역효과 또는 부작용 등에 주목해야 한다. 이 단계에서는 사회복지사와 클라이언트의 전문적 관계유지와 관련된 윤리적 측면이 강하게 부각되며, 사회복지사의 이익과 클라이언트의 이익이라는 윤리적 갈등상황에서 사회복지사는 고민하게 된다.

5단계는 종결단계로, 목표달성여부 평가, 의뢰, 사후세션 여부 검토, 그리고 종결로 이어진다. 결과를 평가하고, 새로운 문제가 없는지 살펴보며, 의뢰나 사후세션이 필요한지 검토하고, 필요시 의뢰하거나 사후세션을 갖는다. 종결하지 못할 경우 2단계부터 다시 반복한다. 이 단계에서는 클라이언트의 자기결정권과 관련된 윤리적 측면이 강하게 부각되는데 사회복지사는 전문적 관계의 유지, 동료관계 유지 등 윤리적 이슈를 경험할 수 있다. 사회복지사의 이익과 클라이언트의 이익이라는 윤리적 갈등상황에서 사회복지사는 고민하게 된다.

2) 윤리적 결정과정

사회복지실천 과정의 각 단계마다 독특하게 또는 중복적으로 다양한 윤리적 측면을 고려해야 하는데, 매 단계마다 [표 6-3]의 윤리적 결정과정 9단계모델의 단계를 밟으면서 윤리적 결정과정에 접근할 수 있다.

1단계는 '쟁점 확인하기'이다. 당면 문제에 어떤 윤리적 측면이 포함되어 있는가, 당면한 윤리적 이슈에 대한 원칙과 권리와 의무는 무엇인가에 관해 질문하면서 윤리적 쟁점을 확인하는 과정이 가장 우선되어야 한다.

2단계는 '관련 인물 및 수혜자 밝히기'이다. 문제해결과정에는 다양한 유형의 사람들이 서로 상반되는 이해를 갖고 관여되어 있기 마련이다. 따라서 만약 이권 갈등이 있다면 누가 진정한 수혜자인지 밝혀내는 것이 중요한 과정이다.

3단계는 '윤리기준에 의거한 결정안 마련하기'이다. 당면한 상황에서 어떤 윤리적 기준을 적용하는 것이 가장 적합한지 정확하게 파악하는 것이 중요하다. 앞에서 설명한 윤리원칙 9가지에 맞추어서 어떤 윤리기준을 적용하는 것이 바람직한가를 밝혀내는 것이 중요하다.

4단계는 '우선순위 정하기'이다. 다양한 윤리적 문제나 규칙 중에서 어떻게 우선순위를 정할 것인가는 매우 중요하다. 앞서 설명한 9가지 윤리원칙은 그 순서대로 우선순위에 해당되므로 그에 맞추어서 우선순위를 정하는 것이 좋다.

5단계는 '개인, 집단, 사회의 가치 및 전문가 가치 비교하기'이다. 앞서 설명한 개인의 가치관과 관점을 명료화하는 작업에서 개인 가치관뿐 아니라 집단의 가치관과 사회가 갖고 있는 가치관, 그리고 사회복지 전문직이 고수하고 있는 전문가 가치관과 비교하여 현재 기준으로 하는 가치관과의 관계를 설정하는 과정이 필요하다.

6단계는 '다른 대안을 생각하고 그에 따른 결과 생각하기'이다. 다른 윤리적 결정을 내린다면 어떤 결과가 가능한지 질문하고 답을 정리해, 3단계에서 내린 1차 결정안과 비교해 보는 것이 좋다.

7단계는 '동료 및 전문가의 자문 구하기'이다. 1차 결정을 내리면 동료와 전문가의 자문을 구해 새로운 시각을 제공받는 것도 좋은 방법이다.

8단계는 '결정하고 실행하기'이다. 모든 사항을 다 고려했으면 결정하고 실행한다. 이때 3단계에서 결정한 안으로 결정할 수도 있으며, 6단계와 7단계를 거치면서 수정한 안으로 결정할 수도 있다.

9단계는 '모니터링 및 평가하기'이다. 실행하는 내용에 대해 모니터링하고 평가한다.

[표 6-3] 윤리적 결정 9단계모델

1단계	쟁점 확인하기
2단계	관련 인물 및 수혜자 밝히기
3단계	윤리기준에 의거해 결정안 마련하기
4단계	우선순위 정하기
5단계	개인, 집단, 사회의 가치 및 전문가 가치와 비교하기
6단계	다른 대안 및 그에 따른 결과 생각하고 그 대안과 3단계 결정안을 비교하기
7단계	동료 및 전문가의 자문 구하기
8단계	결정하고 실행하기
9단계	모니터링 및 평가하기

4. 사례

다음에 제시한 사례를 보면서 사회복지사가 실천과정에서 경험하는 윤리적 딜레마가 어떤 것이며 어떻게 해결해야 하는지를 중심으로 토론하고 역할극을 해 보면서, 윤리적 민감성을 키워보면 좋을 것이다. 또한 앞에서 제시한 윤리적 결정 '5-9단계모델'에 준해 분석해 보면서 윤리적 결정과정을 이해해 보는 것도 좋다.

사례 6-1

● 가족사항

아버지(50세) : 개인사업체 사장

어머니(45세) : 전업주부(취업경력 없음)

딸 영희(20세) : 전문대 2학년 학생

아들 철수(18세) : 고등학교 3학년 학생

● 내용

철수의 어머니는 고등학교 3학년인 아들 철수의 문제를 의논하기 위해 자녀문제를 상담하는 복지관의 사회복지사를 찾아왔다. 철수의 어머니는 아들의 문제가 심각한 것 같기는 하지만 병원을 찾아가면 정신병자로 낙인이 찍힐 것 같아 고민하던 중 이웃사람의 소개로 복지관을 찾았다고 한다.

철수는 평소에도 내성적이고 친구가 별로 없는 조용한 아이였다. 고등학교 2학년 말부터 부쩍 말이 없어지고 학교에서도 고립되어 지냈다. 3학년이 되면서 방문을 꼭꼭 잠그고 지내더니 최근에 와서는 하루에 여러 차례 초조해 하면서 집안을 온통 휘젓고 왔다갔다하다가는 방문을 잠그고 꼼짝하지 않는 시간이 길어졌다. 평소에는 어머니와 가까운 편이었는데 요즈음은 자기가 만든 별명으로 어머니를 부르고 툭툭 치면서 힘들게 하고, 아버지를 제외한 모든 가족에게는 화를 내며 거칠게 행동하고, 점점 그 정도가 심해지는 것 같다.

상담 초기에 어머니는 전적으로 철수에 국한된 문제로 언급하면서 가능한 한 가족들에 대한 언급을 피하고자 했다. 그러나 상담을 통해서 알게 된 사항은, 철수의 아버지가 사회적으로나 경제적으로 기반을 이룬 사람으로 남들에게는 아주 점잖고 체면을 잘 지키는 사람이나 결혼 초부터 철수의 어머니를 의심하고 때려 왔다는 사실이다. 아버지는 술을 마시지 않을 때에는 덜 하지만 음주 시에는 더 폭력적이고 물불을 가리지 않는다. 그동안 어머니는 아버지에게 맞아 어깨뼈가

부러지고 양쪽 고막이 터지는 등 병원에 여러 차례 입원한 적이 있었으나 식구들과 아주 가까운 친지 외에는 그 사실을 모른다. 식구들 모두 아버지를 무서워하기 때문에 아무 말도 못한다. 어머니는 여러 차례 이혼을 생각했었지만 아이들에 대한 염려와 철수아버지의 잔인하고 끈질긴 성격이 무서워 참고 지냈다. 철수가 고등학교 2학년이 되면서 철수의 아버지는 아들의 대학진학에 무척 신경을 쓰기 시작했다. 이때부터 수시로 철수를 불러 2~3시간씩 일장 연설을 하곤 했다. 철수가 방문을 걸어 잠그는 문제는 아버지를 피하기 위해서인데 아버지가 집에 있을 때 더 심하게 나타난다. 철수는 아버지에게는 꼼짝 못하고 죽어지내지만, 아버지만 없으면 방에서 나와 집안을 휘젓고 다니면서 어머니를 때리고 바보병신이라고 부르고 아버지에게 애교를 부리는 누나에게 욕하고 때리려 든다. 철수의 어머니는 철수의 문제를 아버지를 비롯한 가정문제로 인정하긴 하지만 어느 누구도 철수아버지에게 이런 문제를 언급할 수 없다며 어머니가 이 사실에 대해 상담한 것조차 비밀로 해 줄 것을 바란다. 철수어머니는 남편의 알코올문제와 구타문제를 이야기한 것을 철수아버지가 알게 되면 자신을 심하게 때릴 것이라고 두려워하면서 이 문제는 덮어두고 아들 문제만 도와주기를 원했다.

5. 요약

사회복지실천 과정에서 사회복지사는 항상 윤리적 갈등을 경험하게 된다. 사회복지실천은 이론 및 기술과 함께 가치를 3대 기둥으로 설정하고 있기 때문이다. 사회복지실천처럼 사람을 대상으로 하는 전문직은 항상 윤리적 갈등 상황을 경험하게 되며, 이를 현명하게 처리하는 것이 전문가로서 해야 할 의무이다.

사회복지실천에서 윤리적 갈등을 해결하기 위한 과정으로 본 장에서는 '5-9단계모델'을 설정하여 설명하였다. 실천과정 5단계마다 9단계의 윤리적 결정단계를 거쳐 문제해결과정에 포함되어 있는 모든 사람에게 윤리적인 결정 모델을 적용할 수 있도록 하고 있다. 이 과정을 밟기 위한 전제 조건으로 본 장에서는 사회복지사가 자신의 개인 가치관을 명확히 하고 윤리적 결정원칙을 숙지해 윤리적 결정원칙에 준하여 결정할 것을 제안한다.

마지막으로 사례를 제시하면서 사례를 접하는 개인 각자가 간접적으로 윤리적 갈등을 경험해볼 수 있도록 하였으며, 결정과정을 연습해 볼 수 있도록 하였다. 사례분석 내용의 예를 제시하지 않은 것은 이 예를 통해 하나의 정형화된 분석을 경험하게 될 것을 우려하였기 때문이다.

참고문헌

양옥경 외, 『사회복지실천과 윤리』, 한울아카데미, 1995.
양옥경 외, 『사회복지실천론』, 나남출판, 2000.

Friedlander, Walter A. (1958), *Concepts and methods of social work*. N.J.: Prentice-Hall.

Loewenberg, F. & Dolgoff R. (1988), *Ethical decisions for social work practice*(3rd ed.), Ithaca: F. E. Peacock publishers, Inc.

Reamer (1999), *Social work values and ethics*(2nd ed.), N.Y.: Columbia university press.

Reamer, Frederic G. (1979), "Fundamental ethical issues in social work", *Social service review*, Vol. 53, Issue 1, pp.229-243.

Ⅲ부
윤리적 딜레마와 결정과정

제7장
클라이언트의 자기결정권에서의 윤리적 딜레마

한 혜 경

사회복지의 목적과 대상은 인간이다. 따라서 유능한 사회복지사가 되기 위해서는 인간에 대한 깊이 있는 가치와 철학을 가져야 한다. 사회복지는 인간의 가치는 사물로서가 아니라 존재 그 자체에 있다는 존재지향적 인간관을 갖고 있으며, 인간은 계속해서 발전하고 성장한다는 믿음과 인간 존재의 고귀함을 추구한다. 또한 모든 사람에게 있는 독특함과 삶의 의미, 그리고 창조적 잠재성을 인정하고 추구한다(Weiner, 1990: 3-25).

이러한 인간관을 기본으로, 사회복지사는 무엇보다도 클라이언트의 자기결정에 대한 권리가 천부적이고 양도할 수 없는 권리이며 동시에 욕구라는 것을 인식해야 한다. 즉, 사회복지사는 모든 사람이 자신의 문제에 대해 결정할 권리가 있다는 믿음 아래 클라이언트의 권리와 욕구를 성취할 기회를 극대화할 수 있도록 도와야 하는 전문직 의무가 있다.

미국의 사회복지사 윤리강령에서도 "사회복지사는 클라이언트가 스스로 결정하도록 최대한 노력을 기울여야 한다"(Loewenberg & Dolgoff, 1985)고 명시하고 있다. 이처럼 클라이언트의 자기결정 개념은 사회복지실천에서 매우 기본적인 부분으로, 사회복지사는 언제나 클라이언트의 자기결정을 존중하고 보존하며 촉진해야 하는 전문가로서의 윤리적 의무가 있는 것이다.

그러나 사회복지사는 클라이언트의 자기결정 원칙을 실천에 적용할 때 여러 가지 어려움에 부딪치게 된다. 클라이언트가 자신의 행복을 포기하겠다고 하거나 사회규범에 어긋나는 선택을 할 경우, 혹은 생명에 위험을 초래하는 결정을 내리는 등 클라이언트 자신에게 부정적인 결과를 가져올 경우, 사회복지사는 클라이언트의 결정을 그대로 존중해야 할 것인지 아니면 사회복지사의 전문적인 지식과 통찰력에 따라 클라이언트의 권리를 제한해야 할 것인지 갈등할 수밖에 없다. 클라이언트의 권리를 제한하는 것이 과연 정당한가? 사회복지사라도 항상 무엇이 최선의 선택인지 알 수 있는 것은 아니다. 그러나 클라이언트보다 더 많은 지식과 기술을 습득한 전문가로서 클라이언트가 선택하는 데에 도움을 주거나 정보를 제공할 수 있다. 이러한 과정에서 사회복지사의 가치나 선호가 잠재적으로 영향을 미칠 수 있는데, 과연 이것은 정당한가? 클라이언트의 선택이 타인의 권리를 침해할 때 클라이언트의 권리를 얼마나 보장해야 할 것인가? 자기결정권과 관련된 다양한 사례에서 사회복지사는 끊임없이 윤리적인 딜레마에 부딪칠 수 있다. 즉, 클라이언트의 자기결정권을 극대화하도록 돕는 과정에서 클라이언트에게 어떤 기회를 제공하며, 얼마나 개입하고, 어떻게 권리를 존중해야 할 것인가라는 측면에서 윤리적인 딜레마에 처하게 되는 것이다. 또 전문가의 판단에 따라 클라이언트의 자기결정권보다 다른 가치를 선택하는 경우에, 과연 자기결정권이라는 중요한 원칙을 양보한 결정이 얼마나 정당하고 적절한 것인가에 대해 명확히 설명할 수 있어야 한다.

본 장에서는 자기결정의 개념과 한계에 대해 먼저 설명하고, 사회복지사가 전문가로서 클라이언트의 자기결정 권리를 실천과정에 적용시킬 때 야기되는 윤리적인 딜레마를 사례를 중심으로 논의함으로써 윤리적인 딜레마를 극복하고 더 나은 실천지침을 정립하는 데 기여하고자 한다.

1. 자기결정의 개념

클라이언트의 자기결정(self-determination)이란 사회복지실천 전 과정에서 클라이언트가 모든 의사결정 과정에 참여하여 스스로 선택하고 결정한다는 것을 의미한다. 이것은 모든 인간은 자기 삶에 대해 스스로 결정 내릴 수 있다는 인간의 능력과 자유에 대한 믿음 그리고 존중심에 기인하며, 동시에 자기결정 권리는 어느 누구도 대신할 수 없다는 인간권리 존중에 근거한다.

많은 사회복지사들이 이러한 자기결정 개념을 사회복지에 적용하여 그 중요성과 개념을 정의하고자 노력해 왔다. 홀리스(Hollis)는 자기결정은 반드시 사회복지사가 실천해야 하는 중요한 가치 중 하나라고 강조하면서 자기지향(self-direction)이라는 용어가 더 적절하다고 지적했다(Hollis, 1985). 또한, 비에스텍(Biestek)은 클라이언트의 자기결정을 사회복지사와 클라이언트 관계에서 수행해야 할 원리로 보고 "클라이언트의 자기결정 원리는 케이스워크(case work) 과정에서 클라이언트가 스스로 선택하고 결정할 자유와 권리, 욕구에 대해 실천적인 측면에서 인식한 것이다. 따라서 사회복지사의 임무는 클라이언트가 지역사회와 자신의 퍼스낼러티(personality)에서 이용 가능하고 적절한 자원을 발견하고 활용할 수 있도록 도와주어 스스로 나아가야 할 방향을 결정할 수 있도록 원조하는 것이다. 즉, 클라이언트의 권리를 존중하고 그 욕구를 인정하고 그 잠재력을 자극하고 실천할 수 있도록 원조하는 것이다"라고 정의하였다.

이상과 같이, 자기결정 원리는 사회복지사가 클라이언트를 위하여 무엇을 해주는 것이 아니라 클라이언트와 "함께" 해결해 나가는 것을 의미한다. 이 점에서 자기결정권을 향한 노력은 사회복지사와 클라이언트 사이의 전문적 동반자 관계(partnership) 의식을 강조한다. 도움을 청하는 클라이언트는 대부분 심리사회적 문제를 겪고 있기 때문에 주체성 통합능력이 저하된 상태일 수 있다. 그러나 이것이 개인의 주체성 포기나 양도를 의미하는 것은 결코 아니므로, 사회복지사는 주체성을 회복하도록 도와야 하며 이러한 과정에서 자기결정 원리가 작용하게 된다.

그러나 자기결정 개념이 매우 피상적이며 실제로 적용할 때에 매우 많은 제한점을 가지고 있다는 점에서 의문을 제기하는 학자들도 있다. 펄만(Perlman)은 자기결정이라는 개념이 "환상"이 아닌가라는 근본적인 질문을 제기하였다. 그러나 잘스버거(Salzberger)는 무엇보다도 클라이언트의 권리라는 점에 초점을 맞추고 인간존재의 현상으로서의 자기결정권을 설명하였다. 즉, 어떤 면에서 무능력하여 자기결정을 실천할 능력이 없는 클라이언트라고 할지라도 자기결정 권리를 잃은 것은 아니며, 다만 자기결정을 사용할 기회를 잃어버린 것에 불과하다는 것이다(Salzberger, 1979).

한편, 클라이언트의 자기결정권을 의미있게 실현하기 위해서는 여러 대안 중에서 선택할 수 있어야 한다는 가정이 필요하다. 예를 들면 10대 미혼모가 자신의 아기를 낳아 키운다고 결정할 경우 실제로 이를 실현하기 위해서는 자립해서 아기를 키울 수 있는 다양한 개인적, 사회적 대안이 존재해야 하는 것이다. 만일 선택할 수 있는 대안이 존재하지 않는다면 자기결정권은 의미 없는 개념이 될 수 있기 때문이다.

2. 자기결정의 한계

이상에서 살펴본 바와 같이 사회복지 전문직은 자기결정 개념을 매우 중요하게 여겨 왔다. 그럼에도 불구하고 사회복지사들은 대부분 자기결정이 절대적인 권리이지만 이를 실천원칙으로 적용하는 데에는 많은 제약이 따른다는 지적에 동의한다. 번스타인(Bernstein)은 자기결정이 그 자체로서 "최선은 아니지만 무엇보다 중요하다"고 한 반면, 펄만(Perlman)은 자기결정은 비록 중요하지만 10분의 9는 망상이라고 주장하였다(Loewenberg & Dolgoff, 1985).

비에스텍도 자기결정 원리는 궁극적으로 건설적인 결정을 내릴 수 있는 클라이언트의 수용능력에 따라, 그리고 시민법, 윤리적인 기준 혹은 사회복지기관의 기능에 따라 제한을 받게 된다고 하였다(Hollis, 1985).

이러한 논의는 사회복지사가 클라이언트의 자기결정 원칙을 실천에 적용시키는 것이 얼마나 어려운가라는 점을 반영한다. 동시에 사회복지사가 클라이언트의 자기결정권을 최대한으로 존중해야 함에도 불구하고 때로는 클라이언트의 권리를 제한해야만 하는 한계성을 인식하게 해 준다.

일부 사회복지사는 자신의 우월한 전문적 지식과 권력으로 클라이언트를 "옳은" 방향으로 인도하는 데 주저하지 않는다. 즉, 자신도 의식하지 못하는 사이에 클라이언트보다 우월한 자신의 권력을 이용하여 클라이언트를 조종할 수도 있는 것이다. 또 사회복지사는 암묵적으로 혹은 무의식적으로 클라이언트를 통제할 수도 있다. 드워킨(Dworkin)은 이러한 통제가 체계적으로 명확히 표현된 바에 기초하여 인정되고 실행될 때에만 바람직할 수 있을 것이라고 제안한다(Loewenberg & Dolgoff, 1985).

클라이언트의 자기결정 권리를 제한하는 한계는 크게 두 가지 부류로 나눌 수 있다. 하나는 클라이언트와 사회복지사가 처해 있는 환경에 대해 현실적으로 평가하는 것과 관련이 있다. 다른 하나는 사회복지실천 과정에 내포된 계약적인 성격 자체에 있다.

1) 현실평가에 따른 한계

사회복지사는 클라이언트가 비현실적인 목표를 추구하는 것에서 벗어나서 실현 가능하고 만족할 수 있는 결정을 내릴 수 있도록 도와주어야 한다. 그러나 실천과정에서 사회복지사는 클라이언트가 처한 환경에 대해 현실적으로 평가하고 결정할 수 있도록 돕는 데에 많은 어려움을 겪게 된다. 이는 클라이언트로 인한 것일 수도 있고, 사회규범이나 법률, 사회복지기관의 기능 혹은 사회복지사에게서 비롯된 것일 수도 있다.

(1) 클라이언트에게서 생기는 한계

① 클라이언트의 선택에 대한 대안이 전혀 없는 경우

이 경우는 현실적으로 클라이언트가 선택할 수 있는 대안이나 자원이 부재하는 경우로 다음의 사례를 예로 들 수 있다.

15세 미혼모가 양부모에게 임신한 사실을 숨긴 채 아이를 낳으면 입양하겠다고 결심한 후, 미혼모 쉼터에서 출산을 준비하는 과정 중 여러 가지 프로그램을 접하게 되면서 이전의 생각이 바뀌어 본인이 직접 아기를 키우겠다고 결정한다.

위와 같은 사례는 아기 양육과 생계유지에 대한 대안이 전혀 없는 상태에서 결정한 것으로 클라이언트의 자기결정 자체를 실현할 수 있는 실질적인 가능성을 찾기 어렵다.

② 클라이언트의 선택 능력에 의한 경우

자기결정은 클라이언트가 선택 능력이 있으며 그 선택은 클라이언트 자신의 성장과 발전을 위한 긍정적인 것이어야 한다는 점을 전제한다. 그러나 모든 사람에게 선택할 능력이 있다고 볼 수는 없다. 법적으로도 아동이나 정신장애인에게는 이러한 능력이 결여된 것으로 간주하고 법적인 후견인이 결정을 위임받게 된다. 예를 들면, 심한 환청에 시달리고 있는 정신분열증 환자가 강력하게 퇴원을 요구하면서 약물치료를 거부한다든지, 일시보호소에 있는 아동이 친한 친구와 지내겠다며 퇴소를 주장하는 경우가 이에 해당된다. 또한, 법적인 규정에 포함되지는 않지만 어떤 위기상황이나 질환 때문에 일시적으로 클라이언트의 선택 능력에 제한이 생기는 경우도 있다. 예를 들어 알코올이나 약물중독이 심하여 현실적인 판단력이 흐려진 경우, 불의의 사고로 가족을 잃거나 또는 불치의 병을 선고받아 정서적으로 매우 불안정하고 혼란이 심한 경우를 들 수 있다.

③ 클라이언트의 자기결정이 가져올 결과를 예상함에 따라 생기는 제한

클라이언트의 선택이 자신에게 해를 끼치는 부정적인 결과를 초래할 것이 분명한 경우, 타인의 권리와 부딪히게 될 것이 예상되는 경우이다. 예를 들면, 심각한 만성질환을 앓고 있는 50대 남성이 신체적 고통으로 인해 자살을 결심하는 경우, 기억장애가 심각하여 가스를 잠그는 것을 잊고 두 차례 화재를 낸 적이 있는 여성노인이 자신의 집에 혼자 기거하겠다고 고집하는 경우, 우울증이 심하여 평소 비관적으로 살아오던 사람이 더 이상 살기 싫다며 가족과 함께 죽어버리겠다고 하는 경우 등이 이에 해당된다. 이런 경우 클라이언트의 자기결정권은 자신은 물론 자신을 둘러싸고 있는 인적, 물적 환경의 안전에도 악영향을 미칠 수 있다.

(2) 사회규범이나 법률에 따른 제한(윤리기준 포함)

클라이언트가 선택한 행동이 사회규범에 위배될 경우 사회복지사는 클라이언트의 자기결정권을 받아들일 수 없다. 예를 들면 치매환자인 어머니의 치료비 부담을 덜기 위해 소득을 허위 신고하여 의료보호 1종 혜택을 받겠다고 결정하거나, 만성적인 신장질환으로 고통을 받던 환자가 오랫동안 이식을 받지 못하고 있다가 불법 브로커를 활용하여 장기를 이식 받겠다고 결정하는 경우, 심한 알코올중독으로 아내와 자녀를 오랫동안 구타해온 사람이 가정사에 간섭하지 말라고 하면서 아내의 이혼 요구에 불응하고 자녀 양육권을 주장하는 경우가 이에 해당된다. 이러한 부도덕적이고 불법적이며 비윤리적인 상황에서 사회복지사는 클라이언트의 결정에 제한을 가할 수밖에 없게 된다.

(3) 사회복지기관의 기능에 따른 제한

모든 사회복지기관은 각 기관 나름대로 특정한 기능을 수행하기 위해 여러 가지 규정을 설정하고 그에 따라 기능을 구체화한다. 따라서 사회복지기관은 자신의 기능에 부합되는 서비스만을 제공할 수 있다. 예를 들어 가정폭력 피해 여성에 대한 상담과 집단프로그램을 제공하는 사회복지기관에 찾아온 클라이언트가 위기 대처와 정서적인 불안을 해소하는 서비스 외에 직업을 구하는 동안 자녀를 맡아달라고 부탁하는 경우, 사회복지사는 탁아시설 기능을 수행하지 못하는 기관의 한계를 설명하면서 클라이언트의 결정권에 제한을 가할 수밖에 없다. 이처럼 클라이언트의 다양한 문제와 욕구를 기관에서 해결할 수 없을 경우, 혹은 문제 해결에 더 적합한 기관이 있을 경우에는 클라이언트에게 적절한 정보를 제공하고 다른 기관으로 의뢰해야 한다.

(4) 사회복지사가 제한하는 경우

사회복지사는 클라이언트에게 도움을 주는 전문가이고 클라이언트는 사회복지사에게 도움을 요청하는 원조 대상자이기 때문에 사회복지사는 클라이언트보다 더 많은 권력을 가질 수 있다. 또한, 사회복지사에게는 전문적인 지식과 기술을 활용해 클라이언트가 더 나은 결정을 하도록 도와야 하는 의무가 있다. 이러한 과정에서 사회복지사는 알게 모르게 클라이언트의 의사결정에 영향력을 미치게 되고 클라이언트의 자기결정 권리에 제한을 가하게 된다.

예를 들어 심각한 유전적 질병이 있는 남편이 부인에게 이 사실을 알리지 않고 자녀를 갖기 원하는 경우, 사회복지사는 클라이언트의 자기결정권이라는 가치와 장애아 출산 예방이라는 가치 사이에서 윤리적 갈등에 빠지게 된다. 평소 장애아동 가족의 문제를 다루는 과정에서 재정적 지원의 부족이나 가족의 스트레스 등 부정적인 측면을 많이 경험했던 사회복지사라면 다양한 전문적인 지식을 동원해서 장애아동 출산으로 생길 수 있는 부작용에 대해 더 많이 언급할 것이고, 그러한 과정에서 자연스럽게 클라이언트의 결정에 제한을 가할 수 있다.

또한, 사회복지사에게 클라이언트가 어느 정도 의존하느냐에 따라 자기결정권에 대한 접근이 다양해질 수 있다. 상품이나 서비스가 가치 있을수록 사회복지사에 대한 클라이언트의 의존심은 커지고, 사회복지사가 인정하지 않을 것이라고 생각되는 대안을 가급적이면 선택하지 않으려는 경향이 있기 때문이다. 관련 연구에 따르면, 오직 "말로 하는 상품"(충고와 의논 등)만을 받는 클라이언트는 사회복지사의 충고를 상대적으로 더 편안하게 거절하는 반면 의학적 치료를 받을 수 있도록 도와준 사회복지사에 대해서는 클라이언트가 훨씬 의존적이고 사회복지사의 충고를 자유롭게 거절하지 못하는 것으로 드러났다(Loewenberg & Dolgoff, 1985).

2) 사회복지실천 과정의 계약적 성격에 내포된 한계

원조과정에 내포된 계약적인 성격 자체가 클라이언트의 자기결정 권리를 제한하는 경우도 있다. 면접과정에서 클라이언트나 가족은 자신의 사생활을 노출해야만 한다. 그리고 이러한 노출이 자신이나 가족에게 해가 될 수도 있고, 사회복지사와의 관계에서 스스로 노출한 약점 때문에 취약한 위치에 놓일 수 있다고 믿는다. 법원으로부터 치료 프로그램 참여를 명령받은 아동 학대자나 아내를 학대하는 남편, 성폭력 가해자가 클라이언트일 경우 이들은 중요한 타인에게 버림받거나 범법자로 낙인찍히기 쉽다.

이러한 클라이언트일수록 좌절감에서 오는 분노를 표출하거나 방어적인 태도를 보이면서 치료 프로그램에 저항을 나타내고 프로그램 참여를 중단하겠다는 결정을 하는 경우가 자주 있는데, 이 경우 법 집행기관에서 강제로 명령한 요구 조건이라는 원조과정 성격상 클라이언트의 자기결정에 제한을 가할 수밖에 없다. 또한, 아동이나 청소년이 클라이언트일 경우에는 사회복지 사에게 처벌을 받을지도 모른다는 두려움 때문에 자신에 대해 개방하는 것을 꺼리거나 지나치게 순응적인 태도를 취하게 되어, 클라이언트의 자기결정권 이나 자율성이 침해된 행동을 나타내기도 한다. 이처럼 사회복지사는 어떤 경우에는 명시적으로 또 어떤 경우에는 암묵적으로 클라이언트의 자기결정 권리에 제한을 가할 수 있다.

3. 사례분석

다음 사례를 통하여 사회복지사가 실천 현장에서 자기결정 원리를 적용할 때 어떠한 윤리적인 딜레마가 제기되는지 그리고 이를 어떻게 극복해야 하는 지에 관해 논의해 보고자 한다.

사례 7-1

● 가족사항

아버지(40세) : 사업

어머니(36세) : 주부, 부업으로 식당 일을 함

철수 누나(13세)

철수(9세)

철수의 남동생(6세)

● 내용

철수는 머리의 피부가 일부 벗겨진 채로 응급실에 실려 왔다. 철수는 세 자녀를 키우면서 자녀 양육에 심한 부담감을 느끼는 어머니에게 상습적으로 신체적 학대를 받아왔으며, 입원 당일에도 어머니가 부엌칼로 위협하면서 훈육을 하던 중 두피가 베이는 상황이 발생하였다. 철수의 어머니는 남편이 가정에 무관심하다는 불만을 가지고 있었고, 최근 남편의 사업이 잘 되지 않으면서 부부싸움이 잦아져 남편에게 구타를 당한 적도 있다고 하였다. 또한, 경제적 어려움, 자녀 양육 등 스트레스로 인하여 스스로 감정을 조절하는 것에 어려움을 가지고 있었고, 자존감이 매우 낮아 보였다.

철수는 심한 긴장감과 불안감을 나타냈고, 부모가 경찰에 구속되어 자신을 떠나지 않을까 걱정하면서 자꾸 어머니의 눈치를 살폈다. 그리고 다친 이유에 대해서 거짓말을 하기도 하였다. 또한, 면담시 부모와 떨어지지 않으려는 분리불안도 보였다. 철수 어머니에 따르면 철수의 누나도 질투심과 샘이 많아서 어릴 때 자주 매를 맞았으나 철수의 남동생은 비교적 말을 잘 듣는 편이어서 매를 잘 맞지 않았다고 하였다.

또한, 철수의 어머니는 자신이 학대한 사실을 인정하다가도 철수의 문제행동(까다로운 성격, 야뇨증 등)을 탓하면서 자신의 행동을 합리화하려는 모습을 보였다. 철수 아버지는 철수와 면담하는 것을 꺼리면서 철수가 다친 것에 대하여 어릴 때부터 부모를 힘들게 했다며 문제를 철수의 성격과 문제행동 탓으로 돌리려는 경향을 보였다. 매우 방어적이고 문제의 심각성을 인지하지 못했으며, 문제를 최소화하려는 경향이 심하였다.

철수 어머니는 다른 집 아이들에 비하여 자신의 아이들이 매우 다루기 어렵다고 하면서도 아이들을 편애한 적이 없고 잘해주려고 노력했다는 등 다소 일관성 없는 모습도 보였다. 철수 어머니는 아이들이 속을 썩이면 "나는 이렇게 자녀들을 위해 희생하는데 아이들은 내게 고통을 주는구나, 나를 무시하는구나"라고 생각한다고 하면서 아이들을 꾸중할 때에 잔소리를 하다가 때리게 되는데 그때마다 흉터가 남거나 눈에 띄지 않도록 주로 발바닥을 때리는 편인데 이번에 처음으로 철수의 다리와 등을 때렸다고 하였다.

철수의 어머니와 아버지는 단지 훈육 차원에서 매를 든 것이라고 변명하면서 자신들이 부모로서 책임을 지겠으며 앞으로는 이러한 일로 병원을 찾는 일은 없을 것이라고 하였고, 철수를 데리고 그냥 퇴원하겠다고 주장하였다.

외견상으로는 단순한 아동학대로 볼 수 있는 사례이지만 사실은 복합적인 가족문제와 연결되어 있다. 따라서 만일 가족문제가 해결되지 않는다면 철수에 대한 학대는 계속될 것이고 생명마저 위협받는 심각한 결과를 초래할 수도 있다. 그럼에도 불구하고 철수의 부모는 자신이 부모로서 책임을 지겠다면서 철수를 퇴원시키겠다는 결정을 내리려고 한다. 이러한 상황에서 사회복지사는 다음과 같은 갈등에 직면하게 될 것이다.

① 클라이언트는 누구인가

이 사례는 클라이언트 체계의 다중성 때문에 윤리적 결정에 어려움이 있는 사례이다. 철수 부모는 부모의 훈육을 주장하면서 문제를 최소화하려 하지만, 철수가 학대를 받고 있는 것은 명백한 사실이다. 무엇보다도 심각한 부부 갈등, 아내구타, 철수에 대한 학대 등 다중적인 문제를 가진 이 가족을 다룰 때 사회복지사는 누가 클라이언트인지 결정하는 데 어려움을 겪지 않을 수 없다.

오랫동안 지속적으로 어머니에게 학대를 당해온 철수만 클라이언트로 보아야 할 것인가? 여기서는 신체적인 학대로 문제가 표면적으로 드러난 철수뿐 아니라 심각한 갈등 상황에 놓여 그로 인한 스트레스를 아이들 양육에 해소하고 있는 어머니, 훈육이라는 미명 아래 문제를 인정하지 않으려 하는 아버지, 즉 부부도 모두 클라이언트로 볼 수 있다. 또 아직은 심각하게 드러나지 않았지만 잠재적으로 학대의 대상이 될 수 있는 철수의 누나와 동생도 클라이언트로 보아야 한다.

② 클라이언트의 선택 능력에서 오는 문제

철수의 어머니는 오랫동안 집안 일에 무관심했고 최근 가정 경제에도 도움을 주지 못하는 남편과 심각한 갈등 상황에서 부부싸움 과정 중 신체적으로 구타를 당한 적도 있었다. 스트레스로 인한 불안정한 감정 상태와 낮은 자존감은 잦은 매질, 흉기를 이용한 아동학대로 표출되었다. 그렇다면 철수의 어머니는 아이들의 주 양육자로서 제대로 역할을 할 수 있으며, 양육 과정에서 발생하는 문제를 해결할 때 올바르게 선택할 수 있을까?

또한, 철수의 아버지는 가정에 무관심할 뿐 아니라 훈육이라는 이유로 명백하게 드러난 아동학대 사실 자체를 부정하고, 심지어 부인과의 갈등도 신체적인 구타로 해결하려고 한 것으로 미루어보아 과연 아버지로서 또는 가장으로서 올바른 선택을 할 수 있을까?

③ 클라이언트의 선택이 가져올 예상에서 생기는 갈등

철수와 철수 누나는 어릴 때부터 어머니에게 지속적으로 학대를 받아온 것으로 보인다. 철수 어머니는 자신의 분노를 잘 조절하지 못해 아이들에게 심하게 매를 드는데, 특히 철수는 이러한 스트레스 상황에서 희생양으로 학대에 가장 많이 노출되어 있다. 최근 부엌칼이라는 치명적인 흉기로 구타당해 응급실에 실려 올 정도였다는 점에서 생명에 위협을 받을 수도 있는 상황에 처해 있다. 그러나 철수는 어머니에 대한 두려움 때문에 눈치를 살피며 학대 사실에 대해 거짓말을 할 정도이다.

이러한 상황에서 부모의 결정권을 받아들여 철수에 대한 보호 대책을 마련하지 않는다면, 그리고 가족기능을 회복하기 위한 부모교육과 가족상담 등을 실시하지 않은 채 귀가시킨다면, 진정 이 가족의 문제를 돕는 것이라고 볼 수 있을까? 오히려 철수 어머니와 아버지의 갈등이 더욱 심화되어 가정폭력이 더 상습화되거나 또 다른 자녀들에 대한 학대가 발생하여 생명을 위협할 수 있는 치명적인 상황까지 이어질 가능성도 있다.

④ 사회규범과 관련된 갈등

자녀를 양육하면서 자녀가 문제행동을 보일 때 부모의 말을 듣지 않는다고 심한 매질을 하거나 치명적인 흉기로 위협하고 학대하는 것은, 비록 우리나라와 같이 부모 훈육에 대해 인정하고 수용하는 폭이 넓은 사회라고 할지라도 결코 용납될 수 없는 분명한 아동학대이다. 따라서 철수의 부모가 문제를 최소화하려고 합리화시킨다는 것은 불가능하며, 특히 철수 어머니의 행동은 사회적으로, 윤리적으로 비판을 받을 만하다. 이러한 상황에서 철수 어머니는 자녀양육자로서 자질을 인정받기는 힘들다. 따라서 부모와 떨어지기 두려워하는 철수와 문제를 최소화하여 부끄러운 상황을 벗어나려는 철수 부모의 자기결정권을 존중한다는 명분 아래 현재 드러난 상처(머리의 피부결손)만 응급 조치하여 귀가시킨다면 이것만으로 사회복지사는 이 사례에 대해 전문가로서 윤리적 책임을 다 한 것일까?

⑤ 우선순위의 결정

다양한 윤리적 측면이 동시에 존재할 때, 사회복지사는 우선순위를 어떻게 결정한 것인가?

이 사례의 경우, 모든 문제를 덮어둔 채 귀가하겠다는 부모의 결정이 앞으로 철수의 신체적인 안전에 매우 큰 위협이 될 게 분명하기 때문에 생명의 가치를 존중한다는 우선순위를 부여함으로써 부모의 자기결정권 제한을 정당화 할 수 있다. 그리고 사회복지사는 철수의 부모에게 여러 문제를 해결하지 않을 경우 일어날 수 있는 모든 가능성을 일깨워 주고, 치료방안과 지역사회 자원 등에 대해서도 알려줌으로써 철수 부모가 문제에 대처해 나갈 수 있도록 전문적인 책임을 다해야 한다.

4. 요약

클라이언트의 자기결정권은 사회복지실천 영역에서 가장 중요하고 기본이 되는 가치로서 클라이언트 개인의 존엄성을 실현하는 수단적인 가치이다. 그러나 클라이언트의 자기결정권이 어떤 상황에서나 절대적으로 적용될 수 있는 것은 아니다. 클라이언트의 능력, 법, 관습, 타인의 권리, 자신이나 타인에게 해를 끼칠 것으로 예상되는 상황이나 생명에 위협을 초래하는 상황 등 어느 정도 제한을 받게 된다.

따라서 클라이언트의 자기결정권을 존중하되 불가피한 상황에서는 이러한 권리를 제한해야 하는 사회복지사의 책임은 매우 중요하다. 클라이언트의 자기결정권에 관한 사회복지사의 책임을 정리하면 다음과 같다.

① 사회복지사는 어떤 문제에서도 발생할 수 있는 모든 사항을 클라이언트에게 알려줌으로써 클라이언트가 자유롭고 신중하게 선택하도록 도울 전문적인 책임이 있다. 이러한 과정에서 사회복지사는 클라이언트가 자신의 문제와 욕구를 명확하게 전망할 수 있도록 원조하고, 지역사회에 있는 관련된 정보를 쉽게 이해할 수 있도록 효과적으로 돕는 기술을 지녀야 한다. 또 정보를 알려주고 이해하도록 돕는 과정에서 사회복지사의 가치나 영향력도 함께 전달될 수 있음을 고려해야 한다.

② 클라이언트의 결정권을 제한해야 할 경우에도 사회복지사는 가능한 한 클라이언트가 스스로 결정할 수 있는 여지가 있는지 모색하여 최대한 자유롭게 선택할 수 있도록 도와야 한다. 클라이언트가 자신의 잠재적인 능력과 자원을 활성화할 수 있도록 도와야 하는 것이다.

③ 만일 클라이언트가 자신이나 타인에게 해로운 결정을 내릴 경우, 사회복지사는 생명존중 가치와 같은 더 중요한 가치를 우선 적용시킴으로써 클라이언트의 자기결정권을 제한할 수 있다. 이 경우 사회복지사는 클

라이언트의 자기결정권을 제한할 수밖에 없는 명확한 이유를 설명해야
한다. 그 이유는 전문적으로 그리고 사회적으로도 공정하고 타당한 것
으로 받아들여질 수 있는 것이어야 한다.

한편, 클라이언트의 자기결정권과 관련하여 사회복지사가 피해야 할 일은
다음과 같다.

① 문제해결과정에서 중요한 책임은 사회복지사가 맡고 클라이언트는 단
지 종속적인 역할만 수행하도록 하는 일은 피해야 한다.
② 클라이언트가 요구하는 서비스를 무시하고, 클라이언트의 사회적 · 정
서적 생활의 세세한 부분까지 관여하려는 태도는 피해야 한다.
③ 직접 · 간접적으로 클라이언트의 행동을 조종(manipulation)하려는 태
도는 피해야 한다.
④ 클라이언트를 통제하기 위해 설득하려는 태도는 피해야 한다.

참고문헌

Hollis, F., 『케이스워크』(김만두 역), 홍익재, 1985.

Loewenberg, Fank & Dolgoff, Ralp (1995), *Ethical decision for social work practice*, F.E. Peacock publishers, Inc.

Rhodes, M. L. (1986), *Ethical dilemmas in social work practice*, Routledge & Kegan Paul.

Salzberger, Ronald Paul (1979), "Case work and a client's right to self-determination," *Social work*, vol. 24.

Weiner, Myron (1990), *Human services management: analysis and applications*(2nd ed.), Belmont, CA: Wadsworth publishing.

제8장

클라이언트의 비밀보장에서의 윤리적 딜레마

박 인 선

사회복지실천 현장에서 사회복지사는 클라이언트의 욕구를 파악하는 과정이나 클라이언트가 원하는 변화를 함께 만들어 가는 과정에서, 클라이언트의 개인적인 생활이나 주변 환경에 대한 다양한 정보들을 클라이언트로부터 또는 관련된 다른 사람들로부터 알게 된다. 사회복지사는 클라이언트를 돕기 위한 전문적 관계 속에서 습득한 정보에 대해 비밀을 보장해야 하며, 그러한 정보들을 클라이언트나 정보 제공자의 동의 없이 제삼자에게 공개하지 말아야 한다. 왜냐하면 클라이언트는 사회복지사가 비밀을 보장해 줄 것이라고 기대하고 정보를 제공하며, 이러한 기대가 충족될 때 전문적 관계의 기본이 되는 신뢰관계가 형성될 수 있기 때문이다. 비밀보장을 통해 클라이언트는 안정감을 가질 수 있으며 자신의 사생활을 보호할 수 있고 불필요한 사회적 낙인이나 편견으로부터 보호받을 수 있다. 또한, 비밀이 보장되면 더 많은 클라이언트가 쉽게 도움을 요청할 수 있다.

이와 같은 이유들로 인해 비밀보장은 사회복지사가 준수해야 하는 절대적인 가치인 것처럼 간주되고 있다. 그러나 실제로 비밀보장은 인간의 존엄성이라는 사회복지실천의 절대적 가치를 실현하기 위한 이차적 혹은 상대적 가치이기 때문에 상황에 따라 한계를 가질 수도 있다. 본 장의 목적은 첫째, 비밀보장의 개념을 명료화함으로써 비밀보장에 대한 기본적인 이해를 돕고 둘째, 비밀보장의 한계를 분명히 하며 셋째, 비밀보장 가치를 실천하기 위한 구체적인 실무지침들을 제시해 보는 것이다.

1. 비밀보장의 이해

1) 비밀보장의 개념

비밀보장이란 사회복지사가 클라이언트의 동의 없이는 클라이언트에 대한 정보를 누설하지 않는다는 윤리원칙(Barker, 1987: 100)을 말한다. 사회복지 실천 현장에서 비밀보장을 실천한다는 것은 그렇게 단순한 일이 아님에도 불구하고 비밀보장이라는 용어에 대해 정확히 개념화하지 않은 상태에서 사용하는 경우가 많다. 학교에서 사회복지실천 가치와 윤리를 설명할 때에도 비밀보장 개념에 대해 이해를 공유하고 있다는 전제 하에 그 개념을 설명하기보다 비밀보장의 한계에 더 비중을 두는 것 같다. 결과적으로 사회복지실천 현장에서 명확하지 않은 비밀보장 개념을 사용하면서 알게 모르게 클라이언트와 관련인의 기본적인 권리를 침해하는 경우가 발생하고 있다. 이 글에서는 먼저 비밀보장의 개념을 명확히 하기 위해 현재 비밀보장과 함께 혼용해서 사용되고 있는 개념들을 정리해보고자 한다.

(1) 비밀보장과 사생활보호

비밀보장(confidentiality)과 사생활(privacy) 보호는 서로 연결되어 있는 개념이고 많은 경우에 혼동되어 사용하기도 한다. 그러나 비밀보장과 사생활보호는 서로 엄연히 다른 개념이다. 비밀보장은 대인서비스(human service) 조직에서 일하는 전문가가 클라이언트와의 전문적 관계에서 확보한 정보를 누설하거나, 그러한 정보를 획득하게 된 목적 외의 다른 목적으로 사용하지 말아야 할 의무를 말한다. 이에 비하여 사생활이란 한 개인이 그 생활 중 타인에게 노출시키거나 간섭받지 않으면서 혼자만의 생활로 간직할 수 있는 부분을 말한다. 즉, 사생활보호는 어떤 상황이나 관계에도 기본적으로 내재된 인간의 도덕적 권리인 것이다. 클라이언트의 사생활보호는 사회복지사와의 전문적 관계 형성 이전부터 이미 존재하며 전문적 관계 외의 더 광범위한 관계에서도 보편적으로 존중받는 기본적 권리라는 점에서 비밀보장과 구분된다. 이런 의미에서 사생활보호의 중요성은 비밀보장의 중요성보다 우선한다.

그러므로 비밀보장이 사회복지사와 클라이언트 사이의 관계를 결정짓는 핵심 요소라 할지라도 전문적 관계에서 클라이언트의 사생활은 충분히 존중되어야 하고, 클라이언트에게 필요 이상의 정보 노출을 강제해 사생활을 노출시키거나 침해하는 일은 없어야 한다(Collingridge 외, 2001: 9).

(2) 비밀보장의 권리와 의무

사회복지실천 현장에서 비밀보장과 관련하여 혼동하는 개념 중 하나가 비밀보장을 권리라고 볼 것인가 또는 의무라고 볼 것인가와 관련이 있다. 학자에 따라서는 사생활보호를 클라이언트의 권리로, 비밀보장을 사회복지사의 의무로 보기도 한다(Collingridge 외, 2001: 4). 이러한 정의는 사생활보호와 비밀보장을 상호 배타적인 개념으로 보는 것인데, 사생활보호와 비밀보장은 서로 구분되는 개념이기는 하지만 상호 배타적인 개념은 아니므로 사생활보호와 비밀보장이라는 용어 자체에 권리와 의무라는 개념이 상호 배타적으로 내재되어 있다고 볼 수는 없다.

앞에서 설명한 바와 같이 사생활보호는 누구에게나 언제나 존재하는 보편적 개념이므로 클라이언트의 사생활만이 아니라 사회복지사의 사생활 역시 존중받아야 하고, 이런 점에서 사생활보호 권리는 클라이언트에게만 있는 것이 아니라 사회복지사에게도 해당된다. 그러나 전문적 관계에서 사회복지사의 권리가 클라이언트의 권리를 우선할 수는 없으므로 사회복지사의 사생활 보호 권리에도 불구하고 사회복지사는 클라이언트의 사생활을 우선적으로 보호해 주어야 할 의무가 있다. 비밀보장이라는 용어는 보편적인 개념이 아니라 전문적 관계와 함께 발생하는 더 제한적인 개념이므로 이 용어에 대해서는 사회복지사와 클라이언트가 같은 권리를 가질 수 없다. 클라이언트는 자신의 사생활보호와 비밀보장을 요구할 권리가 있지만 사회복지사에게는 클라이언트의 비밀을 보장해 주어야 하는 의무가 있는 것이다.

(3) 비밀보장과 신뢰관계 형성의 관계

사회복지실천 현장에서 비밀보장은 클라이언트가 얘기한 내용에 대해 사회복지사가 비밀을 보장해 줄 것이라고 기대한다는 점과 이러한 기대가 충족되어야만 전문적 관계의 기본이 되는 신뢰관계를 형성할 수 있다는 데에 그 중요성이 있다. 다시 말하면 대인서비스조직에서 일하는 전문가들이 비밀보장 의무를 준수하지 않는다면 사람들이 도움을 요청하는 것을 주저할 것이고, 혹시 도움을 요청하는 경우에도 신뢰관계가 형성되지 않는다면 효과적인 변화를 기대하기 어려울 것이다. 이것은 효과적인 변화를 위해서 신뢰관계 형성이 전제되어야 하며 신뢰관계 형성을 위해서 비밀보장이 전제되어야 함을 의미한다.

물론 사회복지사가 비밀을 보장하는 것이 사회복지사와 클라이언트 사이의 신뢰관계 형성에 도움을 주고, 신뢰관계가 형성되면 클라이언트의 효과적인 변화를 기대할 수 있다는 것이 사실이지만, 그렇다고 반드시 모든 경우에 비밀보장이 신뢰관계 형성의 기본이 되거나 신뢰관계가 형성되어야만 효과적으로 변하는 것은 아니다. 사회복지사가 비밀보장의 의무를 중시하는 것만큼 모든 클라이언트가 언제나 솔직한 것도 아니며(Neave 1987: 4), 비밀보장 자체가 신뢰관계 형성을 보증하지도 않는다. 오히려 클라이언트는 비밀보장 원칙을 철저히 준수하고자 하는 전문가보다 자신이 기대하는 변화를 이룰 수 있는 실력 있는 전문가를 더 신뢰할 수 있다. 클라이언트 입장에서 보았을 때 전문가가 과도하게 비밀보장 의무를 준수하는 것은 클라이언트의 사생활을 존중한다고 보기보다 전문가의 무지를 노출하지 않으려는 저항이나 비효과적인 개입에 대한 방어로 보일 수도 있다.

2) 비밀보장의 범위

비밀보장의 범위는 단순히 사회복지사가 클라이언트와의 전문적 관계에서 획득한 정보에 국한되지 않는다. 대부분 더 광범위하나 어떤 경우에는 그 범위가 축소되기도 한다. 대개의 경우 비밀보장의 범위는 다음과 같다(Finn, 1992; Collingridge 외, 2001: 5-6에서 재인용).

- 첫째, 비밀보장의 대상이 되는 정보는 사회복지사와 클라이언트 사이의 언어적 의사소통 내용만이 아니라 비언어적 의사소통 내용과 그에 대한 사회복지사의 전문적 판단까지 포함한다.
- 둘째, 비밀보장의 의무 기한은 사례가 종결되거나 클라이언트가 사망한 후에도 지속될 수 있다.
- 셋째, 비밀보장의 의무는 항상 절대적인 것은 아니며 상황에서 따라 다른 가치가 우선시 되는 상황이 있을 수 있다.
- 넷째, 비밀보장의 의무는 특정한 상황에서 법에 의해 해지될 수 있다.

뿐만 아니라 사회복지사의 비밀보장 의무와 관련해서 비밀보장 범위를 고려할 때 그것이 클라이언트와 사회복지사 사이의 비밀보장인지, 사회복지사와 사회복지사 사이의 비밀보장인지, 사회복지사와 소속 기관 사이의 비밀보

장인지, 또는 사회복지사와 제삼자 사이의 비밀보장이어야 하는지 고려해야
한다.

3) 비밀보장의 유형

거의 모든 경우에 사회복지사와 클라이언트 사이의 전문적 관계에서의 비밀보장은 중요한 가치로 존중된다. 그러나 비밀보장을 실천하는 것은 말처럼 단순하거나 쉬운 것이 아니다. 특히 위에서 언급한 비밀보장 범위 중 세 번째와 네 번째 경우는 그 범위에 한계가 있음을 의미한다. 따라서 비밀보장 범위를 어떻게 정하느냐에 따라 절대적 비밀보장과 상대적 비밀보장으로 구분될 수 있다.

(1) 절대적 비밀보장

절대적 비밀보장이란 사회복지사가 신뢰관계에 근거하여 얻은 클라이언트의 개인적인 정보를 어떠한 상황에서도 절대로 누설하거나 공개하지 않아야 함을 의미한다. 아마도 절대적 비밀보장은 상담 중 클라이언트를 통해 알게 된 내용을 아무에게도 전하지 않고 어떤 형태로도 남기지 않는 경우에 한해서 가능할 것이다. 그러나 실제로 사회복지사가 클라이언트의 비밀을 절대적으로 보장한다는 것은 사회복지사가 개인적으로 개업한 경우라 하더라도 아주 예외적인 상황을 제외하고는 거의 불가능하다. 오늘 날 대다수 사회복지사는 사회복지기관에 소속되어 있어서 클라이언트에게 서비스를 제공하려면 몇 단계의 과정을 거치게 되며 이 과정에 있는 사람들은 모두 클라이언트의 정보를 함께 공유하게 되기 때문이다. 예외적인 상황이 아니라 일반적인 사회복지실천 과정 자체만으로도 절대적으로 비밀을 보장한다는 것은 거의 불가능하다고 할 수 있다.

(2) 상대적 비밀보장

앞에서 언급한 것처럼 사회복지기관 내의 서비스 제공이 최소한 몇 단계를 거치게 되어 있어 그 과정에 있는 사람들은 모두 클라이언트의 정보를 함께 공유하게 된다는 것 외에도 사회복지사는 수퍼바이저에게 사례를 보고하고 지도 받을 의무가 있으며, 교육적 목적으로 사례를 발표하게 되는 경우도 있고, 다른 기관과 함께 클라이언트를 도와야 하는 경우도 있을 수 있다. 또 법원의 명령에 따라 정보를 공개해야만 하는 경우도 발생할 수 있다. 이상과 같은 상황 외에 비밀보장이 인간의 존엄성 존중이라는 사회복지실천의 절대가치를 위배하는 경우에도 클라이언트의 비밀보장 권리는 제한된다. 예를 들면 클라이언트가 자신이나 타인을 해칠 의사가 있거나 또는 클라이언트가 사회적 범죄를 계획하고 있거나 연루되어 있는 것을 사회복지사가 알게 되는 경우를 들 수 있다. 비밀보장의 상대적 특성 때문에 사회복지사가 경험하게 되는 윤리적 갈등에 대해서는 비밀보장의 한계에서 좀더 자세히 다루도록 하겠다.

2. 비밀보장의 한계

비밀보장은 사회복지실천의 절대적 가치가 아니라 상대적 가치이기 때문에 사회복지사는 상황에 따라 클라이언트와의 전문적 관계에서 획득한 정보를 노출해야 하는 상황에 놓일 수 있다. 그 대표적인 예로는 제3자를 보호해야 하는 경우, 비밀유지가 클라이언트를 제대로 돕는 것이 아닐 경우, 또는 법에 따라 신고의 의무 또는 정보 제공의 의무가 있는 경우, 그리고 클라이언트가 미성년자인 경우를 들 수 있다.

1) 제3자를 보호해야 하는 경우

사회복지사는 클라이언트가 실제로 누군가를 해치고 있거나 해치려 함을 알게 될 수 있다. 이런 경우 기본적으로 사회복지사는 제3자를 보호하기 위해 알게 된 내용을 사법체계나 해당하는 제3자에게 알려야 한다. 이에 대해 클라이언트가 동의한다면 문제될 것이 없지만 일반적으로 동의하는 경우는 거의 없다. 사회복지사는 클라이언트의 위험행동을 감소시키거나 중단시키기 위해 즉시 개입하면서 동시에 클라이언트의 동의를 받기 위해 최대한 노력해야 한다. 그럼에도 불구하고 클라이언트의 동의를 구하지 못하고 클라이언트 의사에 반하여 제3자를 보호하기 위한 조치를 취해야 하는 상황이 발생할 경우, 사회복지사는 자신의 행동이 클라이언트와의 관계에 어떤 영향을 미칠 것인지, 클라이언트를 어떤 종류의 그리고 어느 정도의 사법적 처벌 위험에 노출시킬 것인지, 이렇게 클라이언트의 의사에 반하여 행동을 취하고도 사법체계의 충분한 도움을 받을 수 없거나 제3자를 제대로 보호하지 못하게 되면 어떻게 될 것인지 등을 신속히 검토해보고 결정해야 한다.

이 경우에 해당하는 사례 중 가장 유명한 것으로 1976년 타라소프 대 캘리포니아 대학 사건(Tarasoff v. Regents of the University of California at Berkeley)을 들 수 있다. 이 사건을 간단히 설명하면 다음과 같다:

포달(Prosenjit Poddar)은 캘리포니아 대학 코웰기념병원(Cowell Memorial Hospital)에서 외래환자로 정신과 상담을 받아왔는데, 상담 중에 포달은 자신을 상담하는 심리학자 로렌스 무어(Lawrence Moore)에게 여름 방학을 맞이해서 집에 오는 한 여대생을 죽일 계획이라고 알렸다. 심리학자는 포달이 여대생 이름은 말하지는 않았지만 그 여대생이 바로 타티아나 타라소프라는 것을 쉽게 알 수 있었다.

심리학자는 상담 후에 대학경찰에 전화를 걸어서 포달이 자신이나 타인에게 위험한 사람으로 입원이 필요할 수도 있으니 포달을 보호관찰 해달라고 신고하였고 대학경찰소장 앞으로 협조를 요청하는 편지를 보냈다. 대학경찰은 잠시 포달을 보호관찰 했지만 보호관찰 결과 포달이 이성적이라고 판단하고 보호관찰을 중단하면서 포달에게 타라소프에게 접근하지 말라고 경고했다. 타라소프 남동생은 타라소프와 부모님이 함께 살고 있는 집에서 멀지 않은 아파트에서 살고 있었는데, 당시 포달은 남동생의 아파트로 이사했다.

그 후에 곧 심리학자의 수퍼바이저와 정신과 과장 포웰슨 박사(Dr. Harvey Powelson)는 대학경찰에 심리학자가 보낸 편지를 되돌려달라고 요청하면서 그 편지와 의무기록을 파기할 것과 포달을 입원시키기 위한 어떠한 조치도 더 이상 취하지 말아달라고 했다. 아무도 타라소프나 그 가족에게 포달의 위협에 대해 경고하지 않았고, 포달은 그 후 더 이상 상담을 받으러 병원에 오지 않았다. 두 달 후, 포달은 타라소프를 죽였다.

타라소프 부모는 타라소프에게 닥칠 위험에 대해 그 누구도 미리 알려주지 않았다는 이유로 대학 이사회와 학생건강서비스 관계 직원들, 대학경찰소장과 경찰관을 고소하였다. 지방법원에서는 원고의 수가 너무 많다는 것과 정신치료사의 비밀보장에 대한 필요성을 인정하여 사건을 기각시켰다. 타라소프 부모는 이 판결에 불복하고 상소하였는데, 캘리포니아 최고법정에서는 정신건강 전문가들에게는 예고된 피해자의 보호의무가 있음을 명시하고 예고된 피해자의 보호에 실패한 것에 대해 책임을 져야 한다며 지방법원의 판결을 뒤집었다.

이 사건 이후 유사한 사건에 대해 일관성 있는 판결이 계속됨으로써, 상담 관련 전문가들의 비밀보장 의무보다 생명보호 의무가 우선한다는 것이 상담의 기본원칙의 하나로 정립되기 시작했다.

2) 비밀유지가 클라이언트를 제대로 돕는 것이 아닌 경우

다양한 클라이언트와 함께 일을 하다보면 클라이언트가 사회복지사의 비밀보장 의무를 이용해서 자신이 원하는 행위를 지속하면서 특정 정보 또는 특정인에 대해 속임수를 지속하는 경우가 있다. 이런 경우에는 클라이언트의 요구대로 비밀을 보장하는 것이 클라이언트를 포함한 누구에게도 도움이 되지 않을 수 있다. 예를 들어 도박문제로 인해 이혼 위기에 처해 있는 한 남자를 생각해 보자. 만일 그가 이혼의 위기를 모면하기 위해 부인에게 도박중독 문제를 해결하기 위하여 정신과 치료를 받고 있다고 말했지만 사실은 정신과 치료를 받고 있지 않다거나, 또는 정신과 치료에도 불구하고 도박중독 증세가 더욱 심해지고 있는데 부인에게는 좋아지고 있는 것처럼 말한다고 사회복지사에게 얘기하면서 비밀을 지켜달라고 하는 경우에 사회복지사는 어떻게 해야 하는 것일까?

이런 경우 사회복지사가 선택할 수 있는 대안은 그리 많지 않다. 사회복지사는 상담을 지속하기 위하여 클라이언트의 요청대로 도박중독 증세가 더 나빠지고 있음을 부인에게 비밀로 할 수도 있다. 그러나 이 경우에 사회복지사는 클라이언트에 대한 비밀보장 의무는 다하는 것이 될 수 있지만, 클라이언트와 함께 부인을 속이는 공모자가 될 뿐만 아니라 클라이언트의 도박 행위를 묵인함으로써 결국 클라이언트도 돕지 못하게 될 것이다. 반대로 사회복지사가 단호하게 클라이언트의 요구를 거절하고 클라이언트 부인에게 사실을 알리는 경우도 생각해볼 수 있다. 이 경우 클라이언트의 자기결정권 존중에 대한 의문이 심각하게 제기될 것이고, 클라이언트가 사회복지사를 불신하게 됨으로써 상담은 조기 중단될 수도 있다. 이런 경우에는 클라이언트에게 필요한 도움을 사회복지사가 제공할 수 있음에도 불구하고 클라이언트를 도울 수 없게 되는 것이다.

따라서 이런 상황에서 사회복지사가 선택할 수 있는 가장 이상적인 대응은 상담을 통해 클라이언트 스스로 부인에게 사실을 알리도록 독려하는 것이다. 이런 방법을 통해 사회복지사는 상담을 지속하면서 클라이언트에게 필요한 도움을 제공할 수 있고 클라이언트와 함께 공모하여 부인을 속이는 상황에서 자신을 보호할 수 있다. 또한, 클라이언트의 자기결정권도 보호하게 될 것이다. 그러나 현실적으로 클라이언트는 사회복지사의 권유에 저항을 보일 수 있으므로 우선 클라이언트와 함께 비밀보장의 필요성과 한계에 대해 이야기하고 소속 기관의 비밀보장 관련 정책을 클라이언트에게 알려야 할 것이다. 부부상담의 경우 어떤 사회복지사는 상담 초부터 비밀보장을 유지할 수 없다고 분명히 하는데, 그 이유는 정직함과 솔직함이 부부관계의 기본원칙이 되어야 한다고 믿기 때문이다. 그러므로 사회복지사는 비밀보장원칙에 대해 클라이언트와 함께 이야기한 후, 클라이언트가 원하는 것이 결혼관계 유지라는 것을 상기시키고 결혼관계 유지를 위해서는 부부 사이에 정직함이 기본이 되어야 하며 따라서 결혼관계에 중요한 영향을 미칠 수 있는 정보는 부부사이에 공유하는 것이 윤리적이라고 설명한다. 부인에게 사실을 알리는 것에 대한 클라이언트의 감정을 다루면서 클라이언트가 부인에게 직접 말하도록 도와주어야 할 것이다. 그러나 클라이언트가 이러한 상황을 이용해서 편안하게 부인을 지속적으로 속인다면 사회복지사는 일정 시한을 정하여 알리고 상담을 종결하도록 해야 할 것이다. 또한, 클라이언트의 도박중독 증세로 인해 부인의 정신 건강이 위태로운 상황이라면, 사회복지사의 비밀보장 의무나 클라이언트의 자기결정권 존중보다 부인의 생명보호 의무를 우선해야 할 것이다.

3) 법에 따라 정보를 공개해야 하는 경우

법에 따르면 우리나라에도 사회복지사에게 비밀누설금지 의무가 있고 이를 어기면 처벌을 받게 되어 있다. 그러나 아직은 사회복지사의 비밀누설금지 의무에 대한 법적 사회적 인지도가 그리 높지 않아서 법적 소송 중인 클라이언트의 사회복지사가 전문 상담원 자격으로 상담 내용을 증언하도록 법원으로부터 소환 받거나 명령을 받게 되어 윤리적인 비밀보장 의무와 법적 명령 사이에서 갈등하게 되는 경우는 거의 발생하지 않고 있다.

외국의 경우에는 주로 아동의 양육권 심사 과정에서 법원이 부모나 아동을 상담했던 사회복지사를 소환하여 부모 중 일방의 부모로서 양육 능력 여부에 대한 진술을 듣거나 증언을 하도록 하는 경우가 종종 발생한다. 예를 들어 한 부모(single parent)로 자녀를 키우는 어려움을 토로하는 어머니를 상담하고 있던 사회복지사에게 법원이 소환장을 보내 그 어머니의 양육능력에 대한 전문가적인 의견을 듣고 싶어하는 경우를 생각해 볼 수 있다.

이 경우 사회복지사는 법의 준수와 정직에 우선적인 가치를 두고 앞으로 발생할 결과에 상관없이 법원의 소환에 응할 수도 있고, 여러 가지를 검토한 후에 아동의 복지를 위해 법원의 소환에 응할 수도 있다. 또한, 사회복지사가 상담내용을 법정에서 공개하는 것이 전문 상담가로서의 기본적인 윤리를 저버리는 것이며 장기적으로 보았을 때 도움이 필요한 클라이언트의 요청을 저지함으로써 클라이언트에게서 도움을 받을 수 있는 기회를 박탈하는 것이라고 생각하는 경우, 클라이언트가 사회복지사의 증언을 원하지 않는 경우, 그리고 사회복지사의 생각에 클라이언트의 자녀 양육권을 상실하게 하거나 박탈할 수 있는 경우 등 어떤 경우에 한해서 사회복지사는 법원의 소환에 불응하게 될 수도 있다.

클라이언트가 사회복지사의 진술이나 증언을 적극적으로 원하지 않는 경우나 사회복지사가 판단하기에 사회복지사의 진술이나 증언이 클라이언트에게 해를 끼칠 가능성이 높은 경우에, 사회복지서비스의 전문성과 비밀보장 의무에 대한 사회의 인지도가 별로 높지 않은 상황이지만 법에 명시되어 있는 비밀보장 의무를 근거로 제출하면서 법원의 소환을 거부할 수 있다. 이런 경우라도 가능하다면 법원에 정보수집을 위한 다른 출처, 예를 들어 가족이나 친구, 또는 직장동료와 같은 다른 대안을 제시하면서 사회복지사의 진술이 꼭 필요한 것이 아님을 제시하도록 한다.

그러나 사회복지사가 법원의 소환을 거부하기 전에 반드시 전문인으로서 검토해야 할 사항이 있다.

첫째, 사회복지사는 클라이언트와 함께 법원의 소환 자체의 의미와 영향을 검토하여야 한다. 사회복지사는 가능한 긍정적 부정적 결과에 대해 클라이언트와 함께 의논하고 클라이언트가 최선의 결정을 내리도록 도와야 한다.

둘째, 사회복지사는 클라이언트를 보호하기 위해서가 아니라 혹시라도 사회복지사 본인의 부적절한 또는 미숙한 개입을 노출하지 않기 위해서 법원의 소환을 거부하는 것이 아닌지 객관적으로 검토해 보아야 한다.

셋째, 사회복지사의 비밀유지 결과에 대해서도 신중하게 검토해야 한다. 혹시라도 사회복지사의 비밀유지가 앞에서 논의한 것처럼 클라이언트나 관련인의 생존권을 위협하는 경우나 사회적으로 더 약자인 사람에게 해를 끼치게 되는 경우라면, 사회복지사는 클라이언트에게 이러한 상황을 충분히 설명하고 클라이언트가 동의하지 않더라도 법원의 소환에 응해야 한다.

4) 클라이언트가 미성년자인 경우

미성년자인 아동이나 청소년과 함께 일하는 사회복지사는 간혹 아동의 부모 또는 보호자와 정보를 공유해야 하는지 결정해야 할 때가 있다. 어떤 부모는 자녀가 사회복지사에게 무슨 이야기를 했는지 알고 싶어서 사회복지사에게 상담내용을 공유할 것을 요청할 수 있다. 또한, 부모나 보호자의 요청이 없어도 약물남용, 원조교제, 임신, 폭력, 범죄 등의 문제를 가진 아동이나 청소년을 상담하는 사회복지사는 클라이언트의 문제가 심각한 경우에 미성년자인 클라이언트의 자기결정권을 존중해서 비밀을 보장하는 것이 매우 위험하므로 부모나 보호자에게 클라이언트의 문제를 알려야 한다고 생각할 수 있다. 예를 들어 임신 6개월의 16세 소녀가 사회복지사를 찾아와서 부모 몰래 낙태하도록 도와달라고 하는 경우를 생각해 보자. 이 경우에 클라이언트는 비밀을 지켜줄 것이라고 믿고 사회복지사에게 자신의 문제를 솔직하게 말한 것이므로, 만일 사회복지사가 클라이언트의 부모나 보호자에게 연락해서 상담내용에 대해 일부분이라도 공개한다면 신뢰를 바탕으로 한 클라이언트와의 관계가 위험에 처할 수도 있다.

위 사례의 경우, 클라이언트가 미혼의 성인이라면 사회복지사와 클라이언트가 함께 낙태여부를 결정할 수 있지만 클라이언트가 미성년자인 경우에는 보호자에게 연락할지 여부와 그 결과에 대해 심각하게 검토해야 한다. 미성년자의 자기결정권과 사생활을 어느 정도 인정해야 하는 것일까? 이것이 바로 이 논의의 핵심이다.

모든 경우에 그렇겠지만, 특히 낙태의 경우에는 사회복지사의 개인적인 종교적 신념도 중요한 변수로 작용할 수 있다. 물론 사회복지사의 개인적 신념보다 클라이언트의 이익이 우선이지만 이 사례의 경우 실제적인 클라이언트를 산모가 아니라 태아로 본다면 문제는 더 복잡해진다.

우선 미성년자와 함께 일하는 경우에 관련법이 어떻게 규정되어 있는가를 아는 것이 도움이 된다. 만일 클라이언트가 원하지 않는 강제적인 관계에서 임신했다면 우리나라 모자보건법 14조 3항에 따라 낙태가 가능하기는 하다. 단 산모에게 배우자가 있는 경우에는 배우자의 동의가 필요하고 심신장애인인 경우에는 보호자의 동의가 필요하다. 이에 대해 미성년자와 관련된 법은 없지만 산모가 미성년자인 경우에도 심신장애인의 경우와 마찬가지로 보호자의 동의가 필요하다고 보는 것이 사회적 통념이라고 할 수 있다. 따라서 위 사례의 경우, 클라이언트가 낙태를 원한다면 사회복지사는 클라이언트와의 관계가 위험해진다고 하더라도 보호자에게 연락해야 할 것이고, 클라이언트와 보호자가 함께 결정하도록 도와야 할 것이다. 이 경우 사회복지사는 보호자에게 연락하기 전에 클라이언트에게 관련법에 대해 여러 번 설명하고 클라이언트 스스로 보호자에게 직접 이야기하도록 최선을 다해 도와야 한다.

외국의 경우에도 클라이언트가 미성년자인 경우에 보호자의 알권리를 인정하고 있다. 그러나 미성년자가 약물남용, 임신 등의 문제로 사회복지사를 찾아와서 도움을 구하면서 비밀보장을 요구하는 경우에, 보호자에게 알리는 것보다 클라이언트와의 관계 유지가 클라이언트에게 더 많은 도움을 주는 것이 명백하거나 또는 클라이언트의 비밀보장권리를 존중해서 결과적으로 클라이언트나 주위 사람에게 심각한 피해를 주지 않는 경우에는 보호자에게 알리지 않을 수 있다. 그러나 비밀유지가 클라이언트나 주위 사람에게 심각한 해를 입히는 것이 명백한 경우에는 보호자에게 알려야 한다(Reamer, 1999: 104-105).

이 외에 비밀보장을 제한할 수 있는 상황으로는 클라이언트에게 심각한 정신지체 또는 정신장애가 있는 경우와 부부상담, 가족상담, 집단상담과 같이 여러 사람이 상담내용을 공유하게 되는 경우 등이 있다. 사회복지사가 가족, 부부 또는 집단 등 복수의 클라이언트에게 서비스를 제공하는 경우에는 관련된 모든 사람과 함께 비밀보장의 중요성과 한계에 대해 검토하고 공동으로 비밀보장의 의무에 대해 동의를 받아야 한다. 또한, 사회복지사는 모든 사람의 비밀보장권리를 동등하게 존중하지 못할 수도 있음을 알려야 한다.

3. 비밀보장을 위한 실무지침

사회복지실천 현장에서 절대적인 비밀보장이 사실상 불가능하기 때문에 사회복지사가 비밀보장권리의 내용과 한계, 그리고 비밀보장과 관련된 법, 정책, 업무지침 등에 대해 숙지하고 주어진 상황 속에서 클라이언트의 비밀을 보장하기 위해 최선을 다하는 것이 중요하다.

1) 기본 원칙

사회복지사가 클라이언트의 비밀보장권리를 존중하기 위하여 어떤 상황에서든 준수해야 하는 기본 원칙을 지금까지 논의한 내용을 바탕으로 정리해 보면 다음과 같다.

첫째, 사회복지사는 비밀보장의 개념과 한계에 대해 정확한 지식을 가지고 있어야 한다. 즉, 비밀보장보다 사생활보호가 우선되는 가치라는 것과 비밀보장이 사회복지사에게는 의무이고 클라이언트에게는 권리라는 것, 클라이언트와 관련인에 대한 보호의무가 비밀보장보다 우선한다는 것 등에 대해 명확하게 이해하고 실천해야 한다.

둘째, 사회복지사는 비밀보장 관련법에 대해 정확한 지식을 가지고 있어야 한다. 우리나라에서는 아직까지 사회복지사의 비밀보장특권(privilleged communication)에 대한 인지도가 낮아 어떤 상황에서 사회복지사의 비밀보장 의무를 제한해야 하는지 구체적인 조항은 없다. 그러나 사회복지 관련법을 보면 모든 법에서 사회복지사가 업무상 취득한 정보들에 대해 비밀보장의 의무가 있음이 명시되어 있다. 또 이를 위반 할 경우의 벌칙에 대해서도 명시되어 있다. 동시에 성폭력, 가정폭력, 아동학대, 약물남용 등의 경우에는 클라이언트와 함께 관련된 사람을 보호하기 위해 클라이언트의 위험한 행동이나 그 가능성에 대해 신고하도록 되어 있다. 여러 법에 산재되어 존재하는 이러한 조항들을 사회복지사는 숙지해야 하며 동시에 사회복지사의 비밀보장특권에 대해 사회적으로나 법적으로 인정하기 위한 노력도 필요하다.

셋째, 사회복지사는 클라이언트와 전문적 관계를 형성함과 동시에 클라이언트에게 비밀보장의 내용과 한계에 대해 함께 설명해야 한다. 전문적 관계 형성 초기에 비밀보장의 내용과 한계에 대해 설명함으로써 클라이언트가 자신의 사생활을 보호할 수 있도록 해야 한다. 동시에 클라이언트의 문제가 클라이언트나 관련인들을 위험하게 할 수 있는 것이라면 그들을 보호하기 위하여 상담내용을 공개할 수도 있음을 충분히 설명하고 클라이언트 스스로 공개하도록 최선을 다해 도와야 한다. 또한, 상담내용을 공개하는 것이 불가피한 경우 공개할 상담내용 범위와 그 결과에 대해서 클라이언트와 충분히 의논하여야 한다. 이것은 사회복지사의 전문성 보호와 사회복지사와 클라이언트 간의 전문적 관계 유지에도 도움을 준다. 필요하다면 상담진행 과정 중 언제라도 클라이언트와 반복적으로 비밀보장의 내용과 한계에 대해 논의해야 한다.

넷째, 비밀보장을 실천하기 위한 세부지침을 마련해야 한다. 사회복지사가 비밀보장을 실천하다보면 여러 가지 이유로 비밀보장의 한계에 대해 고민하게 된다. 따라서 윤리지침과 법적 근거 외에 구체적인 실무지침을 마련하는 것이 꼭 필요하다. 여기에 포함되어야 할 내용을 제시해 보면 다음과 같다.

- 클라이언트의 사적인 정보를 수집해야 하는 경우의 타당성과 한계에 관한 사항
- 클라이언트의 자해 의도와 제3자에 대한 위해 의도에 대해 위험성 공개에 관한 사항
- 알코올과 약물남용 치료 등을 위해 의뢰할 때 제공해야 하는 정보에 관한 사항
- 클라이언트 사망시 또는 그 후에 정보 공개에 관한 사항
- 클라이언트가 미성년자인 경우에 부모 또는 보호자와 공유할 수 있는 정보에 관한 사항 · 가족상담과 집단상담의 경우에 참석자들이 공유하게 되는 정보에 관한 사항
- 대중매체, 사법기관, 아동보호기관 등에게 정보를 공개해야 하는 경우에 관한 사항
- 기록, 녹음, 컴퓨터 사용 등 정보 보관 방법에 관한 사항
- 팩스, 이메일, 전화 응답기 등을 이용해서 정보를 주고받게 될 경우에 관한 사항

- 클라이언트의 기록을 폐기하는 것에 관한 사항
- 담당 사회복지사의 사망이나 퇴직, 병가시에 관한 사항
- 복도, 대기실, 엘리베이터, 식당과 같은 공개된 장소에서 사례와 관련된 대화에 관한 사항
- 자문, 수퍼비전, 또는 교육목적 등으로 사례가 공개되는 경우에 관한 사항
- 법적인 신고 의무 또는 법원의 요청에 따라 클라이언트의 정보를 공개해야 하는 경우에 관한 사항

2) 상황별 실무지침

(1) 기록과 비밀보장

사회복지실천 현장에서는 오랫동안 클라이언트의 파일이나 상담기록을 클라이언트에게 공개하지 않는 것을 당연시 해왔으나 점차 클라이언트에게 자신의 파일과 상담기록을 볼 수 있는 권리를 인정하는 추세이므로, 사회복지사는 기록할 때 기록한 내용이 언젠가 클라이언트를 포함한 누군가에게 특정한 상황에서 공개될 수 있음을 유념해야 한다. 또한, 상대적 비밀보장 원칙에 따라 기관 내에서 기록내용을 공유하게 될 때에도 상대적 비밀보장 정책과 절차에 따라 최소한으로 비밀보장권리를 제한하여 클라이언트와 신뢰관계를 유지할 수 있도록 최선을 다해야 한다.

(2) 상담과 비밀보장

사회복지사는 상담을 시작할 때 클라이언트에게 상담의 목적과 과정, 기대되는 결과 등을 설명하면서 클라이언트의 비밀보장권리와 그 한계에 대해서도 분명하고 구체적으로 알려주어야 한다. 물론 비밀보장 한계를 알리는 것

이 클라이언트가 하고자 하는 이야기 내용에 영향을 미칠 수도 있지만, 더욱 중요한 것은 클라이언트가 비밀보장 한계를 알고 어떤 이야기를 할 것인지 스스로 선택하게 하는 것이다. 특히 부부상담, 집단상담 또는 미성년자와의 상담과 같이 비밀보장권리가 상대적으로 더 많이 제한을 받게 되는 경우에는 클라이언트 모두 각자 비밀보장의 한계를 알고 어떤 이야기를 할 것인지 스스로 결정하도록 해야 한다. 상황에 따라 약간의 차이가 있을 수 있지만 대체로 사회복지사는 비밀보장권리와 그 한계에 대하여 다음과 같은 내용들을 설명하게 될 것이다.

- 클라이언트와의 관계에서 비밀보장의 중요성
- 비밀보장 관련 법 조항
- 비밀보장을 위한 기관 차원의 조치와 절차, 예를 들면 기록보관방법과 기록에 접근할 수 있는 사람의 조건 등에 관한 규정
- 클라이언트의 정보 공개와 관련된 사회복지사의 법적 의무사항
- 법적 의무사항 외에 글라이언트를 보호하기 위해 클라이인드의 비밀보장권리가 제한 받는 상황
- 교육목적으로 정보를 기관 내외의 전문가들 사이에서 공유하게 되는 경우
- 정보 공개시 클라이언트의 동의를 받는 절차
- 전화, 컴퓨터, 팩스, 이메일 등 사용시 제3자에게 정보가 노출 될 수 있는 가능성

비밀보장은 효과적인 사회복지실천을 위한 결정적인 요소이다. 사회복지사가 클라이언트와 함께 일할 때, 효과적인 도움을 제공하고 목적하는 바람직한 변화를 가져오기 위해서는 사회복지사와 클라이언트 사이의 신뢰관계 형성이 무엇보다 중요하다. 그리고 이러한 신뢰관계는 사회복지사가 업무 중 알게 되는 클라이언트의 개인적인 정보에 대한 비밀보장을 기본 전제로 한

다. 클라이언트는 사회복지기관으로부터 자신이 원하는 도움을 받기 위하여 개인적인 정보를 노출하게 되며 사회복지사가 자신의 개인적인 정보들을 보호해주고 비밀을 보장해 줄 것이라고 기대한다. 클라이언트는 자신의 비밀이 보장될 것이라고 확신할 때 개인적인 두려움, 감추고 싶은 기억이나 사실 또는 감정을 노출시킨다. 그리고 사회복지사는 클라이언트가 제공해 준 정보를 기초로 변화를 위한 개입을 하게 될 것이다. 반대로 클라이언트가 비밀보장에 대해 확신이 없다면 상담에 적극적으로 임하지 않을 것이고, 문제해결과 치료에 결정적일 수 있는 개인적인 정보를 이야기하지 않을 것이다. 따라서 사회복지사의 치료와 개입계획은 한계를 갖게 될 것이다. 그렇다고 해서 사회복지사가 지킬 수 없는 비밀보장을 약속하는 경우에는 정보를 섣불리 잘못 공개한 경우와 마찬가지로 사회복지사와 클라이언트의 신뢰관계에 심각한 손상을 입게 될 것이다.

그럼에도 불구하고 본 장에서 살펴본 바와 같이 사회복지사가 클라이언트와의 전문적 관계에서 알게 된 정보들에 대한 절대적인 비밀보장은 현실적으로 불가능하다. 그러나 어떠한 상황에서도 사회복지사는 클라이언트와 함께 관련된 사람을 보호하기 위하여 비밀을 보장하기 위해 최선의 노력을 다 해야 하며, 불가피하게 상담내용을 공개해야 하는 경우를 최소화하여야 한다. 동시에 사회복지사의 미숙한 실천을 감추기 위해 비밀보장을 사용하지 않도록 주의하여야 한다.

참고문헌

Barker, Robert L. (1987), 『사회사업사전』, 중앙사회복지연구회 역, 이론과 실천.

Behnke, Stephen H. & Warner, Elizabeth (2002), "Confidentiality in the treatment of adolescents", *APA Monitor*, vol. 33, no. 3, March.

Collingridge, Mike, et al. (2001), "Privacy and confidentiality in social work", *Australian social work*, vol. 54, no. 2, pp.3-13.

Dickson, Donald T. (1998), *Confidentiality and privacy in social work*, NY: The Free Press.

McWhinney, M., Haskins-Herkenham, D., & Hare, I. (1992), *The school social worker and confidentiality* (Position statement of the national association of social workers, commission on education), Washington, DC: National association of social workers.

Neave, Marcia (1987), "Confidentiality and duty to warn", *Univ. of Tasmania law review*, vol. 9, pp.1-31.

Reamer, Frederic G. (1999), *Social work values and ethics*, 2nd ed. NY: Columbia university

__________ (2002a), "Ethical issues in social work", *Social workers' desk reference*, Albert R. Roberts and Gilbert J. Greene, eds. NY: Oxford university press, pp.65-69.

__________ (2002b), "Risk Management", *Social workers' desk reference*, Albert R. Roberts and Gilbert J. Greene, ed. NY: Oxford university press, pp.70-74.

Soler, M. & Peters, C. (1993), *Who should know what? Confidentiality and information sharing in service integration*, Des Moines, IA: National center for service integration, pp.5, and 12-19.

Tarasoff V. Regents of university of california (1976), [17 Cal. 3d 425] http://login.findlaw.com/scripts/calllaw?dest=ca/cal3d/17/425.html.

Wilson, Suanna J. (1978), *Confidentiality in social work: issues and principles*, NY: The free press.

제9장

클라이언트의 알권리에서의 윤리적 딜레마

박 인 선

　사회복지실천과 다른 전문직의 실천을 구분하는 중요한 차이점 중 하나는 사회복지실천이 지식과 기술만이 아니라 가치를 실천한다는 점이다. 사회복지실천이 추구하는 기본적인 가치는 인간존엄성으로, 모든 사회복지사는 사회복지실천 현장에서 모든 사람이 존엄한 인간으로 살 수 있도록 돕고자 최선의 노력을 기울이고 있고, 다양한 실천 현장에서 다양한 사례들을 대상으로 기본 가치를 실천하기 위하여 비밀보장, 자기결정, 수용 등과 같은 다양한 하위 개념의 실천가치들을 발전시켜오고 있다. 이들 하위개념의 가치들은 기본가치와 달라서 무조건적으로 어떤 상황에서나 항상 존중되는 것은 아니며, 개별 사례의 상황에 따라 한계가 있을 수도 있고 사회나 시대의 변화 또는 새로운 지식의 축적에 따라 수단적 가치들 사이의 우선순위가 달라지거나 새로운 가치가 중요한 가치로 등장 할 수도 있다. 본 장에서 설명하고자 하는 알권리는 사회복지실천 현장에서 비교적 새롭게 등장하고 있는 수단적 가치 중 하나이다.

1. 알권리의 이해

사전적 의미에서 알권리란 국민 개개인이 정치적 · 사회적 현실에 대한 정보를 자유롭게 알 수 있는 권리, 또는 이러한 정보에 대해 접근할 수 있는 권리를 통칭하는 개념이다. 자유권적 정보 수집권, 청구권적 정보 수집권, 정보 수령권 등도 넓은 의미에서 알권리로 인정받고 있다.[1] 알권리 대상이 되는 정보로는 정부부처와 지방자치단체의 정보, 국가기간사업체 특히 환경관련 정보, 사회복지서비스를 포함하는 공적 서비스 관련 정보, 학교기록, 의무기록 그리고 고용주가 피고용인에 관해 가지고 있는 정보들을 포함하지만, 일반적으로 알권리는 공공기관의 정보에 대해 자유롭게 접근할 수 있는 권리 (freedom of information)로 가장 많이 알려져 있다. 이 권리가 법적으로 인정된다면 사람들은 공공기관의 정보에 접근할 수 있는 권리를 갖게 되며, 정보를 보유하고 있는 기관은 매년 정기보고서를 통해 보유하고 있는 정보들, 특히 환경, 건강, 안전, 인권 및 차별 등과 같이 공공의 이익과 관련된 모든 정보를 공개하게 된다.

우리나라의 경우, 공공기관의정보공개에관한법률(법률 제05242호)이 1996년에 제정되어 1998년부터 시행되고 있다. 동법 제1조(목적)를 보면 '이 법은 공공기관이 보유관리하는 정보의 공개의무 및 국민의 정보공개청구에 관하여 필요한 사항을 정함으로써 국민의 알권리를 보장하고 국정에 대한 국민의 참여와 국정운영의 투명성을 확보함을 목적으로 한다'고 되어 있어 국민의 알권리 보장을 명시하고 있다. 이 법 외에도 알권리가 명시되어 있는 기타 법률로는 뉴스통신진흥에관한법률(법률 제06905호), 보건의료기본법(법률 제06909호), 응급의료에관한법률(법률 제06677호) 등이 있으며, 군사기밀보호법(법률 제04616호), 외국간행물수입배포에관한법률(법률 제05658호), 담배사업법(법률 제06625호), 마약류관리에관한법률(법률 제06824호), 행형법

---

1) 두산세계대백과, http://www.encyber.com

(법률 제06038호) 등이 있다. 이러한 법들은 국민의 알권리 신장을 이유로 공공기관의정보공개에관한법률 제정 이후 개정된 바 있다. 이들 법을 보면 우리나라에서 알권리에 대한 인식은 높은 편은 아니지만 정부와 학교 등 공공기관의 자료와 뉴스 통신관련 기관들의 자료 그리고 건강 및 교정과 관련해서는 국민의 접근권과 청구권을 인정하고 있음을 알 수 있다. 그러나 여전히 사회복지관련법에는 알권리에 대한 명시가 없다. 이렇게 알권리가 법적 용어로 사용되고는 있지만 어느 법에서도 알권리에 대한 법적 정의를 내리지 않은 상태이기 때문에 알권리라는 지극히 추상적인 개념을 가지고 국민 개개인이 정부나 학교 또는 사회 단체 등을 상대할 때 과연 얼마나 유용한 정보를 얻어낼 수 있을지 의문이 제기된다.

이러한 상황은 세계적으로도 별로 다르지 않다. 아직은 세계 어느 나라에서도 알권리를 헌법 조항이나 실정법으로 다루고 있지 않다. 스웨덴에서 세계 최초로 공공기관정보공개법이 채택된 것은 지금으로부터 거의 240년 전인 1766년이다. 그리고 200년이 지난 1966년에서야 미국에서 두 번째로 알권리에 대해 법적으로 채택하였다.[2] 이러한 점으로 미루어 볼 때 세계적으로 알권리를 법제화하는 것에 대해 저항이 크다는 것을 짐작할 수 있다. 알권리를 인정하는 것에 대한 반대의견과 지지의견을 정리해보면 다음과 같다.[3]

---

2) The campaign for freedom of information, "Countries with freedom of information acts", http://www.cfoi.org.uk/foioverseas.html.

3) 주로 영국에서 2000년에 Freedom of Information Act를 제정할 때까지의 이 법제정의 필요성에 대한 논쟁을 주도해온 Charter 88 Unlocking Democracy, Article 19, The Campaign for Freedom of Information에 올라와 있는 토론 원고들과 1997년의 White Paper인 'Your right to know: The Government's proposals for a Freedom of Information Act', 그리고 Mark F. Ethridge, III의 저널리즘에 대한 비판 원고의 내용을 대상으로 정리하였다.

1) 알권리에 대한 반대 주장: 알권리 반대자들은 다음과 같이 주장한다

국가의 안보와 산업기술의 보호, 그리고 사생활 보호 등의 측면에서 보아도 불가피한 경우가 아니라면 가능한 한 모든 정보에 대한 비밀은 보장되어야 한다. 여기에서 불가피한 경우란 대다수의 국민이 합의하여 정보 공개를 강하게 원할 때를 말한다. 그러나 이 경우에도 어떤 정보를 얼마나 공개할 것인지에 대한 결정은 정보를 보유하고 있는 기관에서 할 수 있도록 해야 한다. 정책을 결정하고 수행하는 과정에서 모든 정보를 공개해야 한다면 장기적인 안목에서 보았을 때 분명히 모든 국민에게 이익이 되는 정책이라 하더라도 국민 중에 이해하지 못하는 사람은 당연히 있을 것이고, 이들이 이의를 제기하면 그에 대해 설명하고 논박하기 위해 불필요한 행정비용과 시간을 낭비하게 될 것이다. 결국 매우 좋은 정책이라 하더라도 제대로 수행할 수 없거나 아예 시도조차 할 수 없는 경우도 발생할 수 있다. 또한, 공공기관 종사자들이 자신의 기록이 모두 공개될 것이라는 것을 알게 된다면 공개 대상이 되는 정보의 기록과 문서를 최소화하려 할 것이므로, 정보공개가 법제화된다 하더라고 국민의 알권리는 별로 신장되지 않을 것이다. 1945년 미국 AP통신사의 쿠퍼(Kent Cooper)가 '알권리'를 제창하는 강연을 하면서 알권리에 대해 알려지기 시작했다. 이러한 측면에서 알권리란 단지 언론 종사자들의 편의를 위한 주장에 불과하다. 대다수 사람들은 이미 너무 많은 정보에 노출되어 감당하지 못하고 있고 더 이상의 정보를 알고 싶어하지도 않는다. 또한, 실제로 모든 국민에게 공공정보를 제공하고 이해시킨다는 것은 막대한 행정비용과 시간이 필요하다. 더욱이 제공된 공공정보의 진정한 의미는 제대로 전달되지 않은 채 필요 이상의 소송사건만 많아지면서 이에 따른 불필요한 소송비용만 증가할 것이다.

2) 알권리에 대한 찬성 주장: 알권리 옹호자들은 다음과 같이 주장한다

모든 국민의 참여를 기본으로 하는 민주주의 사회에서 국민에게 공적인 정보를 소유할 수 있는 권리를 주어야 하며, 국민은 자신들의 현재 삶과 미래 삶에 영향을 미치는 정보들을 사실대로 제대로 알아야 할 권리가 있다. 민주주의 사회에서는 국민 개개인의 자기결정권을 소중하게 여긴다. 따라서 국민이 자기결정권을 제대로 행사하기 위해서는 먼저 결정해야 할 일에 관해 정확한 정보를 제공받고 그 의미를 이해해야 한다. 즉, 국민의 자기결정권이 제대로 존중되려면 알권리 존중이 전제되어야 한다. 이것은 개인정보에 대해서도 마찬가지이다. 모든 사람에게는 학교기록, 고용기록, 병원기록, 사회복지기록 등 본인의 개인적인 기록이 정확한지 알 수 있는 권리와 잘못 기재된 정보를 정정할 수 있는 기회를 보장해 주어야 한다. 국가의 안보나 치안, 또는 개인의 사생활에 치명적인 위협이 가해지는 경우가 아님에도 불구하고 필요 이상의 비밀보장을 고수하려는 것은 국민에게서 무엇이 시 실인지 알 수 있는 기회를 박탈하는 것이며, 정부의 실책에 대한 책임을 회피하려는 것이고, 무엇보다도 사람들의 자기결정능력을 손상시키는 것이다. 알권리 반대자들은 정보공개에 따른 관리비용과 행정소송비용을 우려하지만 어차피 정보화 시대를 맞이하여 정보공개를 요구하는 소송과 비밀보장에 대한 불만 소송은 점차 증가할 수밖에 없다. 따라서 정보를 공개한다고 해서 특별히 관리비용과 행정소송비용이 더 발생할 것이라고 볼 수는 없다. 오히려 정보를 공개함으로 해서 잘못된 정책에 예산이 집행되는 실수를 미연에 방지할 수 있으므로 더 경제적일 수도 있다. 사람들에게 정보가 정치적으로 포장되어 전달되지만 않는다면 그리고 사람들이 과거의 실수에 대해 정확히 알 수만 있다면, 사람들은 과거로부터 교훈을 얻을 것이고 더 적절한 선택을 할 수 있을 것이다. 사람들에게는 올바른 선택을 할 수 있는 진정한 의미의 자기결정능력이 있다.

지금까지 알권리 반대자와 옹호자의 논박을 정리해 보았는데, 결국 알권리에 대한 논박은 기존의 비밀보장권리와 새롭게 등장하는 알권리 사이의 논쟁임을 알 수 있다. 두 권리 모두 인간이 사회에서 존엄한 존재로 살기 위해서는 반드시 존중되어야 하는 소중한 권리임에 틀림이 없지만 성격상 상충 될 수밖에 없기 때문에 어떤 상황에서 어떤 권리를 더 존중할 것인지 지속적으로 논의할 수밖에 없을 것이다.

2. 사회복지실천 현장에서의 알권리 이해

사회복지실천 현장에서 클라이언트의 비밀보장권리는 오랫동안 매우 중요하게 인정되어 왔고 경우에 따라서는 절대 가치인 것처럼 존중되기도 한 반면에, 클라이언트의 알권리는 매우 제한된 정도에서 소극적으로만 인정되고 있다. 사회복지실천 현장에서 클라이언트의 알권리는 고지된 동의(informed consent)라는 이름으로 알려져 있는데, 고지된 동의의 내용에는 사회복지사가 클라이언트에게 서비스의 목적과 내용, 기간 등을 알리고 동의를 받는 것, 클라이언트에게 서비스를 거부할 권리가 있음을 알리는 것, 클라이언트에게 질문할 권리가 있음을 알리는 것, 녹음이나 비디오 녹음 등을 실시하기 전에 반드시 동의를 받는 것, 비밀보장의 한계에 대해 구체적인 정보를 제공하는 것 등이 포함된다.[4] 그러나 사회복지실천 현장에서 클라이언트의 알권리는 비교적 생소한 개념이어서 사회복지사가 고지된 동의를 절차에 따라 실천하면서도 비록 소극적이지만 이것이 바로 클라이언트의 알권리를 존중하는 것임을 인식하지 못하는 경우도 많다.

이제 사회복지실천 현장에서의 알권리를 더 잘 이해하기 위하여 사회복지실천 현장에서 비밀보장권리와 알권리가 가장 첨예하게 대립하는 입양실천

---

4) NASW(1999), *Code of Ethics of the National Association of Social Workers.*

현장에서의 알권리의 필요성과 한계에 대해 살펴보고자 한다. 여기에서 논의
할 입양실천현장이란 친(부)모, 아동, 양부모 등 최소한 세 명의 클라이언트
(이하 입양 삼자라 함)가 개입해야 성립되는 입양실천현장 중, 비밀입양원칙
하에서 불임부부가 사생아로 태어난 요보호 아동을 입양하는 경우로 제한하
고자 한다. 논의를 시작하기 전에 입양의 목적은 가정이 필요한 아동에게 가
정을 제공하는 것이고, 입양에서 추구하는 최선의 결과는 입양된 아동이 건
전한 사회인으로의 성장하는 것이며, 입양 삼자의 이익이 상충될 때에는 아
동의 이익이 가장 우선되어야 함을 분명히 한다. 이는 비밀보장권리와 알권
리 사이의 논쟁을 검토하는 데에 도움이 될 것이다.

1) 입양실천현장에서의 비밀보장권리

(1) 입양실천현장에서의 비밀보장권리의 배경

우리나라에서 현재 실시되고 있는 요보호 아동을 위한 국내입양은, 1961년
당시 서구의 입양 인식을 그대로 받아들인 고아입양특례법을 제정하면서 비
롯된다. 서구에서 요보호 아동을 위한 하나의 사회복지제도로 입양을 인식하
고 요보호 아동들이 법적, 사회적으로 입양될 수 있는 권리를 갖게 된 것은
19세기말 또는 20세기 초이다.[5] 이전에는 요보호 아동들을 주로 구빈원에서
보호하다가 값싼 노동력으로 제공했기 때문에, 당시 입양을 신청하는 부부는
서비스가 필요한 클라이언트가 아닌 자선을 베푸는 구제자 또는 자원 제공자
로 인식되었다. 따라서 양부모의 요구를 충족시켜주는 것이 무엇보다 중요했
는데, 그것이 바로 양부모의 약점(불임 사실)에 대해 비밀을 보장하는 것이었
다. 입양 실무자는 입양이라는 비밀을 보장할 수 있는 완벽한 아동을 결연시
키는 행위를 맡았다. 완벽한 아동이란 양부모와 여러 가지 면에서 닮아서 '친

---

5) 영국의 경우에는 1926년에, 미국의 경우에는 1851년 매사츄세츠주에서부터 시작되어 1929년
   에 모든 주에 요보호 아동을 위한 입양법이 제정되었다.

자인 척' 하는 것이 가능할 뿐만 아니라 신체적으로나 지적으로도 건강하여 이후에 문제를 일으킬 소지가 없다고 판단되는 등 양부모의 기대치에 부응하는 아동을 말한다. 현재의 우리나라 국내입양 상황과 마찬가지로 당시 입양을 신청하는 부부의 기대치에 부응하지 못하는 아동은 입양될 자격이 없는 아동으로 취급되었으므로, 당시 입양실천현장에서는 아동이 양부모의 기대에 부응하는 아동임을 증명하기 위하여 아동을 최소한 생후 6개월 정도 관찰한 후에야 결연시켰다.[6] 이러한 입양실천은 문제없는 아동임을 양부모에게 증명하는 데는 도움이 되었을지 몰라도 양부모의 비밀보장권리를 보장하는 데에는 미흡한 점이 있었다.

1951년과 1969년에 발표된 바울비(Bowlby)의 애착이론은 두 가지 점에서 비밀입양원칙을 크게 강화시켰다. 바울비에 의하면, 갓난아기는 자신에게 안전과 음식을 제공하는 사람과 애착관계를 맺으며, 이러한 초기 애착관계가 그 아동의 심리와 관계형성 기능에 평생토록 영향을 미친다는 것이다. 즉, 바울비가 초기 애착관계의 중요성을 역설함으로써 입양실무자와 양부모는 갓난아기 입양을 선호하게 되었는데, 이것은 결국 양부모의 '친자인척' 하기를 보다 용이하게 해주었다. 또 바울비는 갓난아기를 돌보는 사람의 아기의 욕구에 대한 민감성, 수용성, 심리적 접근성 등이 애착관계 형성에 중요한 변수가 되며, 아기를 돌보는 사람이 안전한 상태에서 아기의 욕구에 충분하게 반응해 주어야 아기와 긍정적인 애착관계를 형성할 수 있다고 역설했다. 따라서 입양의 경우, 양부모가 친부모의 위협이나 사회의 부정적 인식으로부터 자유로운 상태에서 안전을 느껴야만 양부모-아동 간의 긍정적인 애착관계를 형성할 수 있는 것이다. 이로써 입양실천현장에서는 완전한 비밀보장이 더욱 중요한 가치로 인정받게 되었다.

이처럼 입양실천현장에서는 비밀보장을 가장 우선하는 실천윤리로 보고, 비밀입양원칙 하에서 입양실천을 발전시켜 왔다. 비밀입양에서는 입양을 입

---

6) Smith, J. & Franklin, I. Miroff (1987), *You're our child: The adoption experience*, (NY: Madison Books), pp.2-3.

양 대상 아동과 입양 대상 가정의 결연으로만 정의하며 입양실천의 초점은 당연히 결연 시점에만 놓여 있다. 가정을 필요로 하는 아동에게 자녀를 필요로 하는 가정을 제공함으로써 결연과 동시에 친(부)모와 아동의 문제는 물론 자녀를 원하는 불임가정의 문제도 해결된다고 보았으며 입양 후 서비스의 필요성은 인정되지 않는다. 즉, 비밀입양에서는 아동이 친가정으로부터 입양가정으로 옮겨지는 것이 아니라, 아동이 양부모에게 결연되는 시점을 기점으로 친가정은 완전히 사라지고 단지 입양가정이라는 새로운 가정에서 친자처럼 새롭게 태어나는 것이다.

(2) 입양실천현장에서의 비밀보장권리의 타당성

비밀입양원칙은 양부모의 요구에 반응함으로써 시작되기는 하였지만 비밀입양을 지지하는 입양실무자들은 비밀입양원칙이 입양 삼자 모두의 요구에 부응하는 것이며, 입양실천현장에서 추구하는 최선의 결과를 가져올 수 있다고 믿는다. 비밀입양 하에서 양부모는 불임사실이 노출되는 것을 꺼리며, 친(부)모는 비도덕적인 행위의 결과로 아동을 분만한 후에 아동을 입양 보냈다는 사실이 드러나는 것을 원하지 않는다. 또한, 아동은 사회로부터 비도덕적 행위의 산물로 낙인찍히는 것을 원하지 않는다고 본다. 따라서 입양실천현장에서 비밀입양원칙 하에 입양 삼자의 비밀보장권리를 존중해 줄 경우, 양부모는 불임이라는 사회적 낙인과 친(부)모라는 위협적인 존재로부터 벗어나 안전한 상태에서 아동을 친자처럼 키울 수 있고, 친(부)모는 입양 보낸 아동을 잊고 그 아동 때문에 체면을 손상당하는 일 없이 새 출발할 수 있으며, 아동은 사생아라는 사회적 낙인으로부터 벗어나서 양부모를 친부모처럼 동일시하며 자랄 수 있다. 이것이 입양되는 아동을 위한 최선의 방법이라고 믿는다. 즉, 비밀입양에서는 입양사실을 영원히 비밀로 할 수만 있다면, 입양 삼자 모두 결연 후에는 입양사실을 완전히 잊고 각자 신분의 비밀을 보장받은 상태에서 삶을 새롭게 살아갈 수 있는 것이다.

(3) 입양실천현장에서의 비밀보장권리의 한계

그러나 입양사실을 영원히 비밀로 한다든지 입양사실을 완전히 잊는다는 것이 현실적으로 가능한 것일까? 입양사실을 완전히 잊는다는 것은 불가능하다 해도 영원히 비밀로 하는 것은 경우에 따라서 가능할 수도 있을 것이다. 그러기 위해서 양부모는 자신의 불임사실을 감추기 위해 끊임없이 노력하면서 긴장 속에서 '친부모인 척' 해야 하는 데서 오는 심리적 부담을 피할 수 없다. 친(부)모는 키우지 못할 아동을 분만한 사실이나 그 아동을 입양 보낸 사실을 이후에 만나게 되는 의미 있는 사람에게조차도 비밀로 해야만 하고, 그 사실이 노출될까봐 불안해 하게 된다. 어떤 아동의 경우에는 평생동안 자신이 입양아임을 모르는 경우도 있겠지만, 대부분의 입양 아동은 어떠한 경로로든 입양사실을 알게 된다. 양부모가 긴장 상태에 있을 때 분노로 인해 입양사실을 폭로하기도 하며 주위의 사람들이 선의에서든 악의에서든 입양사실을 누설하기도 한다. 또는 양부모의 뭔지 모르지만 긴장된 관계나 입양가정 내의 금기된 대화—예를 들면 아동이 누구를 닮았다는 등의 말을 거론하지 않는 것—는 아동으로 하여금 입양의 가능성을 추측하도록 하기도 한다.

어떤 경우이든 양부모가 준비된 상태에서 편안하게 아동에게 입양사실을 알리는 경우가 아닌 한 양부모와 아동 사이의 신뢰가 무너질 수 있으며 아동은 공포, 두려움, 불신, 분개, 수치 등의 감정을 경험하게 된다. 양부모가 입양사실을 숨긴 것으로 보아 입양은 자신의 큰 결점이라고 느끼게 되고 경우에 따라서는 친(부)모와 양부모 양자에게 심각한 상처를 받게 될 수 있다. 즉, 언제까지나 입양사실을 비밀로 한다는 것이 현실적으로 대단히 어렵다는 점에서 비밀보장권리는 한계가 있다.

뿐만 아니라 비밀보장권리는 윤리적으로도 한계를 갖는다. 완전한 비밀보장권리를 요구한다면 양부모는 자신의 아동의 배경에 대해 알권리를 포기하여야 한다. 친부모는 입양 보낸 아동의 안녕을 확인하고자 하는 알권리를 포기해야 하는 것이다. 아동은 자신의 출신 배경과 입양사유 및 뿌리에 관한 정보 등 정체감 확립에 필요한 정보를 알고자 하는 자신의 알권리를 포기해야 한다. 비밀보장권리가 절대적으로 존중되고 알권리가 전혀 인정되지 않는 상황에서 아동은 과연 건전한 사회인으로 성장하는 것이 가능할까? 입양에 관한 실무 경험이 쌓이고 관련 이론들이 발전되면서 입양실천현장에서 비밀보장권리를 전적으로 존중하는 것은 점차 도전을 받게 되었다.

2) 입양실천현장에서의 알권리

(1) 입양실천현장에서의 알권리 배경

서구의 비밀입양원칙은 1960년대부터 입양사실 공개[7] 쪽으로 변하기 시작했다. 이러한 변화에 기어한 요인 중 하나는 1960년대에 여러 성신과 의사들과 심리학자들이 입양아들에 대해서 보고한 내용에 기인한다. 입양아들의 높은 문제 성향이 보고되면서 문제를 해결하기 위해서는 아동에게 입양사실을 알려서 아동으로 하여금 입양사실을 이해하도록 하고 양부모와 아동 간의 정직한 관계를 형성하는 것이 매우 중요하다고 지적했다.[8] 결정적인 변화 요인 중 또 하나는 1960년대부터 활발해진 인종 간 입양과 국가 간 입양이다. 인종 간 입양이나 국가 간 입양에서는 입양사실을 비밀로 한다는 것이 현실적으로

---

7) 이 글에서는 공개입양과 입양사실 공개를 구분하고자 한다. 공개입양은 처음부터 양부모와 친(부)모가 지속적인 정보교환이나 만남에 동의한 경우를 말하고, 입양사실 공개는 입양 삼자 간에 또는 제3자와의 관계에서 입양사실을 인정하는 것을 말한다.

8) 쉑터(Schechter, 1960), 니모비처(Nemovicher, 1960), 토우싱(Toussieng, 1962), 멘러브 (Menlove, 1965) 등이 입양아들은 열등감, 적의, 긴장, 두려움 등이 상대적으로 많고, 부정적인 자아상을 가지고 있으며, 정신과를 찾는 비율이 상대적으로 높다고 하였다.

불가능했는데, 이들 인종 간 또는 국가 간 입양을 한 가정에서는 자신의 입양 경험을 공개적으로 이야기하였고 양부모가 된다는 것은 친부모가 되는 것과는 달라서 자녀 양육에 있어서 입양가정만의 독특한 과업이 있음을 입양 실무에 인식시켰다.

당시 이러한 가치판단 변화에 큰 영향을 미친 이론으로는 1964년에 발표된 커크(Kirk)의 공동운명이론(Shared Fate Theory)을 들 수 있다. 커크에 따르면 양부모가 되는 것은 친부모가 되는 것만큼 사회적 지지를 받지 못하기 때문에 부모역할을 수행하는 데 있어서 장애를 경험하게 된다. 이런 상황에서 양부모가 계속 '친부모인 척~' 하는 것은 장애를 덜어주는 것이 아니라 오히려 더욱 심각하게 할 뿐이다. 양부모는 이러한 장애를 인정함으로써, 즉 친부모-자녀 관계와 양부모-자녀 관계가 다르다는 것을 받아들이고 양부모 됨을 받아들임으로써 해결 할 수 있게 된다. 양부모가 양부모 됨을 인정하면, 즉 자신의 불임 사실을 받아들이고 자신의 친자를 갖지 못한 데서 생기는 상실감을 이해하면, 친부모로부터 버림받은 아동의 상실감을 감정이입해서 이해할 수 있게 되고 아동은 입양과 관련된 질문을 양부모에게 편하게 물어 볼 수 있게 된다. 이렇듯 자유롭게 입양에 관해 대화하는 것은 양부모-자녀 간의 신뢰에 긍정적인 영향을 미친다. 커크는 양부모도 아동과 마찬가지로 사회복지서비스가 필요한 클라이언트임을 지적한 것이다. 양부모의 통찰력을 중시하면서 입양가정 내에서 입양사실을 공개하는 것이 중요함을 강조함으로써 종래의 비밀입양원칙에 변화를 초래하고 소극적으로나마 양부모와 아동의 알권리의 중요성과 입양 후 서비스의 필요성을 인정했다는 점에서 커크의 공로는 인정할 만하다. 입양실천현장에서는 커크의 이론을 받아들여서 입양을 신청하는 부부를 대상으로 입양 후 아동에게 가능한 한 빨리 입양사실을 공개하는 것이 바람직하다는 내용의 사전 교육을 실시하게 되었다.

입양 삼자 모두의 알권리를 존중해야 한다는 논쟁은 1970년대 초부터 성인이 된 입양인(이하 입양인)들이 스스로 자신의 알권리를 적극적으로 주장하면서 비롯되었다. 입양인들은 자신들에게는 두 세트의 부모가 있음을 인정해 줄 것과 입양아로 성장하는 것은 친자로 성장하는 것과는 다르다는 것, 그래서 자신의 뿌리 찾기—출신 배경에 관한 더 많은 정확한 정보를 획득하는 것, 경우에 따라서는 친(부)모와 만나는 것—가 정체감을 완성하는 데에 반드시 필요하다고 주장하고 있다. 비밀입양원칙 하에서 양부모는 아동의 출신 배경에 대해 거의 아는 것이 없기 때문에 입양사실을 공개하는 정도만으로는 입양인 자신의 정체감 확립에 필요한 정보를 충분히 획득할 수 없으므로 알권리 또는 뿌리 찾기를 사회적으로 또는 법적으로 인정받는 것이 상대적으로 더욱 중요하다. 서구에서는 입양인들의 알권리 주장의 타당성에 대한 연구가 1970년대부터 시작되었고 지금까지도 그 논쟁은 계속되고 있다. 학계에서는 점차 입양인들의 알권리와 뿌리 찾기의 필요성을 인정하는 경향이 우세해지는[9] 반면, 실무에서는 아직 입장을 정립하지 못하고 있다.[10]

(2) 입양실천현장에서의 알권리의 타당성

입양실천현장에서 입양 삼자의 알권리를 인정한다는 것은 각자의 입장에 따라 그 의미가 다르다. 양부모는 특정 아동을 자신의 자녀로 받아들이고 그

---

9) 입양인들의 알권리를 일부 일탈자들의 주장으로 보는 연구로는 오무멘드와 바렛(Aumend & Barrett, 1984)을 들 수 있고, 문제 해결을 위한 긍정적 시도로 보는 연구들로는 트리셀리오티스(Triseliotis, 1973), 로퍼(Loper, 1976), 소로스키 외(Sorosky et al., 1978), 소볼과 카디프(Sobol & Cardiff, 1983), 릭스(Riggs, 1989) 등이 있으며, 적극적으로 지지하는 연구들로는 심슨 외(Simpson et. al., 1981), 코웰과 쉴링(Kowall & Schilling, 1985), 하임스와 팀스(Haims & Timms, 1985), 워너(Waner, 1988), 해그(Hagg, 1989) 등이 있다.

10) 입양인들의 알권리 인정에 대한 입양 실무자들의 의견에 대한 연구로는 존스(Jones, 1976), 새크데브(Sachdev, 1989) 등을 들 수 있다. 이들 연구에 의하면, 입양 실무자들은 입양인들의 알권리는 인정되어야 한다고 보면서도 동시에 입양관련 서류들의 공개에 대해서는 반대하는 입장을 보이고 있다. 우리나라의 경우에도 입양인의 알권리는 법적으로 인정되어 있지 않으며, 입양기관 실무자 개인의 가치에 의해 입양관련 서류의 공개여부와 정도가 결정되고 있다.

아동을 더 잘 이해하여 키우기 위해서 아동의 배경을 알권리가 있다. 친(부)모는 자신이 선택한 결과에 대해, 즉 자녀의 안녕이 보장되고 있는지 알권리가 있는 것이다. 아동은 자신의 건전한 정체감을 형성하기 위하여 출신 배경과 입양 사유를 이해하고 알권리가 있다. 실제로 입양 삼자의 비밀보장권리보다 알권리를 우선하는 경우가 입양 삼자에게 모두 더 바람직 할 수 있다. 양부모는 자신이 친부모인 것처럼 또는 아동이 친자인 것처럼 행동해야 하는 심리적 부담으로부터 벗어날 수 있고, 친(부)모는 마치 그런 아동을 낳은 적이 없는 것처럼 행동해야 하는 것으로부터 자유로와 질 수 있으며 동시에 자신의 입양동의 결정에 대해 좀더 확신을 가질 수도 있다. 입양아는 양부모를 친부모로 알고 자신의 정체감을 형성하려 하는 데서 오는 문제나 한계를 해결할 수도 있다. 즉, 입양 삼자 모두 '~인척' 하는 불편함에서 벗어나 정직하고 편안해 질 수 있는 것이다. 그러나 입양실천현장에서 알권리를 존중하는 경우에도, 소극적인 존중과 적극적인 존중으로 구분될 수 있다. 알권리를 소극적으로 존중한다는 의미는 입양 삼자가 모두 입양사실을 인정하는 것을 의미한다. 알권리를 적극적으로 존중하는 것이란 입양 삼자가 입양사실을 인정하는 것뿐만 아니라, 친(부)모가 언제든지 입양 보낸 아동의 안녕을 확인할 권리와 입양인의 뿌리 찾기까지도 인정한다는 것을 의미한다.

(3) 입양실천현장에서의 알권리의 한계

입양에서 알권리를 소극적으로 존중할 경우조차 입양 삼자에게는 감수해야 하는 위험이 따른다. 즉, 양부모는 자신의 불임사실을 인정하고 공개해야 하고, 친(부)모는 한때 부도덕한 관계를 가진 적이 있으며 당시 분만한 아동을 키우지 못하고 입양 보냈다는 사실을 공개하여야 하며, 입양아는 자신이 부도덕한 관계의 산물로 태어났음을 공개해야 한다. 다시 말하면, 입양 삼자가 모두 사회적으로 낙인찍힐 위험을 감수해야 하는 것이다. 입양가정 내에서조차 입양사실을 공개하는 것이 비밀보장권리를 존중하는 것보다 오히려 해로운 상황을 맞이하게 될 가능성도 있다. 양부모가 입양사실을 아동에게 공개한다는 것은 최선의 경우에는 아동에 대한 사랑과 수용의 표시이며 아동의 소속감과 정체감을 강화시키는 계기가 되지만, 최악의 경우에는 무기화하여 아동에게는 양부모에게 무조건 순종하지 않으면 모든 것이 결핍된 이전 상황으로 돌려보내질 것이라는 위협이 될 수 있다. 양부모에게는 더 이상 입양아로부터 애정을 받을 수 없을 뿐만 아니라 아동이 친(부)모를 찾아 나설 경우 아동을 친(부)모에게 빼앗길 수도 있다는 두려움을 경험하기도 한다. 친(부)모는 친(부)모대로 자신의 과거를 알렸을 때 새 출발하여 가정을 이룬다는 것이 불가능할 수도 있다. 혹 가정을 이룬 경우에는 현재의 배우자나 자녀로부터 부도덕한 경험을 가진 사람으로 거부당할 수도 있으며 가정 내에서 자녀 교육이 불가능할 수도 있다.

입양에서 알권리를 적극적으로 존중할 경우에는 위에서 언급한 위험이나 부담 외에도 아직은 사회가 적극적으로 알권리를 주장하는 사람들을 일탈자로 보기 때문에 알권리를 주장한다는 그 자체만으로 일탈자로 낙인찍힐 위험성이 있다. 이 외에도 입양 삼자가 서로 간에 상대방의 기본적인 권리나 안녕을 위협하는 경우가 발생할 수 있다. 입양 삼자의 이해가 서로 상충되는 경우에는, 양부모의 알권리는 친(부)모의 비밀보장권리나 사생활을 위협 할 수 있으며, 친(부)모의 알권리는 양부모와 아동의 소속감이나 비밀보장권리 또는 자유를 위협 할 수 있고, 입양아 또는 입양인의 알권리는 양부모와 특히 친(부)모의 비밀보장권리나 사생활 또는 자유를 위협할 수 있다.

양부모와 친(부)모는 입양 당시 비밀보장원칙에 동의했었기 때문에, 적극적으로 자신의 알권리를 주장할 입장이 못될 수도 있다. 그러나 입양인의 경우에는 입양 당시 비밀보장원칙에 동의하지 않았었고, 물론 자신의 일생에 결정적인 영향을 미치는 그 과정에 참여하지도 못했었기 때문에, 적극적으로 자신의 알권리를 주장할 수 있다. 그러므로 현실적으로는 삼자 중 입양인이 가장 많이 자신의 알권리를 적극적으로 주장한다. 입양인이 적극적으로 알권리를 주장하며 뿌리 찾기를 시도할 경우, 입양인은 정체감을 확립하는 데 필요한 자신의 중요한 과거를 찾는 것이지만 동시에 이것이 친(부)모의 비밀보장권리나 사생활을 위협하는 것일 수 있다는 점에서 입양인의 알권리 존중은 미묘하고 복잡한 논쟁의 대상이 될 수 있다. 그러나 입양실천현장에서 가장 중요한 목적이 아동이 건전한 사회인으로 성장하는 것임을 상기할 때 입양인들이 자신의 정체감을 확립하기 위해 알권리를 주장하는 것을 더 이상 무시할 수는 없다. 그렇다면 앞으로는 더 이상 알권리 자체에 대해 논의하기보다 그 방법, 즉 알권리를 언제, 어떻게, 어느 정도 인정해야 하는지에 대해 논의해야 할 것이다.

3. 사회복지실천 현장에서의 알권리 존중을 위한 지침

사회복지실천 현장에서의 알권리를 더 잘 이해하기 위하여 비밀보장권리와 알권리가 가장 첨예하게 부딪치는 입양실천현장에서의 알권리 논쟁을 살펴보았다. 우리는 이미 정보가 힘이고 가능하면 모든 것을 공개해야 하는 정보화 사회에 살고 있기 때문에 사회복지실천 현장에서만 계속해서 클라이언트의 알권리를 고지된 동의 정도에서 소극적으로 존중하는 상태에 머물러 있기는 어려울 것이다. 더구나 사회복지실천 현장에서 매우 소중하게 여기는 하위 가치 중 하나가 자기결정권리이고 진정한 의미에서 자기결정권리는 알권리를 기본으로 한다는 점에서 더욱 그렇다. 그럼에도 불구하고 알권리는 사회복지실천의 기본 가치가 아니라 기본 가치를 실현하기 위한 하위 가치이기 때문에 상황에 따라 한계 또한 분명히 있으므로, 알권리 존중을 위한 기본 원칙과 이들 기본 원칙을 준수할 때 고려해야 할 점들을 살펴보기로 하겠다.

1) 알권리 존중의 기본 원칙

사회복지실천 현장에서 클라이언트의 알권리를 적극적으로 존중하기 위한
기본 원칙을 나름대로 정리해보면 다음과 같다.[11]

① 원칙 1: 최대한의 정보공개와 제공

클라이언트를 존엄한 인간으로 대우하고 알권리를 제대로 존중하려면 무
엇보다 먼저 사회복지실천 현장의 모든 정보는 공개하는 것이 원칙이라는
사실을 받아들여야 한다. 즉, 모든 클라이언트는 사회복지실천 현장의 어
떤 정보에도 접근할 권리가 있으며 클라이언트가 요청하기 전에 먼저 클라
이언트에게 설명하고 제공해야 함을 의미한다. 여기에서 말하는 정보에는
영상물을 포함하여 다양한 형태의 기록과 문서가 포함된다.

② 원칙 2: 적극적인 정보공개 의무

사회복지기관은 소유하고 있는 정보를 단순히 클라이언트에게 알릴 뿐만
아니라 더 적극적으로 지역사회 내의 모든 사람에게 알리고 함께 공유할
의무가 있다. 이것은 사회복지기관이 지역사회로부터 인정(sanction)을 받
기 위해서도 필요하고 잠재적인 클라이언트를 발굴하고 접근성을 높이기
위해서도 필요하다. 클라이언트와 지역사회에 알려야 할 기본 정보는 다음
과 같다.

- 기관의 설립취지와 목적, 대상, 제공하는 서비스와 프로그램 내용과 한
  계, 예·결산 내역

---

11) Article 19의 "The public's right to know: principles on freedom of information legislation"
과 Queen's University의 "Freedom of information and protection of privacy guidelines"를
주로 참고하였다.

- 사생활보호장치와 비밀보장 내용 및 한계
- 아이디어 및 의견수렴 과정과 결과
- 불만사항과 욕구파악 그리고 문제해결을 위한 절차와 방법

③ 원칙 3: 공개문화 선도

지역사회 내의 비밀선호문화를 조금씩이라도 공개문화 쪽으로 바꾸기 위해 적극적으로 노력한다. 즉, 주민의 참여를 독려하고 알권리를 법제화해야 한다고 공론화하며 지역사회 주민의 알권리 인지도를 향상시키기 위해 교육한다. 교육의 내용에는 알권리의 필요성과 중요성, 법적 알권리의 내용과 공개를 요청할 수 있는 정보의 범위, 그리고 신고자의 보호방법 등이 포함된다.

④ 원칙 4: 예외의 최소화

알권리 존중도 법적으로 인정된 비밀보장 내용인 경우나 정보를 공개하는 것이 누군가를 부당하게 위협하게 되는 경우, 또는 누군가에게 분명하게 해가 되는 경우에는 제한을 받게 된다. 부득이 하게 비밀을 보장해야 하는 경우에는 왜 그런지 정보의 내용을 구체적으로 분명하게 명시함으로써 필요 이상으로 알권리가 침해받는 상황은 발생하지 않도록 한다. 알권리에서 예외가 되는 정보들에 대해서는 지역사회에 대해서 또는 클라이언트와의 초기 면접시에 분명하게 설명해야 한다. 앞에서 법적으로 인정된 비밀보장 정보인 경우에는 알권리가 제한될 수 있다고 하였는데, 때에 따라서는 특정 정보를 공개하는 것이 법을 위반하는 것이 된다 하더라도 그것이 누군가에게 해를 주거나 위협하는 것은 아니면서 클라이언트의 이익과 지역사회의 이익을 위하는 경우에는 알권리 존중이 비밀보장권리 존중보다 우선될 수 있다. 여기에 대해서는 알권리 존중의 한계에서 좀더 자세하게 다루도록 하겠다.

⑤ 원칙 5: 정보접근성의 수월화

정보는 공정하고 신속하게, 그리고 객관적으로 공개되어야 하며, 노약자와 장애인 또는 다른 언어를 사용하는 외국인의 경우에도 장애가 없는 다른 사람들과 같은 정도의 정보접근성이 보장되어야 한다. 또한, 법 또는 기관의 내규에 따라 비밀을 보장해야 하는 정보에 대해서도 공개를 요청할 수 있는 권리를 클라이언트와 지역 주민에게 주어야 한다.

⑥ 원칙 6: 클라이언트의 참여 보장

클라이언트 또는 지역주민의 삶에 중요한 영향을 미칠 수 있는 의사결정 과정에는 클라이언트 또는 지역주민이 함께 참여하여 의견을 표현할 수 있도록 제도적 장치를 마련해야 한다.

⑦ 원칙 7: 신고자 보호

아동학대와 가정폭력 또는 성폭력과 같은 사건을 신고한 사람을 가해자로부터 보호할 수 있는 보호장치가 지역사회뿐만 아니라 기관의 규정에 따라 기관 내부에도 법적으로 마련되어 있어야 한다. 또한, 사회복지기관이나 사회복지사의 비리, 인권침해사건 또는 비효과적인 개입들을 조기에 확인하고 재발을 예방하기 위한 신고 또는 고발에 대해서도 신고자나 고발자를 보호할 수 있는 장치가 기관 내에 마련되어 있어야 한다.

2) 알권리의 기본 원칙 준수시 고려해야 할 점

서두에서 밝힌 것처럼 알권리는 기본 가치가 아니고 기본 가치를 실현하기 위한 하위 가치 중 하나로 상황에 따라 한계를 갖게 된다. 그러므로 사회복지실천 현장에서 위에서 제시한 기본 원칙을 충실히 준수하면서 클라이언트의 알권리를 제대로 존중하기 위해서 고려해야 할 점들을 정리해보면 다음과 같다.

① 사회문제화 해야 하는 경우

아마도 사회복지사는 사회문제를 가장 먼저 인지하는 사람에 속할 것이다. 실천현장에서 개별적인 사례로 도움을 주다보면 사회적 관심과 개입이 없이는 해결하기 어려운 문제들을 만나게 된다. 예를 들면 가정폭력이나 아동학대 또는 친족 내의 성폭력과 같이 이전에는 가정 내 문제로 간주되던 문제들이나 외국인 노동자의 가족문제, 결식아동, 십대 임신, 에이즈 등 사회가 그 심각성에 대해 제대로 인지하지 못하고 있는 문제를 해결하고자 하는 경우에는 더 이상의 피해를 막기 위해서라도 지역사회에 어떤 문제가 우리 주변에 있는 것인지 알리기 위한 노력이 필요하다. 그러나 이런 경우에 사회적 이해가 부족한 상태에서 피해자의 신분을 노출함으로써 피해자에게 오히려 사회적 낙인을 더해주는 상황이 발생할 수도 있고, 피해자의 신분이 가해자에게 노출되어 피해자를 위험에 처하게 할 수도 있으며, 필요이상으로 대중매체에 노출됨으로써 단순한 호기심과 흥미의 대상이 되는 상황이 발생할 수도 있다.

지금까지는 이러한 상황들을 클라이언트의 비밀보장 측면에서만 검토했었는데, 이러한 상황은 클라이언트의 비밀보장과 지역사회의 알권리가 맞물려 있는 상황이라고 보아야 한다. 이처럼 지역사회의 알권리와 클라이언트의 비밀보장권리가 갈등상황에 처하는 경우, 혹시 클라이언트가 자신의 사례를 공개하기 원하는 경우에도, 사회복지사는 사례 공개로 인해 영향을 받게 될 클라이언트 또는 관련 사람들 중 가장 취약한 사람의 안전을 가장 먼저 고려해야 한다. 혹시 클라이언트의 안전은 문제가 되는 상황이 아님에도 불구하고 클라이언트의 비밀보장권리와 지역사회 내의 알권리 사이에 갈등이 있는 경우에는 클라이언트의 협조를 얻기 위해 최선의 노력을 해야 하고, 그래도 클라이언트가 원하지 않는 경우 클라이언트의 의사를 존중해야 한다.

② 클라이언트에게 알권리를 감당할 능력이 없는 경우

알권리 논쟁에서 가장 자주 대두되는 이슈는 클라이언트가 아동이라든지 정신지체 또는 정신장애가 있는 경우 또는 클라이언트가 말기 환자와 같이 자기결정 능력이 매우 저하되어 있는 경우에 사실을 알리는 것이 윤리적으로 바람직한 것인가 하는 것이다. 이 전에는 이런 경우에 클라이언트의 알권리보다는 클라이언트의 안전을 더 중시해서 알권리를 유보하고 클라이언트를 보호해야 한다는 의견이 지배적이었으나, 이제는 이런 경우에도 클라이언트의 알권리를 우선하는 것이 바람직하다고 본다.

그 이유는 첫째, 클라이언트에게 사실을 감당할 능력이 있는지 없는지는 정보 제공 전에는 정확히 알 수가 없고 둘째, 아무리 감당하기 힘든 사실이라 하더라도 클라이언트에게 중대한 영향을 미치는 정보일 경우 클라이언트의 보호라는 구실 하에 클라이언트를 배제하고 제3자의 의견대로 진행한다는 것은 비윤리적이며, 마지막으로 클라이언트에게 감당할 능력이 없다고 하지만 사실은 클라이언트에게 감당할 능력이 없는 것이 아니라 오히려 사회복지사가 그런 정보를 알리는 것이 불편하기 때문이거나 클라이언트 눈높이에서 클라이언트에게 사실을 설명할 능력이 부족한 경우가 더 많을 수 있기 때문이다. 예를 들면 사회복지사가 입양인에게 친모는 정신장애인이고 친부는 누구인지 모른다는 정보를 매우 조심스럽게 전달하는 경우에 많은 입양인들은 오히려 입양결정이 자신을 위한 최선의 대안이었음을 확인하고 안도하게 되는 경우를 들 수 있다. 이런 예는 윤리적 판단의 대상이라고 간주되는 상황과 하위 가치들에 대해서도 끊임없는 연구가 필요하고, 이러한 연구 결과를 토대로 상황에 따라 우선해야 하는 하위 가치에 대한 이론적 배경을 수립할 수 있음을 보여준다고 하겠다.

4. 맺음말

불필요한 비밀보장은 사회복지실천 현장과 클라이언트 사이에 힘의 불균형을 초래하여 클라이언트를 수동적인 입장에 놓이게 할 수 있으며 더 효과적인 실천서비스의 개발 필요성을 최소화시킬 수 있고, 사회복지실천의 신뢰성에 대해서도 필요 이상의 의혹을 갖게 할 수 있다. 반대로 사회복지실천 현장에서 클라이언트의 알권리를 적극적으로 존중하면 클라이언트로 하여금 자신의 삶에 대해 더 주인의식을 갖게 할 수 있으며, 사회복지실천 현장의 실수를 조기에 발견하거나 미연에 방지하도록 할 수 있다.

만일 클라이언트가 자신에게 무슨 일이 일어나고 있는 것인지, 어떤 대안이 가능한지, 그리고 자신이 제공받고 있는 사회복지서비스의 의미가 무엇인지 모른다면, 어떤 결정을 내리든 의사결정과정에서 자기결정권은 진정으로 존중받는다고 말할 수 없다. 만일 사회복지사가 클라이언트에게 필요한 모든 정보, 즉 가능한 모든 대안과 각 대안의 장단점과 각 대안에 내포되어 있는 가능한 위험성을 객관적인 입장에서 충분히 설명하지 않았다면 비록 클라이언트가 결정했다 하더라도 그 결정 결과에 대해서는 사회복지사도 책임을 져야 할 것이다.

스스로 내린 결정에 스스로 책임을 지는 것을 강조하지 않는 사회에서 클라이언트의 알권리를 존중한다는 것은 클라이언트와 사회복지사에게 모두 불편한 것일 수 있다. 클라이언트의 의존성이 높은 경우나 사회복지사가 클라이언트가 호소하는 문제에 대한 충분한 지식이나 정보를 갖고 있지 못할 때에는 더욱 그럴 것이다. 그러므로 사회복지사가 알권리보다 비밀보장권리를 우선시 할 때에는 그러한 결정이 혹시라도 클라이언트의 무책임성을 수용하는 것은 아닌지, 그리고 사회복지사 자신의 무능함 또는 실수를 감추기 위한 것은 아닌지 다시 한번 자신의 결정 근거를 검토해 보아야 한다. 사회복지사는 클라이언트를 더 효과적으로 돕기 위하여 클라이언트의 알권리를 적극적으로 존중해야 하고 이를 위해서는 자신이 담당하고 있는 실천분야에 관해 더 깊이 있는 지식과 정보를 획득하기 위해 더욱 노력해야 한다. 우리가 살고 있는 정보화 시대는 사회복지실천 현장에서 일하는 사회복지사에게 클라이언트의 알권리에 대한 적극적인 수용과 사회복지 개입 결과에 대한 더 분명한 책임을 요구하고 있기 때문이다.

참고문헌

두산세계대백과, http://www.encyber.com
박인선, "비밀보장과 알권리", 『사회복지실천과 윤리』, 한울아카데미, pp.68-71,
    1995.

Article 19 (1999), The public's right to know: principles on freedom of
    information legislation, international standards series,
    www.article19.org/docimages/1696.doc.

Aumend, S. & Barrett, Marjie (1984), "Self-concept and attitudes toward
    adoption: a comparison of searching and nonsearching adult
    adoptees", *Child welfare*, Vol.63, No.3, May-June, pp.251-259.

Bowlby, J. (1969), *Attachment and loss*, Vol.1: Attachment, NY: Basic Books.

Brodzinsky, D. M., et. al. (1992), *Being adopted: the lifelong search for self*, NY:
    Doubleday.

Bueermann, Chief Jim (1999), "Where is the balance between the public's right
    to know and the victim's right to privacy?", Crime mapping research
    center.

Charter88 Unlocking Democracy (2003), 'Freedom of information',
    http://www.charter88.org.uk/pubs/facts/enq_foi.html

Hagg, Michael Arthur (1989), *Identity and The Search for Origins: A Study of
    Adult Adoptees*, Doctoral Dissertation, University of California, Santa
    Cruz.

Haims, Erica & Timms, Noel (1985), *Adoption, identity and social policy: the
    search for distant relatives*, Vermont: Gower publishing company.

Jones, Mary Ann (1976), *The sealed adoption record controversy report of a
    survey of agency policy, practice and opinions*, NY: CWLA.

Kirk, H. D. (1987), "Shared fate as biography: a theory of adoption in the making", *Exploring adoptive family life: the collected adoption papers of H. David Kirk*, B.J. Tansey, ed. 1988, WA: Ben-Simon Publications.

Kowall, Katherine A. & Schilling, Karen M. (1985), "Adoption through the eyes of adult adoptees", *American journal of orthopsychiatry*, vol. 55, No. 3, July, pp.354-462

Loper, Nancy (1976), *A comparative study of the personality factors and social histories of three groups of adopted adults*, Dissertation, California school of professional psychology, MI: UMI dissertation information service.

Menlove, F. L. (1965), "Aggressive symptoms in emotionally disturbed adopted children", *Child development*, Vol.36, pp.519-32.

Mental Health InfoSource (1999), 'Ask the expert: right to know diagnosis' http://www.mhsource.com/expert/exp1032299b.html

NASW (1999), Code of ethics of the national association of social workers.

Nemovicher, J. (1960), "A comparative study of adopted boys and non-adopted boys in respect to specific personality characteristics", *Dissertation abstracts international*, Vol. 20, p. 4722.

Queen' s University (1999), 'Freedom of information and protection of privacy guidelines' , http://www.queensu.ca/secretariat/senate/policies /access/freedom.html.

Reamer, Frederic G. (1982), *Ethical dilemmas in social service*, NY: Columbia university press, pp.120-23.

Sachdev, Paul (1989), *Unlocking the adoption files*, Canada: Lexionton Books.

Schechter, Marshall (1960), "Observation on adopted children", *AMA Archieves of general psychitry*, Vol.3, July, pp.21-32.

Simpson, Mark, et. al. (1981), "Adoptees in search of their past: policy induced strain on adoptive families and brith parents", *Family relations, Vol.30*, No.3, July, pp.427-34.

Smith, J. & Franklin, I. Miroff (1987), *You're our child: the adoption experience*, (NY: Madison Books), pp.2-3

Sobol, Michael & Cardiff, Jeanette (1983), "A sociopsychological investigation of adult adoptee's search for brith parents", *Family relations*, Vol.32, Oct. pp.477-83.

Sorosky, A. et. al. (1984), *The Adoption Triangle*, 2nd ed., NY: Doubleday.

The Campaign for Freedom of Information, "Why britain needs a freedom of information act", http://www.cfoi.org.uk/whyfoi.html

__________ , "Countries with freedom of information acts", http://www.cfoi.org.uk/foioverseas.html.

Toby Mendel (1999), "The right of the public to know and freedom of entertainment: information seen from the consumer's angle", Article 19.

Toussieng, P. W. (1962), "Thoughts regarding the ethiology of psychological differences in adopted children", *Child welfare*, Vol.41, Feb., pp.59-65.

Triseliotis, John (1973), *In search of origins: the experiences of adopted people*, London: Routledge and Kegan Paul

Verrier, N. Newton (1993), *The primal wound: understanding the adopted child*, MD: Gateway Press,

Waner, Janet Susan (1988), *A study of post-reunion adjustment in adoptees who have found their birth mothers*, Doctoral dissertation, California school of professional psychology at Berkeley/Alameda.

제10장

의학기술의 발달에 따른 윤리적 딜레마

윤 현 숙

1. 생명의료윤리의 문제

생명의료윤리에는 많은 복합적인 내용이 포함되어 있다. 따라서 윤리학 분야에서 가장 큰 분과 중 하나이다. 생명의료 분야에 포함되는 내용은 크게 다음의 3가지 차원으로 분류할 수 있다. 생명관련윤리, 분배관련윤리, 그리고 인간관계관련윤리가 그것이다(윤정로 외, 2001).

1) 생명관련윤리

생명과 직접 관련되는 윤리문제이다. 이것은 의학지식과 기술의 발전으로 새롭게 나타나는 문제를 말한다. 윤리적인 상황은 어떤 사람, 제도, 기술, 생각 등이 다른 사람에게 영향을 끼칠 때 발생한다. 의학이 발전하지 않았을 때에는 의사가 할 수 있는 일이 많지 않았고 질병의 경과에 큰 변화를 주지 못했기 때문에 자연(혹은 신)에게 그대로 맡겼다. 따라서 윤리적인 문제가 별로 발생하지 않았다. 그러나 의학지식과 기술의 발전은 인류의 건강 증진과 수명 연장에 크게 기여했지만 반대로 여러 가지 부작용 또는 윤리문제들을 새롭게 만들어 냈다.

예를 들어 심폐소생술이 발전하면서 사망 직전의 많은 환자들의 생명을 구하기도 했지만, 반면에 생명을 유지하고 연장할 뿐 삶의 질이 극히 낮은 상태나 의식이 없는 상태를 장기간 유지함으로써 인간존엄성을 훼손하고 가족과 사회에게 큰 부담과 경제적인 낭비를 초래하는 문제가 나타났다. 아직도 해결되지 않고 있는 '호흡기를 언제 뗄 것인가?', '살릴 것인가 죽도록 내버려 둘 것인가?', '뇌사도 사망인가?'라는 윤리문제와 안락사 문제는 논쟁의 초점이 되고 있다.

또한, 임신중절 수술을 안전하게 할 수 있는 기술이 발전하면서 수많은 태아가 살해되었다. 태아의 생명이 중요한가 아니면 어머니의 선택이 중요한가라는 문제는 사회의 큰 이슈로 등장했고 아직 이 갈등은 해결되지 않고 있다. 그리고 태아의 성감별이 가능해지면서 우리나라에서만 매년 수십 만 명의 여자 태아가 선택적으로 살해되고 있다. 이러한 성비의 파괴는 일찍이 경험하지 못한 큰 사회문제가 될 것으로 예상하기도 한다.

이렇듯 의료기술이 발전할수록 새롭고 해결하기 어려운, 그리고 사회에 크게 영향을 미칠 윤리문제가 발생한다. 시험관수정 기술이 발전하면서 아기가 없는 부부에게는 희망을 주었지만 대리모 문제는 물론, 사용하지 않은 수정란 문제, 아기의 친권 문제가 법적인 다툼으로 비화되고 있다. 또한, 유전자 조작 기술이 발전하면서 맞춤아기를 생산하는 것도 가능해지고 인간복제 문제도 현안으로 떠오르고 있다.

발전된 의학기술을 사용함으로써 나타날 부작용과 윤리문제를 사전에 예측해 내는 것은 인간으로서 한계가 있다. 실제로 실시해 보아야 비로소 어떤 문제가 나타나는지 알 수 있기 때문이다.

그럼에도 불구하고 과학자들은 명예나 부를 위해 항상 좋은 면만을 보여주면서 지식과 기술을 지속적으로 발전시키고 있고 또 그 기술을 실제로 적용하기 위해 노력하고 있다. 현재 많은 나라에서 배아세포를 이용한 연구나 인간복제에 쓰일 연구비를 제한하고 있지만, 많은 과학자들이 이러한 연구를 실제로 강행한다고 선언한 바 있다.

물론 발전에 따른 부작용을 우려하여 과학발전 자체를 제한하거나 중지시켜서는 안 된다. 그러나 발전된 기술을 사용해서 얻게 되는 부작용이 사회에 엄청난 문제를 제기하게 된다면 연구 과제나 연구의 우선순위를 과학자들에게만 맡길 수 없다는 것이 윤리학자, 종교인 그리고 많은 사회 지도자들의 생각이다.

2) 분배관련윤리

분배와 관련된 윤리문제이다. 이것은 발전된 의료지식과 기술을 적용한 대가가 대단히 고가라는 사실 때문에 나타나는 윤리문제이다. 첨단 의료기술은 그 가격이 비싸 모든 사람이 혜택을 받을 수 없고 일부 사람만 혜택을 받는다. 이때 국가 재정을 사용하는 것과 관련해서 우선순위 문제가 생긴다. 소수에게 혜택을 주기 위해 의료보험료를 전부 소모할 수는 없다. 만일 모든 사람에게 고가의 첨단 의료기술 혜택을 주기로 한다면 경제저으로 국기의 존립 자체가 어려워질 수도 있을 것이다. 예를 들어 아기가 없는 모든 부부에게 시험관아기 기술을 이용하여 아기를 낳게 하려면 아마 우리나라 건강보험 재정 전부를 여기에 쏟아 넣어도 부족할지 모른다.

다음으로 나타나는 문제는 자원의 한계에서 비롯한다. 예를 들어 신장이나 심장이식술을 받기 원하는 환자는 엄청나게 많다. 그러나 이식에 사용할 수 있는 장기는 극히 제한되어 있기 때문에 누구에게 먼저 그 장기를 이식해야 하는가는 실제로 심각한 윤리문제를 제기하고 있다. 젊은 사람, 부유한 사람, 사회에 기여를 많이 한 사람, 국회의원, 언론인, 과학자, 군인, 기자, 남자, 여자 등등 누구에게 먼저 장기이식의 기회를 주어야 하며 누가 그 결정을 할 수 있을 것인가, 이 점도 아직 윤리적으로 해결하지 못하고 있는 문제 중 하나다.

3) 인간관계관련윤리

인간관계 윤리이다. 여기에서는 의사와 의사, 의사와 환자, 의사와 타 의료종사자 간의 관계에서 생기는 윤리문제들을 중요하게 다룬다. 과거에는 모르고 지났던 문제가 시민의식과 인권의식이 발전하면서 새롭게 인식되고 있다. 그 중 의사와 환자의 관계에서는 인권침해나 착취가 오랫동안 형성되어 왔음이 드러났다.

의료인과 의료계는 그 동안 환자의 진료를 위해 최선을 다 했고, 그 결과 전염병을 대부분 성공적으로 극복했으며 평균 수명을 극적으로 연장해 인류에게 큰 공헌을 했다고 자부하고 있다. 그러나 그 이면에는 많은 윤리적인 문제가 도사리고 있음이 밝혀졌고, 그것이 사회가 의료계나 의료인에게 별로 좋지 않은 감정을 갖는 이유로 설명되고 있다. 이는 전 세계적인 현상으로 나타나고 있다.

의사와 환자와의 관계를 윤리적으로 들여다 본 결과 몇 가지 큰 문제를 발견하게 되었다. 무엇보다 고가의 현대의학은 일부 부유층에 한해서만 혜택을 줄 수 있다는 점, 그리고 의료지식과 기술을 독점하고 있는 의사는 특권 의식을 갖고 있을 뿐만 아니라 그 기술을 제공하는 과정에서 지나치게 권위적이고 비인간적이라는 점을 들 수 있다.

의사가 환자보다 유리한 위치에서 환자의 인권을 침해하는 경우도 허다했으며, 병원의 모든 행정이나 시설은 환자보다 진료진이 편리하도록 되어있다는 것도 알려졌다. 또 의학에 대한 지식이 없는 환자에게 환자를 위한다는 이유로 의료인은 쉽게 거짓말을 할 수 있다는 점도 드러났다.

이에 따라 모든 진료 과정에서 환자의 승낙을 받는 것, 환자를 인격적으로 대하는 것, 환자에게 질병의 진료 내용과 진료비에 대해서 자세하게 설명하는 것, 그리고 진료과정에서 노출되는 사생활이나 신체의 비밀을 공개해서는 안 된다는 것까지 포함하여 '환자의 권리 장전' 이 발표되게 되었다.

2. 생명의료윤리의 판단 기준

생명의료윤리에서 여러 가지 윤리문제가 제기될 때 옳고 그름을 판단하는 기준은 무엇인가? 물론 윤리학에서 일반적으로 사용하는 기준, 원칙은 있다. 벤덤이나 밀의 철학에 바탕을 둔 공리주의(utilitarianism), 칸트의 철학에 바탕을 둔 의무론(deontology, duty oriented thinking), 공자나 아리스토텔레스의 철학에 바탕을 둔 덕 윤리(virtue ethics), 그리고 최근에 가장 각광을 받는 롤스(John Rawls)의 권리론 등은 생명의료윤리의 판단 기준으로 널리 사용되고 있다.

그러나 생명의료윤리에서 고유하게 사용하는 4가지 윤리판단원칙이 있다. 자율성존중(respect for autonomy)원칙, 악행금지(nomaleficence)원칙, 선행(beneficence)원칙, 그리고 정의(social justice)원칙이 그것이다(김일순, 2001).

1) 자율성 존중 원칙

자율성존중원칙은, 모든 인간은 특정 환경과 상관없이 독립적이고 무조건적인 가치를 지니며 자신의 생명을 스스로 결정할 능력이 있다는 인간존중사상을 배경으로 한다. 다시 말해서 한 사람의 자율적인 선택을 존중하고, 자율적인 선택은 곧 개개인의 자유를 인정해야 함을 뜻하는 것이다. 그러나 이 자유는 타인에게 해악을 끼치지 않는 범위 내에서의 자유를 의미한다.

이 원칙은 의사와 환자와의 관계 그리고 과학자의 연구 영역에 중요한 지침을 제공해 준다. 과학자의 연구는 최대한 존중해 주어야 하고 연구과제 결정의 자유도 최대한 보장해 주어야 하지만, 그 연구결과가 다른 사람에게 해악을 끼치지 않는 범위 내에서만 자유를 인정할 수 있는 것이다.

2) 악행 금지 원칙

악행금지원칙은 남에게 해악을 끼치지 말라는 가장 오래되고 기본적인 윤리지침에 근거한다. 해악이란 개념은 넓게는 명예, 재산, 사생활, 자유 등을 훼손하는 것을 의미하지만 윤리학에서는 이보다 좁은 의미인 신체적, 심리적 이해 관계의 훼손을 뜻한다. 즉, 살인하지 말라, 타인에게 고통을 가하지 말라, 타인을 불구로 만들지 말라, 타인을 화나게 만들지 말라, 타인의 재화를 빼앗지 말라 등으로 구체화할 수 있다.

남에게 해악을 끼치지 말라는 윤리원칙은 너무도 당연한 것이다. 일반적으로 의료행위나 연구행위는 이러한 원칙과 거리가 먼 것처럼 보일지 모르나, 전체 의료행위나 인간을 대상으로 하는 연구과정과 결과는 이 원칙과 갈등을 빚거나 상충되는 경우가 많다.

3) 선행 원칙

선행원칙은 타인의 자율성을 존중하고, 타인에게 해악을 가하지 말 것을 요구하는 정도를 넘어 더 적극적으로 타인의 복지에 기여할 것을 요구한다. 다른 사람에게 이득을 주려고 하는 모든 형태의 행동을 말한다. 자비로운 행위, 동정적인 행위, 친절한 행위, 이타주의, 사랑, 인술 등이 여기에 포함된다.

의사가 환자를 진료하거나 연구자가 새로운 기술을 개발하여 이를 환자에게 적용하는 것은 윤리적으로 선행의 원칙으로 인정되며 칭찬 받아야 마땅하다. 그러나 예를 들어 안락사는 어떻게 보면 환자에게 선행을 하는 적극적인 행위이지만, 다른 한편으로는 환자의 생명에 악행을 가하는 것이어서 이 두 원칙이 서로 상충된다. 새로운 기술이나 연구결과를 적용하는 것도 마찬가지다. 이러한 경우 두 원칙이 서로 상충되는 것을 최소화하기 위해 노력해야 한다.

윤리판단 원칙은 대부분 해서는 안 된다는 데 초점을 맞추고 있지만, 선행

원칙은 그보다 더 적극적으로 다른 사람에게 선행을 하라고 요청하는 이상적인 원칙이다. 물에 빠진 사람을 보고 구하기 위해 노력하지 않거나, 응급환자를 보고 어떤 조치를 취하지 않는다고 하면, 그것은 선행의 원칙에 입각하여 비판을 받게 된다. 그러나 많은 경우 선행을 하지 않는다고 해서 비윤리적인 것은 아니다. 예를 들어 장기기증은 선한 행위이지만 장기를 기증하지 않는다고 해서 비윤리적이라고 할 수는 없는 것이다.

일반적으로 최첨단 의학기술을 적용할 때 선행의 원칙에 따라 올바른 행동으로 인식할 수도 있지만, 종종 악행 금지 원칙에 위배되는 경우도 있다.

4) 정의의 원칙

정의의 원칙은 주로 분배와 관련된 것이다. 의료와 첨단 기술의 혜택은 정의롭게 분배되어야 한다는 것이다. 정의롭다는 것은 각 사람들에게 정당한 몫을 돌려주는 것을 말한다. 그러나 정당한 몫이 얼마인가 결정하는 것은 쉽지 않다. 이미 설명한 바 있듯이 신장이식수술을 받기 원하는 환자는 많은데 이식할 수 있는 신장은 하나밖에 없을 때 누구에게 주는 것이 정의로운가 하는 물음과 같다.

생명윤리에서 정의의 문제는 크게 거시적인 차원과 미시적인 차원으로 나눌 수 있다. 예를 들어 거시적인 것은 한정되어 있는 연구비를 어떤 분야의 연구에 우선 지급해야 하는가와 관련이 있다. 미시적인 차원에서는 장기를 어떻게 분배하는 것이 정의로운가와 관련된 것이다.

그러나 여기에서 가장 큰 문제는 과연 무엇이 정의로운 분배이며 그것을 결정하는 기준은 과연 있는가 라는 점이다. 여기에 적용할 수 있는 몇 가지 서로 상반되는 이론은 있다. 즉, 공리주의, 평등주의, 자유주의 원칙 등이다. 하지만 이 분배이론들은 오랜 기간 여전히 서로 갈등과 상충 관계로 남아 있다.

3. 사례연구: 선천성 장애를 가진 미숙아에 대한 개입

사례 10-1

척수 기형의 일종인 낭상이분척추(spina bifida systica)를 지닌 채 태어난 아기를 신생아 중환자실 담당의사가 사회복지사에게 의뢰하였다. 아기를 수술할 것인지에 대해 부모가 결정을 내리는 데 사회복지사의 도움과 의견이 필요하다는 것이었다. 부모는 20대 후반으로 이 아기가 첫 아이이다. 아버지는 회사 기능공으로 현재 2000만 원 전세에 살고 있다. 낭상이분척추는 선천성 기형으로 수술 후에도 하지마비와 대소변기능 악화를 초래할 수 있어 배뇨와 배변을 하지 못하고 정신지체를 동반하는 심각한 중증장애이다. 그러나 수술을 받지 않으면 수개월 내에 사망할 것으로 예측할 수 있다. 담당의사는 부모에게 아기의 의료상황에 대해 상세하게 알려 주었으며, 수술을 통해 최선을 다하는 것이 옳다고 생각하며 그렇게 하고 싶다는 의견을 제시하였으나 부모의 동의를 강요하지는 않았다.

1) 제기되는 윤리적 딜레마

이 사례는 과거에는 사망하였을 아기가 새로운 의학기술 발달로 생명을 구할 수 있게 되면서 새로운 윤리적 문제가 제기된 경우로, 선택의 결정과정에서 다음과 같은 서로 상충되는 윤리적 딜레마를 경험할 수 있다.

- 신생아의 '생명 존엄성'과 '삶의 질' 문제
- 부모의 '선택의 자유'와 '삶의 질' 문제
- '사회적 비용'과 '가치'의 문제

• 누가 '신생아 문제에 결정권'이 있는지와 관련된 문제

(1) 신생아의 생명의 존엄성과 삶의 질 문제

① 인간생명의 존엄성

인간은 인간으로 태어났기 때문에 동등한 품위와 가치를 지닌다. 신생아는 태어나는 순간부터 정상이든 장애를 지니든 간에 인간이며, 상황이 어떻든지 치료를 하지 않으면 죽는 것이 확실한 경우 치료하지 않는 것은 적극적인 살인으로 간주된다. 그러나 실제 의료기관에서, 특히 신생아 사망은 치료중단과 관련이 있는 경우가 많다. 즉, "가망이 없는 환자(hopelessly ill)"를 죽도록 허락하는 것을 받아들이고 있다. "가망이 없는 환자"라는 개념은 두 가지 윤리적 문제를 제기한다. 첫째, 어떤 근거에서, 어떤 기준에 따라 가망이 없는 것으로 판단되는가? 둘째, 단지 생명을 유지만 하는 삶은 의미 없을 것이라고 판단할 수 있는 기준은 무엇인가?

② 삶의 질 기준

현대 의학기술은 거의 모든 사람의 생명을 유지하게 할 수 있다. 그러나 이는 동시에 삶의 질에 대해 판단을 내려야 하는 책임을 부여한다.

맥커믹(McCormick)은 생명유지에 관한 결정은 환자가 치료 후에 경험하게 되는 삶의 종류(kind of life)에 기반하고 있다고 보고하였다. 생명은 그 자체로 유지되기보다 다른 가치를 위한 조건이며 다른 가치들이 달성될 수 있을 때에만 유지되어야 한다는 것이다. 다른 가치란 인간관계(human relationship) 속에서 발견되며 단지 생명을 유지하기 위한 불필요한 노력이 계속될 때 생명의 의미는 위협을 받는다. 왜냐하면 고통과 극도의 박탈(deprivation) 상태에서 인간관계를 형성, 유지한다는 것은 불가능하며 따라서 의미 있는 삶을 누릴 수 없기 때문이다. 맥커믹은 심각한 장애를 동반한

신생아의 생명을 유지하는 것과 관련된 결정은 아이의 잠재적인 인간관계형성 능력에 따라 판단해야 한다고 주장한다.

하굿(Habgood)은 의미 있는 삶의 기준으로 뇌의 기형(malformation) 정도를 제안한다. 즉, 심각한 뇌 기형은 인간관계를 형성할 수 없게 하기 때문이라고 설명한다.

플렛처(Fletcher)는 인간성(humanhood)의 기준으로 최소한의 지능과 자아인식(self-awareness), 시간감각(sense of time), 인간관계를 맺을 수 있는 능력(ability to relate to others), 타인에 대한 관심(concern for others), 의사소통(communication), 호기심(curiosity)을 제시하고 있다.

더프(Duff)는 사랑하고 사랑 받는 능력(capacity to love and be loved), 독립성(to be independent), 이해하고 기대하며 미래를 계획하는 능력(to understand, anticipate, and plan for the future)을 의미 있는 인간성으로 제시하였다.

그러나 신생아 치료를 결정하는 데에 이러한 기준을 사용하는 것은 몇 가지 문제가 있다.

첫째, 치료결정은 치료 후 신생아가 경험하게 되는 삶을 예측함으로써 가능한데, 대부분 의료적 상황에서 신생아가 성장하면서 어느 정도 장애를 지니게 될지 정확하게 예측하기란 매우 어렵다.

둘째, 최소한으로 의미 있는 삶이 무엇인지 판단하는 것 자체가 매우 어렵다. 한 예로 실제 매우 심각한 장애를 입고 도저히 삶의 희망이 없는 것으로 보이는 중증장애인들이 행복하게 사는 모습을 볼 수 있다.

셋째, 앞에서 몇몇 학자들이 제시한 의미 있는 삶의 기준을 적용하여 치료를 결정하더라도 신생아의 경우 이러한 기준을 사용하여 능력을 평가할 방법이 없다는 점이다. 우리는 단지 신생아가 처한 상황만 알뿐이며 아기의 삶의 태도나 의지, 능력을 파악할 수는 없는 것이다. 더욱이 신생아 치료에 대해서는 일반적으로 신체적으로나 정신적으로 정상적인 사람이 판단한다는 사실이 문제를 더욱 어렵게 만든다. 출생 당시부터 장애를 갖고 태어나 정상적인 삶을 경험하지 못한 경우, 과연 정상인들이 생각하는 대로 심각한 결핍을 경험하는지 의문이다.

그렇다면 아이가 의미 있는 삶을 살 수 있는 최소한의 능력을 무시하지 않기 위해 그런 최소한의 능력이 있는 한 의료기술을 총 동원해서 치료해야 하는가?

(2) 부모의 선택의 자유와 삶의 질 문제

심각한 장애를 지닌 신생아 치료와 양육은 가족의 경제적 자원을 고갈시킬 수 있다. 아동은 결코 완전한 정상인이 될 수 없기 때문에 지속적으로 치료와 양육이 필요하다. 중증장애아동의 출현은 가족구성원의 생활양식뿐 아니라 가족관계에도 방해가 될 수 있고, 특히 부모는 만성적인 슬픔(chronic sorrow)을 경험하고 심리적으로 고통을 받게 된다. 수술을 통해 아동의 생명을 살릴 수는 있지만 수술 후 심각한 중증장애아동을 돌보는 부모의 고통과 부담은 어떻게 해야 하는가? 아동의 생명과 부모의 고통과 부담 중 어느 것이 우선되어야 하는가? 출생 후 바로 자식을 잃어버리는 고통보다 심각한 장애를 지닌 자식을 오랫동안 돌보아야 하는 고통이 더 어렵고 힘든 것일 수도 있고, 반면 자식의 생명을 위해 최선을 다하지 않았다는 이유로 죄의식에 더 많이 괴로워 할 수도 있다. 혹은 장애아동을 돌보면서 가족 간에, 부부 간에 더욱 성숙된 관계를 경험하거나 자기충족을 경험할 수도 있을 것이다.

심각한 장애를 지닌 아동을 돌보는 것이 부모나 가족에게 감당하기 힘든 고통과 부담을 준다면 시설에서 양육하는 대안도 고려할 수 있다. 그러나 장애아동 시설보호 또한 다음과 같은 몇 가지 어려운 문제를 제기한다.

첫째, 아동이 죽는 것보다 가족을 떠나(가족으로부터 버려져서) 시설에서 양육되는 것이 아동에게 의미 있는, 가치 있는 삶인가?

둘째, 아동이 시설에서 양육된다고 하여 부모의 고통이 사라지는 것은 아니라는 점이다. 시설에 보냄으로써 자식을 버렸다는 죄의식과 주위로부터의 비난에 시달릴 수 있다. 또 아무리 좋은 시설이라도 자식에게 필요한 개인적인 보살핌과 사랑을 주지 못한다는 사실을 알면서도 아이를 시설에 보낼 수밖에 없다는 죄의식이 있을 수 있다.

셋째, 많은 장애아동 부모는 자신이 아동보다 먼저 세상을 떠날 수도 있다는 사실에 두려워한다. 부모가 죽은 후에 자식을 누가 얼마나 잘 돌보아 줄 것인지 걱정한다. 가정에서 자라난 아이는 부모의 죽음 후 시설로 보내질 것이며, 이때 부모를 잃은 것에 더해 시설이라는 새로운 환경에 얼마나 잘 적응할 수 있을지 문제이다. 시설에서 양육되던 아이는 누가 아이를 방문하고 아이 양육을 감독할 것인지 두렵고 불안해한다.

헤이만과 홀츠(Heymann & Holtz)는 아동의 치료혜택이 가족이 겪는 고통이나 부담보다 훨씬 적은 것으로 판단하여 아동을 치료하지 않는다는 결정은 근본적으로 가족관계가 지니는 가치에 위협이 될 수 있다고 지적한다. 가족관계란 서로의 기쁨은 물론 고통도 함께 나누고 서로 돌보아 주는, 가족성원 간의 애착(commitment)을 기반으로 한 것으로 가족의 이익을 위해 아동의 치료를 포기하는 것은 가족의 존재 자체를 부정하는 것이기 때문이다.

그러나 가족이 겪는 경제적 손실과 부담은 현실적으로 매우 고통스러운 것이다. 따라서 아동이 치료를 통해 얻는 혜택보다 가족이 겪는 경제적 손실이 훨씬 더 크다면 치료를 하지 않는 것이 정당화될 수도 있을까? 다음 사항을 질문해 볼 수 있다.

- 치료를 통해 아이가 얻는 혜택은 돈으로 계산할 수 있는 성질의 것인가? 어떻게 계산할 것인가?
- 가족의 경제적 부담을 덜어 주기 위해 사회적 지원을 동원할 수 있다면, 치료를 받게 하는 것이 정당화될 수 있는가?

(3) 사회적 비용과 가치의 문제

① 사회가 부담하는 경제적 비용 : 자원분배의 문제

사회가 필요로 하는 경제적 자원은 제한되어 있기 때문에 어느 정도 규모의 돈을 어디에 쓰는가에 대해서 결정 내려야 한다. 사회적 자원이 필요한 다양한 의료적 상황에서 어떤 환자에게 어느 정도 비용의 치료를 제공해야 하는가를 결정해야 하는 것이다.

그렇다면 어떤 기준에 따라 환자를 선택하고 치료를 제공할 것인가? 먼저 병원에 온 순서대로 치료를 제공할 것인지, 조금씩이나마 필요한 사람들에게 모두 공평하게 나누어 줄 것인지, 공리주의 원칙대로 예후가 좋은 순서대로, 즉 치료 후 사회에 기여할 가능성이 높은 순서대로 제공할 것인지, 자원분배의 기준을 결정하는 것은 매우 어려운 작업이다.

자원의 비용-효과 측면에서 보면 또 다른 문제를 제기할 수 있다. 중증장애를 지닌 신생아를 치료하기 위해서는 최신의 기술과 장비를 동원해야 하기 때문에 매우 고가일 수밖에 없다. 치료가 한 번에 끝나는 것이 아니라 계속해야 하는 경우 엄청난 비용이 소요된다. 효과면에서도 정상적으로 기능을 회복할 가능성이 매우 낮기 때문에 치료하지 않는 것이 오히려 합리적이라고 생각될 수도 있다.

② 사회적 가치의 문제

비용-효과면에서는 중증장애 신생아에 대한 치료가 비합리적인 것으로 평가될 수도 있으나 사회적 가치 측면에서 보면 치료를 포기하는 것이 커다란 손실일 수 있다. 인간생명의 존엄성이나 사회적 공동책임과 같은 사회가 중요하게 생각하여 지키고자 하는 가치가 크게 위협받기 때문이다.

중증장애 신생아를 '쓸모 없는 인간' 이나 '살 가치가 없는 인간' 으로 판단하여 치료를 제공하지 않는다면 인간생명의 존엄성을 위협하여 마치 나치독일의 유태인 학살이나 일본 군국주의가 자행했던 인간생체실험과 같은 행위도 정당화될 수 있는 것이며, 극단적으로는 병든 노인이나 장애 아동에 대한 학대, 살인과 같은 행위도 정당화될 수 있는 매우 위험한 결과를 초래할 수도 있다.

사회는 사회를 구성하는 구성원이 절박한 상황에 처해 있을 때, 구성원을 포기하거나 내버려두어서는 안 되는 공동책임을 강조한다. 따라서 구성원이라는 확신을 갖도록 많은 노력을 기울이고 있다. 중증장애아동의 치료를 거부하였을 때 사회적 공동책임의 가치를 유지할 수는 없을 것이다.

(4) 누가 신생아 문제를 결정할 권한이 있는가

신생아는 자신의 치료 여부를 결정할 수 없기 때문에 누군가가 결정을 내려야 한다.

더프(Duff)는 신생아 부모가 최종적인 결정권을 가져야 한다고 주장한다. 부모는 아이와 가장 깊이 관련된 당사자로 아이에 관한 결정은 결국 부모 생활 전반에 가장 많은 영향을 미치기 때문이다. 더프는 자신의 오랜 임상경험을 통해, 장애아동 부모가 슬픔이나 좌절에 휩싸여 올바르게 결정을 내릴 수 없는 경우는 매우 드물었다고 주장하면서, 결정 내용이 의료적인 것만이 아니기 때문에 가족의 의견, 특히 부모의 의견은 존중되어야 하며 궁극적으로 부모의 선택의 자유가 보장되어야 한다고 언급했다.

헤이만과 홀츠는 아이의 이익과 부모의 이익이 서로 갈등상태에 있기 때문에 부모에게 결정권을 주는 경우 아이의 이익이 희생될 가능성이 매우 높고, 따라서 이해집단 대표로 구성된 위원회를 조직하여 위원회에서 결정하도록 하는 것이 바람직하다고 제안하였다.

전문가들로 구성된 '헤이스팅센터회의(Hasting center conference)' 에서는 헤이만과 홀트의 제안에 반대하였으며, 칼라안(Callahan)은 부모와 달리 위

원회가 감정적인 거리를 지니고 있다고 해서 더 바람직한 결정을 내린다고
볼 수는 없으며, 오히려 위원회와 같은 사회적 단체에게 결정권을 위임하는
경우 비용-효과 측면에서 치료를 거부할 가능성이 높다고 지적하였다. 헤이
스팅센터회의에서 제시된 지침은 부모와 의사가 협조해서 결정을 내려야 하
며 의사와 부모 간에 의견이 일치되지 않을 경우 부모가 아이에 대한 일차적
인 책임이 있기 때문에 부모의 결정이 우선되어야 한다고 하였다.

2) 윤리적 딜레마와 사회복지 전문직의 가치, 그리고 윤리적 선택

본 주제와 관련해서 제기되는 사회복지 전문직의 주요한 가치는 다음과 같다.

- 생명(life)의 존엄성
- 자유(freedom) : 선택의 자유, 자기결정권
- 정의(justice) : 치료기회의 평등, 자원과 기회에 대한 평등한 접근 가능성
- 행복(happiness) : 삶에 대한 만족과 기쁨

이러한 가치들은 서로 상충하는 윤리적 딜레마를 제기한다. 즉, 하나의 가
치를 옹호하는 것이 다른 가치를 위협하는 것일 수도 있다. 예를 들어 위 사
례에서 아이의 생명의 존엄성 대 부모의 선택의 자유, 행복을 추구할 자유는
서로 상충될 수 있다. 또 똑같은 가치가 한 개인에게는 소중하지만 다른 개인
을 희생시키는 것일 수도 있다. 마찬가지로 위 사례에서 아동의 행복 대 부모
의 행복은 서로 상충될 수 있다.

그렇다면 이러한 윤리적 딜레마에 대해 사회복지사는 어떠한 입장을 취해
야 하는가? 사회복지사 윤리강령에서 제시하는 지침을 중심으로 사회복지사
가 취할 수 있는 몇 가지 윤리적 선택에 대해 살펴보도록 하자.

(1) 평등한 치료기회

인간생명의 존엄성과 아동의 이익을 위해 신생아에게 수술을 제공하는 입장을 취해야 하는가

아동의 이익을 옹호하는 입장은 사회복지사의 윤리강령이 제시하는 원칙에 따라 지지를 받는다. 전미사회복지사협회 윤리강령을 살펴보면 이에 대해 다음과 같이 설명한다.

첫째, 사회복지사는 정신적 혹은 신체적 장애를 기반으로 하거나, 다른 어떤 선호를 기반으로 하거나, 개인적 특성이나 상황, 지위를 기반으로 하여 클라이언트를 차별하거나 차별하는 행위에 협조해서는 안 된다.

둘째, 다른 사람이 클라이언트의 권한을 대행할 때 사회복지사는 클라이언트의 이익을 최대한 보장하기 위해 대리인과 함께 노력해야 한다.

셋째, 사회복지사는 누구나 인간에게 필요한 자원이나 서비스, 기회에 접근할 수 있는 기회를 갖도록 노력해야 한다. 마지막으로 사회복지사는 모든 개인이 최대한 선택권과 기회를 누구나 가질 수 있도록 해야 한다. 특히 사회적 불이익을 받거나 억압받는 집단과 개인의 편에서 활동해야 한다.

인간존재에 내재된 본래의 존엄성에 대한 사회복지 전문직의 역할을 강조하는 것에 더하여 이 원칙들은 사회복지사가 신생아를 옹호하는 입장을 정당화한다.

그러나, 신생아를 옹호하는 입장은 여전히 명확하지 못한 상태이다. 어떤 사회복지사는 아이의 상태에 상관없이 치료를 주장할 수 있다. 생명의 존엄성은 어떤 종류의 생명이든 가장 중요한 가치이기 때문이다. 반면에 다른 사회복지사는 아이의 상태에 관해 평가하고, 예후를 고려해서 삶의 질을 평가해야 한다고 주장한다. 즉, 사회복지 전문직이 제시한 윤리원칙에 입각하여 아이를 옹호하는 입장은 최소한의 삶의 질을 기대할 수 있을 때에만 적용해야 한다고 주장할 수도 있다.

(2) 자유선택결정권

부모의 이익을 고려하여 부모가 결정하도록 해야 하는가

부모의 선택의 자유가 우선되어 부모에게 결정권을 주는 경우, 사회복지사는 부모가 올바른 결정을 내릴 수 있도록 선택 가능한 대안들을 제공하고 각 대안이 지니는 장단점을 상세하게 설명해야 한다. 사회복지사는 상담가(advisor) 역할을 하게 되면 사회복지사의 개인적 의견을 밝힐 수도 있으나 궁극적인 결정은 부모가 내리는 것이며 부모의 결정이 사회복지사의 의견과 반대되는 것이라 할지라도 부모의 결정을 존중해주어야 한다.

(3) 결정과정참여

어떠한 의견도 제시하지 않고 다른 사람이 결정하도록 해야 하는가? 그렇지 않다면 사회복지사는 어느 정도 적극적으로 결정과정에 참여할 것인가

부모가 위기상황에 있어 올바른 판단을 내릴 수 없거나 부모의 이익과 아이의 이익이 상충되기 때문에 부모에게 전적으로 결정권을 주어서는 안 되는 경우, 부모와 다른 의료전문직 간에 협조적인 결정을 내리는 것이 필요할 수 있다. 부모의 의견뿐 아니라 의사, 간호사, 사회복지사 및 신학적 견해 등 다양한 견해를 모아 토의해야 하며, 이 경우 사회복지사는 자신의 의견을 명확히 해야 한다. 그리고 결정과정에서 의견이 통일되지 않는 경우 다시 누가 궁극적인 결정권을 가져야 하는가에 대해 결정해야 한다.

사회복지사는 중증신생아 치료라는 특정한 상황에 대해 다음 세 가지 측면에서 윤리적인 결정을 내려야 한다.

- 서로 상반된 이해로 갈등상황에 있을 때 어떤 가치를 우선해야 하는가?
- 누구의 이해를 보호해야 하는가? 사회복지사는 누구를 위해 일해야 하는

가? 그리고 사회복지사의 클라이언트는 과연 누구인가?

- 사회복지사는 결정과정에 어느 정도 개입해야 하는가?

사회복지사에게 주어진 윤리적 대안을 평가하고 선택하는 데 있어서 사회복지사 자신의 개인적인 편견을 의식하는 것은 매우 중요하다. 사회복지사의 가족배경이나 생활경험은 삶의 질과 특정 가치의 중요성에 대한 자신의 판단에 중요한 영향을 미친다. 사회복지사 자신이나 주위에서 중증장애아동을 양육한 경험이 있다면 자신의 경험에 따라 선택하기 쉽다. 자신의 윤리적 입장이 얼마나 객관적인지 지속적으로 평가할 수 있는 자기훈련과 자아인식이 필요하다.

참고문헌

김일순, "생명 윤리의 개념",『생명의 위기 - 21세기 윤리의 쟁점』, 윤정로 외, 푸른나무, pp.11-26, 2001.

서울대학교 의학교육연수원 편,『임상윤리학』, 1999.

양옥경 외,『사회복지실천과 윤리』, 한울아카데미, 1993.

윤정로 외,『생명의 위기 - 21세기 생명 윤리의 쟁점』, 푸른나무, 2001.

윤현숙, "중증장애 신생아의 치료와 윤리적 딜레마",『사회복지실천과 윤리』, 양옥경 외, 한울아카데미, pp.174-190, 1993.

제11장

가치유보 대 가치표명의 윤리적 딜레마
— 여성주의에 관련된 가족문제에 초점을 맞추어

이 은 주

전통적으로 전문가는 자신의 개인적 가치를 클라이언트에게 부여해서는 안 되며 클라이언트의 행위에 대해서 판단을 보류해야 한다(Loewenberg & Dolgoff, 2000: 149). 이러한 기대를 가치중립이라고 한다. 이는 가치중립적인 과학적 태도를 중요시하는 사조와 함께 사회복지실천의 전통적 원칙으로 자리잡아 왔다.

그러나 사회복지실천 현실은 항상 그렇게 단순하지 않다는 데에 어려움이 있다. 가치중립이나 가치판단 보류에는 두 가지 문제가 있다. 첫째, 과연 현실적으로 가능한 것인가. 둘째, 과연 바람직한가이다. 자기결정권을 논할 때 흔히 낙태에 대한 결정을 예로 든다. 사회복지사가 개인적으로 낙태를 반대하는 가치를 가진 경우에 클라이언트가 낙태하기로 결정했다고 하자. 이런 경우, 사회복지사는 클라이언트 본인의 결정을 존중하면서도 사회복지사 자신의 가치관에 위배되는 행동을 하지 않기 위해 그 클라이언트를 다른 사회복지사나 다른 기관에 의뢰하도록 교육받는다. 이는 겉으로 볼 때에는 분명히 사회복지사가 자신의 가치를 드러내지 않는 가치중립적 행동인 것처럼 보인다.

그러나 사회복지사가 자신의 가치를 드러내지 않으면서 클라이언트를 대하는 것이 과연 가능한가? 즉, 자신과 반대되는 가치를 가진 클라이언트와 일할 때, 사회복지사가 과연 은연중에 자신의 가치를 표출하는 것을 완전히 피할 수 있을까? 즉, 사회복지사가 클라이언트의 자기결정을 돕는 과정에서 클라이언트가 낙태하지 않는 쪽으로 은연중에(비어언적 의사소통 등) 유도할 가능성은 없을까? 그리고 그 사회복지사가 다른 사회복지사에게 의뢰하는 이유를 설명할 때, 클라이언트가 은연중에 비난받는 듯한 느낌을 가지지 않도록 할 수 있을까? 때로는 은밀하게 가치를 전달하는 것이 명확하게 전달하는 것보다 더 위험할 수 있다.

또한, 자기결정이라는 명목 아래 클라이언트의 결정과 이에 따른 행동에 대해 아무런 의견도 명시적으로 표현하지 않는 것이 과연 바람직하고 윤리적일까? 클라이언트가 현재 내린 결정이 장기적으로 긍정적일지 과연 누가 확신할 수 있을까? 물론 클라이언트가 스스로 결정한 결과에 대해서는 클라이언트 본인이 책임을 져야 할 것이다. 그렇다고 하더라도 혹시 사회복지사는 가치중립이라는 명목으로 클라이언트의 절박한 욕구를 회피하는 것은 아닐까? 이는 비윤리적 행동이나 무책임한 행동은 아닐까? 사회복지사는 결코 이러한 물음들을 피할 수 없다.

일반적으로 명확하게 사회규범을 위반하는 행동, 예를 들면 범죄, 폭력, 강간 등 타인의 복지에 심각하게 피해를 입히는 경우 사회복지사가 가치판단과 태도를 표명하는 것이 필요하다는 데에 동의한다(이영분 외, 2001).[1] 그러나 모든 행동, 모든 가치가 이렇듯 명확하게 구분되는 것은 아니다. 예를 들어서 부부 간 가사역할 분담, 자녀양육에서 체벌의 정도, 이혼, 음주, 피임, 동성애 등의 문제는 옳고 그른 것의 문제이기보다 개인의 생활방식이고, 개인의 생활방식 기저에는 개인의 가치관이 깔려 있다. 이러한 문제는 우리 생활에서 중요한 부분을 차지하며 따라서 사회복지실천에서 자주 접하는 문제들이다. 그러므로 사회복지사는 클라이언트의 문제를 다룰 때, 클라이언트의 가치 및

---

1) 이런 경우에도 그 행동은 수용하지 않되 그 인간은 수용하라는 것이 일반적 지침이다. 그러나 행동을 수용하지 않고 변화를 요구하면서 인간을 수용한다는 것은 대단히 어려운 일이다.

이를 대하는 사회복지사 자신의 가치를 다루지 않을 수 없는 것이다.

근래에는 가치중립적 개입이나 치료, 즉 전문가의 개인적 가치를 표현하지 않는 개입이나 치료는 불가능하다는 것에 일반적으로 동의하는 것처럼 보인다. 다시 말하여 전문가(사회복지사)가 아무리 가치중립적이려고 노력하더라도 사실상 완벽한 가치중립은 불가능하다는 것이다. 중립성이란 불가능하면서도 위험한 신화라는 것을 여러 문헌들이 공통적으로 지적하고 있다(Doherty & Boss, 1991; Odell & Stewart, 1993: 129; Loewenberg & Dolgoff, 2000: 156). 즉, 사회복지사가 어떤 것에 초점을 맞추는지, 어떤 것에 반응하고 어떤 것을 무시하는지, 개입의 목표를 어디에 두는지, 건강한 개인 및 가족은 어떠하다고 보는지 등 모든 개입 활동은 가치를 포함하고 있다. 따라서 사회복지사가 가지고 있는 가치관은 어떤 형태로든지 개입에 영향을 미친다. 사회복지실천은 본질적으로 가치를 함유하고 있으며 가치로부터 자유로울 수 없다.

그러나 그렇다고 해서 사회복지사가 자신의 가치를 클라이언트에게 언제나 노골적으로 표명하는 것이 바람직한가? 이러한 것을 사회복지실천에서는 조종, 강요, 설득이라고 부른다. 이는 클라이언트의 자기결정권에 위배되기 때문에 사회복지사가 결코 하지 말아야 할 행동이다(이영분 외, 2001). 클라이언트가 사회복지사의 가치에 영향 받는 일은 분명 바람직하지 않으며 더구나 이런 일이 은연중에 일어난다면 위험하기까지 하다. 이를 방지하기 위해서는 사회복지사가 첫 세션에서 자신의 가치를 분명히 밝혀야 한다는 주장도 있다. 그러면 클라이언트의 혼란을 피하고 클라이언트가 사회복지사를 선택할 수 있는 장점은 있다. 그러나 클라이언트의 자유로운 의사표현과 자기결정을 위한 탐색을 원천적으로 막을 우려도 있다. 실제로 사회복지실천 과정에서 원조관계를 성립하기 전에 사회복지사가 너무 일찍 자신의 가치를 밝히는 것은 클라이언트가 자신의 가치가 비판받는다고 느낄 수 있으므로 오히려 해롭다는 주장도 있다. 실제로 가치노출, 혹은 가치표명을 부적절하게 사용하거나 예상치 않은 상황에서 사용하면 오히려 해로울 수 있다(Lowenberg & Dolgoff, 2000: 153).

이렇게 가치중립이 불가능하다고 하면서도 동시에 사회복지사의 가치가 클라이언트에게 영향을 주는 일이 바람직하지 않다고 한다면, 사회복지사는 자신의 가치를 어느 정도, 어떻게 표명하는 것, 혹은 표명하지 않는 것이 바람직한가? 딜레마가 아닐 수 없다. 본 장에서는 이에 관하여 논의할 것이다.

사회복지사가 클라이언트의 문제를 다룰 때 가치와 관련되지 않는 문제는 없다. 따라서 본 장에서는 더 세밀하게 논의하기 위해 여성주의 가치에 관련된 가족문제에 초점을 두고 논의하고자 한다. 왜냐하면 사회복지실천에서 가장 즉각적이고 중요한 사회환경으로 가족은 중요하며, 가족문제의 많은 부분은 여성문제와 관련이 있기 때문이다. 실제로 전통적 가족주의 가치 대 여성주의 가치는 오늘날 우리 사회의 많은 분야에서 논란이 되고 있으며, 사회복지사가 만나는 많은 클라이언트가 이와 관련해서 어려움을 겪고 있다. 따라서 여기에서는 이런 문제에 관하여 우선 사회복지사와 클라이언트 간에 가치가 다를 때에 어떤 딜레마를 경험하게 되는지 논의한 후, 가족연대와 개인욕구 간의 딜레마에 관해서 논의할 것이다. 이러한 딜레마 상황에서 어떻게 하는 것이 바람직한가에 대해서는 통일된 결론이 존재하지 않는다. 따라서 여러 딜레마 상황에 대한 상반된 입장을 균형 있게 제시한 후, 이에 관한 토의를 덧붙일 것이다. 결국 사회복지사가 어떤 입장을 취할지 결정 내리는 것은 사회복지사 개인의 가치를 기반으로 한 선택이 될 수밖에 없다. 따라서 사회복지사가 자기 가치에 대해 인식하는 것이 얼마나 중요한지 논의함으로써 결론을 대신할 것이다.

1. 사회복지사와 클라이언트의 가치가 다를 때 겪는 딜레마

클라이언트와 사회복지사의 가치가 서로 조화를 이루는 것이 바람직하지만 실제로 일치하지 않는 경우가 더 많다. 이런 경우 사회복지사의 가치가 클라이언트의 결정에 영향을 미칠 가능성이 있으며, 더욱이 클라이언트와 사회복지사의 본질적인 권력 차이 때문에 윤리적 문제는 더욱 부각된다(Loewenberg & Dolgoff, 2000: 156). 사회복지사가 자신과 가치가 다른 클라이언트에게 어떤 입장을 취하는 것이 바람직한가에 대해서는 두 가지 상반된 입장이 있다. 한 입장은 가치중립이 가능하지 않더라도 적극적으로 클라이언트의 가치에 개입하지 않아야 한다는 입장이다. 다른 입장은 클라이언트의 가치를 사회복지사가 생각하는 바람직한 방향으로 적극적으로 변화시켜야 한다는 입장이다.

앞에서 밝혔듯이 이 장은 여성문제와 관련된 가족문제 위주로 논의할 것이며, 이 절에서는 이혼 문제 및 성 역할 문제에 관련된 딜레마를 논의할 것이다. 이러한 문제들은 개인, 가족, 사회의 가치를 나타내는 중요한 문제이다. 이 절에서는 위의 두 가지 문제에 관하여 상반된 입장을 살펴본 후, 바람직한 접근방법에 대하여 토의하고자 한다.

1) 이혼

부부갈등이 심한 경우 이혼 여부를 결정하는 것은 분명 부부 당사자에게 달려 있다. 그러나 실제로 부부갈등에 개입하는 상황에서 이를 완벽하게 지키기란 매우 어렵다. 왜냐하면 위에서 언급했듯이 사회복지사가 완전히 가치중립적인 것은 불가능하며, 사회복지사의 가치는 어떠한 방식으로든지 클라이언트에게 영향을 미치기 때문이다. 그렇다면 사회복지사는 어떻게 접근하는 것이 바람직한가?

여기에 대하여 마골린(Margolin)은 다음과 같은 두 가지 상반된 입장을 정리하였다. 한 입장은 부부의 이혼 여부는 오직 당사자만이 결정할 수 있으며, 따라서 어떤 경우라도 치료자는 자기의 의견을 명시적으로 표명하지 말아야 한다는 입장이다. 다른 입장(주로 여성주의 입장)은 치료자가 클라이언트를 위하여 결정을 내려 주어야 하는 상황이 존재한다는 입장이다. 즉, 클라이언트의 결혼생활이 매우 불행할 때, 모든 노력을 다했으나 효과가 없었을 때, 부부관계 개선 예후가 거의 0%일 때 치료자는 결혼생활을 끝낼 것을 충고할 책임이 있을 뿐만 아니라 이혼할 수 있도록 실질적인 도움을 주는 것이 더 윤리적이라는 입장이다. 그밖에 치료자의 의견을 전문가가 아닌 개인적인 입장에서 말할 수 있다는 주장도 있다(Margolin, 1982: 798-799).

미국과 같이 이혼으로 끝나는 부부상담도 실패했다고 간주하지 않는 사회에서는, 후자의 입장을 가지기에 사회적 압력이 덜할 수 있다. 그러나 우리나라와 같이 보수적인 가족 가치를 가진 사회에서는, 어떻게 하든지 이혼을 막는 방향으로 개입하는 것을 보다 바람직하게 보는 경향이 존재하는 것으로 생각된다. 실제로 필자는 "나는 부부상담을 시작할 때 이혼이란 있을 수 없다는 것을 못박고 시작한다"고 공언하는 상담자를 본 적도 있다. 결국 어떠한 입장을 취할지는 사회복지사의 가치관에 달린 것이다.

2) 성 역할

부부 간의 성 역할 규정과 관련되는 가치 문제는 가족 문제를 다룰 때 많이 접하게 되는 문제이다. 부부의 성 역할 문제는 클라이언트가 제시할 수도 있고, 그렇지 않은 경우 사회복지사가 개입과정에서 발견할 수도 있다. 부부의 성 역할 규정에 대한 사회복지사와 가족 간의 가치의 차이, 그리고 가족원들 간의 가치의 차이에 대하여 사회복지사가 어떻게 개입하는 것이 더 바람직한 것인지에 대해서는 많은 논란이 있다. 성 역할 문제에 있어서 사회복지사의 딜레마는, 전통적인 성 역할 규범(전형적으로 지배적인 남편과 복종적인 아내)에 따라 운용되는 가족의 경우, 이것이 사회복지사가 생각하는 건전한 가족의 목표에 부합하지 않을 때, 사회복지사는 클라이언트 가족의 성 역할 규정을 받아들여야 하는지 아니면 가족의 태도를 바꾸도록 시도해야 하는지의 문제이다. 그 어느 쪽이라도 윤리적 문제가 제기될 수 있다. 이에 대해서는 두 가지 상반된 입장이 있다(이은주b, 2000: 70-71).

한 입장은 클라이언트가 제시하지 않는 한, 성 역할 규정에 대하여 개입하지 말라는 것이다. 사회복지사가 개인적으로 우리 사회의 성 차별적 가치들이 변해야 한다는 것에는 동의하더라도, 사회복지사의 임무는 클라이언트가 제시하는 문제를 해결할 수 있도록 돕는 것이지 전통적 가치에서 해방시키는 것이 아니기 때문이다. 특히 클라이언트가 어떻게 해야 행복한지 알고 있다는 전제 아래 클라이언트가 제시한 문제 이상으로 삶에 변화를 일으키려고 시도하는 것, 다시 말해 자신의 가치를 부과하는 것은 윤리적으로 옳지 않다는 입장이다(Wendorf & Wendorf, 1985).

한편, 다른 입장, 즉 여성주의 입장은 사회복지사는 제시된 문제 이상으로 성 역할 문제에 개입해야 한다고 주장한다. 이러한 입장은 전통적 사회복지 실천은 전통적 성 역할을 강화시키는 경향이 있다고 비판한다. 즉, 사회복지사가 부부의 전통적 위계구조 및 이에 대한 가치관에 도전하지 않고 비심판적 태도로 수용하는 것은 비록 사회복지사가 의도하지 않더라도 전통적 가치를 존속하고 강화하는 데에 이바지하는 결과를 초래한다는 것이다. 따라서 경직된 전통적 성 역할 규정에 도전하고 이를 바꾸도록 노력하는 것, 즉 사회복지사가 바람직하다고 믿는 가치로 바꾸기 위해 노력하는 것이 더 윤리적이라는 입장이다(Jacobson, 1983; Avis, 1986).

마골린은 성 역할에 관련된 사회복지사의 개입방향에 관한 딜레마의 예로서 다음과 같은 사례를 들고 있다(Margolin, 1982). 남편은 아내가 가사일에 대한 책임을 다하지 않는다고 불평하고, 아내는 남편이 가사일을 돕지 않는다고 불평한다. 첫째 입장을 지지하는 사회복지사라면 아내가 가사를 더 잘 운영하고 남편은 가사 일을 더 많이 돕는 방향으로 상호 대화와 협상을 통해서 타협과 동의를 이끌어내는 방향으로 개입할 것이다. 그러나 사회복지사가 둘째 입장에 있다면, 첫째 입장과 같은 접근은 가사일이 전통적으로 아내의 영역이라는 사실을 지지하기 때문에 부부 간에 상호 균등한 책임이 있다는 양성평등성에 위배된다고 비판할 것이다. 따라서 사회복지사는 클라이언트가 처음에 제시한 문제 이상으로 개입해 남편이 가사를 '돕는' 것이 아니라 '균등 분담' 하는 방향으로, 즉 치료자가 바람직하다고 믿는 양성평등의 가치로 더 근본적 변화를 추구하려고 노력할 것이다. 그러나 만약 클라이언트가 전통적 성 역할에 문제를 느끼지 않는 상태라면 이러한 입장은 클라이언트에게 혼란을 가중시킬 우려가 있다는 점에서 비판받을 수 있다.

3) 토의

바람직하다고 믿는 생활방식 및 삶의 가치관에 대하여 사회복지사와 클라이언트의 가치가 일치하지 않을 때, 더욱이 사회복지사가 판단하기에 클라이언트의 가치 및 이로 인한 생활방식이 클라이언트 자신에게 바람직하지 않을 뿐만 아니라 해가 된다고 생각할 때, 치료자의 딜레마는 가중된다. 이런 경우, 사회복지사는 클라이언트 가치를 존중하여 가치 변화를 시도하지 않는 것이 적절한지, 아니면 사회복지사의 가치 판단에 따라 적극적으로 클라이언트의 삶에 개입하고자 노력하는 것이 적절한지, 윤리적 딜레마에 직면한다. 만약 클라이언트의 삶의 방식이 타인의 복지에 명확하게 위해를 끼친다면 당연히 제재를 가해야 한다. 그러나 비교적 자신에게만 한정되어 타인에게 직접적으로 부정적인 영향을 끼치지 않을 때, 인간의 삶의 방식을 누가 과연 결정할 수 있으며, 사회복지사가 어디까지 개입하는 것이 적절한지는 딜레마이다.

앞에서 살펴본 바와 같이, 첫째는 가능한 한 가치를 표명하지 않는 것이 윤리적이라는 입장(극단적으로 말하여 인간은 자기의 삶을 스스로 망칠 권리가 있다는 입장)이고, 둘째는 가치를 명시적으로 강력하게 표명하여 클라이언트의 변화를 추구하는 것이 보다 윤리적이라는 입장이다. 정답은 있을 수 없다. 그렇기 때문에 사회복지사는 딜레마를 느낄 수밖에 없다.

오델과 스튜어트(Odell & Stewart)는 이러한 딜레마에 윤리적으로 접근하는 방법으로 치료의 목적을 명백하게 결정하여 구별하는 방법을 제시하고 있다(Odell & Stewart, 1993). 즉, 치료의 목표를 기준으로 문제중심 치료와 성장중심 치료로 분류하는데, 이는 클라이언트가 무엇을 원하는지 물어보고 결정하는 것이다. 문제중심 치료는 문제행동을 보이는 자녀, 시가 및 처가 식구와의 문제, 역할문제를 가진 가족 등에 적합하다. 클라이언트의 가치에 도전하는 것은 문제로 제시한 영역에 한정하며, 그 외 영역에서는 가치 변화에 관한 명백한 토의 없이 도전하는 것은 윤리적으로 적절하지 않다고 본다. 한편, 성장중심 치료는 상황적 우울증, 초조, 인생의 의미 상실 등 본질적으로 실존적인 문제를 가진 클라이언트에게 더 적합하다. 이러한 클라이언트는 제시한 문제영역 이상의 가치 변화를 시도할 가능성이 높다. 그러나 이런 경우라도 가치 변화가 잠재적으로 클라이언트에게 해를 가져올 수 있으므로, 이에 대하여 클라이언트와 명백하게 토의하는 것이 윤리적이라고 본다(이은주, 2000b, 재인용).[2]

---

2) 오델과 스튜어트는 문제중심 치료의 예로 13세 된 아이의 문제행동으로 인해 부모와 함께 상담을 받는 사례를 제시하고 있다. 이 경우 개입의 목표는 제시된 문제인 아이의 행동을 개선하는 것이며, 그 방법으로 부모에게는 부모역할기술을 가르치고 아이에게는 행동주의 치료방법을 사용하였다. 몇 차례 세션 후 아이의 행동문제가 개선되었지만, 그 동안 사회복지사는 아버지가 어머니와 아이에게 고압적 자세를 취한다는 것을 알게 되었다. 그러나 부부의 성역할 규정 문제는 처음에 제시된 문제가 아니며, 따라서 이번에는 이에 대해 문제를 제기하지 않는다. 이런 경우 오델과 스튜어트는 가족이 정한 한계를 존중하는 것이 윤리적이라는 입장이다. 그러나 가족에게 제시된 문제 이외에 더 변화시키고 싶은 것은 없는지 물어보거나, 사회복지사 자신이 성역할 문제를 제시하고 이에 대한 변화를 원하는지를 물어보는 것은 무방하다고 본다. 만약 원치 않으면 그 이상은 다루지 않는 것이 윤리적이다.

결국 오델과 스튜어트가 주장하는 바는, 가치중립을 지키려고 노력하는 것은 가능하지 않지만 그렇다고 클라이언트와 토의나 허락 없이 사회복지사가 명백하게 어떤 가치를 옹호하고 클라이언트에게 영향력을 미치려 한다는 것은 비윤리적으로 될 위험이 있다는 것이다. 왜냐하면 사회복지사가 클라이언트에게 어떤 것이 더 좋은 것인지에 대하여 모든 옳은 답을 알고 있다고 믿는 것은 뻔뻔스럽다고 보기 때문이다. 따라서 클라이언트가 원치 않는 변화는 시도하지 말아야 한다고 강조한다(Odell & Stewart, 1993).

그러나 오델과 스튜어트의 입장에 대하여 제기되는 의문은, 모든 사람이 언제나 자기에게 무엇이 가장 좋은지 결정할 능력이 있는가이다. 그 결정이 자신과 가족에게 해로운 것인데도 그 결정을 고수할 때, 계속 예전의 삶의 방식을 벗어날 능력과 의욕이 없을 때, 그런 클라이언트를 방치하는 것이 과연 윤리적인가에 대하여 의문을 제기할 수 있다. 또한, 언제나 문제중심 치료와 성장중심 치료로 명확히 구분하는 것이 가능하지 않다는 현실적인 문제도 제기된다. 결국 오델과 스튜어트의 지침은 하나의 안내서 역할은 할 수 있지만 명확한 해답은 될 수 없으며, 결론적으로 명확한 해답은 어디에도 없다.

또한, 오델과 스튜어트는 성장중심 치료로, 우울과 불안을 느끼는 여성이 홀로 원조를 요청했고 남편은 아내를 비웃으며 부부치료를 거부한 사례를 들고 있다. 이때 치료자는 남편과의 결혼생활이 클라이언트에게 어떤 의미가 있는지에 관하여 물을 수 있고, 클라이언트가 원하는 모습(자기주장, 자존감 획득 등)을 얻는 대신 결혼생활을 잃을 수도 있다는 사실을 알릴 필요가 있다. 만약 아내가 이혼보다는 변화없이 사는 것을 선택한다면 삶의 가치 변화를 시도해서는 안 된다고 본다. 그러나 위험을 감수하고라도 변화를 택하는 경우에는 가치 변화를 추구해도 무방하다고 본다. 결국 결정은 클라이언트에게 달려 있으며, 치료자는 클라이언트의 결정에 따라야 한다는 것이다(Odell & Stewart, 1993).

2. 가족 연대 대 개인 권리 간의 딜레마

여러 가족원을 동시에 대하는 가족합동상담(치료) 상황에서, 여러 가족원
들의 욕구와 복지가 서로 충돌할 때, 혹은 여러 가족원들 간에 어떤 사안에 대
하여 서로 다른 가치 및 태도를 보일 때, 사회복지사의 딜레마는 가중된다.
가족문제 자체가 가족원들의 상반되는 목표와 이해관계 때문에 발생하므로,
이는 가족개입 시 흔히 겪게 되는 문제이다. 이는 어느 가족원의 욕구가 우선
되어야 하는지, 즉 어느 가족원의 이익을 먼저 보호해야 하는지를 결정해야
하는 것으로 이때 사회복지사는 딜레마를 느끼게 된다.

물론 기본적으로 가족합동상담이라는 것은 여러 가족원들 간에 서로 다른
욕구와 의견을 절충하여 합의점을 찾도록 돕는 것을 목표로 한다. 그러나 여
러 가족원의 이해관계가 상반될 때, 모든 가족원에게 똑같이 혜택을 줄 수 있
는 개입은 실제로 불가능하다. 앞에서 살펴본 바와 같이 사회복지사의 중립
성은 가능하지도 않고 때로는 바람직하지 않을 수도 있다. 따라서 사회복지
사가 어떤 쪽으로 개입 방향을 설정하는가는 전체 가족에게 심대한 영향을
미친다.

대표적인 예가 가족의 연대를 우선하느냐 아니면 개인의 권리를 우선하느
냐와 관련된 딜레마이다. 이는 한 가족원에게 혜택이 되는 개입이 다른 가족
성원이나 가족 전체에게는 혜택을 줄 수 없거나 혹은 해가 되는 경우이다. 이
때 가족연대와 충돌을 일으키는 개인은 가족관계에서 약자일 경우가 많으며,
이에 대한 딜레마는 가족관계에서 개인의 권리에 대한 문제제기를 의미한다.

예를 들어 퇴원을 앞둔 정신과 환자가 가족과 함께 살고 싶어하지만 가족
은 이를 원치 않을 경우(Johnson, 1986: 303), 아동학대나 배우자학대를 문제
삼을 때 가족연대가 위협받는 경우(Ryder & Tepley, 1992: 146), 남편의 계속
되는 외도로 아내가 고통받지만 이를 문제삼으면 부부체계가 깨질 위험에 처
할 경우, 그리고 우리나라 특유의 문화권에서 며느리는 분가를 원하지만 시

부모는 함께 살 것을 고집할 경우 가족원의 권리와 가족의 연대가 상호 충돌할 수 있다.

이러한 딜레마에 대하여는 크게 두 가지 개입이 가능하다. 첫째 입장은 한 개인이 아니라 '전체 가족'을 하나의 단위로 보아 가족연대를 목표로 하는 입장이다. 이때 사회복지사는 한 가족성원의 옹호자가 아니라 가족체계의 옹호자가 되며, 따라서 각 가족원들 사이에서 균형을 유지하려고 한다. 이 입장에서는 가족체계이론에 입각하여, 모든 문제규정과 변화계획을 전체 가족의 맥락에서 행한다. 기본 전제는 순환적 인과론으로서 이는 어느 한 성원의 변화는 다른 성원에게 영향을 미치는 등 서로 영향을 주고받는다는 것이다. 따라서 이러한 상황과 개인의 불평은 관계유형으로 재규정되며(예를 들면, 공격-위축 사이클 등), 사회복지사는 이 관계패턴을 바꾸려고 노력한다. 예를 들어 자신의 감정과 의견을 표현하는 것을 장려하고 대화방식의 규칙을 정하는 방법을 사용할 수 있다(Goldenberg & Goldenberg, 1985).

한편, 둘째 입장은 위의 입장과 달리 사회복지사는 가족체계 자체를 보호하기보다 명시적으로 힘이 약한 개인 가족원(여성, 아동, 노인, 장애인 등)을 위한 옹호자 역할을 해야 한다는 입장이다. 즉, 위와 같이 관계체계를 옹호하고 상호작용 유형을 변화시키는 방법, 즉 가족연대를 강화하는 것은 개인의 권리와 충돌할 수 있으며 이때 힘이 약한 가족성원은 희생양이 된다. 그러므로 힘이 약한 가족원이 신체적, 정서적, 언어적 폭력이나 부당한 대우를 받을 경우, 가족역동을 순환적 인과론으로 보지말고 '단선적' 현상, 즉 힘이 불평등하다고 보아 약자를 옹호해야 한다는 입장이다. 이는 가족연대가 위협받거나 깨지는 경우가 있다 하더라도 개인, 특히 약자의 권리와 복지가 가족관계보다 우선한다는 입장이다(Boss & Thorne, 1989; Avis, 1986; Dell, 1989).

이 절에서는 가족연대 대 개인의 권리 간의 딜레마로서, 구체적으로 가족폭력과 혼외관계 문제에 관련된 딜레마를 논의한다. 이러한 문제는 개인, 가족, 사회의 가치를 나타내는 중요한 문제로, 가족연대 대 개인의 권리가 첨예하게 대립하는 대표적인 경우라고 할 수 있다. 따라서 이러한 문제들에 대한 상반된 입장을 먼저 알아본 후, 바람직한 접근방법에 대하여 토의하고자 한다.

1) 가족폭력

만약 가족 내에서 아동이나 배우자에 대하여 강도 높은 신체적 폭력이 지속적·상습적으로 발생하여 피해자의 신변이 위험하다는 것이 확실하다면, 가족연대보다 약자를 우선적으로 보호해야 하는 것이 명확하다. 서구에서는 약자보호 우선 원칙이 명확하므로, 이를 위하여 관계 당국에 신고할 것을 법으로 규정하고 있다. 즉, 아동학대가 발생하거나 의심되는 경우, 의무적으로 신고해야 하며, 배우자학대는 아동학대만큼 법적 의무조항은 아니지만 신체적 해를 당할 위험을 줄여야 한다는 점에서 모두 동의한다. 우리나라 역시 가족폭력방지법이나 아동복지법에서 배우자폭력이나 아동폭력을 접하는 전문가들의 신고를 명문화했지만, 아직 외국처럼 신고가 보편화되어 있지는 않다. 여기에서는 배우자폭력을 위주로 논의하겠디.[3]

배우자 폭력 문제에서 일단 나타나는 딜레마는 신체적 폭력의 강도나 빈도가 어느 정도일 경우에 사회복지사가 신고해야 하는가와 관련된다. 또한, 정서적 및 언어적 폭력을 어떻게 규정하는가 역시 심각한 논란을 야기시킨다. 아울러 피해자가 비밀보장을 요구하는 경우 역시 사회복지사의 고민은 커진다. 이러한 경우에 그 판단 기준은 명확하지 않으므로, 사회복지사 개인의 가치관에 좌우되는 경우가 많다.

위에서 살펴 본 대로 여기에는 크게 두 가지 입장이 가능하다. 첫째 입장은 가족연대 혹은 부부연대를 도모하는 목표를 갖고 가능한 한 부부관계 개선을 위해 노력하는 것이다. 왜냐하면 폭력 문제를 관계 당국에 신고하거나 피해

---

3) 최근들어 아내가 남편을 폭행하는 경우가 보고되지만 그 반대의 경우가 훨씬 더 많다. 따라서 이 글에서는 배우자 폭력이라고 할 때 남편이 아내에게 폭력을 가하는 것으로 의미를 한정한다.

자를 쉼터에 보내는 것은, 가해자 입장에서는 가족원과 치료적 연합이 깨지는 것을 의미하기 때문이다. 즉, 이는 가족연대 약화나 해체를 불러올 수 있으며, 다른 모든 가족원에게 파괴적인 결과를 가져올 수 있기 때문이다. 따라서 극단적인 폭력 사례가 아닌 경우에는 가능한 한 가족 전체를 하나의 단위로 보아 부부합동상담 양식을 활용하고자 하는 입장이다. 즉, 사회복지사는 문제를 부부관계 문제로 규정하고 중립적 입장에서 부부관계 패턴 및 의사소통 방식을 바꾸려고 노력하게 된다(Geffner et al., 1989).

둘째 입장은, 비록 사회복지사와 가해자의 연합관계 또는 가족원들 간에 연대가 깨지더라도 사회복지사는 우선 약한 개인을 보호하고 도와야 한다는 입장이다. 이 입장에서는 가해자와 피해자 간의 힘의 우열, 즉 단선적 인과관계를 전제로 한다. 그러므로 부부합동상담은 피해자와 가해자가 공동으로 책임이 있다는 것, 즉 순환적 인과관계를 전제한다는 점에서 비판한다(Adams, 1988). 따라서 이 입장에서는 피해자를 가족으로부터 유리시키도록 돕는 개입(쉼터와 연결 등)이 체계로서 가족관계를 강화하는 목표보다 우선한다. 즉, 부부합동상담보다 가해자와 피해자를 분리해서 가해자는 의무적인 교육을 받고, 피해자는 지지적 상담을 통해 원조를 받아야 한다는 입장이다. 만약 이런 과정을 통하여 설혹 부부관계가 해체되는 경우가 발생하더라도 약한 개인의 권익을 보호하는 것이 우선이며 이것이 더 윤리적이라는 입장이다.

2) 혼외관계

부부갈등 원인 중 많은 부분을 차지하는 것이 혼외관계 문제이다.[4] 이런 경우 대개 배우자의 혼외관계로 고통받는 한 쪽 배우자(클라이언트)만이 도움을 요청하므로, 사회복지사는 혼외관계에 있는 다른 한 배우자를 접하지 못

---

4) 최근에 아내 쪽의 혼외관계도 보고되지만, 남편의 혼외관계로 인한 부부갈등이 훨씬 더 많다. 따라서 이 글에서는 혼외관계라고 할 때 남편의 혼외관계를 의미하는 것으로 한다.

하는 경우가 많다. 혼외관계 문제에 대하여 사회복지사는 가족폭력과 마찬가지로 두 가지 입장에 설 수 있다(이은주, 1993).

첫째 입장은 부부연대를 목표로 클라이언트의 배우자가 다시 가정으로 돌아올 수 있도록 클라이언트가 노력하는 방향으로 개입하는 것이다. 예를 들어서, 클라이언트(아내)가 배우자의 외도에 대하여 그 동안 화를 내고 싸우는 방식으로 대응했는데 이 방법이 효과가 없었다고 하자. 그렇다면 아내의 기존 대응방식이 남편이 아내에게서 더욱 멀어지는 악순환을 유발했다고 보고 아내에게 분노폭발이 아닌 효과적인 의사소통 방법을 가르쳐 이 악순환의 고리를 끊도록 할 수 있다. 이는 사회복지사가 부부 사이의 중립적인 입장에서 부부관계 개선을 통해 가족연대를 최우선하려는 가치관에 기반을 두고 있다.

둘째 입장은, 첫째 입장이 정작 문제의 원인인 남편의 윤리적 책임은 도외시하고 아내에게 변화의 책임을 지우고 이미 약한 여성의 위치를 재확인할 뿐이란 점에서 비판한다. 따라서 이 입장에서는 양성불평등에 대해 근본적인 문제를 제기하면서, 클라이언트가 이러한 관계를 깨닫고 주체의식을 갖도록 개입한다. 클라이언트가 여성의 의존성에서 벗어나 주체적인 삶을 살 수 있도록 구체적 전략 위주로 삶 전체의 방향을 바꾸도록 시도하는 것이다. 즉, 클라이언트의 취업이나 대외활동 전략을 세우고 의사결정 능력과 자기주장 능력을 배양하도록 한다. 이 과정에서 가족연대가 깨진다고 하더라도 이 입장은 가족연대보다 개인의 주체적 삶이 더 중요하다는 가치관에 기반을 두고 있다.

3) 토의

앞에서 살펴보았듯이, 사회복지실천이 가족원에게 모두 동등하게 이익이 되기는 어려우며 사회복지사가 완전하게 중립을 유지하는 것도 불가능하다. 또 그 개입방법이 장기적으로는 긍정적인 결과를 가져오더라도 단기적으로는 가족원들에게 정서적으로 불편할 수 있다. 그러므로 사회복지사가 가족원 각자, 그리고 가족 전체에게 나타날 개입의 장·단기 결과를 정확히 예측하기는 어려우며, 어떤 개입방법이 가족 전체에게 진정으로 최선인지 그에 대한 명확한 해답도 없다. 이에 더해서 가족연대와 개인 권리가 상호 충돌할 때 딜레마는 더 심각해진다.

도허티와 보스(Doherty & Boss)에 따르면, 개인의 복지 대 가족의 복지라는 이슈는 역사적, 문화적 맥락에서 탐구해야 한다. 즉, 미국에서 개인을 강조하는 것은 자율적인 개인의 권리를 강조하는 서구 문화를 반영한다. 자율적인 개인의 권리가 언제나 우선이라고 결론 내린다면 가족체계이론의 지혜를 훼손할 것이며, 반면 가족집단의 요구를 앞세우고 개인의 권리를 붕괴시켜 버린다면 개별 인간의 가치를 강조하는 서구의 중요한 전통을 외면하는 것이 될 것이라고 본다. 따라서 이러한 변증법적 논리 사이 어딘가에 있을 적정선을 찾아야 한다는 것이다(Doherty & Boss, 1991).

개인의 복지 대 가족의 복지라는 연속선상에서 어느 지점이 어느 특정 사회문화에서 적정점인지 알기 위해서는 그 사회문화의 맥락을 고려해야 한다. 우리 사회에서는 개인, 가족, 사회의 가치가 근래 수십 년 사이에 빠른 속도로 변해 왔기 때문에, 개인욕구와 가족연대 간에 겪는 딜레마는 우리 사회가 서구사회보다 더 심각할 것이다. 우리나라 문화는 전통적으로 개인보다 집단 및 가족을 강조해 왔으며, 여성보다 남성 위주의 문화가 발달되었다. 이에 따라 가족 문제도 개인을 강조해 온 서구 문화와 상당히 다른 방식으로 다루어 왔고, 많은 경우 가족연대를 위해 여성의 인내와 희생을 미덕으로 요구해 온 전통을 가지고 있다. 그러나 근래에는 개인의 권리도 상당히 강조하고 있어 변화의 와중에 있다. 이러한 변화 속에서 각 가족의 가치관, 그리고 한 가족 내의 각 가족원의 가치관은 서로 상당히 다르다. 이럴 때 클라이언트 입장에서는 어느 사회복지사를 만나는가에 따라 상당히 다른 방법으로 원조 받게 될 것이다. 이러한 측면에서 사회복지사의 가치관은 매우 중요하다.

필자의 견해로는 사회복지실천에서 물론 우리나라 문화를 고려해야 한다. 그러나 전통문화를 고려한다는 명분 아래 개인, 특히 여성의 권리를 무시해서는 안 된다고 생각한다. 가족지향적, 집단지향적 가치는 분명히 긍정적인 면이 있지만, 가족연대를 강조함으로써 개인의 욕구(즉, 전통적으로 약자였던 여성의 욕구)가 희생될 우려가 있다는 점을 항상 유의해야 할 것이다. 앞서, 가족연대를 강조하는 첫째 입장은 겉으로는 부부 사이에서 균형적이고 중립적인 입장을 취하는 것처럼 보이지만 부부 사이에 명백한 힘의 차이가 있을 때 사회복지사가 이에 대한 가치입장을 표명하지 않는 것은 사실상 현재의 상태, 즉 힘의 우열 관계에서 강자의 입장을 합리화하는 결과를 초래한다는 사실을 유의해야 할 것이다. 사회복지실천에서 가치중립은 불가능하며 때때로 바람직하지 않다고 할 때, 사회복지사는 전통적으로 약자의 권리를 옹호하고 대변해 왔음을 상기해야 할 것이다. 따라서 사회적인 가치관이 변화하고 있는 과도기인 현재, 사회복지사가 의도적으로 개인 및 약자의 권리를 지지하는 입장을 가지는 것이 궁극적으로 양성평등을 위한 한 방법이 될 수 있다고 생각한다. 결국 이러한 견해도 필자의 개인적 견해이다. 중요한 것은 사회복지사가 자기가 어떤 입장인지 자신의 가치관에 대해 명확하게 인식해야 한다는 것, 그리고 이에 대해 끊임없이 토의해야 한다는 것이다.

3. 결론

앞 부분에서 여성주의와 관련된 몇 가지 가족문제에 대해 사회복지사가 어떤 입장을 취할 수 있는지 살펴보았다. 사회복지사의 가치중립이 실제로 불가능하다는 전제 아래, 입장은 크게 두 가지로 분류된다. 즉, 사회복지사가 자신의 가치입장을 표명하는 것을 가능한 한 유보하려고 노력하느냐, 아니면 자신의 가치입장(여기서는 여성주의 입장)을 명시적으로 밝히고 적극적으로 추진하느냐 하는 것이다. 이에 대해 명확한 해답은 없다. 왜냐하면 진정으로 건강한 개인, 결혼, 가족이 무엇인지에 대해서 아직 사회적으로 합의된 바가 없으며, 앞으로도 빠른 시일 안에 합의될 가능성은 거의 없기 때문이다. 결국 위의 두 입장 중 사회복지사의 선택이 무엇이든지 간에, 이는 사회복지사 개인의 가치를 반영하게 된다.

사회복지사의 개인적 가치는 윤리적 결정에 의식적으로나 무의식적으로 영향을 미친다. 그리고 각 입장의 배후에는 결코 쉽게 변하지 않는 개인적 가치와 전문적 가치가 자리잡고 있다(김상균 외, 2002: 283). 결국 사회복지사의 가치관이 개입과정, 궁극적으로는 클라이언트의 삶에 영향을 주는 것을 피할 수 없다. 그러므로 가장 위험한 것은 사회복지사가 클라이언트에게 미치는 영향을 사회복지사 자신이 깨닫지 못하는 것이다. 따라서 사회복지사가 자신의 가치관 혹은 편견이 무엇인지에 대하여 명확하게 자각하는 것, 그리고 자신의 가치가 클라이언트에게 어떠한 영향을 미치고 있는지 인식하는 것은 매우 중요하다.

결국 윤리적 딜레마를 다루는 것은 어려운 일이며, 명확한 해결방법에 도달하는 것 역시 어렵다. 그러나 딜레마에 대한 체계적 점검은 필수적이다(Reamer, 1983: 35). 이 장에서 살펴 본 사회복지사의 가치유보 대 가치표명의 딜레마에서, 사회복지실천 현장에 지침이 될 수 있는 몇 가지 사항을 정리하면 다음과 같다(Odell, 1993; Margolin, 1982; Doherty & Boss, 1991; Lowenberg & Dolgoff, 2000: 157-158).

① 접수/사정/진단 단계에서 사회복지사는 자신의 가치와 클라이언트의 가치의 차이, 그리고 그것이 제시된 문제 사이에 어떤 관련이 있는지 판단해야만 한다.

② 사회복지사는 이러한 차이가 사회복지실천 과정에 어떻게 관련되는지 판단해야 하는데, 가능하면 그 결과에 대해 클라이언트와 함께 토론하

는 것이 좋다. 사회복지사는 클라이언트가 아직 준비되지 않았다거나 그러한 의사결정에 참여할 능력이 없다고 전제해서는 안 된다.

③ 계속 개입할 것인지, 아니면 좀더 클라이언트와 비슷한 가치를 가진 사회복지사에게 의뢰할 것인지 의논해서 결정해야 한다. 이때 클라이언트가 사회복지사와 반대되는 가치를 가졌다고 해도 클라이언트를 비하하기보다 권리를 존중하는 분위기를 조성하고 유지해야 한다.

④ 자신의 가치가 효과적인 임상실천과정에 걸림돌이 되지 않는지 주의깊게 살핀다. 가치에 민감한 사례에 대해서 다른 동료 혹은 수퍼바이저와 의논한다.

참고문헌

김상균 외, 『사회복지윤리와 철학』, 나남출판, 2002.

이영분 외, 『사회복지실천론』, 동인, 2001.

이은주, "남편의 혼외관계문제에 대한 가족치료와 윤리적 딜레마", 양옥경 외, 『사회복지실천과 윤리』, 한울아카데미, 1993.

______ , "가정폭력에 있어서 부부치료에 대한 비판적 고찰과 그 사정기준에 관한 연구", 『한국가족사회복지학』, 2000a.

______ , "가족치료의 가치와 윤리적 딜레마에 관한 연구", 『한국가족치료학회지』, 8(1), 2000b.

Adams (1988), "Treatment models of men who batter" in K. Yllo & M. Bograd(eds.), *Feminist perspectives on wife abuse*, Newbury Park: Sage publication.

Avis, J. (1986), "Feminist issues in family therapy" in F. Piercy, D. Sprenkle, & Associates(eds.), *Family therapy sourcebook*, New York: Guilford press.

Boss, P. & Thorne B. (1989), "Family sociology and family therapy: a feminist linkage" in M. McGoldrick, C. Anderson & F. Walsh(eds.), *Women in families*, New York: W.W. Norton & Company, Inc.

Dell, P. (1989), "Violence & the systemic view", *Family process*, 28(1).

Doherty, W. & Boss P. (1991), "Values and ethics in family therapy" in A. Gurman & D. Kniskern(ed.), *Handbook of family therapy*(vol.II), New York: Brunner/Mazel.

Geffmer, R., Mantooth, C., Frank, D., & Rao L. (1989), "A psychoeducational conjoint therapy approach to reducing famly violence" in L. Caesar & H. Hamberger(ed.), *Treating men who batter*, New York: Springer publishing.

Goldenberg, Irene & Goldenberg, Herbert (1985), *Family therapy: an overview*(2nd ed.), Brooks/Cole publishing co.

Johnson, H. (1986), "Emerging concerns in family therapy", *Social work*, July-August.

Loewenberg, F. & Dolgoff, R., *Ethical decisions for social work practice*, 서미경 · 김영란 · 박미은 역(2000), 양서원.

Margolin, G. (1982), "Ethical and legal considerations in marital and family therapy", *American psychologist*, 37(7).

Odell, M. & Stewart P. (1993), "Ethical issues associated with client values conversion and therapist value agendas in family therapy", *Family relations*, April.

Reamer, F. (1987), "Values and ethics", *Encyclopedia of social work*, 18th ed., National association of social workers.

Wendorf, D. & Wendorf R. (1985), "A systemic view of family therapy ethics", *Family process*, 24(4).

제12장
사회복지사의 전문적 동료관계에서 윤리적 딜레마

신 혜 령

동료가 비윤리적 혹은 비전문적인 행위에 관여된 것을 알았을 때 사회복지사는 어떻게 해야 하는가? 동료 사회복지사가 클라이언트에게 부실한 서비스를 제공한다는 사실을 알았을 때 어떻게 반응해야 하는가? 동료 사회복지사나 직원이, 기관이 금하는 활동을 하고 있음을 발견했을 때 이를 발견한 사회복지사의 책임있는 행동은 무엇인가?

사회복지기관에서 근무하는 사회복지사들은 종종 이러한 의문이 제기되는 상황에 처하게 된다. 이러한 상황에서 전문적인 동료와의 관계를 규정하는 확실한 지침이나 명백한 기준이 설정되어 있지 않다면, 사회복지사는 과연 어떻게 행동해야 할지, 어떤 선택이 가장 타당한지 판단하는 과정에서 윤리적인 딜레마(ethical dilemmas)에 빠지기 쉽다.

사회복지사업은 특성상 지역사회와 개인, 양편에 모두 책임이 있으므로 필연적으로 윤리적 딜레마에 직면하게 된다. 윤리적 딜레마는 바람직하지 못한 행동을 가져올 수 있는 선택으로 인해 하나의 가치나 윤리를 지킬 때 다른 가치와 윤리를 위반하게 되는 상황을 의미한다. 사회복지실천에 있어서 사회복지사와 클라이언트 관계에서는 개인의 자유로운 선택과 사회의 요구(통제) 사이에서 이러한 딜레마가 늘 존재할 수 있으며, 또한 기관 내 동료들과의 관계에서도 빈번하게 경험할 수 있다(Fleck-Henderson, 1991).

본 장에서는 사회복지사가 기관 내에서 맺게 되는 여러 관계, 즉 동료들 간에 관계, 수퍼바이저와의 관계, 관리자와의 관계, 그리고 다른 전문직들과의 관계 속에서 나타나는 윤리적 딜레마를 살펴보고 사회복지실습훈련을 맡은 기관의 수퍼바이저와 사회복지실습생과의 관계에서 발생할 수 있는 윤리적 문제를 상정해 볼 것이다.

1. 동료들과의 윤리적 딜레마

1) 동료 사회복지사와의 관계

우리나라 사회복지사 윤리강령에는 사회복지사의 기본적 윤리기준과 함께 동료와 수퍼바이저에 대한 윤리기준을 함께 설정하고 있다.[1] 동료에 대한 윤리기준은 신뢰성, 전문직 권익을 위한 협력, 윤리적 행위 촉진, 클라이언트의 이익보호, 비윤리적 행위의 조치, 동료 간의 민주적인 직무관계 등 6개 항목으로 구성되어 있으며, 수퍼바이저에 대한 윤리기준으로는 개인적 이익을 위한 자신의 지위 이용 금지, 전문적 기준에 의한 공정한 책임 수행, 전문적 지도와 조언, 사회복지실습생에 대한 인격적 · 성적 수치 행위 금지 등 4개 항목을 제시하고 있다.

특히 동료와의 기준 1항에서 "사회복지사는 동료 간에 존중과 신뢰로써 대하며 전문적 지위의 인격을 훼손하는 언행을 하지 않는다"라고 밝히고 있어, 사회복지사들에게 상호 존경과 상호 신뢰관계를 유지하며 전문직으로서 스스로 품위를 지키도록 윤리적으로 규정하고 있다. 이는 사회복지사가 보통 동료와의 관계에서 윤리적 문제를 발생시키지 않도록 하는 자기이해 규정들

---

[1] 한국사회복지사협회가 2001년 재개정 공포한 것임.

이며, 윤리적인 문제가 발생했을 때에는 클라이언트의 이익을 보호하고 법률이나 윤리기준에 따라 조치를 취하도록 촉구하는 것이다.

그러나 사람들은 대부분 공공연하게 드러내고 싶지 않은 동료들의 습관이나 행동을 지나치거나 이해하려고 한다. 고프만(Goffman, 1959)은 동료들에게만 접근 가능한 영역에 대해 관심을 가졌다. 이 영역에서 무엇이 발생하든 전문직 동료가 아닌 사람들에게는 밝혀져서는 안 되며, 그것은 함께 일하는 사람들 사이에서 영원히 비밀로 남아 있게 된다는 것이다.

사회복지사에게 전문가 동료와의 관계를 다루는 규칙이 분명하기만 하다면 비교적 이러한 종류의 윤리적 문제들은 발생하지 않을 수도 있다. 그러나 사회복지사에게는 클라이언트와 다른 사람들에 대한 책임이 더 중요하기 때문에 자신을 보호하는 규칙은 더 문제가 된다.

오늘날 사회복지사들은 대부분 그들만의 관계를 더 이상 인정하지 않으며 동료의 비윤리적인 행동을 관망하지 않는다. 사회복지사가 윤리규정을 어겼을 때 다음 중 한 가지를 선택할 수 있다(Loewenberg & Dolgoff, 1985: 91-92).

① 위반행동을 무시할 수 있다. 보고하는 것이 너무 곤란할 때, 또는 위반행동이 보고된다고 하더라도 과거의 경험으로 보아 그 행동에 대해 영향력을 미칠 수 없을 것 같을 때, 또는 윤리강령에 위배되는 행동이 너무 만연되어 어느 누구도 심각하게 불평하지 않을 것이라고 판단될 때 무시할 수 있다.

② 동료에게 비공식적으로 접근해서 문제상황을 해결할 수 있다. 특히 위반행동이 사소하거나 기술적인 부분일 때 혹은 경험이나 지식이 부족해서 초래된 결과일 때 비공식적으로 해결할 수 있다.

③ 비윤리적 혐의가 있는 행동이 기관의 규칙에 위반되었다면 수퍼바이저의 주의를 받을 수 있고 혹은 기관의 절차에 따라 공식적으로 그 문제가

　제기될 수 있다.

④ 비윤리적 혐의가 있는 행동은 지역의 사회복지사협회의 주의를 받을 수
　있다. 이러한 절차를 이용하려면 비윤리적 행동에 관여한 동료는 협회
　의 회원이어야 하고 제소자는 지목된 행동에 대해 개인적인 지식이 있
　어야 하며 적절하고 신빙성 있는 증거를 심의위원회에 제공할 수 있어
　야 한다.

⑤ 비윤리적 행동은 위반결과에 대한 적절한 조치를 위해 일반에 공개될
　수 있다.

　각 사항마다 여러 가지 가능한 대안이 존재한다. 〈사회복지사 윤리강령〉
중 사회복지사의 동료에 대한 윤리기준 3)항에는, "사회복지사는 동료의 윤
리적이고 전문적인 행위를 촉진시켜야 하며, 이에 반하는 경우에는 제반 법
률규정이나 윤리기준에 따라 대처해야 한다"고 명시되어 있으며, 5)항에는
"사회복지사는 전문직 내 다른 구성원이 행한 비윤리적 행위에 대해, 제반 법
률규정이나 윤리기준에 따라 조치를 취해야 한다"고 규정해 놓고 있다. 즉,
③, ④에 해당하는 선택안을 인정하고 있다. 또한, ⑤ 안은 강령을 위반한 행
동의 결과에 대한 것으로, 비윤리적 행동을 명확한 절차에 따라 공개함을 의
미한다. 그러나 사전에 사례를 공개했을 때 초래될 결과에 대해 반드시 모든
가능성을 주의 깊게 고려해야 한다.

　다음의 예들이 이러한 윤리적 딜레마를 제시하고 있다.

사례 12-1

동료 사회복지사가 갑자기 입원하게 되었다. 병으로 자리를 비운 동안 사회복지
사 A는 동료의 사례를 맡게 되었다. A는 클라이언트를 여러 명 만나면서 당황하
게 되었는데, 동료의 클라이언트는 모두 새롭게 자신들의 일을 맡게된 A에게 의

례적으로 성의표시를 했고 그 동안 동료는 정규적으로 클라이언트와 금전관계를 가져왔음을 알게 되었다. A는 동료가 양식있는 사회복지사라는 점을 알고 있기 때문에 의도를 의심하지 않았다.

그러나 이러한 행동은 "사회복지사는 전문가로서 품위와 자질을 유지하고 자신이 맡고 있는 업무에 대해 책임을 진다", "사회복지사는 전문가로서 성실하고 공정하게 업무를 수행하며 이 과정에서 어떠한 부당한 압력에도 타협하지 않는다", "사회복지사는 자신의 이익을 위해 사회복지 전문직의 가치와 권위를 훼손해서는 안 된다"는 사회복지사의 기본적 윤리기준 중 전문가로서의 자세 부문 제1항, 제3항, 제6항의 규정을 위반한 것이며, "사회복지사는 클라이언트의 권익옹호를 최우선의 가치로 삼고 행동한다", "사회복지사는 개인의 이익을 위해 클라이언트와의 전문적 관계를 이용하여서는 안 된다"는 클라이언트와의 관계 제1항과 제7항의 규정을 분명히 위반한 것이다.

이 사례에서 윤리강령 위반은 확실하나 다양한 갈등 요인을 내포하고 있어 명확하게 해결방안을 찾기는 쉽지 않다. A가 취할 수 있는 조치와 이에 대한 갈등 요인을 우선순위를 두지 않고 하나씩 검토하면 다음과 같다.

첫째, 전문직 윤리강령을 지지할 A의 의무
둘째, 동료의 관심과 명성을 보호할 의무
셋째, 다른 사회복지사에게 또 다시 이용당하지 않도록 클라이언트를 보호할 의무
넷째, 전문적 관계 속에서 알게 된 비밀스런 내용을 존중해 줄 의무

이러한 의무들은 사회복지사가 윤리규정을 어겼을 때의 앞의 선택안 ②, ③ 안과 같다. 그러나 다른 측면에서 고려해야 할 사항이 있다.

다섯째, 이러한 사실을 공개하였을 때 많은 사회복지사들이 이러한 행동을 한다고 소문이 날 수 있으며, 이로 인해 다른 동료들에게 피해를 줄 수 있고 자신의 행동이 현명하지 못했다고 생각할 수 있다.

여섯째, 클라이언트가 스스로 결정한 자발적인 행동은 사회복지사와의 관계 형성에 도움을 준다.

위 두 사실로 미루어보면 A가 어떤 조치(선택)를 취하는 것에도 반대한다. 각 선택 안의 윤리적 의미를 어떻게 사정할 것인가? 사회복지사는 이처럼 다양한 고려 사항들을 어떤 기준을 부여하여 우선순위를 결정할 수 있는가?

동료와의 관계에서 사회복지사가 윤리적 갈등을 경험하는 다른 상황을 살펴보자.

사례 12-2

다섯 살인 소년(B)은 무의식 상태에서 온몸이 피로 덮인 채 M병원 응급실에 실려왔다. 아이 아버지는 B가 2층 베란다에서 떨어져 머리가 먼저 시멘트 바닥에 부딪쳤다고 말했다. 심한 뇌 손상은 회복할 수 없었지만 다행히 생명은 건질 수 있었다. 2주일 후에도 B는 중환자 실에 있었다. 담당의사들은 이 사례를 아동학대로 보고하려고 결정했다. 그리고 그 전에 의료사회복지사에게 가정환경을 평가할 것을 요청했다.

B의 어머니는 의료사회복지사에게 말하기를 꺼려했으며, 이미 남편과 함께 가족서비스기관에서 가족치료를 받고 있다고 했다. 따라서 그 가족에 대해 상담을 하기 위해서는 먼저 상담기관의 치료자와 이야기해야 했다.

의료사회복지사는 다음날 치료자와 만나기로 약속했고, 그 치료자는 B가 병원에 입원할 당시 부모가 동의서에 서명을 했기 때문에 B의 가족에 대한 사정평가를 보여주기로 했다. 대화 도중에 사회복지사는 치료자가 가족 내 아동학대가

진행됨을 알고 있었으나 심각하지 않다고 생각했기 때문에 보고서를 작성하지 않았음을 알게 되었다. 치료자는 보고서를 작성하는 것이 가족과의 치료적 관계에 방해될 것이라고 판단하고 미루어 왔던 것이다.

첫째 사례와 둘째 사례는 유사점과 차이점이 있다. 두 사례에서 공통적으로 사회복지사는 다른 사회복지사가 윤리적 기준을 위반한 것을 알게 되었다. 첫째 사례에서는 클라이언트와의 금전관계로 비윤리적 행동을 지속함으로써 사회복지사가 클라이언트에게 피해를 주었으며, 둘째 사례에서는 클라이언트가 이미 피해를 당했고 앞으로도 치료자의 비윤리적 행위는 다른 클라이언트에게 피해를 줄 수도 있다. 의료사회복지사의 갈등은 첫째 사례의 사회복지사 A가 직면했던 내용과 성격상 아주 비슷하다. 의료사회복지사는 자신이 직면한 윤리적 딜레마를 어떻게 해결해야 하는가? 치료자의 부주의를 보고해야 할까? 아니면 그것을 무시해야 할까?

다음 예 역시 사회복지사가 동료 사회복지사 때문에 윤리적 딜레마에 직면한 사례이다.

사례 12-3

H시의 복무규정에는 "시 공무원은 다른 사업장을 위해 정규 일과시간 외에 자신의 전문 능력을 활용할 때에는 반드시 겸직 허가를 받아야 한다"고 되어 있다. 부처 내 모든 신규 사회복지담당 공무원들은 이러한 규정을 알고 서면으로 이에 동의했다.

어느 날 저녁 P씨 부부는 어린 딸이 고열로 아팠기 때문에 급히 병원으로 가야했다. 사회복지사인 부인 C가 아기와 응급실에 있는 동안 남편 P는 입원절차를 밟았다. 잠시 후 남편 P는 원무과에서 사회복지사와 이야기를 해야 한다고 했다. P씨는 딸에 대한 사회복지사의 따뜻하고 동정적인 관심에 매우 감명을 받았다.

부인 C는 P씨에게 그 사회복지사의 이름을 물어보았고 같은 부서의 동료라는 사실을 알고 놀랐다. 병원을 나가는 길에 부인 C는 원무과를 들여다보고 그 사회복지사가 사무실 자기 옆자리에 앉아 있는 동료와 동일인임을 확인하였다.

사회복지사 C는 병원에서 동료를 발견한 것에 대해 어떻게 해야 할지 몰랐다. 동료의 야간근무는 분명히 기관과의 계약을 어긴 것이다. 윤리강령에는 명확하게 사회복지사의 품위와 업무에 대해 책임을 져야 하고 동료의 비윤리적 행위에 대하여 공식적 절차로 대처하도록 규정되어 있다. 그러나 다른 한편으로, 그 동료는 누구에게도 손해를 입히지는 않았다. 사실상 병원 원무과에서 그 존재는 위기마다 많은 환자들에게 도움이 되었다. 그러나 병원에 대한 C씨의 의무는 어떤 것이며 동료에 대한 의무는 무엇인가? 전문직으로서의 의무는 또 무엇인가?

2) 수퍼바이저(상급자)와의 관계

다음 예는 위의 문제들과 다른 측면을 내포하고 있다.

사례 12-4

K는 사회복지사 6명으로 구성된 한 부서를 지도감독하고 있다. L은 그 중에서 가장 우수하고 가장 유능한 사회복지사이다. 지난 주 L은 결근하였고 L의 친구는 L이 독한 감기가 걸려 일주일간 결근하게 될 것이라고 전화했다. 일주일 후 출근한 L은 의사의 진단서를 제출했다. 진단서 이외에 L이 아팠다는 증거는 없었다. L은 검게 그을린 얼굴로 출근하였다.

K의 사촌은 지난 주 내내 해변가로 휴가를 갔었다. 저녁식사 때 사촌은 K에게 여행에 대해, 그리고 유람선 갑판에서 만났던 많은 사람들에 대해 이야기했다.

만난 사람들 중 한 사람이 결근했던 사회복지사 L이었다. 사촌은 K가 어떻게 L을 알고 있는지 의아해 했다.

K는 지난 주 L의 결근에 대해 생각하면서 다음 점들을 적어보았다.

① L의 결근은 인정할 수 없으며 기관정책을 어긴 것이다.

② L의 행동은 비윤리적이며 비전문적이다.

③ L은 클라이언트에게 정규적인 서비스를 제공하지 못함으로써 피해를 주었다.

④ L은 병가를 신청할 때 사실을 말하지 않았다.

⑤ 그러나 L은 가장 뛰어난 사회복지사이며 따라서 내보내고 싶지 않다.

⑥ 다른 사회복지사도 아마 병가를 유용했을지 모르나 지금까지 드러나지 않았다.

L의 예가 다른 사회복지사의 이러한 비윤리적 행동을 단념하도록 하는 데 과연 설득력이 있을까?

K가 행정적인 지도감독 책임과 전문적인 사회복지사업 책임을 구분하는 것은 어려울 것이다. 어떤 결정을 하든지 윤리적인 의미를 내포하기 때문에 두 측면을 모두 포함할 것이다(Loewenberg & Dolgoff, 1985: 95-96).

수퍼바이저는 사회복지서비스를 제공하는 기관이나 관계 부서의 중간적 위치에서 그 기관의 목적과 기능을 달성하기 위해 고용된 기관의 직원으로 기관이 할당하는 범주 내에서 기관의 기능수행과 직원의 전문인력 개발에 대한 책임이 있다. 이러한 책임을 수행하기 위해 수퍼바이저는 사회복지사업의 전제 조건들을 고려해야 한다.

첫째, 사회복지사업은 다른 전문직보다 훨씬 다양한 기관에서 행해지며 둘째, 사회복지사업은 광범위하게 다양한 자격과 훈련을 바탕으로 한 전문가가 전문적인 서비스를 제공하는 것이다. 셋째, 사회복지사업 자체만으로도 지도감독의 필요성을 내포한다는 점이다. 즉, 책임을 수행하기 위해서는 여러 관계를 이용하고 수퍼바이저 자신을 지도도구로 활용해야 한다. 기관의 업무가

잘 이행되도록 책임을 지고 클라이언트에게 서비스를 제공하며 사회복지사
들이 전문적 발달단계에서 기술을 최대한 개발할 수 있도록 도와야 한다. 그
렇다고 해서 수퍼바이저가 클라이언트를 고려하지 않을 수는 없다. 사회복지
사나 클라이언트에게 모두 관심을 가지되 주요 초점은 사회복지사가 일을 잘
할 수 있도록 돕는 것에 두어야 한다. 클라이언트에게 초점을 두는 것은 사회
복지사의 책임이다.

위 사례에서도 K는 L이 클라이언트에 대해 무책임했을 뿐 아니라 기관의
정책을 어긴 사실에 대해 분명하게 알게 되었음에도 불구하고, L이 사회복지
사로서 업무에 관해서는 유능하며 개인적인 형평성 등을 고려해야만 하기 때
문에 행정적으로 결정을 내리는 데 어려움을 겪는 것이다.

3) 관리자와의 관계

관리자는 기관과 직원에게 책임이 있다. 그러나 윤리강령은 클라이언트 요
구에 따라 규정되어 있다. 이것은 양분된 충성심이라는 문제를 만들어 낸다.

- 직원에 대한 관리자의 의무는 클라이언트 요구 다음 순위인가?
- 관리자는 사회복지사를 클라이언트로 다루어 윤리강령 양식을 사회복지
  사에게 대체하여 적용할 것인가?
- 혹은 단지 윤리강령의 전체 양식을 사회복지사에게 적용하지 않고 무시
  할 자격이 있는가?

이 세 가지 접근은 각각 분리해 보았을 때에는 분명 적절하지 않으나, 전체
적으로 관리자의 윤리적 행동에 영향을 줄 것이다.

관리자는 직원을 항상 클라이언트 다음으로 놓아서는 안 된다. 왜냐하면
관리자의 직접적인 업무는 직원을 지원하고 직원의 개인적 발달을 지원하는

것이기 때문이다. 사회복지사가 클라이언트는 아니며 사회복지사는 책임을 가진 독립적인 전문직이다. 즉, 도움을 구하지 않는다. 그러므로 관리자는 클라이언트와 사회복지사 사이의 관계에 대해 직접적·세부적으로 중요한 윤리강령의 의미를 무시할 수 없으며 이들을 고려해야 한다.

관리자는 사회복지사에게 적절한 행동모델로 유용하므로 윤리적으로 살펴볼 필요가 있다.

- 관리자는 클라이언트의 결정에 있어 항상 윤리강령에 의거해서 윤리적으로 행동해야 한다.
- 관리자는 클라이언트의 요구가 직원의 요구와 갈등하는 상황에 놓일 때, 정책발달, 전문적 교육, 협동과 전문적 재량의 필요에 따라 강령에서 표현된 관심을 고려하여 행동해야 한다.
- 관리자는 자신에게 부여된 광범위한 사회복지사업이라는 관점에서 폭넓은 강령의 목적에 기여할 특별한 책임을 수용해야 한다.
- 관리자는 직원들에게 개인의 권리에 관한 강령의 윤리적 기준을 적용해야 한다.

관리자는 기관의 명성과 관계가 위협받을 때 기관의 강점과 과거의 성공경험, 사회복지사가 다루는 문제성격 등을 제시하면서 기관의 명성과 관계를 유지할 책임이 있다. 만약 사회복지사가 업무로 인해 이러한 이유로 기관과 갈등한다면 관리자는 명확한 방향을 제시할 윤리적 책임이 있으며 사회복지사의 지위에 손상을 주지 않도록 행동해야 한다.

관리자는 결정하기 위해 판단과 증거를 사정하고 그것이 미칠 영향을 추가함으로써 사회복지사의 위치를 강화할 수 있다. 이와 같이 사회복지사의 자유재량은 관리자의 좀더 강력한 판단에 따라 강화될 수 있다. 관리자는 사회복지사와는 좀더 다른 범위의 책임과 지식을 갖고 다른 측면에서 판단할 수 있어야 한다. 즉, 더 광범위하게 상황을 볼 수 있어야 한다(Payne, 1985: 117-120).

이러한 접근은 사회복지사가 기관의 이익과 관련하여 윤리적 갈등을 갖게 되었을 때, 그래서 기관의 입장에 수긍하지 못할 때, 사회복지사의 입장을 강화하기 위해 관리자의 위치를 활용하는 실천적 방법이다. 이것은 갈등을 다루는 특별한 방법은 아니지만 윤리강령과 기관 정관 간의 갈등을 다루는 데에 좀더 나은 원칙을 제시함으로써 갈등을 해소하는 데 도움을 줄 수 있다.

4) 다른 전문직과의 관계

사회복지사는 사회복지사가 주로 일하는 사회복지기관이나 시설에서, 혹은 다른 전문직과 함께 일하는 기관, 즉 병원, 보호관찰소, 아동상담소, 보육시설, 동사무소, 시·군·구청 등에서 여러 전문직과 팀웍을 이루어 일할 수 있다. 특히 다른 전문직이 주를 이루는 기관에서 일하는 사회복지사에게는 많은 어려움이 예측된다.

데인과 사이먼(Dane & Simon)은 그 문제에 대해서 첫째, 다른 전문직과의 가치의 차이 둘째, 사회복지사의 명목적 위치의 주변성 셋째, 주로 남자들로 구성된 기관에서 사회복지사업을 여성의 일로 가치 저하시키는 것 넷째, 역할의 모호성과 역할긴장 등 네 가지로 제시하고 있다(Dane & Simon, 1991: 208). 이와 더불어 우리 사회에서는 더 근원적인 문제에 직면하기도 한다. 즉, 사회복지사업이 전문직으로서 사회적으로 인가를 받고 있는가에 대해 명확하고 자신있게 긍정할 수 없기 때문에 생겨나는 문제는, 다양한 기관에서 다양한 전문직과 일하는 사회복지사에게 위치와 역할에 있어서 많은 갈등을 안겨준다.

여러 전문직이 함께 일하는 기관에서는 서로 다른 전문직의 가치, 우선순위와 치료모델을 얼마나 잘 이해하고 인정하느냐에 따라 효과적인 팀웍 구성이 이루어질 수 있다. 이때에는 다른 전문직과의 사회화가 중요하며 팀웍에 관련된 기술과 전문직 간의 협동이 강조되므로 사회복지사는 명확한 의미에서 자신의 중요성과 고유성을 인식해야 한다(Abramson, 1993: 208).

특히 병원이나 자치단체 등에서는 조직의 사명과 가치 그리고 사회복지사 업부서의 사명과 가치의 차이를 인식하지 않으면 오랜 기간 유지하기 어렵다. 사회복지사는 클라이언트에게 자기결정 권리를 유지하도록 하며 일할 때 많은 긴장을 갖게 된다. 사회복지 전문직이 전통적으로 실천의 구성 요소로 개별실천가의 가치를 인정하지만, 기관의 리더는 반드시 중역회의에 대한 책임과 비용계산 및 이익유도에 관한 예산에 초점을 둘 것이다. 이런 예에서 조직의 목표는 클라이언트의 복리에 우선하여 설정된다. 이러한 환경에서 사회복지사는 긴장, 책임과 제한된 자원 때문에 어려움을 겪게 되며 이질적이고 특수한 관점으로 클라이언트를 보는 법률, 교육, 법인, 범죄, 보건 전문직과 함께 일하면서 갈등을 경험하게 된다.

소년원에서 근무하는 사회복지사는 수감자의 재활보다 죄 값을 받는다는 전제 아래 멸시하고 적대시하며 거부하는 교도관들과 가치관이 달라 갈등할 수 있다. 이러한 모순들은 법적 요구와 아동복지정책과 절차 간에 종종 나타난다. 아동의 최대 이익을 위해 일하는 것이 법원의 명령과 지시로 인해 무시될 수 있기 때문이다.

타 전문기관에서 일하는 사회복지사는 자신의 전문적인 가치, 즉 클라이언트의 선택과 자원을 최대화하는 가치를 반영하려는 방어적인 조치로써 외교적이고 주장적인 측면이 필요하기도 하다(Abramson, 1993: 209).

지금까지 살펴본 여러 측면에서 발생하는 윤리적 문제를 고려한 것은 사회복지기관 내 동료들, 타 전문직과의 관계에 제한되었다. 그러나 사회복지사는 또 비전문적인 대인서비스 실천가들과 관계를 가진다. 일부 차이는 있지만 사회복지사업 동료와의 관계에서 지켜야 할 존경과 협동을 다른 전문직, 비전문직 동료에게 연장해서 실천해야 할 것이며, 이러한 의미에서 윤리적인 문제는 사회복지사업 동료들과의 관계에서와 마찬가지로 적용해야 할 것이다.

2. 기관 수퍼바이저와 실습생 간의 윤리적 딜레마

1) 실습생의 윤리적 딜레마

실습생이 기관의 실습과정에서 나타날 수 있는 윤리적 딜레마에 대처하기 위해서는 먼저 사회복지사와 사회복지실천의 가치를 명확히 하고 사회복지사 윤리강령을 숙지하는 것이 필요하다. 개인의 존엄성과 고유성 존중, 클라이언트의 자기결정권, 비밀보장, 옹호와 사회행동, 책무성, 제도적 오리엔테이션, 종교적 신앙 존중 등 전문직으로서의 사회복지실천의 가치는 사회복지실천의 미시적 거시적 가치를 잘 설명해 주고 있다.

실습과정에서 클라이언트와 일하면서 실습생은 클라이언트에 대한 비밀정보를 이야기하거나, 아동학대 가능성에 대한 적극적인 접근을 회피하는 등 상충되는 행동 중 선택해야 하는 윤리적 딜레마에 부딪치게 된다. 실습생이 윤리적 딜레마를 완전히 피할 수 있는 방법은 없겠지만 자신의 가치를 검토하고 과거의 실습경험에서 윤리적 문제를 어떻게 해결했는지 생각해 보고 수퍼바이저의 지도를 받아 대처하는 것이 최선일 것이다.

윤리적 딜레마를 해결하는 기준으로는 로웬버그(Loewenberg) 등이 제시한 다음의 가치 우선순위가 도움이 될 수 있다; 첫째, 생명보호 둘째, 평등 셋째, 자율과 자유 넷째, 최소의 손상 다섯째, 삶의 질 여섯째, 사생활과 비밀보장 일곱째, 진실함과 완전폭로이다. 실습기관에서는 사회복지사 윤리강령 및 실습기관의 지침을 참조하여 실습생 윤리지침을 만들어 실습생과 수퍼바이저, 실습 지도교수가 서명하도록 함으로써 기준을 제시하여야 할 것이다. 이를 통해 클라이언트가 작은 선물을 하더라도 기관의 정책이나 수퍼바이저와

상의해 사적으로 클라이언트나 직원을 만나는 것을 경계해야 하는 등 예측 가능한 갈등 상황에 미리 대비할 수 있다. 성적 추행은 심각한 상황이므로 반드시 수퍼바이저나 실습 지도교수와 상의하여 상황을 개선해야 한다(김융일 · 양옥경, 2002: 511).

2) 기관의 실습 수퍼바이저와 실습생 간의 윤리적 딜레마

대부분의 사회복지기관에서는 학생들의 실습훈련을 담당한다. 그리고 실습은 사회복지사 업무의 주요 부분을 차지한다. 이때에 학생-지도감독 관계에서 힘의 남용과 경계위반과 관련된 문제는 종종 윤리적 교육적인 장애로 나타난다.

(1) 힘의 남용

실습생(학생)과 수퍼바이저의 관계는 복잡한 개인 간의 관계이다. 알론소(Alonso)는 수퍼바이저의 역할을 "전문가 부모", 즉 학생에게 전문적 발달 단계에서 영향을 주고 가르치고 지지하는 역할로 묘사했다(Jacobs, 1991: 130, 재인용). 그리고 가르치고 돌보는 관계요소는 좀더 힘있는 사람(수퍼바이저)이 힘이 약한 개인(실습생)의 안녕을 책임지는 수직적 기능이며, 전문적 원조자로서 수퍼바이저는 지도감독의 역할에서 이 힘(power)에 의해 가학적인 측면의 불안을 경험할 수 있다고 지적하였다. 수퍼바이저는 비심판적 치료적 입장에서 실습생의 개인적 전문적 능력을 판단하는 책임을 중요시하며, 그 후 일어날 수 있는 관계에서의 불안은 공식적으로 언급하지 않는다.

역기능적인 지도감독 관계는 수퍼바이저가 기관에서 인정받지 못하고 대우받지 못한다고 스스로 느끼는 상황에서 나타나기 쉽다. 이때 수퍼바이저는 실습생에게 상하 위치를 분명히 하고 복종하도록 강요함으로써 자신의 능력을 강화할 수 있다. 더욱이 실습생은 불만을 가진 수퍼바이저의 손쉬운 표적이 되기 쉽다. 또한, 클라이언트와의 관계에서 실습생은 수퍼바이저와의 좋지 않은 상호작용들을 재현할 수 있다. 그래서 역기능적인 지도감독의 영향은 클라이언트까지 확대된다. 수퍼바이저가 부당한 방법으로 인정하지 않고 모욕하고, 무시하고, 강요하고, 비난하는 실습생은 불리한 힘의 관계에서 저항하지 못한다. 이러한 수직적 상황은, 남자가 여자에 대해, 부모가 아이에 대해 현실을 규정하듯 힘있는 사람이 현실을 규정하게 된다. 따라서 이런 수퍼바이저는 자신의 명예에 위협을 가할 수 있는 주장적 행동을 하는 실습생의 반응을 병리화할 수 있다.

사례 12-5

P의 수퍼바이저는 실습지도시 간에 자신의 사례에 대해 이야기하길 좋아했다. 처음에 P는 수퍼바이저의 이러한 지도방식에 친근감을 느끼고 좋아했으나 자신의 실습사례에 대해 살펴볼 시간이 없는 것에 대해 차츰 불만을 갖기 시작했다. 어느 날 수퍼바이저가 P에게 자신의 아이들과의 문제에 대해 말하기 시작했을 때 P는 당황했고 부적절하다고 생각했으나 어떻게 이야기할 수 없었다. P는 수퍼바이저가 자신의 부서 담당부장과 친구임을 알게 된 후 두 사람에게서 모두 배척되고 불이익을 받게 될까봐 어느 누구에게도 이 문제를 제기하기 어려웠다.

이 학생은 실습시간 동안 이러한 문제를 어떻게 해결해야 하는가?

① 수퍼바이저는 분명히 학생과의 약속된 시간에 지도 의무를 위반하였다. 그러나 수퍼바이저는 자신의 문제에 대해 이야기함으로써 정서적 도움을 받을 수 있었다.

② 학생은 자신이 맡은 사례에 대해 지도 받지 못함으로써 클라이언트에게 자신이 적절한 도움을 주고 있는지 불안할 때가 많다.

③ 이러한 사실에 대해 부장에게 보고하고 도움을 청해야 하는지, 비공식

적인 기회에 학생의 기대를 다시 인식시켜야 하는지, 아니면 다음 지도 시간을 기대하며 침묵해야 하는지 갈등하게 된다.

그러면 학생과 실습지도자 중 이러한 역기능적인 상황에서 누가 보호되어야 하는가? 대체로는 학생의 안전이 보호되어야 한다고 생각할 것이다. 그러나 실제로는 그 반대이다. 다음의 사례가 이 점에 대해 설명해준다.

사례 12-6

K의 수퍼바이저는 실습지도시간을 자주 취소하며 정해진 시간보다 항상 늦게 도착하고 일찍 끝낸다. 처음에 K는 더 긴급한 다른 업무 때문일 것이라고 생각했다. 그러나 어느 날 음악회에 가야 한다며 모임을 취소했다. K는 정규적인 과정기록을 제출할 기회를 가지지 못함으로써 반복되는 취소에 대해 분노를 표시했다. 그리고 다음 시간에 수퍼바이저와 이 점에 대해 의견을 나누었다. 마지막 평가에서 수퍼바이저는 K가 과정기록을 제출하지 않았으며 이것은 수퍼바이저에 대한 저항감을 표현한 것이라고 평가하였다. K의 저항은 자율성과 통제 문제에 대한 현재의 갈등과 관련된다.

위 사례에서도 다음과 같은 문제가 제기되며 결과적으로 실습생이 보호받지 못하였다.

① 수퍼바이저는 자신의 기관과 실습생에 대한 의무와 책임을 회피하고 사적인 목적을 위해 공적인 약속을 취소함으로써 전문적 기준에 따라 공정하게 책임을 수행해야 하는 윤리기준을 지키지 못하였다.

② 그러나 결과적으로 이러한 문제가 표출되었을 때에는 평가받는 학생이 문제가 있는 것으로 제시되었다. 이러한 경우 실습생이 수퍼바이저와 공정하게 평가과정을 공유할 수 있는가?

③ 실습생은 수퍼바이저 외의 직원들에게 자신의 어려움을 이야기할 수 있

는가? 아니면 계속 침묵할 수밖에 없는가?

사례 12-7

H대학 3학년인 실습생은 실습기관에서 직원들이 모두 친구처럼 대해 주며 사적인 이야기도 하는 등 처음에는 친밀하고 좋은 분위기에서 실습을 하고 있다고 생각하였다. 시간이 지나면서 한 직원이 다른 직원들에게 반말을 하는 것을 보고 특이한 사람이라고 생각했다. 그러나 그 사회복지사는 주임이나 과장에게도 그렇게 대하였고 사회복지사 5명이 모두 서로 그런 식으로 대화하는 것을 발견할 수 있었다. 과장은 수퍼비전 시간에 실습생이 모두 있는 자리에서 큰소리로 사적인 전화통화를 해서 실습생들은 본의 아니게 통화내용을 듣곤 했다. 실습 5주만에 과장 결혼식이 있어 실습생들은 결혼식에 참석하고 선물을 하였다. 또한, 후원업무에 대해 설명을 듣는 과정에서 실습생들은 모두 정기후원자로 등록하고 일일찻집 후원티켓을 5만원씩 할당받기도 하였다. 실습생들은 또한 밀착된 분위기 속에서 실습일 이외의 기관행사에도 도우미로 3일간 봉사하였으나 과장은 자신의 결혼, 행사 등으로 수퍼비전 시간을 계획대로 진행하지 않았고 사례가정방문, 면담 등은 한번도 실행하지 못한 채 15주의 실습을 마쳤다.

위 사례는 직원, 실습지도자의 위치에서 실습생의 취약한 위치를 이용하여 전문적인 기준에 따라 수행해야 할 책임과 전문적 지도, 조언을 소홀하였으며, 개인적인 친밀감을 이용하여 경제적인 부담을 줌으로써 개인적인 이익을 위해 자신의 지위를 이용하는 등 윤리적 기준을 위반하였다. 그러므로 다음의 문제를 상정하고 분석함으로써 실습생들의 대처방안을 생각해볼 수 있다.

① 실습생은 직원과의 친밀한 관계 속에서 기관의 후원 및 일일찻집 후원에 관여하였는가? 아니면 기관의 준 직원으로서 소속감과 책임감을 가지고 관여하였는가?

② 수퍼비전 시간을 효과적이고 전문적으로 활용할 수 있었다면 기관 후원
이나 결혼식 선물 등에 대하여 실습생은 어떤 평가를 내렸을까?

③ 실습 중반 이후부터 실습생들도 수퍼바이저나 직원들에게 자신의 학습
기회나 부당한 부담에 대해서 언급할 책임이 없었을까?

④ 실습기관은 실습교육이 계획대로 진행되는지 점검하거나 실습생의 건
의를 수렴할 기구를 가지고 있었는가?

실습기관은 실습생들이 직원들과 대인관계를 원활히 하며, 실습지 적응과
실습활동을 효과적으로 할 수 있도록 편안한 분위기를 조성할 필요가 있다.
그러나 위 사례와 같이 편하고 친밀한 분위기가 학습활동을 저해하고 힘의
남용에 이용된다면, 기관에 대한 건의, 수퍼바이저와의 상담 등을 통해 사전
에 조정될 수 있어야 할 것이다.

(2) 경계위반

수퍼바이저가 실습생을 이기적으로 이용하는 것은 역할 전도나 '부모화'
와 관련되어 학생의 욕구를 박탈한다.

이중 역할관계와 경계위반은 좀더 심각한 남용에 해당된다. 스타우트
(Stout)는 악용되는 지도감독 관계의 두 가지 전형적인 예로 성적 접촉과 실
습생의 개인상담을 설명했다. 이는 실습생이 위축된 위치에 있으므로 금지해
야 할 내용이다. 특히 성적 관계는 가장 어려운 문제이다. 미국의 예로, 대학
원 실습 중 수퍼바이저와 성적으로 관계되었던 여성 심리학자들은 시간이 지
나면서 이 관계에 대해 본질적인 판단이 바뀌게 되었음을 보고하였다. 일반
적으로 그 당시에는 덜 부정적이었으나 시간이 흐른 뒤 그러한 관계가 아주
이기적으로 이용당하고 본인에게 해로운 것이었다고 평가했다.

동등하지 않은 힘의 위치에서 성 관계는 다른 어떤 경계위반보다 더 커다

란 해를 끼친다. 알론소는 학생과 수퍼바이저가 곤경에 빠졌을 때 둘의 관계는 서로 강력한 전이와 역전이 반응을 자극한다고 지적하고, 전문적이며 경험있는 임상가의 도덕적인 모든 실수는 직접적으로 역전이에 의해 일어난다고 보았다(Abramson, 1993: 130-131). 역전이를 인정하고 검토하지 못함은 지도감독 관계에서 힘의 남용으로 나타난다.

지도감독 관계의 맥락에서 전이는 학생이 수퍼바이저와 관련하여 경험하는 대치감정과 관련이 있는 것으로, 실습생이 어릴 때 의미있는 관계에서 생겨난 감정이다. 역전이는 수퍼바이저의 생의 초기관계와 관련되어 경험하는 대치감정으로, 학생과의 관계에서 생겨나는 감정에 관한 것이다. 둘 간의 관계가 지도감독 관계를 방해할 때 수퍼바이저가 학생을 경계하지 못하는 것은 학생의 혼란을 가중시킨다.

임상훈련에 임하는 학생과 수퍼바이저 관계가 구조적으로는 환자-치료자 관계와 비슷하기 때문에 학생들은 초기에 정서적으로 부담을 갖게 되고, 따라서 수퍼바이저는 환자를 이해하는 방법으로 돌보며 경계를 유지하도록 도와야 한다.

이 관계에서는 해결되지 않은 내적 갈등을 투사하면서 강한 전이반응을 경험할 수 있다. 학생은 수퍼바이저에 대해 전이를 경험하면서 완전히 무의식적일 수 있다. 다음 사례는 실습생이 수퍼바이저에 대해 자신도 모르게 과잉반응으로 성적 매력을 느낀 경우이다.

사례 12-8

26세 대학원 실습생은 42세 수퍼바이저에게 매력을 느끼게 되었다. 실습생은 자신의 여고생 같은 감정에 당황했고 수퍼바이저에게 드러내지 않으려고 했다. 3개월 동안 실습을 진행하면서 한 남자 클라이언트가 실습생에게 성적 관심을 표현하기 시작하였다. 실습생은 이 상황을 어떻게 풀어나갈지 당황하였고 수퍼비전 시간에 이 상황이 제기될까봐 불안했다. 실습생은 자신을 압도하는 매력적인 남자인 수퍼바이저가 그녀의 어떤 면이 클라이언트에게 성적으로 비춰졌다고 생각할지, 그리고 성적 매력에 대해 어떻게 생각할지 그와 문제를 냉정히 논의한다는 생각에 관심을 가지게 되었다.

지도감독 관계는 성적으로 관련될 수 있다. 이는 전이에 의해 왜곡된 친밀성을 갖게 되면서 생길 수 있다. 학생이 수퍼바이저에게 매료될 수 있고, 수퍼바이저가 학생에게, 혹은 둘 다 서로 매료될 수 있다. 그러나 그들 간의 성적 관계는 역할의 혼란과 전이수준으로 인해 위험하고 비윤리적이다. 수퍼바이저는 실습생과의 경계를 유지할 책임이 있다. 또한, 클라이언트의 관계에서와 같이 학생에게 성적 매력을 느낄 수 있다는 것을 인정해야 한다. 그러나 이러한 감정을 적절하게 처리하기 위해서는 윤리적 · 전문적 기술을 분명히 유지해야 한다.

학생은 지도감독 관계에서 스스로 경계를 대변하는 데 상대적으로 약한 위치에 있다. 이러한 위치에서는 자존심이 손상될 수도 있으므로 수퍼바이저는 신뢰받는 위치를 지켜야 한다. 역기능적 가족에서와 비슷하게 중요한 사항에 대해 침묵하는 것은 비밀스런 분위기를 만들어 낸다. 학생과 수퍼바이저 관계에서 전이와 역전이는 비밀을 남기며 경계위반의 위험성을 낳는다. 즉, 비밀이라는 무거운 짐을 지게 되는데 이 짐은 돕는 과정에 중요한 장애를 만든다. 한편, 정보를 제공하고 대화를 나누는 것은 역기능적인 지도감독 상황에서 경험할 수 있는 격한 감정들을 표현하는 데 유용하다. 외적 체계와 희생적인 구조에 대해 어떻게 대처할 수 있는가에 대해 서로 정보를 나누지 못하면 의존적 · 희생적 위치를 영속화할 우려가 있다(Abramson, 1993: 134). 지도감독 관계에서 수퍼바이저는 경계를 안전하게 유지할 윤리적 책임이 있으므로 더 긴장할 수 있다.

정서적으로 안전한 실습관계를 유지해야 할 책임은 궁극적으로 수퍼바이저에게 있지만 실습생은 학생의 위치에서 모든 실습경험에 관한 자신의 감정을 점검하고 지지도 받으면서 정서적 보호와 안정을 확실하게 유지해야 한다.

〈사회복지사 윤리강령〉은 수퍼바이저와 실습생의 윤리기준을 제시하고 있다. 수퍼바이저는 개인의 이익을 추구하기 위해 자신의 지위를 이용해서는 안 되며, 전문적 기준에 따라 공정하게 책임을 수행하며, 사회복지사·수련생 및 실습생에 대한 평가는 이들과 공유해야 한다. 또한, 수퍼바이저는 사회복지사·수련생 및 실습생에 대해 인격적·성적으로 수치심을 주는 행위를 해서는 안 된다고 명시하고 있다.

사회복지사는 클라이언트의 이익과 위배되는 관계나 관여를 피한다는 원칙과 마찬가지로 어떠한 경우에도 수퍼바이저는 개인적 이익을 위해 실습생과의 관계를 이용해서는 안 된다. 실습생-수퍼바이저 관계에 관련된 이러한 원칙들은 클라이언트, 동료, 친구 등 세 가지 관계 형태와 관련되어 발달할 수 있다.

참고문헌

김융일 · 양옥경, 『사회복지 수퍼비전론』, 양서원, 2002.

양옥경 외, 『사회복지실천과 윤리』, 한울아카데미, 1994.

Dane, Barbara Oberhofer & Simon, Barbara L. (1991), "Resident guests: social workers in host settings," *Social work*, vol.36, no.3.

Freck-Henderson, Ann. (1991), "Moral reasoning in social work practice," *Social service review*, vol.65, no.2.

Jacobs, Cathy. (1991), "Violations of the supervisory relationship: an ethical and educational blind spot," *Social work*, vol.36, no.2.

Loewenberg, Frank & Dolgoff, Ralph (1985), *Ethical decisions for social work practice*, F. E. Peacock publishers.

Payne, Malcolm. 1985, "The code of ethics, the social work manager and the organization," in David Watson(ed.), *A code of ethics for social work*, London: Routledge & Kegan Paul.

Rhodes, Margaret L. (1986), *Ethical dilemmas in social work practice*, London: Routledge & Kegan Paul.

제13장

제한된 자원의 '공정한' 분배와 윤리적 딜레마

— 국민기초생활보장법을 중심으로

김 미 원

사회복지실천에서 많은 사회복지사들을 힘들게 하거나 소진시키는 문제 중 하나가 소위 "제한된 자원"을 어떻게 효율적이고 공정하게 분배하느냐이다. 특히 사회복지의 신자유주의적 편향 속에서 복지의 민영화, 복지예산 축소 등으로 외형만 복지제도 구축이지 사실상 사회복지의 제도적 위상이 줄어들고 있는 시기에 사회복지사가 실천에서 느껴야 하는 한계와 고통은 더욱 커질 수밖에 없다. 사회복지사는 복지비용이 소비적이라는 사회적 인식에 맞서(혹은 거기에 스스로도 매몰되어) 사회복지의 효율성과 생산성을 보여주기 위해 부단히 노력해야 하고, 이를 보여 줄 수 있는 프로그램을 개발하거나 자원이 낭비 없이, 그리고 아주 공정하게 분배되었다는 것을 검증해 내야 한다. 이러한 현실은 사회복지가 그만큼 시장원칙에서 벗어나 독자적 지위를 차지하지 못하고 있다는 것을 반증하는 동시에, 사회복지를 더욱 경쟁과 생산성, 효율성이라는 시장가치에 종속시키는 원인이기도 하다.

원래 사회정책은 1차적 시장분배(시장에서 결정되는 자본과 노동 사이의 1차적 분배)에 대한 수정과 시장분배의 교정을 위한 2차적 분배(예컨대 사회보장제도를 통한 시장분배의 교정)를 목표로 한다. 그러나 지금 신자유주의적 복지제도 하에서 사회복지의 재분배적 의미는 크게 퇴색될 수밖에 없고,

시장지상주의 원칙 아래 시장에서 탈락한 많은 사람들의 문제는 제도적 교정
장치보다 사적인 차원에서 해결해야 하는 상황에 처하게 되었다. 이로 인한
복지예산 축소는 결국 사회복지 민영화, 민영화된 복지기관의 기금모금 활성
화, 효율적인 프로그램개발 노력 및 이에 따른 사회복지사의 업무배가, 한정
된 자원의 분배에 따른 윤리적 딜레마, 보편주의적 서비스 축소 등을 낳게 되
었다.

사회복지사는 그 자신이 처한 '열악한' 근무조건 속에서 '열악한' 생활조
건에 빠진 대상자를 중심으로 '열악한' 자원을 분배해야 한다. 이 과정에서
'제한된 자원'의 '공정한' 분배라는 것은 어떤 의미가 있는가? 이러한 논의
가 중요한 것은 사실이지만 이 문제에 대한 천착은 오히려 우리의 인식 차원
을 지나치게 합의주의적으로 국한시킬 우려가 있다. 왜냐하면 이미 엄격하게
제한된 자원을 아무리 공정하게 분배한다고 해도 사회복지가 추구하는 급여
수준의 적정성이나 수급자의 권리가 그 과정에서 담보되는 것은 아니기 때문
이다. 이런 점에서 자원분배와 관련된 초점은 어떻게 '제한된 자원'을 '공
정'하고 '효율적으로' 분배하느냐 하는 것보다 왜 사회복지자원은 항상 '제
한된' 상태로 주어지는가 하는 문제가 먼저 점검되어야 할 것이다.

사회복지실천에서 자원분배와 관련한 문제는 제도적으로 확대, 재생산되
는 점이 없지 않다. 따라서 이 문제는 개별 사회복지사의 실천 경험이나 전문
성 강화 혹은 윤리강령의 강화만을 통해서 해결하는 데 한계가 있다. 물론 현
실은 매우 제한적이고 열악하다. 주류 시각에서 사회복지자원과 관련해서 주
로 회자되는 것은 사회적 자원에 비해 해결해야 하는 욕구가 많기 때문에 사
회적 예산은 언제나 부족할 수밖에 없다거나(현외성, 2002: 35), 한국의 특수
한 상황에서 사회복지예산이 국방비 등에 비해 상대적으로 열악할 수밖에 없
기 때문에 제한된 자원을 더 효율적으로 운영하는 방식이 무엇보다도 중요하
다는 것이다(김태성, 2000). 이러한 현실 속에서 왜 사회복지자원은 항상 아
주 제한된 형태로만 분배되는가에 대해 문제의식을 갖는 것은 매우 비현실적

으로 여겨질 수밖에 없다.

그러나 이러한 문제제기가 너무 거시적이라 실천 차원에서 부적합하다고 느껴지거나 현실을 무시한 발상이라고 치부하는 한, 현 사회복지자원의 왜소함과 이로 인한 실천상의 어려움은 결코 극복할 수 없다. 선택의 폭과 내용은 그것을 둘러싼 현실적인 사회조건으로부터 영향을 받지만, 역으로 그 사회적 조건을 극복하는 힘은 어떤 선택을 하느냐에서 출발한다. 자원분배와 관련된 사회복지실천 상 갈등 역시 제도적 차원과 분리되는 순간, 그리고 현실을 불가피한 것으로 받아들이고 합의주의적 흐름을 선택하는 순간, 적은 자원의 효율적 분배를 둘러싼 악순환의 고리에서 빠져 나올 수 없을 것이다.

이러한 현실은 민간 사회복지기관의 문제만은 아니며 소위 사회적 연대를 기반으로 일반 조세를 통해 빈민에게 서비스를 부여하는 공공부조의 경우에도 마찬가지이다. 우리나라 국민기초생활보장법을 살펴보면 이런 점들이 명확해진다. DJ정부가 외환위기와 더불어 심화된 사회문제를 해결하기 위한 대책으로 "생산적 복지"를 추구하면서 실시한 이 제도는 시행 초기부터 준비부족은 물론, 제도 자체의 신자유주의적 속성 때문에 빈곤층과 저소득층의 기본적인 생활권 보장이라는 목적에서 크게 후퇴해 낮은 급여수준과 수급조건 강화에 따른 여러 가지 문제들을 낳았다. 사회복지사는 한편에서 자활의지가 확고한 저소득자를 가려내야 하고, 자원에 대한 오·남용을 방지해야 하며, 이 제도가 예전의 생활보호법보다 '생산적' 임을 증명해야 한다. 뿐만 아니라 다른 한편으로는 빈곤층의 생계조건이 더욱 열악해지고 사회적 낙인도 더욱 강화되는 현실을 바라보며 갈등해야 한다.

이 같은 갈등의 원인은 무엇보다 기초생활보장법의 정책적 목적과 사회적 기능이 국민의 생존권보장보다 신자유주의 경제정책을 사회 안전망이란 이름으로 떠받쳐 주기 위한 보충적 제도로 출발했다는 데 기인한다. 빈곤층에 대한 기초생활보장법의 자원크기와 보장수준도 분배정의 차원에서 결정짓기보다는 빈곤층을 신자유주의 시장질서에 편입시키려는 목적 하에 결정된 것이며, 이런 한에서 기초생활보장법은 빈민의 최저생계도 보장할 수 없는 수준으로 머무를 수밖에 없는 것이다. 그리고 이에 비례하여 이를 시행하는 일선 사회복지사(사회복지전문요원)의 업무 갈등도 커질 수밖에 없다.

결국 기초생활보장법을 둘러싼 분배갈등과 현장 사회복지사가 겪어야 하는 실천상의 가치갈등은 단순히 '공정한' 분배를 위한 실천지침이나 윤리강령을 통해 해결하기에는 한계가 있다. 오히려 원론적으로 들릴 수 있지만 기술적 차원을 넘어서 이념적, 경제 · 정책적 차원에서 접근할 필요가 있다. 이러한 문제의식에 따라 이 글에서는 공공부조의 빈민법적 특성, 특히 사회통제적 의미와 이러한 특성이 어떻게 기초생활보장법에 내면화되어 있는지, 그리고 기초법의 신자유주의적 편향이 어떻게 분배정의를 왜곡시키는지를 구체적인 사례들과 더불어 살펴볼 것이다. 이러한 논의는 우리로 하여금 자원분배를 둘러싼 윤리적 딜레마가 사회복지사의 개인적, 직업적 윤리 차원을 넘어서는 것이라는 점을 인식하고, 분배갈등을 둘러싼 논의에 대한 제도적 통찰력을 갖도록 하는 데 기여할 수 있을 것이다. 동시에 공공부조로서 기초생활보장법의 한계를 극복하고 국민의 최저생계를 권리로서 보장받을 수 있는 이념 및 실천 차원에서의 대안을 찾아가는 시발점이 될 수 있을 것이다.

1. 공공부조의 사회 정책적 특성

공공부조의 목적은 스스로 생계를 유지할 수 없거나 특수한 생활조건에서 충분한 생활능력을 상실한 자에게 인적, 물질적, 경제적 원조를 해주어 자립하도록 하고 인간적인 삶을 보장해 주는 데 있다. 이때 공공부조는 다른 사회보장제도나 개인 혹은 가족의 자조능력을 통해 해결될 수 없는 '비전형적이고 개별적인' 궁핍상태, 즉 빈곤을 대상으로 하며 이를 원조하는 공공부조는 '예외적 원조', '최후의 보호망'으로 사회보험제도에서 누락되는 시민을 양도받는다(Memorandum, 1982; 1983: 299).

시민사회의 사회보장제도는 크게 두 가지 영역으로, 자본주의적 잉여인구를 분류한 후 각기 다른 보장체계를 통해 이들을 보호한다. 그중 하나는 사회보험체계로 이는 주로 노동능력이 있는 자, 보험의 대상이 되는 자, 노동과정에서 일시적으로 떨어져 나온 자를 대상으로 한다. 다른 하나는 공공부조체계로 전자와 달리 주로 노동능력이 없는 자, 사회보험의 대상이 되지 못하는 자를 대상으로 한다. 이들 두 카테고리 안에서, 자본주의적 생산양식에 따라 각자 차지하는 의미에 맞게 서로 다른 생계수준을 보장받게 된다. 사회보험 대상자는 노동력 재생산에 필요한 수준으로, 즉 최저생계 이상으로 보호를 받음으로써 계속해서 노동시장에 남아 있도록 보호받는다. 반면 공공부조 대상자는 대부분 노동시장에서 탈락한 잉여인구군이라는 점에서 보장 수준도 최저생계 수준으로 고착된다. 따라서 보장 수준은 최저한으로 유지되며, 물리적, 이념적 억압을 가함으로써 수급자에게는 인간적 차원의 금치산적 효과, 사회적 낙인 등을 가하거나 물질적 부족에 처하게 만든다(Margarete, 1985: 45).

곤경에 처한 사람에 대한 보호가 이처럼 불안정하고 억압적 성격을 갖는 것은 이것이 기존 경제체계를 현실화시키는 수단으로 이용되기 때문이다. 즉, 낮은 수준의 보호로 보호신청에 대한 매력을 감퇴시키고 노동의사를 강화시킴으로써 실업자의 임금 및 취업인구에 압력을 가하고자 하는 것이다(Margarete, 1985: 45). 이러한 사실에서 볼 때, 궁핍에 빠진 시민에게 '건강하고 문화적인' 생활수준을 유지하도록 한다는 공공부조의 일반적 목적과 실제로 이행되는 사회적 기능 사이에는 커다란 차이가 있음을 알 수 있다. 이하에서 공공부조의 사회적 기능과 목적을 좀더 자세히 살펴보기로 하겠다.

1) 공공부조의 사회 정책적 기능과 목적[1]

(1) 공공부조의 사회통제 기능

공공부조는 20세기에 들어와 그 성격이 근대적으로 바뀌었음에도 불구하고 아직도 빈민법적 특성을 보유하고 있다. 빈민에 대한 보호수준의 상승은 빈민뿐 아니라 저임금 노동자의 노동의욕을 감소시킬 것이므로 이를 최소한으로 해야 한다는 논리가 그것이다. 공공부조의 사회 통제적 기능은 최근 신자유주의적 편향 속에서 더욱 공고화되는 경향이 있다. 따라서 '제한된 사회 자원'을 효율적으로 활용하기 위해 공공부조의 사회 통제적이고 노동 연계적인 속성은 불가피하다는 것, 자원의 낭비로 인한 사회적 비용을 줄이려면 빈민에 대한 당근과 채찍이 필요하다는 것, 이를 위해 효율적으로 제도를 시행할 수 있는 기술적, 행정적 과정이 필요하다는 것 등이 강조된다.

사회복지 역사에서 볼 때 빈민부조는 경찰국가적 정책의 일환으로 공공의 안정과 질서를 유지한다는 목적 아래 시행되었다(신빈민법 참조). 산업혁명 이후 기아임금 수준에도 못 미치는 저임금 노동자의 수가 증가하면서 사회는 궁핍에 빠진 대중을 도울 수단이 없었고, 빈곤의 규모도 엄청나게 커져 이로 인한 문제들이 사회적 위협으로 여겨지는 지경에 이르게 되었을 때, 이 문제에 대한 해결은 빈민에 대한 억압적 처우 및 수급 남용의 방지라는 두 차원으로 귀결되었다. 우선 빈민에 대한 억압적 처우가 강화되었다. 수급자에게는 여행의 자유가 제한되고 선거권이 박탈되었으며 결혼이 금지되고 강제 작업장에 수용되었다. 이와 더불어 수급남용을 방지하려는 조처를 취했다. 수급 조건을 엄격히 하고 수급자의 생활수준을 최저소득의 자유노동자 생활수준

---

1) 이 부분은 김미원(1993)의 "공적부조의 사회적 기능과 윤리적 딜레마"(『사회복지실천과 윤리』, 서울: 한울아카데미, pp.211-229)의 일부를 발췌, 수정하였다. 보다 자세한 부분을 보고자 한다면 본문 원고를 참조 바람.

보다 낮게 책정하는 열등처우 조처가 생겼다(Wagner, 1984). 이러한 조처들은 20세기 들어와 빈민법이 근대적인 공공부조 성격으로 바뀌면서 법 조항에서 사라지게 되었으나 억압적 기능까지 완전히 사라진 것은 아니었다.

공공부조의 억압적 성격은 부조가 시행되는 행정절차에서 잘 나타난다. 공공부조의 신청보호 원칙에도 불구하고 모든 청구자에게 급여가 주어지는 것은 아니며, 여러 가지 세부규정들을 통하여 보호를 청구한 신청자들의 보호 여부를 다시 심사, 결정한다. 즉, 국가는 재정조달을 통해 권리 청구를 만족시켜야 하지만, 조세국가의 업무능력은 자본주의의 기능적 필요성에 따라 규정되는 사적 가치 창출의 가능성 안에서만 실현될 수 있고, 따라서 국가는 청구권과 실제 급여 사이에 일련의 행정적 여과장치를 설치하여 가능한 최소한의 조세를 통하여 최소한의 비용만을 지불하려고 한다. 국가는 결국 '상대적 자율성'을 이용하여 문제를 빈곤계층에 전가함으로써 조세국가의 부담을 해결하려는 것이며, 이 과정은 빈민에게 억압적 행정으로 다가간다(Grauhan & Leibfried, 1977).

사회적 보호로 노동자들은 의타적이고 나태해질 것이며, 이를 막기 위해 국가보호는 아주 불가피한 경우, 즉 노동능력을 상실한 경우에 최소한으로 제한해야 한다는 논리에 따라 국가는 이처럼 다양한 억압적 기능을 발전시켜 왔다. 국가는 여러 가지 테크닉, 예컨대 낮은 보호수준 유지, 엄격한 자산조사, 빈곤의 개인 책임 강조, 강제 사역과 같은 처우를 실행하면서 이를 통해 국가 혹은 지배계급의 목적에 맞는 시민의식을 배양하고 국가서비스체계와 활동을 합리화한다. 따라서 공공부조가 시행되는 과정에서 헌법에 보장된 '인간다운 생활'은 전근대적 빈민구제의 억압적 기능을 갖는 최저생계 유지 수준으로 대치된다. 대부분의 나라에서 공공부조에 규정된 최저한의 보장 수준은 절대적 빈곤에 필적하는데, 이런 '최저 수준의 보호'를 받는 빈민은 결코 자신의 인성을 발전시킬 가능성도, 생활조건을 개선할 가능성도 상실할 수밖에 없다. 더욱이 그나마도 보호대상자가 되려면 엄격한 자산조사를 통해 자신이 무능하고 아무 능력도 없으며 절대적으로 가난하다는 것을 증명해 보여야 한다. 사회는 빈민법 이래 수백 년 간 이러한 테크닉을 통하여 강제로 빈민의 노동의사를 유지할 수 있다는 주장을 강화시키고 지배적 사회구조에 적응하도록 통제해 왔던 것이다.

(2) 공공부조의 경제 정책적 의미

시민사회 발달단계에서 공공부조는 항상 경찰의 기능과 보호의 기능이라는 이중적 역할을 담당해 왔다. 그런데 공공부조의 경찰 기능, 즉 억압적 기능은 임금노동자가 스스로 '사적' 노동보다 '공적 재생산'에 더 쉽게 의지하므로 이러한 위험을 피해야 한다는 논리에서 출발한다. 그런 점에서 빈민에 대한 국가의 억압적 태도는 단지 노동능력이 없는 자와 실업자에 대한 사회적 억압이라기보다 모든 임금노동자를 겨냥하고 있는 것으로 볼 수 있다. 즉, 공공부조에서 보호수준을 최저 수준으로 제한하는 것은 단순히 요보호자의 물질적, 신체적 존재영역을 억제하려는 것에 그치는 것이 아니라, 모든 임금 종속 노동자가 공적 보호를 멀리하고 스스로 사적 노동에 의지하도록 강제하기 위한 수단이 된다.

빈민을 지배적 경제 질서에 통합시키려는 의도는 빈곤의 책임을 개인에게 돌리는 과정을 통해 강화된다. 공공부조의 시행 원칙 중 하나인 보충성의 원칙은 생계보호의 1차적 책임을 주로 가족의 사적 영역으로 규정한다. 예를 들어 보호신청자는 친인척의 소득과 재산에 따라 어느 정도까지 생계유지비를 보조받을 수 있다고 가정하고, 사적 자원이 완전히 결여되었음이 확인된 후에야 비로소 국가가 보호하게 된다. 이러한 조처는 빈곤의 1차적 책임을 개인에게 전가함과 동시에 개인의 경제적 종속관계를 초래한다. 이는 개인에게 자기 자신의 가치파괴뿐 아니라 자긍심 상실을 가져온다. 공공부조의 보충성 원칙은 그 역사가 16세기 전반으로 거슬러 올라간다. 1540년 반포된 슈

트라스부르크 양로원 규정(Ordnung des Strassburger Spitals)에 따르면, 노동력을 상실한 자만이 구걸할 수 있었고 재산이나 친척이 전혀 없는 자만이 원조를 받을 수 있었다. 당시에도 지금처럼 친척의 도움과 노동을 통한 자조가 공적원조보다 우선되었던 것이다.

트야덴-슈타인하우어(Tjaden-Steinhauer, 1986)는 이러한 역사적 사실로부터 공공부조의 원칙은 자본주의적 빈곤을 사회적인 것으로 보지 않으려는 부르주아 의식에서 출발했다고 본다. 즉, 자본주의적 생산양식에 기인한 빈곤을 가능하면 공적으로 다루지 않고 빈민과 임금노동자의 부담으로 사적 재생산 영역에서 다루고자 한다는 것이다. 결국 이러한 제반 요건을 통해 공공부조는 단지 주변적인 긴급구호 성격을 더욱 강화하고, 보호대상자의 권리도 최소한으로 제한하며, 빈민을 사회경제 질서에 적응시키려는 목적을 달성하게 된다. 그러나 많은 보호대상자들이 사실은 노동능력이 없는 자, 혼자 생계를 꾸리는 한부모 가족 등이며 노동능력이 있는 자는 대부분 노동시장이 허락하는 한 고용을 원하고 있다는 점에서, 빈민을 노동 의사가 없는 자로 보거나 노동자들이 기회만 있으면 노동하려 하지 않는다는 가정은 노동을 시장에 종속시키려는 이해를 드러낼 뿐이다.

이와 관련하여 바그너(Wagner, 1984)는 궁핍과 빈곤에 처한 사람에게 주어지는 공공부조의 불안정하고 억압적인 보호는 경제체계의 현실화, 곧 자본의 축적을 용이하게 하려는 계급적 이해와 관련 있다고 언급했다. 다시 말해 비취업인구에 대한 최소한의 보호를 통해 산업예비군을 유지함으로써 기존의 임금수준과 노동력에 대해 압력을 행사하고, 이를 통해 노동강도 증가와 낮은 임금수준을 관철하도록 한다는 것이다. 그런 점에서 국가의 빈민에 대한 억압적 태도는 단지 노동능력이 없는 자와 실업자에 대한 사회적 억압이라기보다 모든 임금노동자를 겨냥하는 것으로 볼 수 있다.

2) 분배정의 차원에서 본 공공부조의 수급권

공공부조의 재원이 국가예산에서 항상 낮은 순위를 차지하는 이유 중 하나는 공공부조의 수급권이 권리이기보다 시혜로 인식된다는 데 있다. 수급자의 직접적인 기여가 수급권의 조건이 되는 사회보험과 달리, 공공부조는 수급자의 기여 없이 일반조세로 충당된다는 점에서 권리로서의 개념이 약하다. 따라서 공공부조 재원의 크기와 급여수준은 수급권자의 객관적 필요보다 상징적이고 추상적 수준에서 제한적으로 결정되기 쉽다.

일반적으로 공공부조의 수급권은 복지권의 하나로 헌법에서 보장하고 있는 인간다운 생활을 위한 기본권과 연결된 것으로 이해한다. 복지를 권리로 본다는 것은 복지가 시혜의 수준에서 권리의 수준으로 진보했다는 뜻이지만, 이는 결코 자동적으로 얻을 수 있는 것도, 구체적 기준이 있는 것도 아니다. 더욱이 권리로서 복지는 한 사회가 복지를 어떻게 이해하고 있는지, 그리고 권리 주체로서 수급자가 얼마나 자신의 권리를 사회적으로 확보할 수 있는지 등과 직결된다. 따라서 공공부조의 불안정한 수급권과 낮은 급여수준은 한편으로는 복지권의 추상적이고 불확실한 속성 때문에 초래되며, 다른 한편으로는 수급권자인 저소득층의 사회적 힘이 약하기 때문에 강화된다.

우선 복지권의 추상적이고 불확실한 속성은 복지권의 의미가 계약과 책임, 이에 따른 권리의 확보라는 시민권의 카테고리에서 발달했다는 데 기인한다. 마샬(Marshall)이 개념화한 시민권은 공민권(18세기)과 정치권(19세기) 및 사회권(20세기)으로 발전해 왔다.[2] 이 중 복지권은 사회권으로서 모든 국민이

---

2) T. H. Marshall에 따르면 시민권은 자유와 평등을 보장받을 수 있는 공민권(언론의 자유, 사유재산권, 신앙의 자유 따위)과 참정권 및 사회권으로 구성된다. 이 중 사회권은 사회의 보편적 기준과 수준에 합당한 시민생활을 누릴 수 있는 권리로서 사회권의 발달과 더불어 복지권도 확보되는 것으로 이해될 수 있다. Rob Atkinson (1999), "Citizenship and the struggle against social exclusion in the context of welfare state reform", in Bussemaker, Jet(ed), *Citizenship and welfare state reform in Europe*, Routledge, 참조.

인간다운 생활을 누리는 데 필요한 복지서비스를 국가로부터 보장받을 권리를 말한다. 그러나 사회권의 구속력의 크기와 정도는 나라마다 사회마다 아주 다양하며, 상이한 법적 체계 속에서 규범화된다(Huster, 1997). 그러므로 어느 정도의 자원을 분배하는 것이 옳은가에 대한 구체적인 규정은 없으며, 동시에 어떤 상태와 정도를 사회권의 침해, 즉 시민을 물질적 복지에서 소외시키고 사회적 참여를 배제시키는 것인가에 대해서 구체적인 기준 역시 없다.

뿐만 아니라 시민권은 원래 자본주의가 발달하면서 부르주아계급의 권리를 수호하기 위해 발달한 것으로, 시민을 자본주의 시장질서에 적합하고 바람직한 상으로 자리매김하려는 사회적 목적과 맞물려 발달한 개념이다. 따라서 시민권의 구성 요건으로서 복지권은 시민으로서의 의무와 책임을 다한 후 얻을 수 있는 후속적인 권리이지 그 자체가 선험적으로 결정된 것은 아니다. 다시 말하면, 이는 건전한 시민으로서 시장원칙에 충실하게 행동한 것에 대한, 혹은 충실하게 행동하도록 하기 위한 조치이기 때문에 복지에 대한 권리는 시장원칙에 종속될 수밖에 없다. 무기여를 특징으로 하는 공공부조 원칙상 공공부조 수급자는 아무런 의무와 책임도 지지 않고 자신의 생계를 다른 사람의 도움으로 의존하려는 사람이라고 비난받을 수밖에 없으며, 공공부조의 수급권 역시 매우 불안정한 상태로 시혜성을 극복하기 힘들다.

복지권은 또한 국가가 중립적인 위치에서 빈곤 위험에 빠진 사람을 보호해 주기 위해 발전시킨 보편적이고 평등한 권리가 아니다. 사회복지 전 역사에서 제한된 범위에서나마 복지가 권리로서 인정되기까지 수많은 갈등과 타협이 존재했다. 사회복지는 자본주의의 경제적 기능을 위해 발달했지만 그 역사적 실현물은 사회적 계급대립의 결과이기도 하다. 그런 점에서 한 사회에서 시행되는 복지제도의 구성을 규정하는 데에는 복지 수급 주체의 힘이 중요한데, 공공부조 대상인 빈민계급은 항상 사회의 비주류집단으로 성과물을 분배하는 과정에서 자신의 힘을 주체적으로 동원하기 어려운 위치에 있다. 더욱이 신자유주의로 계급 간 힘의 균형상태가 무너진 가운데 사회복지 자체가 축소되고 시장에 종속되는 현실에서는, 시장의 직접적 피해자인 빈곤계층의 양적 팽창에도 불구하고 이들의 수급권과 분배정의를 실현하기란 더 어려워지고 있다.

우리나라의 경우, 공공부조 수급권은 국가가 필연적으로 국민에게 부여하는 권리이기보다 국가의 자유재량에 속하는 사항으로 국가가 단지 입법에 대한 정치적, 도의적 책임을 지는 데 불과하다(김기원, 2000: 41). 이는 앞서 언급한 바와 같이 공공부조의 경우 수급권자가 재정적으로 기여하는 부분이 없기 때문에, 사회보험의 구체적 수급권과 달리 단지 추상적 의미의 권리만 있다는 가정을 반영한다. 즉, 이들에 대한 자원분배는 여전히 시혜적 특성을 지니고 있는 것이다. 이러한 이유로 기초생활보장법 제정에도 불구하고 분배정의 차원에서 본 공공부조의 수급권은 여전히 미약하다고 볼 수 있다.

2. 제한된 자원 분배와 가치갈등 : 사례로 본 기초생활보장법

1) 기초생활보장법의 신자유주의적 특징

김대중 정부는 2000년 10월 1일부터 외환위기에 따른 경제불황과 구조조정, 빈곤문제가 더욱 악화되는 상황에서 심화되는 빈곤문제를 해결하는 방안으로 기존의 생활보호제도를 폐지하고 국민기초생활보장법을 시행하였다. 이는 기존의 생활보호법이 보호대상을 특정 인구집단으로 한정함으로써 경제위기와 더불어 증가한 실업자와 저소득층 빈곤문제에 적극적으로 대처할 수 없다는 사회인식의 확산과 불안한 사회에 대한 국가의 위기대응 방식이 맞물려 나온 결과였다.

정부는 기초생활보장제도가 단순한 빈민구호에서 벗어나 국가의 책임 아래 국민의 최소한의 생활을 보장하는 제도일 뿐 아니라, 수급자의 자립과 자활을 촉진하는 '생산적 복지' 임을 강조하였다. 일부 개혁적 논자들조차 공공부조제도의 개혁을 '패러다임의 전환' 으로 평가할 정도였다. 그 이유로 첫째, 수급자격 완화를 통한 사회적 책임의 확대 둘째, 공공부조에 대한 빈민의 권리와 국가의 의무 명시 등을 들고 있다. 문제는 단지 조건부 수급자에 대한 노동 강제(소위 생산적 복지의 핵심인 노동연계복지)이지만 이 또한 강제규정이 약하여 빈곤의 책임을 개인으로 전가하는 성격이 매우 약하다는 것이다(김연명, 2001: 29-30).

그러나 기초생활보장법은 이 같은 개혁적 특성에도 불구하고 여전히 많은 문제가 남아 있다. 빈민의 빈곤탈출은 여전히 어렵고 한국사회의 빈부격차는 더욱 커져만 가고 있다. 사회복지사는 수급자격에 맞는 사람을 선정하기 위해 전보다 더 많은 업무에 매달려야 하고, 오·남용자를 가려내야 하며, 가족의 부양능력이 있는지 없는지 더욱 철저하게 조사해야 한다. 빈민은 빈민 나름대로 급여수준이 너무 낮아 최저생계는커녕 생존조차 어려운 상황에 빠지고, 지나치게 견고해진 자산조사로 불안해하며, 자신은 노동의사가 있는데 어쩔 수 없이 일자리를 못 얻었을 뿐이라는 것을 끊임없이 증명해야 한다.

이러한 문제의 원인으로 일반적으로 지적되는 것은 기초생활보장법의 행정적 미비와 이로 인한 문제점이다. 즉, 복지전달체계가 부족하고 자활사업을 위한 인프라가 구축되지 않아 '노동연계사업' 은 실효를 거두기 어렵고, 수급자 선정기준이 복잡해 선정과정에서 형평성을 잃은 채 오·남용의 우려가 있다는 것이다. 그렇다면 기초생활보장법은 사전 준비 없이 시행되었기 때문에 법의 우수한 취지에도 불구하고 시행 상 문제들이 초래된 것인가, 아니면 법 자체의 속성상 불가피하게 문제를 도출하는 것인가에 대해 질문하지 않을 수 없다. 결론적으로, 기초생활보장법은 아무리 행정적, 기술적 문제들이 해결되어도 (비록 이런 점들이 이 법의 시행효과를 크게 떨어뜨리는 것은 사실이지만) 자원분배 및 복지권 차원 등에서 여전히 본질적인 문제를 안고 있다. 그 원인은 기초법이 빈민법적 테두리를 벗어난 개혁적 제도라기보다 오히려 신자유주의에 포섭되어 저소득층에 대한 통제적 성격을 강화한 제도라는 데 있다. 따라서 어떤 찬사에도 불구하고 빈민에 대한 억압적 처우 성격을 벗어나기란 어렵다.

이런 결과는 기초생활보장제도가 빈곤에 대한 사회적 책임을 확대하는 과정에서 제정된 것이 아니라, 신자유주의 노동유연화 정책에 따라 양산된 실업자 및 저임금노동자에 대한 최저생계보장을 통해 사회적 불안을 막고 신자유주의 구조조정을 원활히 하려는 목적으로 제정된 것이라는 데에서 비롯된 불가피한 결과였다(조영훈, 2001: 240-257). 더욱 문제가 되는 것은 기초생활보장법이 "생산적 복지"라는 이름 하에 복지를 신자유주의 경제정책에 종속시킨다는 점이다. 국민기초생활보장법 제1조에 따르면 이 법이 빈민의 최저생활을 보장하고 자활을 조성하는 것에 목적이 있음을 명시하고 있다. 이를 바탕으로 노동능력이 있는 사람을 '조건부 수급자'로 규정하면서 급여 제공 조건으로 국가가 제시하는 프로그램에 참여할 것을 정한다. 이러한 이면에는 복지비용은 소비적이라는 인식뿐 아니라 노동과 복지를 연계함으로써 노동에 대한 사회적 통제를 강화시키고 노동시장의 공급과잉 조건을 창출함으로써 노동유연화를 더욱 확보하려는 신자유주의 경제정책이 내포되어 있다.

어쩌면 기초생활보장법이 개혁으로 보이는 것은 일면 이전의 생활보호법의 열악성에 기초할지 모른다. 그리고 적어도 외면적으로 나타나는 비정규직과 실업자에 대한 사회안전망으로서의 역할을 빈민의 복지권 확대로 해석하는 데에 기반한다. 그러나 기초생활보장법이 이전의 생활보호법에 비하여 비록 외면적으로 확대되고 발전적으로 변했다고 하지만, 그것은 단지 더욱 악화된 빈곤문제에 대한 사회의 점증적 대처일 뿐이며 결코 빈민법적 속성을 벗어난 진보적인 제도라고 보기는 어렵다. 앞서 지적한 바와 같이 기초생활보장법은 빈곤에 대한 사회적 책임을 확대한 정책이기보다 오히려 빈곤의 사적 책임을 강화한 정책이기 때문이다. 이하에서 기초생활보장법의 신자유주의적 속성이 어떻게 분배정의를 왜곡하는지를 사례와 더불어 살펴보기로 하자.

2) 사례를 통해본 가치갈등과 그 원인

사례 13-1

● 뇌성마비 1급 장애인 최씨

노점을 하며 생계를 유지하던 최씨에게 정부는 노점과 수급권 중 하나를 택할 것을 요구하였다. 기초법 시행원리상 최저생계비 이상의 소득이 있으면 수급자가 될 수 없기 때문이다. 최씨는 노점을 하면서 목디스크, 방광염 등으로 건강이 악화된 데다가 기초법이 최저생계를 보장한다는 약속을 믿고 노점을 반납하고 수급권자가 되었다. 이에 따라 국가는 최씨에게 월 28만 원의 생계 급여를 지급하였는데 약값, 교통비, 임대아파트 관리비 등 월 63만 원 정도가 필요한 최씨에게 이는 절대적으로 부족한 액수였다. 결국 최씨는 최저생계비가 장애가구의 특성을 반영하지 않고 있다며 헌법소원을 제기하는 힌편 농성을 결의하기에 이른다. 농성은 기초법의 문제를 알리는 데에는 어느 정도 일조 했지만 최씨의 생활은 달라지지 않았다. 더욱이 최씨는 이혼 후 아들의 양육권을 찾기 위해 소송을 준비 중이었는데 소송에서 이기기 위해서는 양육능력을 증명할 수 있을 정도의 경제력을 인정받아야 했다. 그러나 만약 이 경우 주위 사람들의 도움으로 경제력을 인정받는다면 양육권을 찾을 수 있을지 몰라도 기초법의 엄격한 재산기준 때문에 실제 소득이 없음에도 불구하고 수급권이 박탈되는 처지에 놓이게 된다. 최씨는 어떻게 해서든 통장에 잔고를 채워 소송에 유리한 조건을 만들고자 했으나 수급권자 재선정을 위해 재산조사를 하겠다는 동사무소의 고지서를 받고 결국 자살을 하고 말았다.

사례 13-2

● 실직자 김씨

김(남, 33세)씨는 97년까지 건설현장 용접공으로 월 1백 만 원 정도의 고정수입을 받았지만 외환위기 이후 일감이 없어지자 방 값이 싼 가리봉동(일명 벌집)으로 옮겼다. 직장을 잡아 생활을 안정시키기 위해 열심히 노력했지만 일자리 찾기는 쉽지 않았고 몇 년 사이 모아놓은 돈은 동이 나고 지병인 고혈압과 심장병이 악화되었다. 동사무소에 기초생활보장을 신청했지만 근로능력을 상실했다는 사실을 증명하지 못해 이마저 거부당했다. 근로능력 상실을 증명하기 위해서는 전치 2개월 이상의 진단서를 제출해야 하지만 병원에서는 관행이라며 3~4주 짜리 진단서에 '장기치료를 요함'이라고만 첨부했다. 동사무소 측은 사정은 딱하지만 서류 위주로 진행되는 감사를 의식하지 않을 수 없기 때문에 수급자로 인정할 수 없다고 했다.

사례 13-3

● 정부의 구상권 행사

P시에서는 2001년도 시의 기초생활보장법 수급자 중 부양능력이 있는 자녀[3]가 있는 19명에 대한 구상권 행사를 결의, 법에 따라 통보 후 한 달 이내에 생계비를 내지 않는 가구에 대해 한 차례 독촉(30일 동안)하고 그래도 안 내면 세금 체납 절차에 따라 월급이나 재산을 압류한 뒤 일정 기간(대개 1년) 후 재산을 경매에 부치기로 하였다. 이에 따라 수급자 강씨(남, 73세)는 수급자격을 박탈당할 위기에 처하였다. 강씨는 아들이 있으나 아들은 안정적인 직업이 없고 알코올중독자이다. 며느리가 보험회사 영업사원으로 생활하고 있는데 남편이 음주 후 폭력을

---

3) 부양능력이 있는 자녀란 부모와 자식 가구의 최저생계비를 더한 금액의 1백 20%를 초과하는 소득이 있는 사람을 말한다.

행사하기 때문에 부부 사이에 갈등이 많다. 강씨는 아들이 어렸을 때부터 부자간에 사이가 좋지 않았을 뿐 아니라, 아들가족도 간신히 먹고사는 처지이고 음주와 경제적 이유로 자주 다투는 것을 알고 있기 때문에 아들부부의 갈등이 심화될 것을 우려, 도움 받기를 원치 않았지만 시는 아들에게 강씨를 부양할 비용을 내야 할 것을 요구하였다.

위에 제시된 3가지 사례들을 자원분배와 가치갈등이란 측면에서 분석하면 소위 '한정된 자원'에 비해 수급자의 욕구가 너무 커서 이에 대한 가치갈등이 불가피하다는 일반적 사고(급여 오·남용 우려)가 어디에서 잘못되었는지 잘 보여 준다. 즉, 문제의 근원은 '한정된 자원'을 '공정하게' 분배하지 못한 데에 있는 것이 아니라 수급자의 권리를 '제한'하는 데에서 비롯한 것임을 알 수 있다. 다음은 사례에서 공통적으로 제기되는 문제를 중심으로 제도적 원인들을 분석해 보기로 하겠다.

① 불안정한 권리 : 수급자 선정기준 강화

기초생활보장법은 법의 목적으로 생활이 어려운 자에 대한 최저생활보장과 자활조성을 들고 있다(국민기초생활보장법 제1조). 이러한 목적은 헌법 제34조에 명시된 인간다운 생활을 할 권리 내지 생존권적 기본권을 구현하기 위한 것으로 이제 이 법의 제정으로 생계보호가 가부장적인 국가의 보호가 아닌 법적 권리로 명실상부 변하였다고 주장한다(김기원, 2000: 203). 실제로 기초생활보장법에서는 이전 생활보호법이 인구학적으로 선별된 사람에게만 예외적으로 서비스를 받도록 한 데 비해, 생활이 어려운 빈곤자로 수급권자를 단순화시킴으로써 모든 국민이 빈곤에 처하기만 하면 기초생활을 보장받을 수 있도록 하였다. 적어도 제도상으로 기초생활보장법은 예외적이고 보충적 성격을 벗어나 일반적 공공부조(general public assistance)로 바뀐 것이다 (김기원, 2000: 207).

그러나 모든 국민이 빈곤에 처하게 되자마자 동시에 국가로부터 자동적으로 최저생계 보장을 받을 수 있게 된 것은 아니다. 위에 제시된 사례에서 보듯이 기초생활보장법은 자산조사를 비롯한 여러 행정절차를 통해 수혜자가 예외 상태, 즉 어떤 것으로도(자신의 노동력, 부양자의 도움, 기타 법령에 의한 원조 등) 자신의 생계를 보장할 수 없는 상태라는 것을 증명한 후에야 받을 수 있는 서비스라는 점에서 법에서 나타나는 추상적 보편성은 행정적 여과과정을 통해 상실된다. 이러한 특성은 기초법에서 다음과 같은 규정으로 구체화된다.

첫째, 이전의 생활보호법이 소득과 재산을 각기 조사한 후 각각 기준선 이하인 자를 선정하였으나, 기초법에서는 개별 가구의 소득평가액과 재산의 소득환산액을 합산한 소득인정액[4]을 조사한 후 최저생계비와 소득인정액의 차액을 생계비로 지급하도록 되어있다. 이는 언뜻 보기에 선정기준을 소득기준으로 단일화시킨 변화로 볼 수 있으나 결국 대상자의 선정기준을 강화하는 효과를 가져왔다(사례13-1과 사례13-3 참조). 왜냐하면 재산의 포함 범위가 이전에 비해 늘어났으며(이전의 재산, 소득, 부양의무자 3가지에서 토지, 주거, 자동차 소유여부 등 추가) 그 결과 최저생계비와 소득인정액의 차액 수준을 줄여 이전보다 못한 생계비를 받는 수급자 수가 증가하는 결과를 초래했기 때문이다.

둘째, 기초생활보장법에서는 부양의무자의 자산조사까지 행하도록 하고 수급자는 물론 자녀 등 부양 의무자의 재산을 전면 조사해 부양능력이 있는 자녀로 판명되는 사람에게는 지속적으로 부양비용을 환수해 나가도록 하고

---

4) 2003년부터 수급권자 선정기준을 소득과 재산의 이원적 기준에서 소득인정액으로 통일하게 된다. 소득인정액은 개별 가구의 소득평가액과 재산의 소득환산액을 합한 것으로 수급자로 선정되기 위해서는 소득평가액 기준, 재산 기준(금액기준, 주택 · 농지 면적기준, 승용차 기준), 부양의무자 기준을 동시에 충족시켜야 한다.

있다(사례13-3 참조). 이러한 원칙은 수급대상자가 자신의 자산과 노동능력을 최대한으로 활용하고 부양의무자와 기타 다른 법령에 따라 보호받은 후에도 생계유지가 불가능할 때 보충적으로 주어진다는 보충성 원칙에 의한 것으로(국민기초생활보장법 제3조 참조), 결국 기초생활보장 급여는 국가가 마지막에 보충적으로 개입하는 최후의 보족적 사회안전망이라는 것을 알 수 있다. 이것은 생계보호의 1차적 책임이 가족 등 사적 영역이라는 생각을 반영한 것으로, 결국 빈곤의 1차적 책임을 개인과 가족에게 돌린 것으로 볼 수 있다.

셋째, 기초생활보장법에서는 근로능력이 있는 수급자의 경우 구직노력이나 직업훈련 이수와 같은 조건 하에 생계급여를 지급할 수 있도록 근로연계복지를 시행하고 있다. 〈사례13-2〉에서 보듯이 기초법의 신청자는 자신이 노동능력이 없다는 것을 증명하지 않는 한 급여를 받기 어렵다. 그러나 이는 노동시장의 조건을 고려하지 않는다는 점에서 한계가 있다.

② 낮은 최저생계 보장 : 낮은 급여수준과 최저생계비의 모호성

빈곤을 어떻게 정의하느냐에 따라 공공부조 대상과 급여수준에 차이가 있겠지만, 공공부조는 단지 빈민에게 순수한 생존만을 보장해 주는 것이 아니라 정상적인 사회적 삶에서 유리된 사람들에게 생존 이상의 서비스를 해 주는 것이라야 한다. 이때 단순한 '생존' 이상을 어디까지 보아야 하는가에 대해서는 아직 합의된 바 없다. 다만 개인의 삶의 질이 객관적 삶의 조건과 주관적 인지가 결합한 것이라고 볼 때, 이 두 조건을 근저에서 규정하는 사회적 요소를 고려하지 않을 수 없다. 즉, 현대 사회에서 최저생활이란 단순히 굶어 죽지 않는 정도의 생활을 의미하는 것이 아니라, 사회적 발달과 성과물에서 객관적으로나 주관적으로 소외되지 않는 삶을 의미한다는 것이다.

이런 점에서 기초법이 보장하는 최저생계의 정의는 문제가 된다. 기초생활보장법의 최저생계비는 보건복지부장관이 일반국민의 소득, 지출수준과 보호대상자의 생활실태, 물가상승률 등을 고려하여 결정하도록 되어 있다. 그러나 급여수준이 매우 낮은 것은 물론 아직 가구유형별로 차등화된 최저생계비를 고려하지 않기 때문에 추가 비용이 들어가는 장애인, 영아 및 취학아동 가구는 최저생활을 보장받기 어렵다. 〈사례13-1〉은 이로 인해 장애인 수급자가 받게 되는 불이익을 잘 보여준다.

③ 규율적이고 억압적 성격 : 노동연계 원칙 강화

기초생활보장법 제1조에는 이 법의 목적이 빈민에 대한 최저생활 보장과 자활 조성이라고 명기하고 있다. 기초생활보장법은 앞서 본 바와 같이 "생산적 복지"를 근간으로 형성되었는데, 종래의 사회복지에 비해 생산적 복지는 극빈자에 대한 잔여적, 시혜적 복지가 아니라 사회통합을 위한 적극적, 실용적 복지임을 주장한다(이장원, 1999). 이에 따라 기초생활보장법은 근로능력이 있는 수급자에게 자활에 필요한 사업에 참가할 것을 조건으로 생계급여를 지급할 수 있다고 규정한다(동법 9조 5항). 즉, 근로능력이 있는 대상자인 경우 근로의욕 감퇴를 막기 위해 자활공동체사업과 구직활동, 직업훈련 등에 참여하는 조건으로 생계비가 지급되며 3개월마다 지급여부를 결정하도록 한다.

이는 결국 안정적인 일자리로 진입하는 것이 어려운 현실에서 실업과 단기고용이라는 악순환에 붙잡힌 빈곤층 사람들에게 노동을 강제하는 효과를 낳는다. 급여수준은 최저 생존을 유지할 정도로 낮게 책정되었음에도 불구하고 엄격하게 자산과 상태를 조사하고 노동의무를 강제함으로써 빈곤의 1차적 책임은 일하려 하지 않는 개인에게 있다는 사회적 통념을 강화한다. 위에서 제기된 사례들은 엄격한 수급 절차 때문에 수급자가 겪게 되는 갈등 상황을 보여준다.

3. 요약 : 통제 차원에서 분배정의 차원으로

이상에서 왜 빈민에 대한 사회복지자원은 제한적일 수밖에 없는지, 그리고 제한된 자원을 분배하는 데서 필연적으로 나타날 수밖에 없는 딜레마는 무엇인지를 살펴보았다. 이를 통해 자원분배를 둘러싼 갈등은 단순히 윤리적 지침이나 실천기술의 축적으로만 해결될 수 없다는 것, 논의의 초점은 '제한적 자원의 공정한 분배'에 있지 않고 오히려 자원이 제한될 수밖에 없는 메커니즘에 대한 이해와 이를 극복하려는 의지에 있다는 것을 제시하고자 하였다.

주지하다시피 공공부조제도는 보편적 수당과 달리 빈곤계층을 선별적으로 보호한다. 그리고 빈민의 생활수준 보호와 사회통제라는 이중적 목적을 추구한다. 따라서 빈민에 대한 자원은 최대한 제한적일 수밖에 없다. 이러한 제한성을 이론적으로 뒷받침하는 신고전파 미시경제학에 따르면, 빈곤은 1차적으로 사람들이 취업노동을 받아들일 동기가 충분하지 못한 데 기인한다고 본다. 복지국가의 소득이전이 너무 관대하기 때문에, 즉 과잉 조절된 고용제도와 복지서비스 때문에 노동의욕을 잃어버리는 것이 빈곤의 수원인이라는 것이다. 이러한 논리는 결국 복지국가의 보장과 조절이 시장법칙과 일치하지 않은 가운데 수급자의 남용과 오용을 초래한다는 비난으로 귀결된다. 다시 말해 빈곤은 복지국가의 잘못된 조절 정책의 결과이기 때문에 국가의 개입 축소가 바람직하며, 빈곤에 대한 책임은 개인이나 가계가 1차적으로 져야 한다는 것이다. 따라서 노동시장 규제를 완화하고 사회적 소득이전을 낮춰 어떤 노동이든 수용하도록 강제해야 된다고 본다.[5]

기초법의 노동연계적인 성격도 이러한 이론을 기초로 한다. 그러나 이 주

---

5) 그 외에 공공부조를 통해 보장되는 가계소득이 취업을 통한 가계소득에 비해 높아지면 취업노동에 대한 매력이 줄어들기 때문에 가계소득을 줄여야 한다고 주장한다. 또한, 소득 공제율이 너무 높으면 취업을 통해 소득지위를 개선하려는 매력이 없어져 소득세에 대한 감세가 필요하다고 주장하기도 한다.

장의 현실적 관철에도 불구하고 공공부조 수급자들의 노동동기와 취업활동, 빈곤사이의 관계를 증명하는 경험적 연구는 많지 않다. 노동의욕에 대한 사회적 비판의 형평성 역시 부족하다. 노동의사가 있어도 일자리를 찾기 어려운 현실에서 이 같은 주장은 결국 이것이 이념적 차원의 공세임을 보여줄 뿐이다. 일반적으로 공공부조 수급기간이 길어질수록 여기에서 벗어나 자립할 가능성도 줄어들며 공공부조에 의존적이 된다고 생각하지만, 한 연구[6]에 따르면 공공부조 수급기간과 공공부조에서 벗어나는 기회(Ausstiegschance)사이에는 직접적 연관이 적은 것으로 나타났다. 즉, 빈민이 공공부조수급을 받지 않고 자립할 가능성은 노동시장 조건, 공공부조 이외의 사회보장수급을 받을 가능성 등이 빈민의 개인적 의지 여부나 수급기간보다 더 큰 영향을 미치는 것으로 나타났다. 이로부터 빈곤은 복지국가의 소득이전이 너무 관대해서 생긴 것이 아니라, 자본주의 시장질서의 모순과 부족한 사회안전망을 통해 발생, 강화한다는 점을 알 수 있다.

그러나 공공부조 수급자들이 소득과 이전소득, 조세적 요인 등을 고려한 다음 취업과 공공부조를 비교하고 유리한 쪽을 선택한다는 증거는 부족하다. 뿐만 아니라 소득 대체율의 경우 단기 비교일 경우에는 가능하지만 중장기적으로 비교하는 것은 쉽지 않다. 취업은 또 재정적 측면 외에도 사회 경제적 지위를 의미하며 사회적 통합의 길이기도 하다는 점에서 사회복지 때문에 노동의욕이 줄어든다는 주장은 설득력이 적다(Hanesch, 2000: 114-115).

6) 독일로 이주한 외국이주민과 구동독에서 이주한 사람들의 공공부조수급형태와 공공부조에서 벗어날 가능성을 비교한 연구(Wolfgang Voges/ Andreas Weber. 1997. "Sozialhilfe im Strukturwandel, Auswirkungen von Zuwanderung, Arbeitsmarkt und gewandelten Haushaltsstrukturen": 135-160. in Irene Becker, Richard Hauser(Hg.). Einkommensverteilung und Armut: Deutschland auf dem Weg zur Vierfünftel-Gesellschaft?. Frankfurt/Main: Campus Verlag. 참조)에 의하면 공공부조에서 벗어나는 데 영향을 미치는 요인으로는 사회보장에 의한 우선적 소득이전 여부와 구직여부가 가장 큰 영향을 미치는 것으로 나타났다. 이에 의하면 구 동독이주민의 공공부조수급기간이 외국인 이주민보다 더 짧았으며, 외국이주민 중에서도 난민의 빈곤 지속률(공공부조수급기간)이 가장 높은 것으로 나타났다. 이는 구 동독이주민의 경우 공공부조 이외의 사회보장제도의 도움을 받을 수 있는 데 비해 외국인의 경우 이 가능성이 희박하며, 특히 난민의 경우 노동시장에 통합될 가능성이 가장 희박한 데 연유한다.

이런 점들을 고려할 때 빈민에 대한 제한된 자원분배에 따른 가치갈등은 공공부조의 사회통제적 성격을 극복하고 연대성과 사회통합을 지향하는 한에서만 해결될 수 있다. 제한된 자원에 따른 윤리적 딜레마는 여러 가지 행정적 여과절차에 의한 자원의 오·남용 방지나 보다 엄밀하고 공정한 규정에 의한 윤리지침의 강화로서 해결할 수 있는 것이 아니다. 오히려 사회경제적 빈곤위험에 대해 급여체계를 어떻게 복지국가적으로 보장할 수 있느냐가 먼저 고려되어야 할 것이다. 예컨대 빈곤퇴치를 위한 통합적 전략으로서 보편적인 사회보장제도 강화, 조세에 의한 소득이전 개선(주택수당, 아동수당 등), 공공부조 개혁 등이 필요하다.

한 사회에서 사회복지의 자원이 구성되고 분배되는 형태는 그 사회가 지향하는 가치와 사회적 관계를 표현해 준다. 공공부조의 급여수준 및 자격조건 역시 그 사회가 빈곤을 어떻게 바라보느냐, 그리고 빈민들이 그 사회에서 어떤 위치를 갖고 있느냐를 반영한다. 따라서 왜 공공부조에 투입되는 자원은 항상 제한적으로 주어지는가와 관련된 질문이 '제한된 자원'을 어떻게 공정하게 사용할 것인가라는 질문보다 앞서야 할 것이다. 이를 통해서만 자원분배를 둘러싼 실천적 가치갈등도 소모적인 양상을 벗어날 수 있게 될 것이다.

참고문헌

김기원, 『공공부조론』, 학지사, 2000.

김미원, "공적부조의 사회적 기능과 윤리적 딜레마", 『사회복지실천과 윤리』, 양옥경 외, 한울아카데미, 1993.

김연명, "김대중 정부의 사회복지정책: 의미와 특징", 민주대학컨소시엄 2주년 및 민주사회정책연구원 1주년 기념심포지엄, 2001. 11. 9, 상지대학교, 성공회대학교, 한신대학교, 2001.

김태성, "생산적 복지' 무엇을 해야 하나", 『사회복지연구』, 제16호, 겨울호, 2000.

문진영, "국민기초생활보장에 관한 토론회", 1999 한국사회복지학회 주최 제1회 포럼, 1999.

이장원, "「생산적 복지」정책의 방향과 과제", 제2회 사회복지학회포럼, 1999.

조영훈, "현 정부 복지정책의 성격, 신자유주의를 넘었나?", 『사회복지와 노동』, 가을, 복지동인 제3호, 2001.

현외성, 『사회복지정책강론』, 양서원, 2002.

Atkinson, Rob (1999), "Citizenship and the struggle against social exclusion in the context of welfare state reform" in Bussemaker, Jet(ed), *Citizenship and welfare state reform in Europe. Routledge.*

Becker, Irene/Richard Hauser(Hg.) (1997), *Einkommensverteilung und Armut: Deutschland auf dem Weg zur Vierfünftel-Gesellschaft?*, Frankfurt / Main: Campus Verlag.

Grauhan, Rolf-Richard & Stephan Leibfried (1977), "Die Sozialverwaltung zwischen politischer Herrschaft und politischer Produktion" in *Zeitschrift für Sozialreform*, 23, 1977(2).

Hanesch, Walter (2000), "Sozialpolitische Strategien gegen Armut". pp.108-129, in Horst Schmitthenner/Hans-Juergen Urban(Hrsg.), *Sozialstaat als*

Reformprojekt. Hamburg: VSA Verlag.

Huster, Ernst -Ulrich (1997), "Armut in Europa - ausgewählte Ergebnisse des Armutobservatoriums der Europäischen Union", pp.199-230, in Irene Becker, Richard Hauser(Hg.).

Memorandum' 82. (1983), Köln: Pahl-Rugenstein Verlag.

Tjaden-Steinhauer, Margarete (1985), *Die verwaltete Armut*, Hamburg: VSA-Verlag.

Voges, Wolfgang/ Andreas Weber (1997), "Sozialhilfe im Strukturwandel, Auswirkungen von Zuwanderung, Arbeitsmarkt und gewandelten Haushaltsstrukturen", pp.135-160. in Irene Becker, Richard Hauser(Hg.).

Wagner, Wolf (1984), *Die nüzliche Armut.* Berlin: Rotbuch Verlag.

제14장

사회복지가치실현과 효율적 복지수행에서의 윤리적 딜레마

안 혜 영

1. 사회변화와 사회복지의 가치

사회복지실천의 올바른 역할은 사회의 모든 성원이 정상적인 사회적 기능을 영위할 수 있도록 하는 데 있다. 사회적 기능은 그 사회가 갖고 있는 경제, 정치, 사회체제 내에서 각자의 삶을 무리 없이 수행해 나가는 것을 의미한다. 사회복지가 정당화되는 사회는 자유경쟁을 통해 이윤을 최대화하려는 자본주의 논리와 그것으로 말미암아 발생되는 여러 가지 모순을 공공의 개입을 통해 수정하려는 혼합경제체제 논리라는 이중적인 특징을 지닌다. 사회복지는 그 정치, 경제, 사회적 맥락 속에서 끊임없이 변하게 되며 이를 지지하는 가치도 달라지게 된다.

사회적 변화와 관련하여 최근에는 정보화, 지식사회, 신자유주의로 대변되는 지구화(globalization)가 보편화되고 있다. 지구화가 의미하는 측면은 크게 두 가지로 나타난다. 먼저 국가 경제적 측면에서 전 세계가 하나의 시장체계로 전환되면서 자유, 민영화, 유연화, 개방화 성격을 강조하게 되고, 중앙정부의 책임은 감소하는 경향을 나타낸다. 이러한 경향은 복지정책에 대한 시장구조적 영향을 강화시킨다. 사회적 약자를 위한 공동체적 책임은 약화되고 자활, 자조, 자립의 특성을 갖는 축소 지향적 복지정책 방향을 추구하게 된다. 그러나 한편에서는 이러한 경향이 실제로 국가 간 혹은 한 국가 내 빈부의 격차를 심화시키는 결과를 낳고, 특히 국내적으로는 복지 대상자의 증가와 복지의 욕구가 지속적으로 확대되는 상반된 경향으로 나타난다. 이러한 흐름 속에서 사회복지 영역은 과거의 소비적 제도에서 벗어나 생산적인 제도로 변해야 한다는 것이 설득력을 얻고 있고, 이는 복지 선진국들의 복지 개혁 장치에서 뚜렷하게 나타나고 있다.

외국 선진국의 복지변형 경향이 한국에서 어떻게 표출되는지에 대해서는 아직 논란이 많지만 공통적으로 1970~80년대부터 진행된 지구 자본주의가 갖는 양면성을 그대로 나타내고 있다는 데에 합의한다. 특히 1997년 말부터 시작된 구제금융체제 아래에서 모든 분야가 신 자유주의적 구조조정의 폭풍에 휩싸이게 되었고, 한편에서는 이에 따른 실업의 증가, 중산층의 슬럼화, 빈곤 계층의 증가 등에 따른 복지욕구 확대라는 상반된 측면이 나타났다. 국가는 이러한 양면성을 그대로 수용하는 정책을 전개하게 되었고, 한국사회는 전반적으로 주요한 변화를 겪으면서 복지 영역은 차라리 구제금융 이후 오히려 진보하였다는 것을 인정하지 않을 수 없다. 물론 여전히 사각지대가 있고, 진행상 국민적 합의를 도출하는 데 문제를 안고 있지만, 크게 볼 때 사회보험 영역 확대와 통합은 말할 것 없고 국민기초생활보장, 노숙자, 쪽방 등의 정책이 이를 잘 설명하고 있다.

대표적인 성과로 평가되고 있는 빈곤정책의 경우는 생산적 복지(generative welfare), 혹은 참여복지로 대변되는 딜레마를 수용하고 있다. 즉, "복지에서 노동으로(welfare to work)" 전환되는 형태로써 빈곤층의 복지 의존적인 일방적 수급 형태에서 노동시장에 참여하여 경제성장에 기여하는 자립자로서 탈바꿈할 수 있는 방향으로 추진되어졌다.

한편, 이러한 체제 내에서의 사회복지 결정은 그 사회가 합의하는 사회가치가 전제되어야 한다. 즉, 자본주의 경제체제가 지향하는 가치와 사회복지가 지향하는 가치 간에 뚜렷이 상반되는 요소가 작용해 사회복지는 본래의 가치를 실현하는 데 어려움을 겪게 되고 따라서 이러한 상황에서 복지를 수행하기 위해서는 합의된 윤리적 기준을 전제해야 한다. 자본주의 사회 내에서는 최소비용으로 최대효과를 추구하는 경제적 효율성이 적용되지만 사회복지는 비정한 시장체계의 단점을 보완하면서 인간의 자유와 평등을 실현하기 위해 이타주의적 윤리를 우선으로 하고 있다.

본 장에서는 이러한 갈등과 관련하여 자본주의적 논리 하에서 효율성, 즉 최소비용으로 최대효과를 지향하면서 진행되어 온 복지수행과 사회복지가 갖는 본래의 가치실현 간에 어떠한 어려움이 있는지 살펴보고자 한다. 이를 위해서 기본적 사회가치인 자유, 개인주의(대 집산주의), 평등의 요소 (George & Wilding, 1980: 374)가 사회복지실천에 어떻게 작용하는지 살펴본 후 경제, 정치, 사회체계가 지향하는 가치체계를 분류하여 이들 간의 갈등관계를 파악하고자 한다. 특히 자본주의적 효율성을 대변하는 비용-편익분석 (cost-benefit analysis)을 국민기초생활보장제도에 적용하여 사회복지 가치실현과 효율적 복지수행에서의 윤리적 갈등을 알아보고자 한다.

1) 사회가치의 반영

사회의 기본 가치라고 할 수 있는 자유, 개인주의(집산주의), 평등이 사회복지에 반영되는 정도를 살펴보면, 먼저 자유(freedom)[1]는 개인이 다른 개인의 자유를 방해하지 않는 한 정부의 속박에서 자신의 일을 추구하는 데 자유로와야 한다는 자유주의 사상을 기본으로 사회복지정책 수행에 반영된다.

---

1) George, V. & Wilding, P., *Social values and social policy*, 1980, pp.374-378.
　사회주의에서는 인간의 모든 업적, 능력, 가치 등이 사회적으로 결정된다고 보고, 자유의 개념을 정치적 의미 외에 사회와 경제적 영역까지 확장시켜 경제적인 불평등이 심한 곳에서는 진정한 자유가 불가능하므로 진정한 자유를 위해서는 정부가 개입해야 함을 주장한다.

둘째, 개인주의(individualism) 대 집산주의(communism)[2]는 개인과 그 가족은 자력으로 부양할 책임과 권리가 있음에 초점을 두어 이 책임을 다하는 자는 대우를 받고 외부지원에 의존하는 자는 경멸 당한다는 것을 자연스런 원칙으로 한다. 사회문제의 원인을 빈민 자신의 생활 방식에 두고 그 해결안도 그러한 생활방식과 사고를 바꾸는 데서 찾고자 한다. 자조(self-support)를 강조하며 개인이 능력이 있는 경우 사회적 복지서비스는 받을 수 없으며 복지서비스도 매우 기본적인 최저수준에서 제공하는 것을 원칙으로 한다. 시장윤리 자체는 개인주의를 내포하는 반면 복지권리 측면에서는 시민권 주장을 기본으로 하고 있어 이 둘 사이에 갈등이 존재할 수밖에 없다. 그러나 자본주의는 경쟁과 개인주의적 윤리를 받아들이고 있어 복지수혜에게 '수치심(stigmatization)'을 줄 수밖에 없는 절차가 불가피하며 필연적인 기능이라고 본다.

셋째, 평등(equality)[3]에 대해서는, 개인의 능력이 각기 다르기 때문에 불평등은 불가피하며 이는 인간의 능력을 최대한 개발하는 데 기능적이다. 사회복지정책은 결과의 평등보다 기회의 평등과 관련이 있는데 불평등한 기득권 세습사회 내에서 진정한 기회평등은 긍정적 선별(positive discrimination), 즉 열악한 위치에 있는 사람에게 더 많은 기회를 주는 것을 선행조건으로 한다. 그러나 사회복지정책의 본질은 수평적 재분배에 관심이 있고 평등적인 수직적 재분배에는 관심이 없다.

---

2) 앞의 책, pp.378-385. 사회주의에서는 개인이 현재 그들일 수 있고, 지금의 업적을 이룰 수 있는 것은 현재의 그들을 키운 사회, 지역, 가족의 기여로 돌려야 하며 대부분의 사람들에게 권리와 책임은 정부에 의해 보장, 지지받을 때에만 진짜일 수 있다고 본다. 사회원칙을 강조하면서, 각자가 의무와 최선을 다한 후에 각 개인의 필요(need)에 따라 분배해 나가는 것을 원칙으로 한다.

3) 앞의 책, pp.385-390. 사회주의에서는 인간의 능력차이는 인정하지만 불평등은 기능과 책임의 분배와 관련된 것이지 혜택의 분배에는 해당되지 않는다고 본다. 사회·경제적인 불평등은 기능적인 것이 아니라 도리어 우리의 사회·경제적 어려움의 근본이 된다. 사회정책은 기본적으로 평등을 추구하는 것보다 불평등을 수정하려는 데 관여해 왔다.

자유, 개인주의, 평등의 사회가치가 사회복지정책에 반영될 때 어떤 의미가 있는지 살펴보았는데 실제로 이들 사회가치는 서로 상호작용하며 사회 · 정치 · 경제 그리고 다른 변수들을 강화하기도 하고 그 반대로 작용하기도 한다. 그러나 사회복지정책이 시행되는 복지자본주의 사회는 자유주의 요소가 더 지배적인 경제제도(시장체제) 하에서 사회주의적 요소들이 가미되고 있다고 볼 수 있다. 즉, 자본주의 경제제도는 본질적으로 남아있게 되며, 자본주의 경제 체계가 해체되지 않는 한도에서 사회주의 가치가 받아들여진다.

2) 사회복지 가치의 갈등

사회복지정책의 기본 방향으로 마샬(Marshall)은 복합적인 분석[4]을 제시하였는데 이는 민주적 복지자본주의(democratic-welfare-capitalism)로 표현된다.

민주적 복지자본주의가 갖는 의미는 자본주의 시장경제를 가진 나라가 민주정치와 시민제도를 발전시키게 되면 사기업과 공기업이 같은 체계 내에서 운영되면서 가기 이윤을 추구하는 혼합경제 형태를 띠게 된다. 또 모두 복지국가라고 알고 있는 공공사회봉사, 연금, 부조 등 복지자본주의 요소들은 각기 지향하는 기본 가치가 서로 상반되어 한 사회 내에서 생리적인 갈등으로 작용하게 된다는 것이다.

마샬이 제시한 민주적 복지자본주의 속에 내포되어 있는 사회가치(Marshall, 1977: 16-17)를 정리하면 다음 표와 같다. 표에서 보듯이 복지는 기본적으로 이타주의(altruism)에 기초한 결정이고 이는 자율적인 윤리제도 안에서 구체화된 가치표준(ethics) 하에서 고려되어야 할 부분이다.

---

4) 마샬은 자본의 경제체제 안에서 사회복지정책의 구조적 분석에 포함되어야 할 정치 · 경제 · 사회적인 측면을 하나의 단어, 민주적 복지자본주의(democratic-welfare-capitalism)로 표현함으로써 이상적인 복지국가의 방향을 유도했다(Marshall, 1977: 15).

[표 14-1] 정치, 경제, 사회제도의 가치지향

기본요소	가치선택	가치함축	가치차원
민주주의 (democratic)	정치적 결정 (political-decision) : Votig	분리(division) 대다수(majority) 이기주의(egoism)	대중 (mass of individual)
자본주의 (capitalism)	경제적 결정 (economic-decision) : Market	조화(combination) 사회적 극대화 (combined effect)	
복지 (welfare)	사회적 결정 (social-decision) : Need	이타주의(altruism) 윤리(ethics) 합의(consensus)	개인 (individual)

이러한 가치는 전 사회체계의 합의(consensus)를 기본으로 해야 하며 이를 위한 윤리기준과 복지문화 존재가 현실적으로 필요하다.

이렇듯 복지영역에서도 합의가 필요한데, 복지는 특히 자본주의(경제) 및 민주주의(정치) 영역과는 더욱 상반되는 가치기준(이타주의↔이기주의, 개별주의↔대중화 등)을 갖고 있다. 즉, 정치영역에서는 민주주의를 수행하기 위하여 대다수를 분리하여 이들이 원하는 것을 수렴하여 정치적으로 결정해 나가되 대다수에 끼지 못한 소수(선거에서 실패한 계층)에게는 별 관심이 없다(이타주의↔이기주의, 소수↔대다수). 경제의 경우는 시장체계의 보이지 않는 조화를 통해 사회적인 극대화로 최대의 효과를 얻고자 하는 데 주목적이 있으며 이 시장체계에 참여하지 못하는 사람과 비효율적인 계층에게는 관심이 없다(사회적 최대효과-윤리중시).

이러한 현실은 복지가 갖고 있는 가치의 실현과 효율적인 복지수행 간에 어려움을 수반하게 되며, 정치 · 경제적 입장에서는 복지수행의 타당성을 부정하거나 최소화하려는 경향을 갖고 있어 실제로 복지프로그램의 보편적 적용에 어려움이 되고 있다.

자본주의 사회는 이렇듯 이윤추구에 따른 최소비용과 최대효과를 추구하며 복지는 이런 비정한 시장체계의 단점을 보완해 나가는 역할을 맡게 된다. 그러나 실제로는 자본주의 사회 내에서 복지를 수행하는 데에도 역시 최소비용과 최대효과 원칙을 추구하고 있어 복지가 갖는 기본 가치에 위배되는 결과를 초래하기도 한다.

자본주의 시장체계를 가장 잘 묘사하는 것은 최소비용으로 최대효과를 촉구하는 것이라고 할 수 있는데, 비용-편익분석(cost-benefit analysis, CBA)이 바로 자본주의 시장체계의 효과적 실현을 대변하는 기초적 분석이라고 할 수 있다. 이러한 CBA 분석이 복지 분야에서도 '효율적 분배'라는 명목 하에 적용되고 있으나 실제 사회복지정책 분야에서는 CBA로 설명될 수 없는 중요한 사회가치를 고려하는 것이 필요하다. 즉, 자본주의 시장체계 사회 내에서 사회복지의 전개에도 최소비용, 최대효과라는 원칙이 암묵적으로 적용되고 있으며, 특히 가시적 효과에 큰 비중을 두고 있다. 그러나 사회복지가 갖는 기본 성향은 자본주의에서 중요시하는 가시적 효과보다 윤리 및 가치실현과 관련된 비가시적 효과를 더 우선하며, 이러한 상반된 기준 하에서는 무엇보다도 사회적 합의가 필요하다.

다음 절에서는 이러한 사회복지 가치실현의 어려운 현장을 알아보고자 사회복지 분야 중 국민기초생활보장제도 영역에 비용-편익분석을 적용해보고, 복지실현을 위해서 고려해야 할 가치와 이러한 가치의 비가시적 효과가 어떻게 복지수행에 반영되어야 하는지, 특히 노인계층에 관심을 갖고 고려해보고자 한다.

2. 사례연구 : 국민기초생활보장제도의 비용-편익분석

공공지출 결정을 평가하는 데 사용되는 비용-편익분석은, 유형 및 무형지출에서 모든 비용과 편익을 체계적으로 나열해 특별한 정책이 채택되었을 때 이 정책이 사회의 모든 성원에게 유익한 결과가 되도록 하는 데 기초한다. 이는 하나의 예상적(prescriptive) 모델로서 다양한 정책들의 총 산출을 포함하고 있으며 결정자의 선호에 따라 선택의 법칙이 결정되는데, 이 부분에서 내적 및 외적인 모든 영향을 조사하고 각 정책을 총괄해서 얻을 수 있는 이득을 예견해야 한다.

즉, 이득과 손실(비용과 손익)을 미리 앞서 분석하여 정책이 결정되기 전에 이것을 어떻게 형성해야 하고 어떤 범주로 착수해야 할 것인지, 그리고 착수할 가능성은 어느 정도인지 경제적 효율성과 관련하여 평가하는 판단기준을 확립해 나가는 것이다.[5]

완전하게 분석하기 위해서는 모든 주요 결과를 열거해야 하고 유의한 확률, 비용, 편익을 판단할 수 있어야 하며 본질적으로 다른 비용-편익과 비교해야 한다. 그래서 개인의 현재 가치로서 각각 다른 결과에 가치를 부여함과 동시에 미래에 어떠한 가치를 부과할 것인가를 안다는 가정이 필요하다. 또 개인이 무엇을 원하고 원해야 하는가는 기대된 편익과 손실 차이의 극대화에 따라 결정해야 한다. 즉, CBA는 원리상 완벽하게 합리적인 상태를 가정하고 있는데, 현실적으로는 가정에 의거한 분석은 불가능하다. 그러므로 CBA의

---

5) 윌리엄스는 CBA 용어에 함축된 5가지 의미를 구분하여 다음과 같이 정리하고 있다(Williams, 1983: 533-536): ① 특정사업을 선호하여 편익이 비용보다 큰 것을 당연시 하는 것(이론적 주장이나 경험적 데이터 부재), ② 프로그램 가치를 명백히 전제하여 자신의 가치 판단을 타인에게 부과하는 경우, ③ 자신과 다른 사람이 사회가 원하는 것에 합의하고 있다는 가정 하에 분석 없이 문제에 접근하는 것, ④ 이론적 분석에 기초하여 최소한의 편익과 비용을 추정하는 데 필요한 경험적 정보 유형이 무엇인지 말하는 것, ⑤ 분석하는 데 필요한 정보가 충분히 있는 상태에서 편익과 비용의 실제계산을 하는 것이다.

일반적 절차는 실현가능하고 상호배타적이며 가능한 정책대안을 선택하는 과정을 통해 현실적으로 취득 가능한 정보를 이용해 가장 바람직한 대안을 선택해야만 한다.

이렇듯 CBA의 기본 법칙은 어떤 상황에서든지 가장 큰 순수익을 산출하는 것을 선택하도록 되어 있다. 즉, 편익분석으로 결정한 정책은 그 정책을 실행함으로써 모든 부분(사람)이 좀더 나은 상태가 되어야 하며 잃어버린 부분(비용)을 보상할 수 있을 만큼 그 정도는 충분히 커야 한다. 정책을 선정하는 데 영향을 미치는 다른 중요한 제약 요인은 정책적인 것이지만 일반적으로 CBA 분석에 대한 논의는 문제의 기술적인 측면에서만 다루어져 왔다. 이 과정에서 객관적인 경향을 표출하는 데 위험한 요소를 내포하거나 어떤 부분은 간과하기 쉬운 취약점을 가질 가능성도 있다. 그러나 정책을 실시한 결과 누가 편익을 얻는가 등과 같이 비가시적 편익·손실은 매우 중요하므로 사업을 선택할 때 비용-편익을 임의로 추정해서 그러한 부분을 고려한다면 그 자체로 가치있을 것이다.

공공정책, 특히 사회복지 분야에서 비용편익분석을 적용하는 데에는 다음과 같은 어려움이 따른다. 이 분석방법이 기본적으로 효율의 가치만을 강조하는 데 반해 사회복지는 평등, 사회적 적절성 등 다른 가치를 더 중요하기 때문이다. 따라서 비효율적이라도 더 우선되는 가치를 실현하기 위해 다른 정책을 채택할 수도 있으며 더 실질적으로는 사회복지 분야는 실제로 많은 경우 편익을 측정하거나 화폐로 계량화하기 어렵다.

국민기초생활보장제도의 경우 기본 정신은 국민의 최종적인 사회적 안전망으로서 역할을 수행 하는 것이다. 즉, 최저생계비 이하의 모든 국민에게 최저 생활을 보장하고 자립자활을 도모하는 데 있다. 기존 공적부조정책과 다르게 소득인정액, 근로유인, 자활지원 등 새로운 개념을 법에 도입하여 포괄성, 형평성, 충분성, 생산성 등을 실현하고자 한다. 이는 효율성만을 계량화해 나가기에 어려움이 있으며, 그 밖의 다른 가치를 실현하는 데 의미를 두어야 할 측면이 있다. 이 글에서는 국민기초생활보장제도 운영에 소요되는 주요 예산을 분석하면서 비용 접근을 하고 이 중 노인계층을 중심으로 편익측정을 고려해 보고자 한다.

1) 비용(cost) 접근

공공정책에 비용-편익분석(cost-benefit analysis)을 적용한다는 것은 비용을 어떻게 계산할 것인지 안다는 전제 하에 프로그램의 효과성과 편익을 고려하는 데 유용한 방식을 적용해야 하는 것이다. 비용을 추정하는 데 있어서도 특정 상황에 사용할 비용이 무엇인지 적절한 개념을 결정하는 것이 필요하다. 측정에 사용될 적절한 비용 개념을 알고 있는 경우에도 투입에 대한 가치를 어떻게 측정하는가는 문제가 될 수 있으므로 측정의 신뢰성을 위해 비용의 개념을 명료화해야 한다. 따라서 정확하게 비용을 측정하기 위해서는 지급된 금액 외의 기회비용, 한계비용, 사회적 비용[6]을 고려해야 한다. 비용을 완전하게 추정하기 위해서는 위에서 언급한 모든 상황을 염두에 두어야

---

6) 최재선, 『미시경제학』, 법문사, 1985: 25-36; 김소영, 「정책분석기법으로서의 비용-편익 분석의 적용」, 『연구논집』, 제19집, 이화여대 대학원, 1990: 267-268; Mishom, E. J., "Shadow pricing," Cost-benefit analysis, N.Y.: Praeger Pub., 1976: 81-97.
기회비용이란 의사결정자가 그 자원을 활용할 수 있는 이용가능한 최선의 대안에 소요되는 비용으로, 자원의 잠재 가격이라고도 할 수 있다. 이는 한 자원에 지불된 가격일 수 있지만 때때로 실제 지불한 금액과 다를 수도 있다. 한계비용이란 사용될 투입물의 가치를 기술하는 것으로, 사업설계에서 정책의 규모와 시기에 따라 영향을 받게 되는데 한계비용은 총지출로 실현되는 총효용이 극대화되는 시점에서 결정되는 가장 핵심적인 과정이다. 사회적 비용은 개인적 비용과 다르다는 개념에서 비롯한 것으로, 정책 수행에 있어서 바람직하지 않은 외부 효과를 초래하게 될 때 그것이 공공 부문일 경우 그 부정적 외부 효과에 대해 책임인식이 가능하나 사적 부문일 경우에는 부수적인 부정적 영향(예를 들면 대기오염 등)에 대해서 거의 무관심할 수 있다는 데 초점을 둔다. 시장경제에 정부가 개입해서 직접적으로 통제하거나 관련 분야를 직접 소유하는 것, 사적·사회적 비용 간에 평등을 도출하기 위해 세금과 보조금 등 체계 비용을 산정하는 것 등은 비용의 사회화와 관련하여 필요한 것이다.

하지만, 기초생활보장 대상자의 거택 및 시설보호정책의 비용분석에 있어서
는 지급된 금액이 현실적으로 분석 가능한 범주이므로 이를 우선 선택하기로
한다. 또한, 국민기초생활보장 사업예산도 재원조달 방안과 소요예산 추정을
동시에 고려해야 하나 본 연구에서는 이와 같은 공급수요 측면 중 수요 측면,
즉 소요예산 추정을 통하여 국민기초생활보장 사업의 적정 규모만을 제시하
며 거택보호와 시설보호를 중심으로 비용을 추정하고자 한다. 그러면 먼저
공적부조의 예산추이를 보면 [표 14-2]와 같다.

[표 14-2] 기초생활보장예산 추이(1997~2003년)[7] (단위: 억 원, %)

	1997	1998	1999	2000	2001	2002	2003
정부예산(A)	675,786	755,829	836,851	887,363	991,801	1,096,298	1,114,831
전년대비	14.9	11.8	10.7	6.0	11.8	10.5	1.7
보건복지예산(B)	28,512	31,127	41,611	53,100	74,581	77,495	83,511
전년대비	20.3	9.2	33.7	27.6	40.5	3.9	7.8
기초생활보장예산(C)	9,008	10,901	18,479	23,321	32,423	33,832	35,069
전년대비	-	21.0	69.5	26.2	39.0	4.4	3.7
B/A	4.2	4.1	5.0	6.0	7.5	7.1	7.5
C/B	31.6	35.0	44.4	43.9	43.5	43.7	42.0

주) 본 예산은 105조 8767억 원임.

자료 : 보사연, 보건복지포럼, 2003. 1.

우리나라는 1990년대 중반까지 국가재정 중립을 기초로 한 사회보험 확대
에 우선순위를 두었고, 이에 대해 합리적으로 검토하거나 프로그램에 관한
효과를 분석하지는 않았다.[8] 그러나 IMF시기를 거치면서 발생된 빈부의 격

---

7) 일반회계기준 예산임.

8) 한국보건사회연구원, 『생활보호사업 예산추계분석연구』, 1991.
   생활보호사업 총예산은 561,119백만 원이며, 이 중 국고에서 79.4%, 지방에서 20.6%를 충당
   한다.

차, 실업증가, 중산층의 슬럼화 및 빈곤층의 증가 등 복지욕구 확대는 기초생활보장 예산 확대로 이어졌다. [표 14-1]에서 보면 정부예산대비 보건복지 예산은 2000년도를 넘으면서 7%를 넘게 되고 2003년도에는 7.5% 정도였다. 또한, 보건복지 예산대비 기초생활보장 예산의 경우, IMF발생 년도인 1997년 이후 지속적으로 증가하다가 1999년을 기점으로 다시 감소하는 경향을 나타

[표 14-3] 기초생활보장 관련 연도별 예산　　　　　　　(단위: 억 원)

예산＼연도	1997	1998	1999	2000	2001	2002	2003
합계	9,008	11,482	18,479	23,318	32,419	33,819	35,069
〈기초급여〉	9,002	11,221	17,467	22,539	31,495	32,340	33,553
· 생계급여	3,507	4,484	8,388	10,730	12,835*	12,641	13,130
· 주거급여	-	-	-	414	1,742	1,793	1,785
· 교육급여	668	649	914	986	960	940	935
· 의료급여	4,776	6,043	8,098	10,320	15,893**	16,904	17,617
· 해산 · 장제급여	51	45	67	89	65	65	87
〈자활지원〉	6	261	1,012	779	924	1,476	1,493
· 자활후견기관	6	11	12	29	141	230	230
· 자활근로	-	250	1,000	500	600	1,203	1,203
· 기초생활보장기금	-	-	-	250	-	-	-
· 자원봉사	-	-	-	-	177	21	17
· 재활프로그램	-	-	-	-	3	16	16
· 협회지원	-	-	-	-	3	3	3
· 자활사업 활성화	-	-	-	250	-	3	3
· [생업자금]재특	[490]	[450]	[350]	[400]	[400]	[270]	

주) * 생계급여 : 예비비 499억 원 미포함.

　　** 의료급여 : 2001년 추경 4,500억 원 추가.

　　자료 : 보건복지부, 「세입 · 세출 예산개요」, 2002. 12.

총예산 중 생활보호에 62.3%인 321,339백만 원을 사용한다. 여기에서 거택보호로 47.5%, 시설보호로 10.7%가 충당되며, 나머지는 학비지원, 직업훈련, 취로사업, 생업자금, 사회복지전담공무원 비용으로 사용된다. 그러므로 거택보호 대 시설보호의 예산지출규모는 133,339백만 원 대 4,281백만 원으로 거택보호에 약 3.89배 정도 많이 사용되고 있음을 알 수 있다.

이후 지속적으로 증가하다가 1999년을 기점으로 다시 감소하는 경향을 나타
낸다.

2003년도 기초생활보장 예산을 세부적으로 살펴보면 [표 14-3]과 같다.

2003년도 기초생활보장은 기초급여와 자활지원 형태로 나뉘는데, 실제 예
산은 총 3조 5천 68억 원 정도이며 이중 기초급여가 약 96% 정도이고 자활지
원은 약 4% 정도이다. 전년대비 예산 총액은 약 4% 정도 증가했다. 국고지원
기준은 서울은 50%, 지방은 80%(단, 자활후견기관은 70%)이며 협회지원은
전액 국고로 운영되고 있다.

[표14-4] 보건복지 예산 일반회계 분야별 세출예산　　　　　　　(단위: 백만 원, %)

	2002년 예산 (A)	2003년 예산 (B)	증감 (B-A)
합계	7,749,477(100.0)	8,351,072(100.0)	601,595(7.8)
-인건비	125,265(1.6)	148,203(1.8)	22,938(18.3)
-사업비	7,624,212(98.4)	8,202,869(98.2)	578,657(7.6)
· 사회복지	4,436,549(57.3)	4,710,897(56.4)	274,347(6.2)
기초생활보장	3,403,369(43.9)	3,523,008(42.2)	119,638(3.5)
사회복지서비스	1,033,180(13.4)	1,187,889(14.2)	154,709(15.0)
· 보건의료	358,887(4.6)	444,073(5.3)	85,186(23.7)
· 사회보험	2,828,775(36.5)	3,047,899(36.5)	219,124(7.7)

자료 : 보건복지부, 「세입 · 세출 예산개요」, 2002. 12.

사회복지와 관련하여 보건복지 예산의 분야별 세출예산을 2002년도와
2003년도를 중심으로 보면 [표 14-4]와 같다. 2002년도 보건복지 예산 중 사회
복지 예산은 약 57%이며 사회보험은 약 37%, 보건의료는 약 5% 정도로 나타
나 있다. 2003년도 기준으로 보면 사회복지 예산은 약 56% 정도로 약간 감소
하였으며 이 중 기초생활보장과 관련된 영역에서 약 2% 정도 감소하였고 사
회복지서비스 영역은 약 1% 정도 상승하였다. 사회보험은 전년 대비 비슷한

분포이며 보건의료 영역은 약 1% 정도 상승분포를 보이고 있다.

[표 14-5] 소득 및 재산기준 (단위: 만 원)

소득재산 \ 가구		1인	2인	3인	4인	5인	6인
소득 평가액 (월)	2001	33	55	76	96	109	123
	2002	35	57	79	99	113	127
	2003	36	59	81	102	116	131
재산	2001	3,100		3,400		3,800	
	2002	3,300		3,600		4,000	

주) 부양의무자 범위

- 수급권자의 직계혈족 및 그 배우자
- 수급권자와 생계를 같이하는 2촌 이내의 혈족

기초생활보장제도의 소득 및 재산기준을 보면 [표 14-5]와 같다. 소득평가
액의 경우 최저생계보장 수준에 근거하여 4인을 기준으로, 2001년에 96만 원,
2002년 99만 원, 2003년 102만 원 정도로 나타나 있다.

재산기준의 경우, 2001년도에는 1~2인이 3,100만 원, 3~4인이 3,400만
원, 5~6인이 3,800만 원 정도이며 2002년도에는 약간 증액되어 1~2인이
3,300만 원, 3~4인이 3,600만 원, 5~6인이 4,000만 원 정도이다. 2003년부터
재산기준과 소득평가액의 경우 소득인정액을 기준으로 산정하고 있다.

소득인정액 = 소득평가액 + 재산의 소득환산액
= (재산 − 기초공제액 − 부채) × 소득환산율
= 실제소득 − 가구특성별 지출비용 − 근로소득공제

위 도표에서 보듯이 소득인정액은 소득평가액과 재산의 소득환산액을 합한 금액으로 결정된다. 소득평가액의 경우 실제 소득에서 가구 특성별 지출비용 및 근로소득공제 부분을 제한 부분이며, 재산의 소득환산액은 재산에 소득환산율을 곱하여 계산하되 재산의 경우 기초공제액과 부채는 제외된다.

수급자 선정[9]의 중요한 부분으로 부양의무자 유무 및 부양능력이 없거나 부양을 받을 수 없는 경우가 증명되어야 하는데, 여기서 부양의무자의 범위는 수급권자의 직계혈족 및 그 배우자, 또한 수급권자와 생계를 같이 하는 2촌 이내의 혈족을 포함한다.

연도별 기초생활보장 수급자의 규모를 [표 14-6]에서 보면 전국민 인구 대비 수급배정 인원은 1999년 제도변경 시행 이후 약 1% 정도 증가하였으며 이후 안정적인 비율을 나타내고 있다. 즉, 2002년을 기준으로 기초생활보장 수급자는 전국민 대비 약 3.3% 정도로 1550천 명 정도의 규모이다. 실제 보호 인원은 약 1,298천 명으로 나타나고 있다.

2) 편익(benefit) 접근

편익을 추정하는 데 있어서도 다양한 변수의 가시적인 결과가 공공의 복지나 후생에 관련되어 있다는 것을 정확히 파악할 수는 없다. 따라서 권익의 실제적 측정이 어려운 주요 목표들보다 측정 가능하고 연관되어 있다고 고려되는 유사 혹은 부차적인 추정을 통해서 편익추정을 극대화할 수 있다(Quade, 1978: 105).

비용-편익분석에서 기본적으로 중시하는 가치는 효율이다. 공공부문에서는 효율 이외의 평등 등 가치도 중요하기 때문에 비용편익분석으로는 매우 효율적이라고 하더라도 이것이 소득분배를 크게 약화시킨다면 현실(정치)적

---

9) 부양의무자가 없거나 부양의무자가 있어도 부양능력이 없거나 또는 부양을 받을 수 없는 자로서, 소득인정액이 최저생계비 이하인 자(법 제5조).

[표 14-6] 연도별 기초생활보장 수급자 규모 (단위: 천 명, %)

		1997	1998	1999	2000 9월 이전	2000 10월 이후	2001	2002
전국민 인구		45,991	46,430	46,858	47,275		47,542	48,062
배정 인원	거택보호	291	285	315	315	315	1,469	1,469
	자활보호	1,040	798	766	763	763		
	한시보호	-*	311	760	540	380		
	시설보호	76	76	78	81	81	81	81
	합 계	1,407	1,470	1,919	1,699	1,539	1,550	1,550
	전국민대비	3.1	3.2	4.1	3.6	3.3	3.3	3.3
실제 보호 인원	거택보호	-	296	309	-	292	1,368 (2001.11)	1,224 (2002.5)
	자활보호	-	611	554	-	397		
	한시보호	-	306	551	-	488		
	시설보호	-	72	69	-	76	74	74
	합 계	-	1,285	1,483	1,520	1,489	1,442	1,298
	전국민대비	2.3	2.8	3.2	3.2	3.1	3.0	2.7

주) *표시는 해당 없는 시기임. 다른 경우는 자료가 없는 상태임.

1) 신규신청자 23만 6천 명 포함.

자료 : 박능후 외, 『사회복지시스템 내실화를 위한 정책과제』, 한국보건사회연구원, 미발간.

김미곤, "2003년 기초생활보장 예산분석과 과제", 「보건복지포럼」, 한국보건사회연구원, 2003. 1.

으로 채택되기 어렵다.

그래서 비용-편익분석에서는 이러한 배분문제를 고려하여 편익을 계산할 때 집단별로 서로 다른 가중치[10]를 두어 계산하기도 한다. 또한, 공공부문의 정책은 대부분 편익계산에 국가 전체의 미래 세대까지 발생하는 경우를 포함하게 되며, 어떤 사업이 미래에 발생하는 비용과 편익을 현재의 가치로 환산하게 된다.[11]

편익과 효과성을 추정하는 것과 관련된 주요 장애는 첫째, 편익 추정문제는 단지 기술적인 문제가 아니라는 것으로 사회복지정책의 편익을 어떻게 추정해야 하는가가 불명확하다. 둘째, 자료의 미비나 부재로 인한 데이터의 문제로 측정하고자 하는 편익이 무엇인지 알고 있어도 어떻게 구체적으로 측정해야 하는지 모르는 데서 발생한다. 셋째, 비록 주어진 프로그램의 편익을 개

---

10) 김태성, 『사회복지정책의 이해』, 나남, 2002, pp. 70-71.

여기에서 집단별 가중치를 어떻게 결정하느냐가 문제이다.

① 소득(부)에 반비례하는 가중치를 두는 것이다. 고소득일수록 가중치를 비례적으로 적어지게 한다. → 소득불평등을 줄이는 것이 목표이다.

② 사회에서 가장 불리한 상황에 있는 사람들(빈곤선 이하)과 그렇지 않은 사람들로 구분하여 전자에게 후자보다 높은 가중치를 두는 방법이다. → 사회의 빈곤율을 낮추는 것이 주요 목표이다.

선택된 가중치가 사회적으로 합의되지 않는 한 가중치를 둔 비용편익분석은 혼란을 줄 수 있으므로 가중치를 주지 않은 비용편익분석을 같이 제시하여 평가를 소비자 스스로 비교·판단하도록 하는 것이 바람직하다.

11) 앞의 책: 74-75.

비용편익분석에서 가 사업의 현재적 가치로 환산하여 과정에서 우선시되는 방법을 보면 다음과 같다.

첫째, 아동을 위한 사회복지프로그램과 노인프로그램 중 노인프로그램이 비용편익분석에서 선택되기 유리할 수 있다. 순 현재가치 기준으로, 사업에서 발생하는 총편익의 현재가치에서 총비용의 현재가치를 제외한 순 현재가치를 계산하여 그것이 긍정적인 값을 가지는 사업을 선택하는 것이다.

둘째, 내부수익률의 방법이다. 사업의 내부수익률은 그 사업의 순 현재가치를 0으로 만드는 할인율(이자율)이다. 어떤 사업의 내부수익률이 그 사업에 투입되는 비용의 기회비용보다 크면 그 사업을 선택하게 되는 것이다.

셋째, 비용편익비율(cost-benefit ratio) 방법으로 총 순 현재가치편익을 총 순 현재가치 비용으로 나눈 값이 1보다 크면 선택하고 두 사업을 비교할 때는 값이 높은 것을 선택한다.

여기에서 미래에 발생하는 모든 편익의 현재가치는

$R_0 + R_1 / (1+\iota) + R_2 / (1+\iota)^2 + \cdots + R^n / (1+\iota)^n$ 이다.

R_0: 현재 발생하는 편익

R_1: 1년 후 발생하는 편익

ι: 이자율 (할인율)

R^n: n년 후 발생하는 편익

넘화하고 추정한다 하여도 실제 비용과 편익이 다른 사람에게 전이될 수 있다는 점이다.

기초생활보호의 경우도 기초생활보호프로그램의 실제 비용에 따라 편익을 추정하는 것은 사회복지 가치의 욕구충족 중 가시적인 효과 이외에 비가시적인 효과를 추정하는 것은 불가능하다. 그러나 경제적 효과측정과 달리 복지의 효과를 측정하는 것과 관련해서는 인간의 비경제적 측면의 중요성과 윤리적 측면을 존중하는 등 고려해야 할 변수가 많으므로 단순한 기술적 추정으로는 복지실현을 평가할 수 없다.

편익 효과성을 추정하기 위해 일반적으로 사용해온 방법을 보면 다음과 같다. 첫째, 프로그램 비용이 그 프로그램의 편익 추정에 이용될 수 있다는 생각으로 비용과 관련하여 편익을 추정하는 것인데, 이는 투입과 산출을 혼돈할 위험을 내포하고 있다. 둘째, 작업량(work load) 측정을 이용하는 것으로 달성하고자 하는 것에서 관찰 가능한 산출물을 사용하는 것인데 이러한 기법은 양화되기 쉽고 상대적으로 조정되기 쉽기 때문에 많이 사용하지만 그 측정 결과와 프로그램의 효과성이 충분히 관련되어 있다고 보기는 어렵다. 셋째, 모든 산출물에 대한 공통된 가치표를 만드는 것인데, 이는 비용-편익 분석에서 각 프로그램의 산출을 공통된 추정 단위로 나타내려는 것으로 추정하기 어려운 것도 이렇게 추정하여 효과성의 바람직한 추정을 가능하게 할 수 있다.

국민기초생활보장 수급자(노인계층 중심)의 측면에서 사용될 수 있는 편익 분석 방안은 거택 및 시설보호정책의 프로그램의 비용을 편익으로 추정하는 가시적 방법이 효과 측정으로 제시될 수 있다. 이러한 가시적인 효과를 중심으로 노인계층의 기초생활보장프로그램을 보면, 먼저 시설보호의 경우 현재의 노인복지시설은 극빈자 혹은 무의탁 노인을 보호하는 시설로 이용되어 왔으나, 노인계층의 욕구가 점차 다양하게 분출되고 시설을 이용하려는 노인도 다양한 계층으로 확산되면서 양적 · 질적으로 높아지는 현실에 적절히 대응하지 못하고 있다. 노인복지의 전반적인 추세는 가족부양과 가족유대를 권장하면서, 노령사회에 대비하여 사회적 책임을 강화해나가는 융통성 있는 대책을 세워나가는 것이 필요하다. 즉, 사회복지서비스 대상 노인의 개별욕구를 점검하고 이들의 보호를 다양하게 수용하는 것이 복지의 본래 가치를 실현하는 일이라고 할 수 있다. 그러나 모든 시설은 '요양 및 생활 차원'이 아닌 '보호 및 수용차원'에서 운영되며 시설에 근무하는 직원도 사회복지사로서 전문적 자질을 갖추고 있지 못한 것이 현실이다. 또한, 시설운영의 영세성으로 50년 전에 건축한 노후양로시설이 전체의 약 1/3을 차지하며 그 중 대부분 필수 편의시설을 갖추어 놓지 못하고 있다. 한편, 시설 내의 생활지도원을 채용하고 있으나 근무환경으로 인하여 사기가 저하되고 있고, 전문성이 부족하여 교양이나 재활 프로그램이 없는 상태에서 단지 '수용'하는 수준에 머물러 있다고 할 수 있어 사회복지가 갖는 가치윤리를 실현하는 것과는 거리가 있다.

거택보호의 경우를 보면 무의탁 혹은 극빈한 노인을 가정 내에서 보호하면서 최소한의 비용만을 원조하므로 이는 최저 생계비의 수준에도 크게 미달하는 실정이다. 신체적으로도 늘 무방비상태에 있는 거택보호 노인에 대한 대응책 또한 미비한 현실이이서 적극적 의료예방 및 치료적 서비스가 필요하다. 이에 더불어 노인인구의 급증에 따른 인구의 고령화와 노인단독가구의 증가추세를 감안하면 노인의 건강과 안정을 옆에서 지켜봐 줄 타인이 절실히 필요한데 이는 노인의 다양한 욕구를 실현해 노인복지의 본래의 가치를 실현하는 방안이라고 할 수 있다. 이러한 방안 중 하나로서 가정복지봉사원 파견 서비스 제도는 거택보호노인의 편익(benefit)을 가시적 및 비가시적 측면까지 포괄하여 실현시킬 수 있는 것으로 제기되고 있다.

가정복지봉사원 서비스는 현재 도입단계로 시설위주에서 지역사회 안에서 생활을 보장하려는 재가보호 위주의 정책에 점차 관심을 두면서 제기되어온 프로그램이다. 가정복지봉사원 서비스는 가정의 기능을 유지 · 회복시키기 위한 것으로 언제 어떤 이유든지 개인이나 가정의 기능이 약화되는 것을 예방 · 회복시키는 서비스라고 할 수 있다(Noel & Timms, 1982: 92; Barker,

1987: 71; National Association of Social Workers Inc, 1977: 634) 거택보호 노인에 대한 가정복지봉사원 파견사업의 효과성을(김성이, 1990) 살펴보면 대상노인들의 일상생활에 현저한 향상을 나타냈고 서비스 수혜 후 자녀가 있는 노인의 경우 자녀와 만나는 회수가 증가했으며, 특히 건강에 대한 긍정적 사고가 증가되었고 노인복지시설로 옮기겠다는 생각이 크게 감소한 결과를 보이고 있다.

이러한 결과들은 경제적 및 가시적 효과(benefit)로서는 설명하기 어려운 것들이지만 실제 사회복지의 '욕구충족'에 입각한 인간존엄성이라는 가치실현 측면에서는 매우 중요한 효과로 평가될 수 있다.

결론적으로 요약해보면 기초생활보장 수급대상노인의 입장에서 살펴본 생활상의 욕구는 첫째, 경제적 측면에서 볼 때 자녀 및 가족에게 원조 받는 것이 불가능하므로 사회적 차원에서 원조[12]가 필요하며 둘째, 신체적 측면에서 보면 노인단독세대나 부부세대인 경우 노인을 간호하는 자가 고령자인 경우가 상당수인데 이때 간호자의 건강상태가 좋지 않은 경우가 많고, 부담을 견디지 못하고 공동으로 쓰러지는 위험이 있다. 이러한 세대가 증가함에 따라 가족의 간호기능을 대체하는 사회적 시스템을 개발하고 확장해야 하는데, 문제는 사회적 개호를 어느 선까지 어떤 유형으로 사회화할 것인지 이며 이는 금후 가장 중요한 과제 중 하나이다(高橋正人, 1985: 147-148). 셋째, 정서적 측면에서 보면 일반적으로 정서적 원조로 일상적인 접촉은 중요하며 접촉기회의 정도가 원조기능의 차이를 나타내며, 노인의 친밀성과 고립성의 정도를 결정한다. 그러나 한편 노인의 고립감, 정서적 불안감의 문제는 개인의 차이가 크고 주관적 의미를 가지므로 획일적인 논의는 적당하지 않을 수 있다. 또한, 가족이 정서적으로 원조하는 것은 의미가 있으므로 사회화(사회적 원조 시스템)로 대처해 나가는 범주는 신중하게 고려해 보아야 한다.

---

12) 高橋正人은 『家族と 老人問題』(1985: 145-146)에서 사회적 차원에서의 경제적 지원에 문제시되는 것은 지원의 규모(최저 생계비의 고려 등)임을 강조한다.

이러한 기초생활보장 수급대상노인의 욕구충족을 위한 사회복지서비스는 현재 시설보호와 거택보호로 분류되고 있다. 최근 복지서비스의 동향은 시설복지에서 거택복지 쪽으로 변하고 있으나 대상노인의 기능 정도에 따라 시설복지 또한 중요한 영역인데 수요의 증가에 비해 필요한 요양시설이 확보되지 못하고 있는 상황이어서 우선적으로 확충하는 것이 필요하다. 또한, 노인복지 전체의 존재 방식이 시설수용 위주에서 거택보호를 기초로 한 방향으로 진행되므로 자연히 거택보호의 추진체계로서의 시설의 역할을 고려하는 시설의 사회화[13]로 전환하는 것이 필요하다. 즉, 수용 관리할 입소자로서 노인을 처우하는 것에서 가정생활의 연장으로서 요양 및 생활이 가능한 방향이 바람직하다고 할 수 있다.

한편, 구미에 비해 동거율이 높은 우리나라는 가족에게 요보호인의 보호를 떠맡긴다는 관점이 우세하며 이는 국가의 사회보장부담을 경감하는 것으로 연결되어 왔다. 가족이 없는 기초생활보장 수급대상노인의 경우는 지역사회가 가정생활의 역할을 대신한다는 차원에서 가정봉사원 서비스 등을 실시하게 되었다. 즉, 노인이 오랫동안 살면서 정이 든 지역사회를 기반으로 친지, 우인, 지인 등과의 인간관계를 유지하고 거택 내에서 생활이 가능하게 하도록 보호원조하는 것이 노인 본인에게 가장 바람직하다고 볼 수 있다. 이는 복지 본래의 존재방식과 복지가치를 실현해 나가는 방향이라고 할 수 있다.

사회복지는 경제적 비용으로만 해결될 수 없는 것이고 겉으로 나타난 가시적 효과만으로 평가될 수 없는 것이다. 사회복지가 경제 및 정치체계와 늘 우

---

13) 二階堂ひさ子『變動する家族と生活』, 1986: 44-57.
　　시설의 사회화를 위해서는 ① 종래의 가족이 맡아야 했던 역할의 대체가 요구되는 상황에서 시설의 거택노인에 대해서도 제공가능한 서비스를 적극적으로 수행하여 폐쇄적·고립적이었던 시설은 지역사회 내의 중요한 자원으로 위치지워져야 한다. ② 거택보호서비스를 강화하는 daycare, short stay 사업 등의 추진이 필요하다. ③ 지역 내에서 노인과 시설과의 접촉에 대한 지역주민의 편견을 해소한다. ④ 복지사업에 필요한 자원봉사자의 역할을 증대시켜 나가는 양성교육이 필요하다. ⑤ 시설입소노인의 생활 및 인권이 보장되어야 한다.

호적이지만은 않고 불협화음을 지속적으로 가져온 것은 사실이며 사회복지의 확장이 곧 '복지병'으로, 경제의 타격으로 비판받고 정부의 사회복지정책이 국민의 민주화 열기를 식히는 프로그램적 선언표명으로 진행되어온 것도 사실이다.

그러나 사회복지는 시장경제체계를 보완하는 부속물로 혹은 경제성장에 위배되는 소비적 비용으로도 볼 수 없으며 합의된 가치기준 하에 인간이 소중히 여기는 '행복'을 실현하기 위해서 한걸음씩 나아가는 도약을 위한 밑거름임을 인식해야만 할 것이다.

참고문헌

김미곤, "2003년 기초생활보장 예산분석과 과제", 『보건복지포럼』, 한국보건사
　　　회연구원, 2003.
김성이 외, 『가정복지봉사원 파견사업 효과연구』, 서울 중부 노인복지관, 1990.
김효명, 『현대 경제정책』, 박영사, 1987.
김태성, 『사회복지정책의 이해』, 나남, 2001.
노화준, 『정책분석론』, 박영사, 1989.
박능후 외, 『사회복지시스템 내실화를 위한 정책과제』, 한국보건사회연구원, 미
　　　발간.
유한성 역, 『공공경제학』, 박영사, 1986.
이화여자대학교 대학원 편, 《연구논집》, 제19집, 1990.
정무 제2장관실 편, 『노인정책』, 1989.
최재선, 『미시경제론』, 법문사, 1985.
한국노인복지회, 『자원봉사자를 통한 가정봉사원 파견서비스 평가조사』, 1989.
한국보건사회연구원, 『생활보호사업 예산추계분석연구』, 1991.
보건복지부, 『주요업무참고자료』, 2002.
＿＿＿＿＿, 『보건복지백서』, 2003.
＿＿＿＿＿, 『노인보건복지사업안내』, 2003.

高橋正人, 『家族と 老人問題』, 1985.
二階堂ひさ子『變動する家族と 生活』, 1986.

Barker, Robert L. (1987), *The social work dictionary*, NASW.
George, V. & Wilding, P., (1980), *Social values and social policy*.
Marshall, T. H. (1977), "Value problems of welfare capitalism," *Journal of social
　　　policy*.
National association of social workers inc.(ed.) (1977), *Encyclopedia of social*

    work, Wasington D.C.

Noel and Timms, Pita, (1982), *Dictionary of social welfare*, Great Britain: Routheledge and Kegan Paul Ltd.

Quade, E. S. (1978), *Analysis for public decision*, New York; Elseier.

Williams, A. (1983), "Cost-benefit analysis: bastard science and/ or insidious poison in the body politick?" in R. Haveman and J. Margolis, *Public expenditure and police analysis*(3rd ed.), Houghton Nifflinco.

부록

윤리강령

A-1. 한국사회사업가 윤리강령(초안)　　　　1982년 1월 15일 제정

전문

모든 인간은 다함께 인간으로서의 고유한 가치와 불변의 존엄성을 지닌다.
사회사업은 개인이 갖는 이러한 가치와 존엄성의 실현, 그리고 그가 속해 있는 집단의 사회적인 발전을 돕기 위해 그 개인 및 집단과 지역사회의 유효한 자원을 효과적으로 결합시키려는 전문적인 노력을 의미한다.

그러므로, 사회사업의 기본적인 목적은 사회사업가의 도움을 필요로 하는 모든 개인 및 집단의 성공적인 자기 실현이며, 이는 인도주의적 이상과 민주주의적 철학에 그 바탕을 둔다.

따라서 우리들 사회사업가는 개인 및 집단을 가져야 될 자아실현의 목표를 개발하고, 이용 가능한 사회적 자원 및 과학적인 지식을 통합함으로써 복지사회, 정의로운 사회의 건설을 위해 헌신하는 것을 우리의 기본적인 직업윤리로 한다.

강령

1. 우리는 우리 자신을 가장 중요한 사회사업 자원으로 확신한다. 따라서, 우리는 우리 자신의 자원적인 능력을 계속적으로 확대 개발해 나가야 한다.
2. 우리는 피조자(클라이언트)의 개별적인 목적과 능력을 존중한다. 따라

서 우리는 피조자(클라이언트)의 개인적인 목적을 사회적으로 승화시키며, 그들의 자기 능력을 계속적으로 강화시켜 나간다.

3. 우리는 우리의 사업목적 및 실천에 대하여 우리의 기관과 더불어 공동의 책임을 진다. 따라서, 우리는 우리가 속해있는 기관의 정책을 사회사업의 기본적인 목적에 부응시킨다.

4. 우리는 사회사업의 사회성을 확인한다. 따라서, 우리는 우리의 사업목표를 지역사회의 필요에 부응시킴으로서 필요한 자원을 사회로부터 제공받으며, 사업의 성과 역시 지역사회의 공헌으로 환원한다.

5. 우리는 사회사업의 전문성을 지지한다. 따라서, 우리는 기존하는 사회사업의 학문적 공적을 옹호하며, 새로운 이론과 그 방법론의 개발을 계속적으로 추구한다.

6. 우리는 사회사업 각 기관과 조직의 협력관계를 옹호한다. 따라서, 우리는 우리의 강령에 합치하는 사회사업기관 및 조직의 활동에 대하여 필요한 협조를 제공한다.

7. 우리는 사회사업 동료 및 유사 인접분야 전문가들의 업무적 의견과 기능을 존중한다. 따라서 우리는 그들의 기존하는 실적을 옹호하며, 새로운 연구나 실천의 향상을 위해 필요로 하는 협조를 제공한다.

8. 우리는 지역주민의 자원봉사정신을 존경한다. 따라서, 우리는 지역사회의 안보정신을 발양하기 위하여 자원봉사자의 개발과 확대 및 조직화에 노력한다.

9. 우리는 사회사업의 공공성을 주장한다. 따라서, 우리의 연구 및 사업실천에 대하여 정부 및 공공기관의 협력관계를 확대시켜나감에 있어서 공동의 보조를 취한다.

10. 우리는 한국사회사업가 협회 및 국제사회사업과 연맹의 일원이다. 따라서, 우리는 본협회와 동연맹이 정하는 제반규약과 강령 및 결정들을 적극적으로 지지한다.

A-2. 사회복지사 윤리강령   88년 3월 26일 제정; 4월 14일 공포

사회복지사업은 인도주의와 민주주의 이념을 기반으로 하고 있으므로 모든 사회복지사는 인간의 존엄성과 가치 및 그 잠재능력을 확신하고 인류복지의 향상 발전을 위하여 최선의 노력을 경주한다. 사회복지사는 사회정의를 실현할 의무를 맡고 있는 만큼 성실, 친절, 봉사 및 진정한 이해와 사랑으로서 클라이언트를 대해야 하며 또한 항상 정의, 공평, 평화를 수호하는 선도적 위치에 서야 한다. 특히 사회복지사는 보다 적극적으로 인간의 고귀한 생명과 건강을 보전하는 구체적인 방향을 탐구하고, 실천함으로써 국민생활을 더욱 향상 시킬 수 있도록 끊임없이 노력해야 한다.

위와 같은 사명을 다하기 위하여, 사회복지사는 다음의 윤리강령을 준수하며, 아울러 스스로 훌륭한 사회복지사가 되도록 쉬임 없이 연구, 정진하고 자기 품성을 도야 할 것을 이에 맹세한다.

1. 사회복지사는 개인과 가족, 그리고 지역사회의 복지와 사회여건을 개선하기 위한 봉사적 사회운동에 참여하는 것을 기본적 사명으로 삼는다.
2. 사회복지사는 인종, 국적, 성별, 사상, 종교, 지위 및 빈부 등의 차이를 초월한 위치에서 공정 평등하게 클라이언트를 대우한다.
3. 사회복지사는 공사를 명확히 구분하여 공을 앞세우고 클라이언트의 사회적, 경제적 지위나 권리를 이용하여 자기 개인의 이익을 도모하지 않는다.
4. 사회복지사는 클라이언트로 하여금 고상한 인격과 자립 정신을 가지고 국가 사회에 이바지하는 시민이 되도록 돕는다.
5. 사회복지사는 사회사업 실천에 있어 개인적 영리행위나 자기 선전 또는 광고를 하지 않는다.

6. 사회복지사는 전문적 지식과 기술을 존중하며, 이를 습득, 개발, 전달하는 데 온갖 노력을 다한다.

7. 사회복지사는 사회복지사업을 모독하거나 동료 사회복지사의 지위나 인격을 손상하는 언사와 행동을 삼가고, 사회복지사의 자치활동에 적극적으로 참여하여 각자의 직능발전과 권익옹호에 힘쓴다.

8. 사회복지사는 자기기관 및 타 관계기관 직원들과 협동하여 원만한 상호관계를 유지하는 데 힘쓴다.

A-3. 사회복지사 윤리강령 　　　　　　1992년 10월 22일 공포

　사회복지이념은 사회의 안정과 번영을 위하여 정의, 평등, 자유, 민주주의 가치를 바탕으로 모든 사회성원들이 인간의 존엄성을 유지하면서 자기실현을 할 수 있도록 사회 전체가 공동으로 책임을 진다는 철학을 기본으로 한다. 위의 이념을 구현하기 위하여 사회복지사는 개인, 가족, 집단, 조직, 지역과 같은 복지대상과 직접 일하거나 사회제도적 개선과 관련된 제반 활동에 적극 개입한다. 위의 사명을 다하기 위하여 사회복지사는 다음의 윤리강령을 준수한다.

1. 사회복지사는 전문가로서의 품위와 자질을 유지하고, 관장하는 업무에 대하여 책임을 진다.
2. 사회복지사는 전문직의 가치를 견지하면서 관련 지식과 기술을 습득, 개발, 전달하는 데 최선의 노력을 기울인다.
3. 사회복지사는 업무수행과정에서 어떠한 압력에도 타협하지 않으며, 전문적 관계를 이용하여 부당한 영리 취하지 않는다.
4. 사회복지사는 복지대상자의 권익을 최우선으로 삼는다.
5. 사회복지사는 복지대상자가 자기결정권을 최대한 행사할 수 있도록 돕는다.
6. 사회복지사는 복지대상자의 사상, 종교, 인종, 성별, 연령, 지위, 계층에 따른 차별을 하지 않는다.
7. 사회복지사는 복지대상자의 사생활을 존중하고, 직무상 취득한 정보를 전문적 업무 이외에는 공개하지 않는다.
8. 사회복지사는 동료 간의 존중과 신뢰로써 대하며, 동려 간의 전문적 지위의 인격을 훼손하는 언행을 하지 않는다.
9. 사회복지사는 동료나 사회복지기관 또는 단체의 비윤리적 행위에 대하

여 공식적인 절차를 통하여 대처한다.

10. 사회복지사는 소속기관과 전문단체활동에 적극 참여하여 성장발전과 권익옹호에 힘쓰며 기타 유관기관과는 협조적 관계를 유지한다.

A-4. 사회복지사 윤리강령 2001년 12월 15일 공포

전문

사회복지사는 인본주의 · 평등주의 사상에 기초하여, 모든 인간의 존엄성
과 가치를 존중하고 천부의 자유권과 생존권의 보장활동에 헌신한다. 특히
사회적 · 경제적 약자들의 편에 서서 사회정의와 평등 · 자유와 민주주의 가
치를 실현하는 데 앞장선다. 또한, 도움을 필요로 하는 사람들의 사회적 지위
와 기능을 향상시키기 위해 저들과 함께 일하며, 사회제도 개선과 관련된 제
반 활동에 주도적으로 참여한다.

사회복지사는 개인의 주체성과 자기결정권을 보장하는 데 최선을 다하고,
어떠한 여건 에서도 개인이 부당하게 희생되는 일이 없도록 한다. 이러한 사
명을 실천하기 위하여 전문적 지식과 기술을 개발하고, 사회적 가치를 실현
하는 전문가로서의 능력과 품위를 유지하기 위해 노력한다.

이에 우리는 클라이언트 · 동료 · 기관 그리고, 지역사회 및 전체사회와 관
련된 사회복시사의 행위와 활동을 판단 · 평가하머 인도하는 윤리기준을 다
음과 같이 선언하고 이를 준수할 것을 다짐한다.

윤리기준

Ⅰ. 사회복지사의 기본적 윤리기준

1. 전문가로서의 자세

1) 사회복지사는 전문가로서의 품위와 자질을 유지하고, 자신이 맡고 있는
   업무에 대해 책임을 진다.
2) 사회복지사는 클라이언트의 종교 · 인종 · 성 · 연령 · 국적 · 결혼상태 ·
   성 취향 · 경제적 지위 · 정치적 신념 · 정신, 신체적 장애 · 기타 개인적

선호, 특징, 조건, 지위를 이유로 차별 대우를 하지 않는다.

3) 사회복지사는 전문가로서 성실하고 공정하게 업무를 수행하며, 이 과정
   에서 어떠한 부당한 압력에도 타협하지 않는다.

4) 사회복지사는 사회정의 실현과 클라이언트의 복지 증진에 헌신하며, 이
   를 위한 환경 조성을 국가와 사회에 요구해야 한다.

5) 사회복지사는 전문적 가치와 판단에 따라 업무를 수행함에 있어, 기관
   내외로부터 부당한 간섭이나 압력을 받지 않는다.

6) 사회복지사는 자신의 이익을 위해 사회복지 전문직의 가치와 권위를 훼
   손해서는 안 된다.

7) 사회복지사는 한국사회복지사협회 등 전문가단체 활동에 적극 참여하
   여, 사회정의 실현과 사회복지사의 권익옹호를 위해 노력해야 한다.

2. 전문성 개발을 위한 노력

1) 사회복지사는 클라이언트에게 최상의 서비스를 제공하기 위해, 지식과
   기술을 개발하는 데 최선을 다하며 이를 활용하고 전파할 책임이 있다.

2) 클라이언트를 대상으로 연구하는 사회복지사는 저들의 권리를 보장하
   기 위해, 자발적이고 고지된 동의를 얻어야 한다.

3) 연구과정에서 얻은 정보는 비밀보장의 원칙에서 다루어져야 하고, 이 과
   정에서 클라이언트는 신체적, 정신적 불편이나 위험 · 위해 등으로부터
   보호되어야 한다.

4) 사회복지사는 전문성을 개발하기 위해 노력하되, 이를 이유로 서비스의
   제공을 소홀히 해서는 안 된다.

5) 사회복지사는 한국사회복지사협회등이 실시하는 제반교육에 적극 참여
   하여야 한다.

3. 경제적 이득에 대한 태도

1) 사회복지사는 클라이언트의 지불능력에 상관없이 서비스를 제공해야 하며, 이를 이유로 차별대우를 해서는 안 된다.

2) 사회복지사는 필요한 경우에 제공된 서비스에 대해, 공정하고 합리적으로 이용료를 책정해야 한다.

3) 사회복지사는 업무와 관련하여 정당하지 않은 방법으로 경제적 이득을 취하여서는 안 된다.

II. 사회복지사의 클라이언트에 대한 윤리기준

1. 클라이언트와의 관계

1) 사회복지사는 클라이언트의 권익옹호를 최우선의 가치로 삼고 행동한다.

2) 사회복지사는 클라이언트에 대하여 인간으로서의 존엄성을 존중해야 하며, 전문적 기술과 능력을 최대한 발휘한다.

3) 사회복지사는 클라이언트가 자기결정권을 최대한 행사할 수 있도록 도와야 하며, 저들의 이익을 최대한 대변해야 한다.

4) 사회복지사는 클라이언트의 사생활을 존중하고 보호하며, 직무 수행과정에서 얻은 정보에 대해 철저하게 비밀을 유지해야 한다.

5) 사회복지사는 클라이언트가 받는 서비스의 범위와 내용에 대해, 정확하고 충분한 정보를 제공함으로써 알권리를 인정하고 존중해야 한다.

6) 사회복지사는 문서 · 사진 · 컴퓨터 파일 등의 형태로 된 클라이언트의 정보에 대해 비밀보장의 한계 · 정보를 얻어야 하는 목적 및 활용에 대해 구체적으로 알려야 하며, 정보 공개시에는 동의를 얻어야 한다.

7) 사회복지사는 개인적 이익을 위해 클라이언트와의 전문적 관계를 이용하여서는 안 된다.

8) 사회복지사는 어떠한 상황에서도 클라이언트와 부적절한 성적관계를

가져서는 안 된다.

9) 사회복지사는 사회복지 증진을 위한 환경조성에 클라이언트를 동반자로 인정하고 함께 일해야 한다.

2. 동료의 클라이언트와의 관계

1) 사회복지사는 적법하고도 적절한 논의 없이 동료 혹은, 다른 기관의 클라이언트와 전문적 관계를 맺어서는 안 된다.

2) 사회복지사는 긴급한 사정으로 인해 동료의 클라이언트를 맡게 된 경우, 자신의 의뢰인 처럼 관심을 갖고 서비스를 제공한다.

Ⅲ. 사회복지사의 동료에 대한 윤리기준

1. 동 료

1) 사회복지사는 존중과 신뢰로서 동료를 대하며, 전문가로서의 지위와 인격을 훼손하는 언행을 하지 않는다.

2) 사회복지사는 사회복지 전문직의 이익과 권익을 증진시키기 위해 동료와 협력해야 한다.

3) 사회복지사는 동료의 윤리적이고 전문적인 행위를 촉진시켜야 하며, 이에 반하는 경우에는 제반 법률규정이나 윤리기준에 따라 대처해야 한다.

4) 사회복지사가 전문적인 판단과 실천이 미흡하여 문제를 야기시켰을 때에는, 적절한 조치를 취하여 클라이언트의 이익을 보호해야 한다.

5) 사회복지사는 전문직 내 다른 구성원이 행한 비윤리적 행위에 대해, 제반 법률규정이나 윤리기준에 따라 조치를 취해야 한다.

6) 사회복지사는 동료 및 타 전문직 동료의 직무 가치와 내용을 인정 · 이해하며, 상호간에 민주적인 직무관계를 이루도록 노력해야 한다.

2. 수퍼바이저

1) 수퍼바이저는 개인적인 이익의 추구를 위해 자신의 지위를 이용해서는 안 된다.

2) 수퍼바이저는 전문적 기준에 의해 공정하게 책임을 수행하며, 사회복지사 · 수련생 및 실습생에 대한 평가는 저들과 공유해야 한다.

3) 사회복지사는 수퍼바이저의 전문적 지도와 조언을 존중해야 하며, 수퍼바이저는 사회복지사의 전문적 업무수행을 도와야 한다.

4) 수퍼바이저는 사회복지사 · 수련생 및 실습생에 대해 인격적 · 성적으로 수치심을 주는 행위를 해서는 안 된다.

IV. 사회복지사의 사회에 대한 윤리기준

1) 사회복지사는 인권존중과 인간평등을 위해 헌신해야 하며, 사회적 약자를 옹호하고 대변하는 일을 주도해야 한다.

2) 사회복지사는 필요한 사회서비스들 개발하기 위한 사회정책의 수립 · 발전 · 입법 · 집행에 적극적으로 참여하고 지원해야 한다.

3) 사회복지사는 사회환경을 개선하고 사회정의를 증진시키기 위한 사회정책의 수립 · 발전 · 입법 · 집행을 요구하고 옹호해야 한다.

4) 사회복지사는 자신이 일하는 지역사회의 문제를 이해하고, 그것을 해결하는 일에 적극적으로 참여해야 한다.

V. 사회복지사의 기관에 대한 윤리기준

1) 사회복지사는 기관의 정책과 사업 목표의 달성 · 서비스의 효율성과 효과성의 증진을 위해 노력함으로써, 클라이언트에게 이익이 되도록 해야 한다.

2) 사회복지사는 기관의 부당한 정책이나 요구에 대하여, 전문직의 가치와
   지식을 근거로 이에 대응하고 즉시 사회복지윤리위원회에 보고해야 한다.
3) 사회복지사는 소속기관 활동에 적극 참여함으로써, 기관의 성장발전을
   위해 노력해야 한다.

VI. 사회복지윤리위원회의 구성과 운영

1) 한국사회복지사협회는 사회복지윤리위원회를 구성하여, 사회복지윤리
   실천의 질적인 향상을 도모하여야 한다.
2) 사회복지윤리위원회는 윤리강령을 위배하거나 침해하는 행위를 접수받
   아, 공식적인 절차를 통해 대처하여야 한다.
3) 사회복지사는 한국사회복사협회의 윤리적 권고와 결정을 존중하여야
   한다.

사회복지사선서

나는 모든 사람들이 인간다운 삶을 누릴 수 있도록,
인간존엄성과 사회정의의 신념을 바탕으로,
개인 · 가족 · 집단 · 조직 · 지역사회 · 전체사회와 함께 한다.
나는 언제나 소외되고 고통받는 사람들의 편에 서서,
저들의 인권과 권익을 지키고,
사회의 불의와 부정을 거부하면서,
개인이익보다 공공이익을 앞세운다.
나는 사회복지사 윤리강령을 준수함으로써,
도덕성과 책임성을 갖춘 사회복지사로 헌신한다.
나는 나의 자유의지에 따라 명예를 걸고 이를 엄숙하게 선서합니다.

찾아보기

인명

필자소개 (가나다 순)

김미옥
  이화여자대학교 사회복지학과 대우전임교수

김미원
  숭실대, 한신대 강사

김정자
  녹색연합 녹색사회연구소 이사장

남경희
  이화여자대학교 철학과 교수

박인선
  해송아동복지연구소 소장

신혜령
  국립보건원 보건복지연수부 교수

안혜영
  국립보건원 보건복지연수부 교수

양옥경
  이화여자대학교 사회복지학과 교수

윤현숙
  한림대학교 사회복지학과 교수

이은주
  꽃동네현도사회복지대학교 사회복지학부 교수

한혜경
  호남대학교 사회복지학과 교수

사회복지 윤리와 철학

초판 1쇄 발행 2004년 2월 20일
초판 8쇄 발행 2014년 3월 10일

지은이 | 양옥경 외 저
펴낸곳 | 사회복지 전문출판 나눔의집
펴낸이 | 박정희
주　소 | 서울시 금천구 디지털로 9길 68, 1105호
　　　　(가산동, 대륭포스트타워 5차)
전　화 | 1688-4604
팩　스 | 02-2624-4240
www.ncbook.co.kr
Nanum@ncbook.co.kr

값 / 16,000원
ISBN : 89-5810-008-7(93330)

＊파본은 구입하신 곳에서 교환해 드립니다.